Development Report of
China's Securities Industry (2020)

中国证券业
发展报告

2020

中国证券业协会◎著

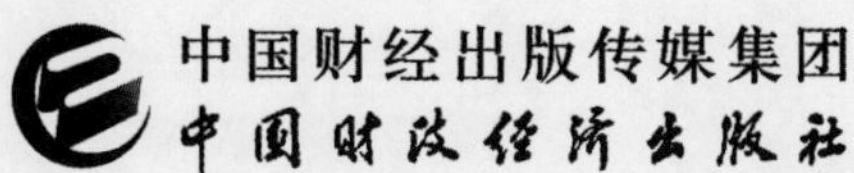
中国财经出版传媒集团
中国财政经济出版社

图书在版编目（CIP）数据

中国证券业发展报告 . 2020 / 中国证券业协会著 . -- 北京 : 中国财政经济出版社，2020. 8

ISBN 978 - 7 - 5095 - 9939 - 6

Ⅰ. ①中… Ⅱ. ①中… Ⅲ. ①证券业 - 经济发展 - 研究报告 - 中国 - 2020 Ⅳ. ①F832. 51

中国版本图书馆 CIP 数据核字（2020）第 136071 号

责任编辑：翁晓红　　　　责任校对：李　丽

封面设计：孙俪铭

中国财政经济出版社 出版

URL：http：//www. cfeph. cn

E - mail：cfeph @ cfeph. cn

社址：北京市海淀区阜成路甲 28 号　邮政编码：100142

营销中心电话：010 - 88191537　北京财经书店电话：64033436　84041336

北京时捷印刷有限公司印刷　各地新华书店经销

787 × 1092 毫米　16 开　20. 5 印张　441 000 字

2020 年 8 月第 1 版　2020 年 8 月北京第 1 次印刷

定价：70. 00 元

ISBN 978 - 7 - 5095 - 9939 - 6

（图书出现印装问题，本社负责调换）

本社质量投诉电话：010 - 88190744

打击盗版举报热线：010 - 88191661　QQ：2242791300

《中国证券业发展报告（2020）》

编委会

《中国证券业发展报告（2020）》

编写人员名单

（按照姓氏笔画排序）

丁耀武	于子豪	于东恺	马　敏	马致远	王　旭
王　维	王　慧	王国强	王建业	王春华	王泉锐
王凌苇	王烨伟	毛兆瑞	仇志伟	邓　盛	邓博文
叶维武	史纪明	兰　兰	朱　蕾	朱志雄	刘　骋
刘　爽	刘相君	刘晓峰	许　霄	许彦冰	孙　云
孙　媛	孙庆怀	孙舒颖	劳添辉	杜洪波	李　贤
李　隽	李付智	李亦博	李怀军	李劭琛	李明亮
李旻瑞	李海涛	李银鹰	李镇华	肖　丹	吴一萍
宋　娜	张　玲	陈　宾	陈　福	陈　橙	陈久红
陈诣辉	陈显泉	陈韵杨	周　浩	周　赟	周洪荣
周素霞	郑雨良	钟　山	姜　斓	姜婧一	袁宇泽
贾　颖	贾　新	贾文瑾	夏妍妍	徐　荣	徐仕达
徐海燕	殷晓蓉	翁仕友	高鹏飞	黄侃婧	曹永强
常丽娟	崔冬冬	董　一	董策舟	蒋健蓉	韩云从
谢云霞	赖东锐	戴锋立			

前 言

中国证券业协会党委书记、执行副会长 **安青松**

《中国证券业发展报告》是行业年度报告，展示了对中国证券行业的系统总结、客观分析和发展展望。《中国证券业发展报告（2020）》是该系列年度报告的第18册，由1个总报告、6个分报告、9个专题报告组成，立足于从行业宏观视角和业务发展的维度，全面、深入、客观地反映2019年行业的发展状况、行业特色和发展趋势。

2019年是新中国成立70周年，中华民族实现了从站起来、富起来到强起来的伟大飞跃，迎来了实现伟大复兴的光明前景。70年来的光辉历程和伟大成就离不开金融与资本市场的支持。伴随着经济体制改革的深入和资本市场的发展，证券行业坚持守正创新，砥砺前行，行业规模实力得到大幅增强，业务类型品种逐渐丰富，合规风控水平显著提高，服务实体经济取得成效，行业整体形象明显改善，已成为金融体系的重要组成部分，在资本市场发挥着不可或缺的作用。

2019年，证券行业步入高质量发展的新阶段，证券公司回归本源，优化结构，主动谋求经营转型，重点加强核心业务的综合竞争力和盈利能力，截至2019年底，133家证券公司总资产为7.26万亿元，净资产为2.02万亿元，实现营业收入3 604.83亿元，实现净利润1 230.95亿元。行业经营情况呈现如下特点和发展趋势：一是证券经纪业务收入在资本市场行情转暖背景下显著增长，但收入占比较上年略有下降（下降1.56个百分点），进一步促使证券公司加快推进经纪业务向财富管理转型，并加快与互联网信息技术深度融合发展步伐。二是证券承销与保荐业务收入得益于市场环境改善、注册制试点改革，同比大幅增长46.03%。三是重资本业务收入占比不断加大，尤其是证券投资业务连续三年成为行业收入占比最大的业务，2019年该项业务收入占比33.89%，同比大幅增长52.65%。四是行业主动谋求资产管理业务转型，坚持去通道、防嵌套和控杠杆，提升主动资产管理能力。根据中国证券投资基金业协会数据显示，截至2019年底，行业主动资产管理规模占比为40.5%，比2018年高出9个百分点。五是随着资本市场双向开放进程加快，证券公司国际化探索取得新进展，业务模式和跨境证券产品进一步丰富，助力国家“一带一路”建设打开新局面。

2019年，在中国证监会的坚强领导和会员单位的大力支持下，中国证券业协会以习近平新时代中国特色社会主义思想为指导，深入学习贯彻党的十九大和十九届四中全会精神，紧紧围绕“打造一个规范、透明、开放、有活力、有韧性的资本市场”总目标，坚持“四个敬畏、一个合力”理念，主动服务科创板注册制改革，及时补位，系统搭建规范股票发行、承销市场自律规则，促进完善中介机构能力和责任体系；加强行业培训、宣传和投资者教育；发挥自律组织作用，助力防范化解风险攻坚战，开展化解股票质押风险行业救助行动、防范债券业务风险、加强场外业务风险监测监控；持续推动行业履行社会责任，参与打好脱贫攻坚战；推动行业文化建设，促进改善行业发展生态。

新时代有新使命、新担当。我国经济正处在方式转变、结构优化、动力转换的攻坚期，建设现代化经济体系、实施创新驱动国家战略对资本市场提出了更高要求，证券公司作为资本市场的“看门人”、直接融资的“服务商”、社会财富的“管理者”、资本市场的“稳定器”，肩负着重要的责任。当前，面对严峻复杂的内外部风险挑战，证券行业要勇担使命，贯彻落实中央“六稳”“六保”要求，紧扣深化金融供给侧结构性改革的主线，坚持市场化、法治化导向，推动行业高质量发展，保持经济持续健康发展和社会大局稳定。展望未来，证券行业应多措并举，全面提升行业服务实体经济的能力，重点做好以下四方面：

一是加快资本市场基础制度建设，以制度创新提升证券行业核心竞争力。进一步发挥科创板“试验田”作用，推动发行、上市、交易、信息披露、退市等各方面制度创新；推进以信息披露为核心的证券发行注册制，增强发行上市标准的包容性，重塑市场理念，重构定价基础，促进完善市场责任和信息披露体系。证券公司作为促进资本形成最重要的中介机构，在行业研究、估值定价、风险控制、质量审核、销售路演等各环节全程参与，在要素资源市场化配置中发挥了重要的枢纽作用，迫切需要在定价、保荐、承销等方面全面提升专业能力，推动行业向专业化深耕，实现自身向行业专家作用、价值发现作用转化，回归市场中介本源，增强资本市场服务实体经济能力，推动经济高质量发展。

二是稳步推进资本市场深化改革，促进证券业高质量创新发展。创新是金融市场发展的动力源泉。证券公司要主动作为，突出主业，做精专业，优质证券公司要注重创新提质，中小证券公司要向特色化、精品化发展。行业应以客户需求为导向，积极开发多样化、差异化的金融产品，有效满足居民财富管理需求，为实体经济提供更高质量、更有效率的金融服务。尤其是在目前的大数据时代，新技术运用改变了资本市场交易模式、交易成本、信息成本和投资者生态，要结合行业数字化转型的需求以及新《证券法》的实施，充分发挥科技的作用，以科技促创新，以创新促发展，增强服务实体经济的能力和效率。在全方位对外开放的背景下，更高水平的开放将改变证券行业竞争生态。证券行业要加快“走出去、引进来”，打开国际视野，主动学习借鉴国际最佳实践，引进先进理念、经营模式、管理经验，提高行业国际竞争力。同时，更要苦练内功，提升专业水平，努力打造国际一流投资银行。

三是增强忧患意识，提高防控能力，防范化解重大风险。防范化解重大风险是中华民族实现伟大复兴必须跨越的关口。目前外部经济金融形势不确定因素增加，宏观经济运行挑战增多，金融风险面临新的考验，需要证券公司强化风险防范的主体责任，做好输入性、交叉性风险防范，加强风险监测、预警、应急处置能力，实现对各类风险的准确计量、动态监控和有效应对。着重防范债券、股票质押等领域的存量风险隐患，严格控制增量风险，牢牢守住不发生系统性风险的底线，切实维护市场稳定和金融安全。

四是持续弘扬“合规、诚信、专业、稳健”的行业文化，增强证券公司责任能力建设。证券行业文化是中国特色社会主义先进文化的重要构成，也是证券行业“软实力”和核心竞争力的重要体现。推动证券业高质量发展，必须守正笃实，加快推进证券业文化建设，持续积淀和涵养行业生态。牢固树立服务实体经济的价值观，克服脱实向虚、自我服务倾向；牢固树立以贯彻新发展理念为中心任务的发展观，克服急功近利、投机取巧文化；牢固树立以防范金融风险为首要任务的风险观，切实防止道德风险酿成系统风险。推动行业坚持不懈践行“合规、诚信、专业、稳健”的行业文化理念，久久为功厚植“忠、专、实”的行业文化底蕴，为资本市场长期稳定健康发展提供价值引领和精神支撑。

建设一个强大的资本市场，需要一个强大的证券行业。2020 年是全面建成小康社会和“十三五”规划的收官之年，也是全面深化资本市场改革攻关和打造高质量投资银行关键的一年。当前在金融供给侧结构性改革背景下，随着资本市场地位和作用的提升，中国证券业的发展生态将出现重大变化，证券行业发展正面临着难得的历史机遇。《中国证券业发展报告（2020）》力求将 2019 年中国证券业的发展全貌展现给读者，为中国证券业的发展留下真实可靠的历史资料。同时，该报告对未来行业发展提出了一些展望和建议，旨在促进读者更加深入地思考，共同推动证券行业高质量创新发展。

2020 年 6 月

目 录

总 报 告

2019 年中国证券业发展回顾与展望

分 报 告

分报告之一：2019 年中国证券经纪业务发展回顾与展望

分报告之二：2019 年中国投资银行业务发展回顾与展望

分报告之三：2019 年中国证券公司资产管理业务发展回顾与展望

分报告之四：2019 年中国证券公司融资类业务发展回顾与展望

分报告之五：2019 年中国证券公司投资业务发展回顾与展望

分报告之六：2019 年中国证券市场资信评级业务发展回顾与展望

专题报告

专题报告之一：2019 年中国证券公司合规管理发展综述

专题报告之二：2019 年中国证券公司风险管理发展综述

专题报告之三：2019 年证券行业履行脱贫攻坚社会责任综述

专题报告之四：2019 年证券公司投资者保护工作发展综述

专题报告之五：2019 年中国证券业信息技术与服务发展综述

专题报告之六：2019 年中国证券公司国际业务发展综述

专题报告之七：2019 年中国区域性股权市场和柜台市场发展综述

专题报告之八：2019 年机构间私募产品报价与服务系统发展综述

专题报告之九：2019 年中国证券公司固定收益业务发展综述

总 报 告

2019 年中国证券业发展回顾与展望

2019 年是新中国成立 70 周年，也是多层次资本市场迈入高质量发展的关键之年。证券行业坚持以习近平新时代中国特色社会主义思想为指导，按照“打造一个规范、透明、开放、有活力、有韧性的资本市场”的总体要求，牢牢守住不发生系统性金融风险的底线思维，紧扣深化金融供给侧结构性改革主线，着力推动资本市场的改革和发展不断深化，新修订的《证券法》顺利获得通过，设立科创板并试点注册制重大改革成功落地，新三板改革全面启动。资本市场双向开放取得新进展，行业文化建设打开新局面，防范化解重点领域风险有新成效，法治建设、投资者保护和行业自律管理也有新突破，金融科技的应用和融合进一步加速，市场投融资和并购重组功能进一步强化，在支持实体经济和民营企业高质量发展、服务国家绿色发展、创新驱动发展、脱贫攻坚战略、粤港澳大亚湾规划和“一带一路”建设等方面做出了重要贡献。

2020 年是全面建设小康社会和“十三五”规划的收官之年。受新冠肺炎疫情影响，全球经济金融形势不确定性增加，中国证券行业将坚决贯彻落实党中央国务院决策部署，把支持实体经济恢复发展放在更加重要的位置，坚持稳中求进工作总基调，坚定不移贯彻新发展理念，落实“六稳”方针，以贯彻实施新《证券法》为契机，持续加强基础制度建设，不断推进全面深化改革落实落地，稳步推动资本市场对外开放，积极培育“合规、诚信、专业、稳健”的行业文化，推动证券业高质量创新发展，有效维护资本市场平稳运行，为助推中国经济实现高质量发展贡献力量。

第一章
2019年中国证券业发展现状

一、证券行业总体情况

（一）证券公司发展情况

截至2019年底，全国共有证券公司133家，较上年增加2家。2019年在沪、深证券交易所上市的证券公司总数达36家，在香港联交所上市的证券公司增加1家至15家。证券公司上市队伍维持稳步扩张的格局，通过资本市场融资，资本金实力得以增强（见图总1-1）。在全国股权转让系统挂牌的证券公司有3家，与上年持平。外资参股、控股证券公司共15家。

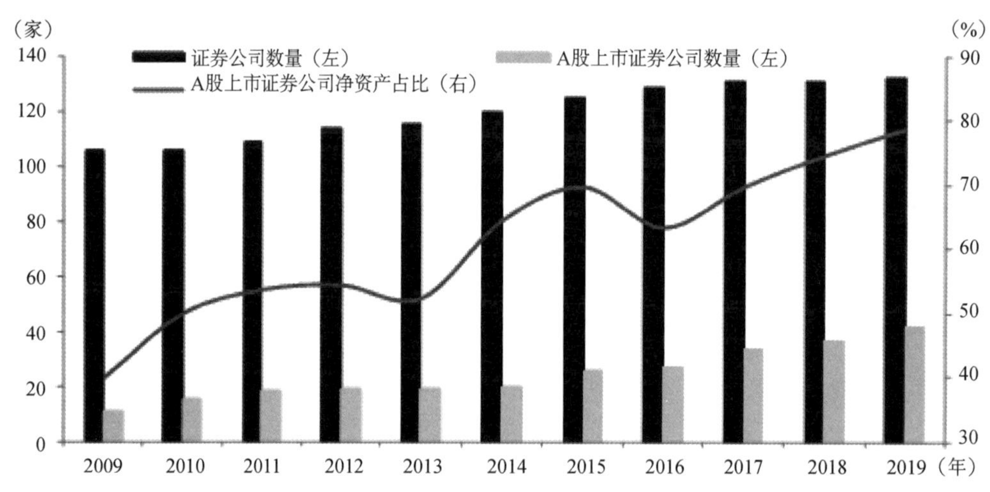

图总1-1　2009—2019年证券公司数量及上市证券公司净资产占比变化

资料来源：中国证券业协会网站，Wind，上市证券公司2019年第三季度报告。

1. 证券公司资产规模

截至2019年12月31日，证券公司总资产为7.26万亿元，净资产为2.02万亿元，净资本为1.62万亿元，客户交易结算资金余额（含信用交易资金）为1.30万亿元，受托管理资金本金总额为 12.29 万亿元（见图总 1－2）。

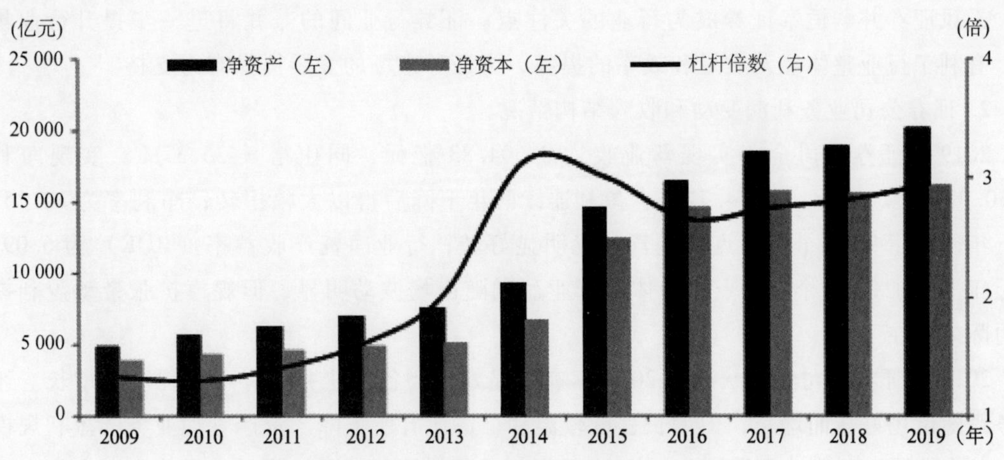

图总 1－2　2009—2019 年证券公司资本规模情况

注：杠杆倍数＝（总资产—客户交易结算资金）÷净资产

资料来源：中国证券业协会网站，Wind。证券公司经营数据由未经审计财务报表统计而得。

2019 年证券公司总资产增长 16.1%，净资产增长 6.96%，杠杆率略提高至 2.95 倍。2019 年末证券公司客户交易结算资金余额（含信用交易资金）为 1.30 万亿元，较上年增长 38.69%，市场回暖吸引了资金的活跃入市。受托管理资金本金总额 12.29 万亿元，继续较上年减少 12.91%，市场的好转并未给资产管理业务带来积极影响，资产管理业务还处在转型调整之中。融资融券余额从 2019 年初的 7 557 亿元增加至年末的 10 193 亿元，融资融券业务规模显著增长。

2019 年证券公司总资产、净资产和净资本集中度指标没有显著变化，自 2016 年以来一直保持平稳的态势。2019 年总资产、净资产、净资本前 5 家证券公司的集中度（CR5）分别为 40.54%、33.26% 和 23.87%（见图总 1－3）。

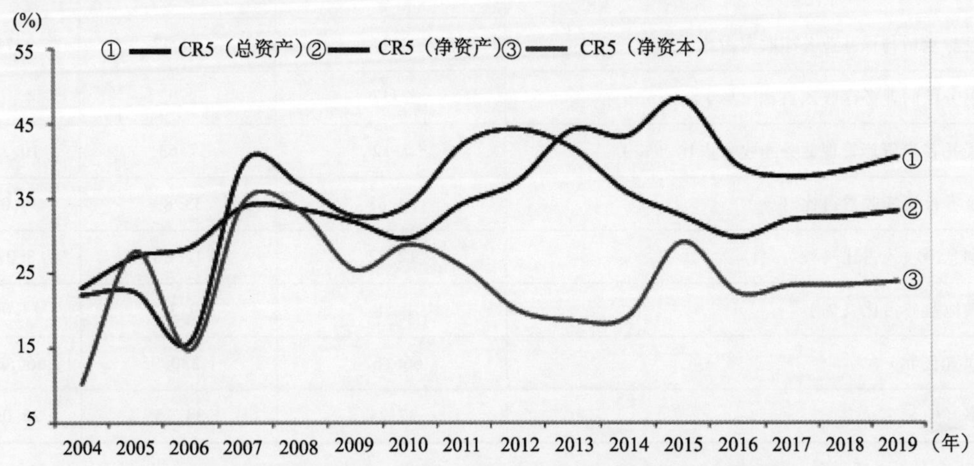

图总 1－3　2004—2019 年证券公司规模集中度变化情况

资料来源：中国证券业协会，Wind，各公司数据取自 2019 年年报。

值得关注的是，证券行业的并购在 2019 年有了较大突破，中信证券将广州证券收入旗下、天风证券并购恒泰证券成为行业的关注点。证券行业间的兼并将进一步提升行业集中度，有利于行业整体经营质量和效率的提高，为证券市场的发展提供有力支持。

2. 证券公司业务利润变动和收入结构情况

2019 年证券公司全年实现营业收入 3 604.83 亿元，同比增长 35.37%；实现净利润 1 230.95亿元，同比增长 84.77%，盈利连续两年下降后得以大幅扭转；净利率为 34.15%，较上年上升了 9.13 个百分点，经营状况明显好转；行业净资产收益率（ROE）为 6.09%，较上年上升了 2.57 个百分点。总体上行业盈利随市场波动明显，但规模扩张带动盈利提升的边际效用在下降。

2019 年证券公司经营状况较 2018 年有明显好转，各项业务都有不同程度的增长。经纪业务跟随市场好转而增长，但增长程度较温和，占比有所下降。资产管理业务的盈利规模与上年基本持平，但占比下降，显示出该项业务对盈利的贡献逐年降低，反映出资产管理业务转型面临一定的困难。自营业务成为本年的业务亮点，为盈利提供了较大贡献，说明证券公司自营业务的波动较大，市场行情的好坏对盈利产生的影响很大。2019 年投行业务和融资融券业务一举扭转颓势变为盈利的主要来源。2019 年证券市场股票首发及债券发行规模都有较大幅度增长，科创板设立并试点注册制的实施等都为投行业务带来了较好的发展（见表总 1 - 1、图总 1 - 4）。

表总 1 - 1　　2018—2019 年证券公司利润和收入情况

项目	2019 年上半年	2019 年	2018 年
营业收入（亿元）	1 789.41	3 604.83	2 662.87
代办买卖证券业务净收入占比（%）	24.81	21.85	23.41
投资咨询业务净收入占比（%）	0.95	1.05	1.18
证券承销与保荐业务净收入占比（%）	8.27	10.47	9.71
财务顾问业务净收入占比（%）	2.77	2.92	4.19
受托客户资产管理业务净收入占比（%）	7.12	7.63	10.33
证券投资净收益占比（%）	34.68	33.89	30.05
利息净收入占比（%）	12.82	12.86	8.07
其他业务占比（%）	8.58	9.33	13.06
净利润（亿元）	666.62	1 230.95	666.20
净利率（%）	37.25	34.15	25.02

注：净利率 = 净利润 ÷ 营业收入 × 100%。

资料来源：中国证券业协会网站，证券公司经营数据由未经审计财务报表统计而得。

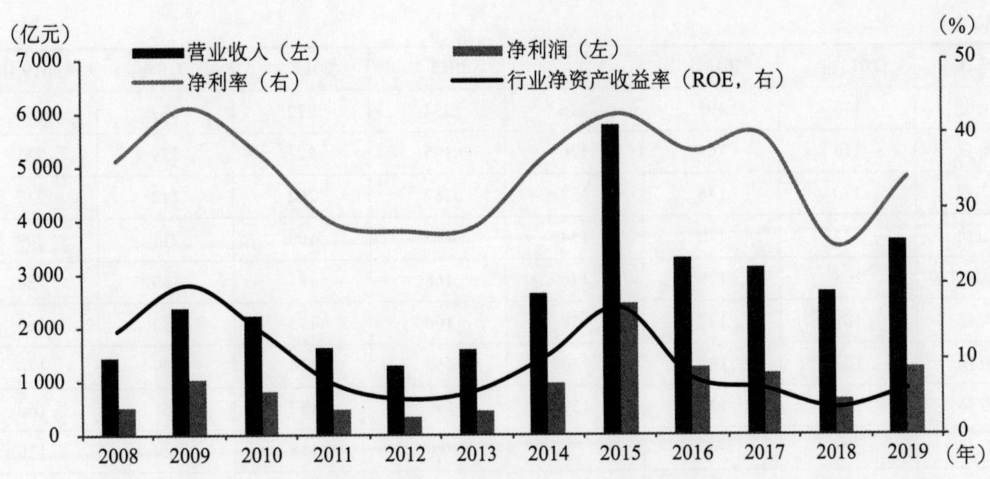

图总 1－4　2008—2019 年证券公司盈利情况

资料来源：中国证券业协会网站，Wind。

3. 证券公司营业网络分布情况

2019 年底证券公司营业部共 11 703 家，较上年增加 235 家，增长 2.05%。营业网点近年来维持着扩张的总体趋势，但幅度已经逐步放缓；结构开始分化，在部分地区继续扩张的同时，营业部减少的地区也开始增多，形成了沿海地区继续扩张而边疆地区收缩的特征。广东、浙江、江苏三省仍然继续大量新增网点，占增量营业部的 46%；而辽宁、黑龙江、云南、山西、吉林开始收缩营业部布局，其他地区的营业部扩张步伐也有所减缓（见表总 1－2）。

表总 1－2　　2013—2019 年证券公司营业部辖区分布　　（单位：家）

地区	2013 年	2014 年	2015 年	2016 年	2017 年	2018 年	2019 年
广东	769	934	1 063	1 252	1 446	1 529	1 569
浙江	436	581	676	799	973	1 045	1 088
江苏	445	603	681	790	919	986	1 012
上海	501	575	640	709	783	825	839
山东	315	403	453	517	602	636	658
北京	287	338	390	456	553	579	585
福建	256	316	350	412	479	522	541
四川	242	301	329	380	443	462	468
湖北	209	243	299	333	403	421	420
湖南	204	249	288	351	393	411	424
辽宁	228	283	312	348	383	400	388
河南	124	235	260	316	378	386	407
江西	170	229	268	294	325	345	348
安徽	165	211	232	263	308	334	346
陕西	140	168	196	224	273	282	292

续表

地区	2013 年	2014 年	2015 年	2016 年	2017 年	2018 年	2019 年
河北	175	199	216	234	272	277	280
重庆	119	163	176	195	222	229	231
广西	130	146	157	182	202	212	217
山西	122	140	154	173	199	211	209
黑龙江	108	128	148	168	181	189	184
天津	101	127	158	160	175	182	183
云南	101	121	136	152	174	179	176
吉林	104	120	129	140	157	161	160
贵州	54	66	79	98	118	124	126
内蒙古	66	85	91	105	116	121	123
新疆	62	64	73	89	111	118	123
甘肃	66	71	89	97	106	111	113
海南	40	44	52	62	72	79	80
宁夏	24	29	37	44	52	56	56
青海	16	17	23	25	29	31	31
西藏	6	10	15	17	26	25	26
合计	5 785	7 199	8 170	9 385	10 873	11 468	11 703

资料来源：上海证券交易所网站。

单个营业部年均交易量持续两年下滑后回升至108亿元/家的水平，较上年增长39%。交易量水平仅反映营业部经纪业务功能承载的情况，随着营业部综合功能的加强以及与总部的协调加深，营业部的盈利来源将更加多元化、经营方式也更加优化（见图总1-5）。

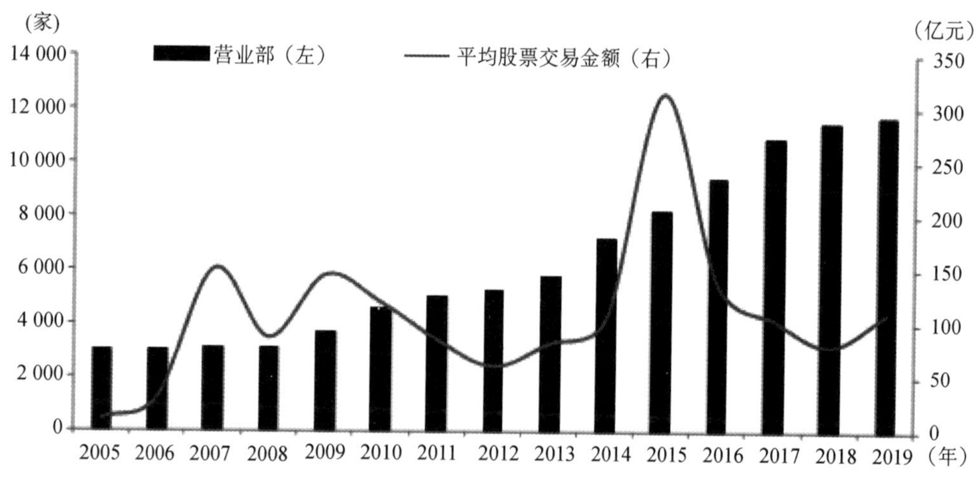

图总1-5　2005—2019年证券公司营业网络发展情况

资料来源：上海证券交易所网站，Wind。

4. 证券行业从业人员①

2019 年证券行业已注册从业人员 33.87 万人，较 2018 年下降 5 601 人，降幅为 1.63%，已连续两年下降。其中，一般从业人员 19.81 万人，证券经纪人 7.45 万人，证券投资咨询业务（投资顾问）5.53 万人，证券投资咨询业务（分析师）3 384 人，保荐代表人 3 806 人，投资主办人 2 109 人，证券经纪业务营销人员 921 人，证券投资咨询业务（其他）597 人。

自 2018 年证券从业人员数量首度下降后，2019 年继续微幅收缩。从人员结构来看，一般证券业务、证券经纪人分别较上年减少 5 405 人和 8 512 人，是减少最多的类型；同时，证券投资咨询业务（投资顾问）增加了 8 066 人，增幅达 17%。证券投资咨询业务（分析师）及保荐代表人都保持着稳定的增幅，二者近年来基本上维持着 10% 以上的增幅。经纪人数量的持续收缩，反映出投资者对经纪人的依赖度有所降低，投资者的专业化水平在提高，投资者和从业人员结构都在经历转变。而金融科技的发展、渗透和冲击给证券行业带来了前所未有的挑战和机遇，证券从业人员的结构变化随之而来，进一步助推了行业的转型发展（见表总 1－3）。

表总 1－3　2019 年证券行业从业人员规模及结构

（单位：人）

机构类型	已注册人员	一般证券业务	证券投资咨询业务（其他）	证券经纪业务营销	证券经纪人	证券投资咨询业务（分析师）	证券投资咨询业务（投资顾问）	保荐代表人	投资主办人
证券公司	327 886	190 598	0	921	74 479	3 206	53 140	3 806	1 736
证券资产管理公司	1 518	1 145	0	0	0	0	0	0	373
证券投资咨询机构	8 729	6 342	0	0	0	178	2 209	0	0
证券市场资信评级机构	597	0	597	0	0	0	0	0	0
合计	338 730	198 085	597	921	74 479	3 384	55 349	3 806	2 109

资料来源：中国证券业协会。

（二）证券投资咨询公司发展状况

截至 2019 年底，证券投资咨询公司共 84 家，近年一直保持稳定。2019 年证券投资咨询机构的注册证券从业人员 8 729 人，较上年增加 975 人，增幅达 12.57%，从业人员在继续扩张。其中，注册证券投资咨询业务（分析师）178 人，较上年增加 19 人，近年持续在增加；注册证券投资咨询业务（投资顾问）2 209 人，较上年增加 59 人；一般证券业务

① 本部分证券行业从业人员指证券公司、证券资产管理公司、证券投资咨询机构、证券市场资信评级机构从业人员。

6 342人，较上年增加897 人，是证券投资咨询从业人员扩张的主要动力。

2019 年，中国证券业协会发布《证券投资咨询机构执业行为规范（试行)》，进一步加强对证券投资咨询机构的自律管理，促进证券投资咨询机构规范发展。证券投资咨询的专业性和“含金量”将有望稳步提高，严格监管及市场选择的双重压力使得“黑嘴”等低质劣质咨询人员失去生存空间，投资咨询公司的优胜劣汰将加速，竞争力低下的投资咨询公司面临生存压力。从长远来看，投资咨询服务和客户利益将有效统一起来，为证券市场投资理念向价值理性回归迈进一步，也为投资咨询公司的专业化发展拓宽了道路，真正能够挖掘市场价值、为客户提供优质咨询服务的公司将得以胜出，行业集中度有望提升。

证券投资咨询公司的转型势在必行，服务升级是必然，科技与人力资源的投入是提升竞争力的两个要素。从国外目前成熟模式来看，智能投顾、人机混合及纯人工等多类投顾的服务都有相应的客户需求，针对不同类型客户提供不同水准的咨询服务，是差异化竞争的战略选择。我国证券投资咨询公司在已有的尝试经验基础上，深入探索、加快创新，以提升投顾服务和产品质量为唯一根本，才能在这一变革下成为主流服务者。

（三）证券市场资信评级机构发展状况

截至 2019 年末，国内共有 11 家从事证券市场资信评级业务的公司，与上年持平。根据 2019 年中国证券业协会专项调查统计，7 家发行人付费证券资信评级机构的总资产、净资产、营业收入、利润总额分别为 25. 40 亿元、16. 15 亿元、13. 97 亿元、3. 92 亿元，分别较上年增加 11. 95%、22. 19%、7. 64%、0. 42%。其中，交易所债券评级业务收入为 8. 75 亿元，较上年增长 28. 72%，占总收入的 62. 62%。整个行业在经历了 2018 年的业务下滑后，2019 年经营规模有一定增长，盈利也有所企稳。

2019 年 11 家评级公司共承接评级项目 5 469 个，7 家发行人付费证券资信评级机构出具首次评级报告 6 769 份；完成定期跟踪评级项目为 4 698 个，不定期跟踪评级项目为 1 198 个，终止/撤销评级项目达到 259 个。

二、证券公司各项业务开展情况

（一）证券经纪业务

1. 市场规模、交易及收入情况

截至 2019 年底，境内上市公司（A、B 股）数量达到 3 777 家，较 2018 年底增加 111 家；上市公司总市值和流通市值分别同比增加 36. 33% 和 36. 66%，达到 59. 29 万亿元和 48. 35 万亿元；流通市值占比约为 81. 52%，同比提升 0. 20 个百分点。

2019 年股票和基金市场交易显著活跃，全年共实现 136. 59 万亿元交易额，同比增加 35. 85%。其中，全年全市场累计成交股票 127. 42 万亿元，较 2018 年增加 41. 10%；累计成交基金9.17万亿元，同比减少10.71%。2019年交易所债券市场实现246.43万亿元的交易额，同比增加3.88%，该成交规模接近股票、基金成交额的两倍（见表总1-4）。

表总1-4　2018—2019年市场规模和交易情况

年度	上市公司数量（家）	退市公司数量（家）	股本（万亿股）		市值（万亿元）		股票成交额（万亿元）	基金成交额（万亿元）	交易所债券成交额（万亿元）
			总股本	流通股本	总市值	流通市值			
2019	3 777	12	6.17	5.25	59.29	48.35	127.42	9.17	246.43
2018	3 666	6	5.76	4.90	43.49	35.38	90.30	10.27	237.22

资料来源：上海证券交易所，深圳证券交易所，Wind。

2019年，全年行业平均佣金率为0.349‰，相较2018年的0.376‰降低7.18%。尽管佣金率水平持续缓慢下滑，但2019年股票、基金交易规模大幅提升，全年证券公司经纪业务净收入为687.30亿元，同比增加10.25%。

2. 投资者情况

截至2019年末，沪、深两市投资者数量（投资者数量指持有未注销、未休眠的A股、B股、信用账户、衍生品合约账户的一码通账户数量）达到15 975.24万人，其中自然人15 937.22万人，非自然人38.02万人。自然人投资者中，约99.61%的投资者开立A股账户，1.49%的投资者开立B股账户；非自然人投资者中，约94.32%的投资者开立A股账户，5.76%的投资者开立B股账户。

（二）证券投资咨询业务

证券投资咨询业务包括证券投资顾问业务和发布研究报告这两种基本的服务形式。2019年全年，投资咨询业务实现净收入37.84亿元，同比增加20.05%。

1. 证券投资顾问业务

2019年中国证券业协会专项调查统计显示，截至2019年底，在参与调研的94家证券公司中，共有89家已开展投资顾问业务，并有76家设立了专门从事及管理投资顾问业务的独立部门。其中，共有30家证券公司成立一级部门来从事投资顾问业务，比2018年新增7家；其余46家多在经纪业务总部、零售业务部和财富管理部等一级部门下开展此项业务。2019年有83家公司的投顾业务创造收入，比2018年增加7家；业务收入主要源于差别佣金和投资顾问费用。

证券公司投资顾问业务的组织形式基本以总部和分支机构分工协作为主。总部主要负责投顾业务规章制度、投研体系、风控体系的构建，以及业务的组织、推广、培训、指导及系统支持等，分支机构则具体负责投顾业务的具体开展。根据调查统计显示，投资顾问业务的产品类型较为丰富。根据投资者的风险偏好，设立稳健型、平衡型、进取型产品；根据投资标的，设立权益类、固定收益类、资产配置类产品；根据服务对象，设立标准化产品和定制产品；根据服务方式，设立基础服务产品、终端服务产品、投资顾问服务产品、短信服务产品、线上投顾服务产品及资讯服务产品；根据收费方式，分为基础服务产品、固定收费产品和浮动佣金产品。

2019 年证券公司投资顾问业务呈现“四化”特征：第一，一体化和线上化。加强互联网平台建设，推进投资顾问业务从签约、收费、服务等所有流程线上办理。第二，智能化。积极构建智能投资顾问产品服务体系，通过客户画像等技术，实现精准化服务。第三，专业化。加大标准化投资顾问服务的培训，提高投资顾问业务水平。

2. 发布研究报告业务

2019 年，中国证券业协会进一步加强对发布研究报告业务的管理，规范分析师参加外部评价行为；同时，吸收首席经济学家作为协会专业委员会委员，充分发挥首席经济学家的行业智库作用。2019 年 10 月 9 日，中国证券业协会发布《证券公司分析师参加外部评选规范》，规范证券分析师参加各类外部评选活动，加强证券公司对分析师廉洁从业管理和声誉风险管理，提高证券研究报告质量，促进形成客观、公正的外部评选机制，促进发布证券研究报告业务健康发展。2019 年 1 月，中国证券业协会发布《关于聘任中国证券业协会证券分析师、投资顾问与首席经济学家委员会成员的决定》，聘任 30 名首席经济学家为该委员会委员；同时发布《中国证券基金行业首席经济学家例会制度》，按季度组织首席经济学家就国内国际经济金融形势进行分析、及时反映市场关切与行业呼声、探讨金融热点问题，通过市场各方对话交流，搭建政府与市场之间的沟通渠道。

2019 年中国证券业协会专项调查统计显示，在参与调研的 100 家证券公司中，94 家证券公司设有研究所（部、子公司），比 2018 年增加 5 家。从研究广度看，研究范围主要包括宏观研究、策略研究、行业与公司研究、金融工程研究、金融产品研究、债券及固定收益研究、买方研究、大宗商品研究、中小市值研究、新三板研究、海外市场研究等。

研究报告依然是证券研究的主要产品形式。2019 年共有 89 家证券公司的研究所（部、子公司）发布研究报告，全年共计发布研究报告 18.04 万篇，与 2018 年基本持平，业务竞争依然激烈。其中，深度报告 19 715 篇，约占研究报告总数的 10.93%，同比提高 0.53 个百分点。

证券研究业务的服务对象包括公募基金、保险公司、社保基金、私募基金、产业资本、资产管理公司、证券公司资产管理部门、证券公司自营部门、合格境外机构投资者（QFII）、合格境内机构投资者（QDII）、海外客户、高净值客户等外部机构客户，服务形式包括提供研究报告、路演、策略会、联合调研、培训、电话会议等。根据调研统计，在开展证券研究的 94 家证券公司中，74 家开展了对机构客户的产品推广及服务工作。

2019 年，证券研究部门适应科创板开板等市场新变化，加强研究业务创新：（1）研究对象上，布局科创板上市公司研究，继续加强海外市场研究；（2）研究方法上，继续加强行业一体化及产业链协同研究，深入融合产业与资本；（3）服务方式上，拓展研究报告的新媒体发布渠道（如微信小程序）；（4）加强金融科技在证券研究业务的应用，利用大数据、人工智能等提升工作效率、提高研究质量、完善合规审核。

根据 2019 年中国证券业协会的不完全调查统计，从事发布研究报告业务的人员数量持续增加，94 家证券公司研究所（部、子公司）的全部员工总数为 5 279 人，同比增加 191 人；其中，具有 5 年及以上从业经验的员工人数为 2 019 人，约占 38. 25%，比 2018 年增加 3. 70%；具有博士及以上学历的员工人数为 449 人，约占 8. 51%。

（三）证券承销与发行业务

1. 股票发行与承销业务

2019 年证券公司共完成首次公开发行（IPO）202 家，共募集资金 2 533. 68 亿元。2019 年公开增发项目募集资金 89. 50 亿元；再融资定向增发项目（不含重组配套融资）募集资金 806. 45 亿元；配股项目募集资金 168. 14 亿元；优先股项目募集资金 2 627. 35 亿元。

2. 债券发行与承销业务

2019 年市场利率整体低位震荡，债市融资环境较为宽松，证券公司在交易所市场债券发行规模持续显著增长，全年募集资金规模达 71 986. 72 亿元，较 2018 年增长 26. 56%。其中，公司债券（仅包括公开发行公司债券和非公开发行公司债券）共发行 2 594 只，合计募集资金 29 289. 86 亿元，募集规模较 2018 年增长 39. 45%；可转换公司债券全年发行 97 只，发行规模合计 2 419. 83 亿元，是 2018 年的 3. 07 倍；可交换公司债券全年发行 59 只，发行规模约 818. 64 亿元，是 2018 年的 2. 00 倍；地方政府债全年发行 719 只，发行规模 28 338. 46亿元；政策性银行债全年发行 32 只，发行规模 1 085. 00 亿元。

为进一步推进落实中共中央、国务院《粤港澳大湾区发展规划纲要》部署，交易所市场于 2019 年推出大湾区专项公司债券。据 Wind 数据显示，2019 年，市场共发行 4 单大湾区专项公司债券，合计募集资金 22. 00 亿元；其他创新品种方面，2019 年共发行 162 单可续期公司债券，合计募集资金 2 314. 98 亿元，募资规模小幅增长；共发行 64 单绿色公司债券，合计募集资金 595. 77 亿元，募资规模较上年增加 53. 20%；共发行 41 单纾困公司债券，合计募集资金 491. 20 亿元，募资规模大幅增加，约增长 401. 22%；共发行 28 单扶贫专项公司债券，合计募集资金 189. 60 亿元，发行单数和规模较上年分别增加 250. 00% 和 626. 44%；共发行 9 单涉及“一带一路”用途的公司债券，合计募集资金 144. 40 亿元，募集资金用于“一带一路”相关项目建设；共发行 15 单创新创业公司债券，合计募集资金 31. 10 亿元，发行单数和规模略有萎缩。

3. 证券公司参与全国中小企业股份转让系统业务

（1）挂牌公司情况。根据全国中小企业股份转让系统统计数据，截至 2019 年底，全国中小企业股份转让系统挂牌公司 8 953 家。其中，创新层 667 家，基础层 8 286 家。全年市场成交金额 825. 69 亿元，较 2018 年的 888. 01 亿元有所回落；做市转让成交规模占比显著上升，约占 46. 53%。

（2）定向增发融资情况。2019 年共进行 587 次定向增发，合计发行股份 72. 45 亿股，募集资金 264. 63 亿元，较 2018 年下降幅度明显（见图总 1 -6）。

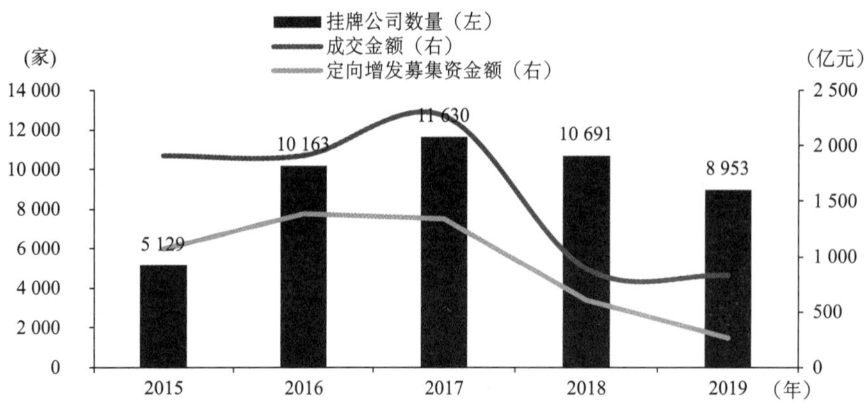

图总 1－6　2015—2019 年新三板市场发展情况

资料来源：全国中小企业股份转让系统。

4. 证券承销与发行业务收入情况

2019 年证券行业改变 2017 年以来证券承销业务收入持续缩减的趋势，行业总收入达 377.44 亿元，同比增加 46.03%（见图总 1－7）。

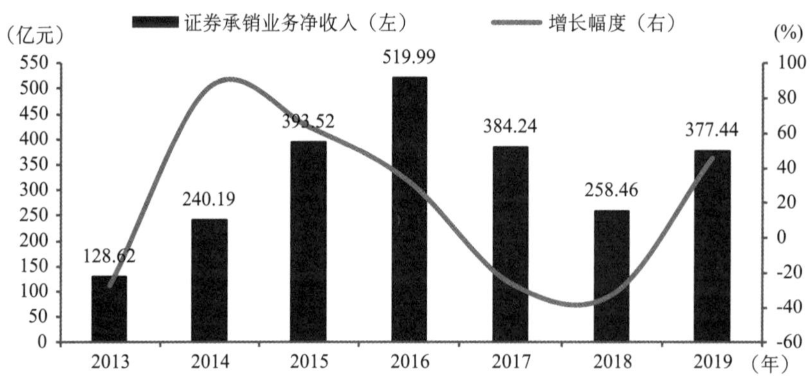

图总 1－7　2013—2019 年证券承销业务净收入及增幅

资料来源：中国证券业协会。

5. 市场集中度情况

2019 年证券公司承销业务市场格局维持集中态势。根据 Wind 数据显示，2019 年股票承销金额和家数前 10 家的集中度分别为 74.39% 和 54.83%，与 2018 年基本持平；2019 年债券承销金额和家数前 10 家的集中度分别为 61.72% 和 44.16%，分别比 2018 年降低 0.94 个和 7.97 个百分点。

（四）财务顾问业务

2010—2015 年，我国并购市场快速发展，上市公司重大资产重组交易数量及交易规模连续 6 年持续增长；2016 年以来，由于并购重组监管力度加强和宏观经济下行压力，上市公司重大资产重组交易规模出现回落。根据 Wind 数据显示，2019 年最新披露已完成过户的重大资产重组的交易数量为 150 单，较 2018 年上升 0.67%，交易规模 7 203.55 亿元，较 2018 年上升 33.63%。中国证监会并购重组委审核通过的重大资产重组 103 家，其中上海证券交易所 41 家，比 2018 年增加 1 家，深圳证券交易所 62 家，比 2018 年减少 21 家。

2019 年并购重组在助力供给侧改革、国有企业改革中的积极作用不断显现。2019 年上市公司控股权转让频发，国资大举进入控制权转让市场，所占比例逐渐增加；在主板、中小板、创业板市场中，国资收购上市公司控股权占比均超过 50%。在国企改革中，出现招商局集团物业管理资产平台证券化、中信特钢资产证券化、浙建集团重组多喜爱等一批国企重组案例。

2019 年，证券公司财务顾问业务累计实现收入 105.21 亿元，同比减少 5.64%，财务顾问业务在行业总收入的比重为 2.92%，比 2018 年降低 1.27 个百分点（见图总 1－8）。

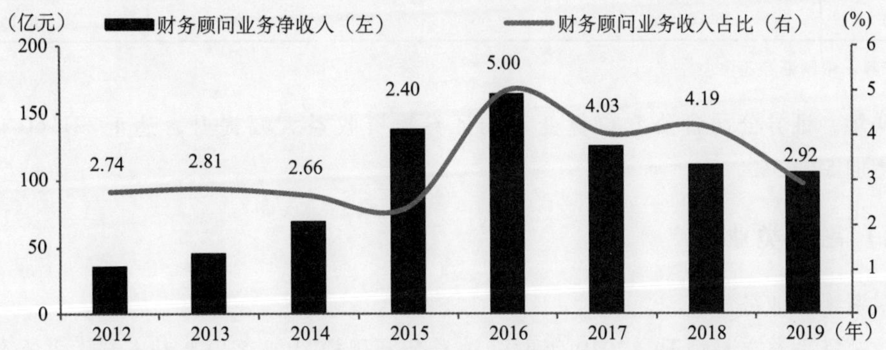

图总 1－8　2012—2019 年财务顾问业务净收入及其业务比重

资料来源：中国证券业协会。

（五）资产管理业务

截至 2019 年末，国内证券公司受托管理资金总计 12.29 万亿元，较 2018 年收缩 12.91%。2019 年证券公司资产管理业务收入达 275.16 亿元，与 2018 年基本持平；资产管理业务在行业总收入中的比重在 2015 年后首次下降，约为 7.63%（见图总 1－9）。

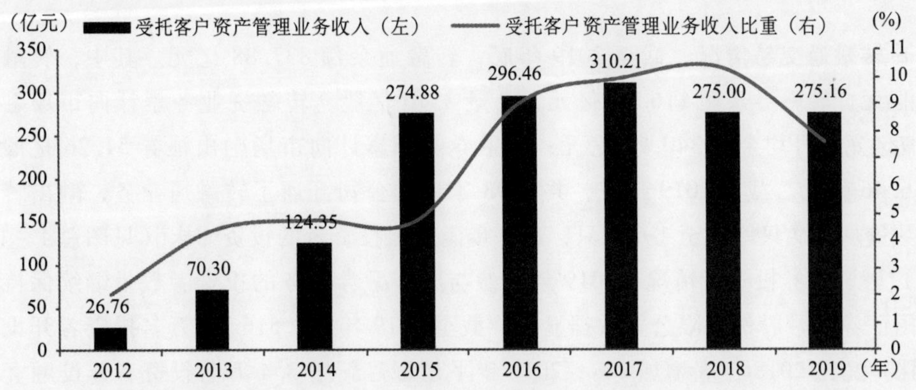

图总 1－9　2012—2019 年资产管理业务净收入及其业务比重

资料来源：中国证券业协会。

（六）证券自营业务

截至2019年底，证券公司进行金融产品投资的资金规模达3.22万亿元，同比增加23.51%。其中，股票资产比重明显上升，由2018年的6.66%上升至8.41%；基金资产比重亦有所上升，由8.98%上升至9.25%；债券资产比重略有下降，由68.20%降至67.58%（见表总1-5）。

表总1-5　　2018—2019年证券公司金融产品投资配置情况

年度	投资规模（亿元）	股票（%）	基金（%）	债券（%）	其他证券产品（%）
2019	32 238.33	8.41	9.25	67.58	14.75
2018	26 102.04	6.66	8.98	68.20	16.16

资料来源：中国证券业协会。

2019年，证券公司含公允价值变动的证券投资收益大幅提升，达1 221.60亿元，较2018年增加52.65%。

（七）融资类业务

1. 融资融券业务

（1）融资融券交易情况。2019年融资融券余额规模呈现逐步上升态势，并在年末超过1万亿元。根据中国证券金融股份有限公司的数据，截至2019年底，融资融券余额为10 192.07亿元，同比增加34.86%。其中，融资余额10 054.69亿元，约占融资融券余额的98.65%；融券余额137.38亿元，约占1.35%，融券余额占比连续4年攀升，2019年末同比提高0.45个百分点。

从整个A股市场来看，融资融券交易是股票市场流动性的重要组成部分。截至2019年底，融资融券余额约占A股市场流通市值的2.12%，与2018年底基本持平；全年累计融资买入交易额约占A股交易总额的8.94%，同比提升0.49个百分点（见图总1-10和图总1-11）。

（2）转融通交易情况。截至2019年底，转融通余额837.88亿元。其中，转融资余额721.71亿元，转融券余额116.17亿元，余量8.40亿股。转融资业务累计向市场融出资金1 252.07亿元，日均余额340.28亿元；转融券业务累计向市场融出证券51.26亿股，累计成交656.46亿元。截至2019年底，共有93家证券公司开通了转融通业务，融出转融通标的股票数量从949只增加至1 669只，进一步满足了投资者的投资需求（见图总1-12）。

（3）融资融券投资者情况。2019年，参与融资融券业务的投资者数量继续保持增长趋势。中国证券金融股份有限公司数据显示，截至2019年末，516.71万名投资者开设融资融券信用账户，比2018年底增加8%；2019年平均每月新增3.4万名投资者开设融资融券账户，比2018年月均增量约增加107.6%（见图总1-13）。

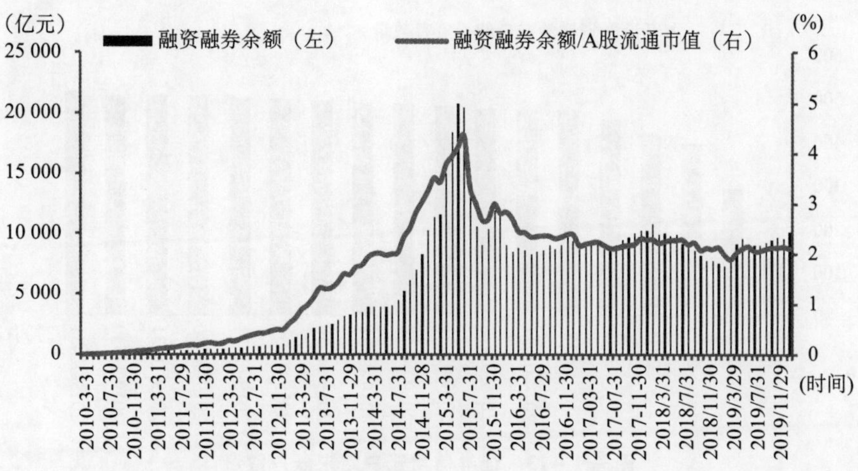

图总 1－10　融资融券业务开展以来规模发展情况

资料来源：中国证券金融股份有限公司。

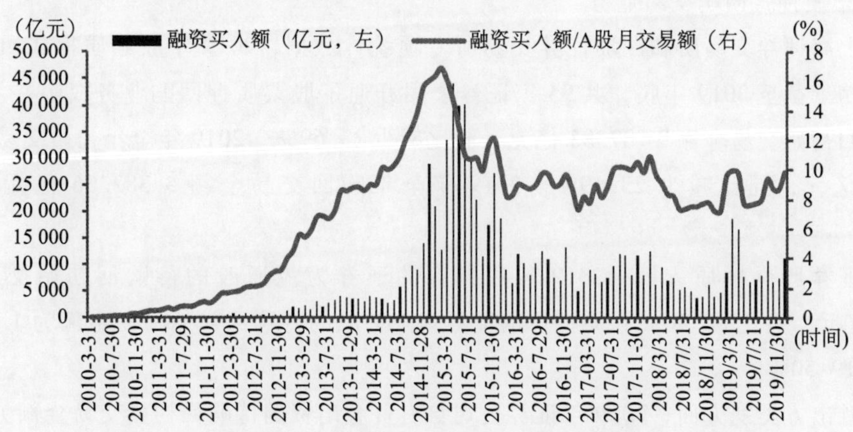

图总 1－11　融资融券业务开展以来交易情况

资料来源：中国证券金融股份有限公司。

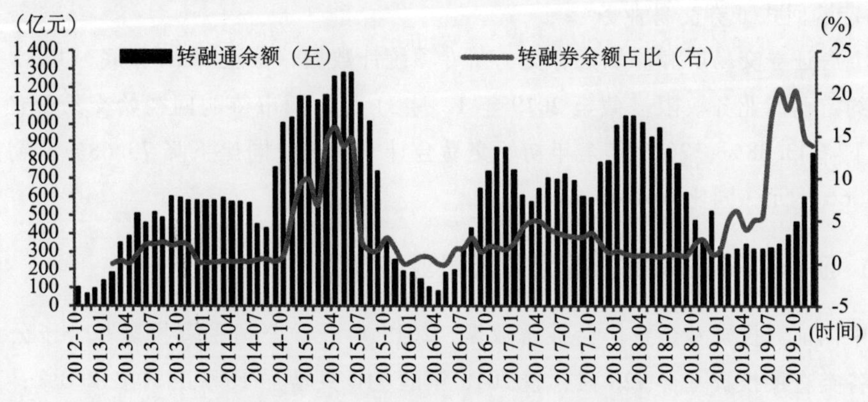

图总 1－12　转融通业务开展以来规模情况

资料来源：中国证券金融股份有限公司。

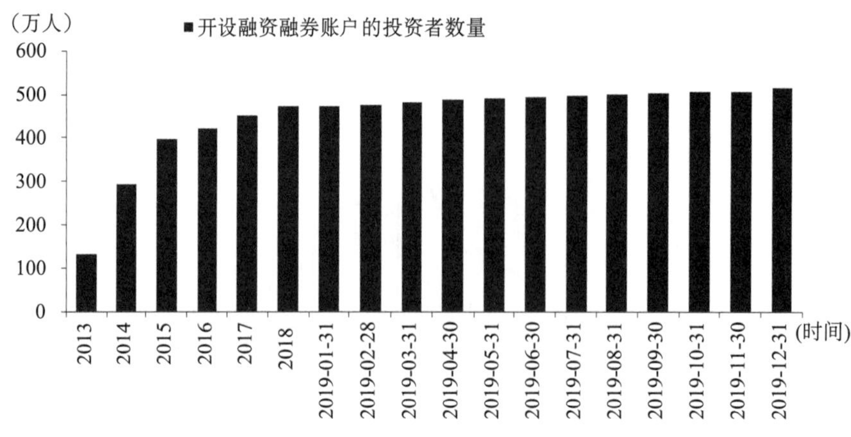

图总 1－13　证券信用账户期末账户数量

资料来源：中国证券金融股份有限公司。

2. 股票质押式回购交易业务

根据上海证券交易所和深圳证券交易所专项统计数据，2019 年股票质押式回购业务规模持续收缩。截至 2019 年底，共 95 家证券公司开通了股票质押回购业务权限并发生交易，两市待购回初始交易金额 9 787.83 亿元，同比减少 23.69%。2019 年全年初始交易金额合计 2 631.16 亿元，同比减少 23.19%。2019 年全年购回交易金额 5 382.56 亿元，同比减少 18.92%。

标的证券股份性质方面，2019 年质押标的证券为流通股的待购回初始交易金额为 7 878.74亿元，占比 80.50%；质押标的证券为限售股的待购回初始交易金额为 1 909.10 亿元，占比 19.50%。

资金融出方类别方面，2019 年证券公司自有资金出资的待购回初始交易金额为5 413.12 亿元，占比 55.30%；证券公司资产管理计划出资的待购回初始交易金额为 4 258.79 亿元，占比 43.51%；其他融出方出资的待购回初始交易金额为 115.93 亿元，占比 1.18%。

3. 约定购回式证券交易业务

根据上海证券交易所和深圳证券交易所专项统计数据，截至 2019 年底，共 81 家证券公司开通了约定购回业务权限。截至 2019 年 12 月 31 日，两市待购回初始交易金额 16.83 亿元，同比下降 43.88%。2019 年全年初始交易合计 578 笔，同比下降 79.68%；初始交易金额合计 27.66 亿元，同比下降 40.06%。

（八）证券公司私募投资基金子公司业务

根据中国证券投资基金业协会披露数据，2019 年证券公司私募投资基金子公司全年共发起设立各类直接投资基金 928 只，较 2018 年的 910 只增加 18 只，增长 2.0%；募集资金（认缴）总额 8 990.93 亿元，实缴资本总额 4 976.56 亿元，认缴资金及实缴资金总额分别较 2018 年增长 11.5% 及 2.8%（见表总 1－6）。

表总 1－6　　2019 年证券公司私募投资基金子公司设立基金情况

基金类型	数量（只）	认缴金额（亿元）	实缴金额（亿元）
股权投资基金	711	6 485. 63	3 547. 90
创业投资基金	114	644. 94	335. 49
并购基金	57	1 061. 67	708. 42
证券投资基金	2	5. 82	5. 82
其他类基金	44	792. 87	378. 93
合计	928	8 90. 93	4 976. 6

资料来源：中国证券投资基金业协会。

（九）国际化业务

2019 年是中国证券行业对外开放的关键年份，中国证券行业国际化发展呈现出新的特征。一是行业对外开放进程提速，持续推进互联互通机制。2019 年 7 月，国务院金融稳定发展委员会办公室发布《关于进一步扩大金融业对外开放的有关举措》，明确把取消证券公司、基金管理公司和期货公司外资股比限制的时点从 2021 年提前至 2020 年；5 月，中国证监会批准中日 ETF 互通中方产品的注册申请；6 月，中国证监会与英国金融行为监管局发布联合公告，批准上海证券交易所与伦敦证券交易所开展“沪伦通”业务。二是证券公司海外业务模式持续丰富。2019 年，证券公司获批参与结售汇业务数量快速增加。截至 2020 年 3 月，共有 7 家证券公司获国家外汇管理局批复开展结售汇业务，比 2018 年底新增 6 家。三是在支持粤港澳大湾区和“一带一路”建设方面取得新突破。根据中国证券业协会专项调查统计，2019 年共有 31 家证券公司已设有境外子公司并获得经营收入，新增 3 家证券公司获批并购或设立境外子公司。2019 年，已设立境外子公司的证券公司至少有 14 家公司以并购财务顾问、股权融资、债券融资等方式为“一带一路”沿线国家的企业提供服务。

（十）其他业务

1. 交易所衍生品业务

中国期货业协会数据显示，2019 年全年上证 50 股指期货累计成交 966. 9 万手，成交金额达 82 176. 45 亿元，分别同比增长 114. 05% 和 133. 17%；沪深 300 股指期货累计成交 2 363. 85万手，成交金额 267 071. 61 亿元，分别同比增长 215. 73% 和 241. 18%；中证 500 股指期货累计成交 1 994. 38 万手，成交金额 82 176. 45 亿元，分别同比增长 144. 07% 和 166. 52%；10 年期国债期货累计成交 924. 62 万手，成交金额 90 403. 39 亿元，分别同比增长 2. 86% 和 6. 14%；5 年期国债期货累计成交 179. 83 万手，成交金额 17 907. 74 亿元，分别同比减少 2. 42% 和 0. 32%。

2. 场外衍生品业务

证券公司场外衍生品交易业务主要包括中证机构间报价系统与证券公司柜台两个部分，

目前以柜台市场为主。中证机构间报价系统数据显示，全年证券公司累计新增收益互换交易32 053笔，对应名义本金规模5 582.16亿元，新增场外期权交易25 132笔，对应名义本金规模12 556.33亿元。

三、证券行业制度建设情况

2019年，我国资本市场和证券行业坚持市场化、法治化方向，继续深化改革，扩大开放，完善基础制度建设，提升监管效能，进一步增强服务实体经济能力。

（一）设立科创板并试点注册制，为今后证券市场基础制度改革提供了重要借鉴经验

科创板的设立是进一步落实创新驱动和科技强国战略、增强资本市场对提高我国关键核心技术创新能力的服务水平、促进高新技术产业和战略性新兴产业发展、支持上海国际金融中心和科技创新中心建设、完善资本市场基础制度的重要举措。2019年1月28日，中国证监会发布《关于在上海证券交易所设立科创板并试点注册制的实施意见》，明确科创板应根据板块定位和科创企业特点，设置多元包容的上市条件，允许符合科创板定位、尚未盈利或存在累计未弥补亏损的企业在科创板上市，允许符合相关要求的特殊股权结构企业和红筹企业在科创板上市。这将从五方面完善资本市场基础制度：一是构建科创板股票市场化发行承销机制；二是进一步强化信息披露监管；三是基于科创板上市公司特点和投资者适当性要求，建立更加市场化的交易机制；四是建立更加高效的并购重组机制；五是严格实施退市制度。

2019年3月1日，中国证监会发布《科创板首次公开发行股票注册管理办法（试行）》《公开发行证券的公司信息披露内容与格式准则第42号——首次公开发行股票并在科创板上市申请文件》《科创板上市公司持续监管办法（试行）》《公开发行证券的公司信息披露内容与格式准则第41号——科创板公司招股说明书》等一系列政策法规，对科创板公司的上市发行、信息披露、持续监管等内容进行了详细规范。同日，上海证券交易所发布《上海证券交易所科创板股票发行上市审核规则》《上海证券交易所科创板股票上市委员会管理办法》《上海证券交易所科创板股票发行与承销实施办法》一系列法规，对科创板的股票发行审核、科创板股票上市委员会的工作管理、科创板股票的发行与承销进行规范。此外，为了保障科创板发行承销、交易工作的顺畅进行，上海证券交易所还发布《上海证券交易所科创板股票交易特别规定》《上海证券交易所科创板上市保荐书内容与格式指引》《上海证券交易所科创板股票发行上市申请文件受理指引》《上海证券交易所科创板股票盘后固定价格交易指引》《上海证券交易所科创板股票交易风险揭示书必备条款》《上海证券交易所科创板股票发行上市审核问答》《上海证券交易所科创板企业上市推荐指引》等。

2019年3月7日，中国证监会再度发布《公开发行证券的公司信息披露编报规则第24

号——科创板创新试点红筹企业财务报告信息特别规定》，对红筹企业财务报告信息披露进行规定。2019年3月15日，上海证券交易所发布《科创板创新试点红筹企业财务报告信息披露指引》，就红筹企业补充财务信息涉及的财务指标及其调节信息、调节过程的披露事项制订了相关业务指引。

2019年6月28日，为了强化发行人、上市公司对信息披露的诚信义务，充分发挥中介机构的核查把关作用，督促证券市场参与各方归位尽责，中国证监会、国家发改委、中国人民银行等八家中央单位联合发布《关于在科创板注册制试点中对相关市场主体加强监管信息共享完善失信联合惩戒机制的意见》，对科创板企业的信息共享及失信惩戒内容进行了详细规定。2019年8月23日，为了规范科创板上市公司（以下简称“科创公司”）重大资产重组行为，中国证监会发布《科创板上市公司重大资产重组特别规定》，完善科创板的资产重组规范。2019年11月29日，上海证券交易所发布《上海证券交易所科创板上市公司重大资产重组审核规则》，对科创板重大资产重组行为进行详细规范。

2019年6月3日，配合中国证监会关于科创板的系列规章制度，中国证券业协会发布《科创板首次公开发行股票网下投资者管理细则》和《科创板首次公开发行股票承销业务规范》，对科创板承销发行金融机构和参与科创板的投资机构的资质和行为进行自律性规范，以保障科创板的顺利运行。为了保障科创板的顺利运行，上海证券交易所还在2019年4月到11月间，分别对科创板的发行承销业务发布工作指引，制定自律委员会工作细则，对股票及存托凭证交易、科创板发行人财务信息披露以及对股票异常交易监控、上市公司持续监管等详细内容进行法规规范。

（二）启动新三板市场全面深化改革，多层次资本市场建设进入新阶段

2019年2月，中共中央办公厅、国务院办公厅印发《关于加强金融服务民营企业的若干意见》，要稳步推进新三板发行与交易制度改革，促进新三板成为创新型民营中小微企业融资的重要平台。2019年10月25日，中国证监会在例行会议上宣布新三板综合改革总体思路和改革方案已确定，启动新三板的全面深化改革。在指导思路上，新三板深化改革坚持服务中小企业发展的初心，坚持市场化、法治化方向，实现与交易所的错位发展；坚持多层次资本市场的有机联系，打通中小企业成长壮大的市场通道，完善基础制度安排，促进融资、交易、定价等市场功能有效发挥；坚持建立健全适合中小企业特点的制度安排，为挂牌企业提供差异化精准服务，提高信息披露质量，严厉查处违法违规行为，防范市场风险，促进中小企业规范发展。

在改革措施上，新三板深化改革将重点集中在五方面：一是优化发行融资制度，按照挂牌公司不同发展阶段需求，构建多元化发行机制，改进现有定向发行制度，允许符合条件的创新层企业向不特定合格投资者公开发行股票；持续推进简政放权，充分发挥新三板自律审查职能，提高融资效率，降低企业成本，支持不同类型挂牌企业融资发展。二是完善市场分层，设立精选层，配套形成交易、投资者适当性、信息披露、监督管理等差异化制度体系，

引入公募基金等长期资金，增强新三板服务功能。三是建立挂牌公司转板上市机制，在精选层挂牌一定期限且符合交易所上市条件和相关规定的企业，可以直接转板上市，充分发挥新三板市场承上启下的作用，实现多层次资本市场互联互通。四是加强监督管理，实施分类监管，研究提高违法成本，切实提升挂牌公司质量。五是健全市场退出机制，完善摘牌制度，推动市场出清，促进形成良性的市场进退生态，切实保护投资者合法权益。

2019 年 12 月 20 日，中国证监会发布《非上市公众公司监督管理办法（2019 年修订）》和《非上市公众公司信息披露管理办法》，对非上市公众公司的信息披露行为进行规范，以期更好地保护投资者合法权益，维护市场秩序和社会公众利益。随后，全国中小企业股转系统也发布《股票向不特定合格投资者公开发行并在精选层挂牌规则（试行）》《股票定向发行规则》《分层管理办法》《挂牌公司信息披露规则》《挂牌公司治理规则》《股票交易规则》等一系列规则，同时对《全国中小企业股份转让系统投资者适当性管理办法》进行了修改，对新三板企业的市场进入、分层筛选、日常管理及交易等各方面进行详细规范。

新三板的全面深化改革，旨在通过优化融资、交易、投资者适当性等制度安排，进一步提升市场活力和吸引力。改革体现了我国多层次资本市场在持续完善。经过改革，我国多层次资本市场将形成更为有效的联系，打通中小企业成长壮大的市场通道，我国资本市场的基础制度将进一步完善，资本市场的融资、交易、定价等市场功能将得到更大程度的有效发挥。

（三）继续推进并购重组机制优化，提升资本市场资源优化配置能力

深化资本市场改革、推动上市公司质量提升、优化资源配置是 2019 年资本市场的重要工作。并购重组作为资本市场优化资源配置的重要工具，在助力上市公司转型升级、高质量发展等方面发挥着重要的作用。

2019 年 9 月，中国证监会在北京召开全面深化资本市场改革工作座谈会，提出全面深化资本市场改革的 12 个方面重点任务，其中“优化重组上市、再融资等制度，支持分拆上市试点”等并购重组相关内容为资本市场并购重组制度建设提供了改革方向。

2019 年 10 月 18 日，中国证监会发布关于修改《上市公司重大资产重组管理办法》的决定。修改的主要内容包括：一是取消重组上市认定标准中的“净利润”指标；二是进一步缩短“累计首次原则”计算期间；三是推进创业板重组上市改革；四是恢复重组上市配套融资；五是加强重组业绩承诺监管。

2019 年 11 月 29 日，上海证券交易所根据中国证监会发布的修改后的《上市公司重大资产重组管理办法》《关于在上海证券交易所设立科创板并试点注册制的实施意见》《科创板上市公司持续监管办法（试行）》等系列法规，发布《上海证券交易所科创板上市公司重大资产重组审核规则》，用以规范科创板上市公司重大资产重组行为，以达到保护科创公司和投资者合法权益、提高科创公司质量的目的。

完善的信息披露机制是并购重组顺利进行、保障市场正常秩序的关键内容。2019 年 5

月 10 日，深圳证券交易所发布《上市公司信息披露指引第 3 号——重大资产重组》，同时废止《关于进一步加强与上市公司重大资产重组相关股票异常交易监管的通知》等一系列文件，对上市公司的重大资产重组信息披露进行细致的合并规范。2019 年 12 月 20 日，上海证券交易所也发布《上市公司重大资产重组信息披露业务指引》，对重大资产重组信息披露的业务流程进行了具体规范。

（四）实施资本市场更高水平的开放，进一步完善开放相关基本制度建设

2019 年 7 月 20 日，国务院金融稳定发展委员会办公室对外发布《关于进一步扩大金融业对外开放的有关举措》，将原定于 2021 年取消证券公司、基金管理公司和期货公司外资股比限制的时点提前到 2020 年。经统筹研究，中国证监会进一步明确安排：自 2020 年 1 月 1 日起，取消期货公司外资股比限制；自 2020 年 4 月 1 日起，在全国范围内取消基金管理公司外资股比限制；自 2020 年 12 月 1 日起，在全国范围内取消证券公司外资股比限制。为完善内地与香港市场互联互通，经中国证监会批准，2019 年 12 月，沪、深证券交易所已对外发布修订的《沪港通业务实施办法》和《深港通业务实施办法》，发布实施沪深港通南向投资者识别码制度规则。此外，2019 年 7 月，为贯彻落实国务院扩大金融业对外开放决策部署，按照国务院“放管服”改革要求，加强备案制改革后对境外证券期货交易所驻华代表处的事中事后监管，中国证监会还对《境外证券交易所驻华代表机构管理办法》进行修订，正式发布《境外证券期货交易所驻华代表机构管理办法》，依法合规支持境外证券期货交易所来华设立代表处。

2019 年 2 月，为落实国务院关于资本市场开放的部署要求，中国人民银行、国家外汇管理局联合发布《中国人民银行 国家外汇管理局关于印发〈境内上市公司外籍员工参与股权激励资金管理办法〉的通知》，明确了境内上市公司外籍员工参与股权激励所涉资金的管理原则。

（五）加强证券业风险防范及制度规范，进一步完善投资者保护措施

2019 年 7 月，为加强证券公司股权监管，规范证券公司股东行为，提升监管效能，中国证监会发布了《证券公司股权管理规定》及《关于实施〈证券公司股权管理规定〉有关问题的规定》，从制度上推动证券公司分类管理，支持差异化发展，强化穿透核查，厘清股东背景及资金来源等。为加强和规范证券公司信用风险管理，中国证券业协会发布《证券公司信用风险管理指引》。2019 年 11 月，为指导证券公司建立健全信息隔离墙制度，中国证券业协会发布《证券公司信息隔离墙制度指引》。

2019 年 12 月，中国证监会发布《证券投资者保护基金实施流动性支持管理规定》，允许投保基金扩大使用范围，在市场出现重大波动或者行业发生重大风险事件时，对证券公司实施流动性支持。通过该项长效机制，进一步丰富证券公司流动性支持储备手段，进一步提升行业抗风险能力，进一步夯实行业持续稳健发展的基础。2019 年 5 月，为进一步规范证

券经营机构的投资者教育工作，保护投资者合法权益，中国证券业协会发布《证券经营机构投资者教育工作指引》。

（六）规范证券中介机构合规经营，进一步加强行业自律管理

2019 年 6 月，为规范证券投资咨询机构的执业行为，推动证券投资咨询机构健康发展，中国证券业协会发布《证券投资咨询机构执业规范（试行）》，促进证券投资咨询机构及其从业人员以客观谨慎、诚实守信和勤勉尽责的态度，为投资人或者客户提供证券投资咨询服务，维护投资者合法权益。

2019 年 10 月，中国证券业协会发布《证券分析师参加外部评选规范》，进一步规范证券分析师参加各类外部评选活动，加强证券公司对分析师的廉洁从业管理和声誉风险管理，提高证券研究报告质量，促进形成客观、公正的外部评选机制，促进发布证券研究报告业务健康发展。为进一步加强行业自律管理，规范实施自律措施，保障自律管理对象正当权利，促进证券业高质量发展，2019 年 12 月，中国证券业协会发布《中国证券业协会自律措施实施办法》和《中国证券业协会自律处分委员会办案规程》。

第二章

2019 年中国证券业发展特点

2019 年，多层次资本市场迈入高质量发展的新阶段，证券行业坚持以习近平新时代中国特色社会主义思想为指导，紧扣深化金融供给侧结构性改革的主线，着力推动资本市场的改革和发展不断深化，设立科创板并试点注册制重大改革成功落地，新三板改革全面启动，新修订的《证券法》也获得顺利通过，法制建设、投资者保护和行业自律管理获得新突破，行业文化建设打开新局面，资本市场、证券机构和产品双向开放取得新进展，防范化解重点领域风险也有新成效，市场投融资和并购重组功能进一步强化，支撑实体经济高质量发展的能力明显增强，在服务国家绿色发展、创新驱动发展、脱贫攻坚战略、粤港澳大亚湾规划和“一带一路”建设等方面做出了重要贡献。与 2018 年相比，2019 年证券行业发展呈现如下特点：

一、设立科创板并试点注册制，多层次资本市场服务实体经济的能力进一步增强

2019 年是中国多层次资本市场深化改革的关键一年，设立科创板并试点注册制以及《证券法》修订工作等多项改革接续落地，全面深化资本市场改革方案出台并稳步实施，资本市场顶层设计更加优化，为实体经济转向更高质量的创新驱动发展提供了有力支撑。

设立科创板并试点注册制，是我国资本市场发展的重要里程碑，也是进一步推动资本市场深化改革和服务创新驱动发展战略的重要举措。2019 年初，中国证监会发布《关于在上海证券交易所设立科创板并试点注册制的实施意见》，明确在科创板市场试点注册制，设置多元包容的上市条件，重点支持符合“三个面向”的科技创新型企业；3 月，中国证监会正式发布《科创板首次公开发行股票注册管理办法（试行）》和《科创板上市公司持续监管办法（试行）》，上海证券交易所也相继发布《上海证券交易所科创板股票发行上市审核规则》《上海证券交易所科创板股票上市规则》等配套规章，科创板市场上市发行、信息披露和持续监管等各项基础规则逐步建立和完善；6 月 13 日，科创板市场正式开板；7 月 22 日，注册制下首批 25 家科创板企业正式挂牌上市交易。

2019 年，多层次资本市场顶层设计逐步完善，全面深化资本市场改革方案出台并稳步实施，新股发行继续保持常态化，并购重组机制进一步优化，股份减持和回购制度更加完善，退市制度更趋严格，交易所市场服务实体经济的能力明显提升。2019 年全年共有 202 家企业完成首次公开发行，共完成融资 2 533.68 亿元，分别同比增长 92.38% 和 84.28%，资本市场融资枢纽功能得到了更好的发挥。与此同时，在稳中求进的总基调下，债券市场进一步规范发展，对可转债、纾困公司债、民企债券融资支持工具、创新创业公司债、扶贫专项公司债、绿色债和“一带一路”公司债等创新债券品种的支持力度进一步增强，业务品种进一步丰富和多元化，服务实体经济和国家脱贫攻坚战略、“一带一路”建设和绿色发展的综合能力显著提升。2019 年交易所市场共发行各类债券近 7.2 万亿元。

作为主要服务创新型民营中小微企业的重要融资平台，2019 年全国中小企业股份转让系统步入全面深化改革的新阶段。为了进一步打通中小微企业创新成长的市场通道，为挂牌企业提供差异化精准服务，全国中小企业股份转让系统坚持市场化、法治化方向，进一步优化发行融资制度，完善市场分层机制，强化信息披露制度，加强投资者适当性管理，建立挂牌公司转板上市机制，健全市场摘牌退出机制，旨在进一步提升市场活力和吸引力。根据全国中小企业股份转让系统披露的数据，截至 2019 年底，全国中小企业股份转让系统共有挂牌公示 8 953 家，总市值近 2.94 万亿元，全年共完成定向发行 637 次，募集资金 264.63 亿元。

规范发展区域股权市场，能够进一步提升多层次资本市场服务实体经济的能力，切实服务创新驱动发展战略。2019 年，中国证监会发布《关于规范发展区域股权市场的指导意见》，从准确把握市场定位、严格实施分层管理、做实做精股权融资业务、规范发展可转债业务、认真做好登记托管服务、积极发展合格投资者、全面落实监管责任和切实防范化解风险等十个方面提出了进一步促进区域股权市场健康发展的具体要求，有助于进一步提升区域性股权市场金融服务的普惠性，为支持民营企业健康发展和激活地方经济活力做出了重要贡献。截至 2019 年底，全国 34 家区域性股权市场共有挂牌企业 2.88 万家，累计为各类中小微企业实现融资 11 295 亿元。

2019 年证券公司柜台市场继续保持平稳发展，制度建设进一步完善，基础功能进一步优化，合规管理和风险防控能力进一步提升，为证券公司实现高质量发展和加快资本市场深化改革做出了重要贡献。根据中证机构间报价系统提供的数据，截至 2019 年底，42 家已运营柜台市场业务的公司共开立个人账户 2 649.44 万户和机构账户 2.82 万户，分别同比增长 23.08% 和 9.30%。在产品发行方面，2019 年全年，证券公司通过柜台市场和报价系统分别发行收益凭证 29 425 只和 7 499 只，发行规模分别为 3 841.77 亿元和 3 489.03 亿元。在场外金融衍生品业务方面，2019 年全年，证券公司累计新增收益互换交易 32 053 笔，对应名义本金规模 5 582.16 亿元，新增场外期权交易 25 132 笔，对应名义本金规模 12 556.33 亿元。

二、全面深化改革，加强制度建设，推动证券业高质量发展

2019 年，证券行业坚持稳中求进的工作总基调，贯彻高质量发展新理念，立足于服务实体经济，紧扣深化金融供给侧结构性改革的主线，认真落实党中央国务院决策部署，全力推进资本市场改革发展稳定各项工作，资本市场制度体系进一步完善，各项机制更加优化，为证券行业实现高质量发展提供了重要保障。

在市场制度建设方面，2019 年全面深化资本市场改革方案出台并稳步推进，新修订的《证券法》顺利获得通过，设立科创板并试点注册制重大改革成功落地，以信息披露为核心的注册制运行良好，科创板引领经济发展向创新驱动转型的作用初步显现。与此同时，2019 年新三板改革全面启动，创业板改革方案正稳步筹划，市场法治建设和投资者保护取得重大突破，并购重组监管机制进一步优化，上市公司股份减持和回购制度进一步完善，退市约束机制更加强化。在强化行业合规和风控管理制度方面，2019 年证券行业主动夯实中介职责，积极加强行业文化建设，投行业务内控标准进一步强化落实，资产管理业务规则进一步细化，股票质押业务规则进一步优化，加强监管和防范化解资本市场重点领域风险取得阶段性成效。在加快双向开放和国际化进程方面，2019 年 A 股纳入 MSCI 新兴市场指数的标的股票三次扩容，沪港通和深港通成交量稳步放大，沪伦通正式启动，互联互通机制持续深化和完善，外商投资国内证券公司的相关限制进一步放宽，资本市场海外吸引力稳步提升，支持“一带一路”建设取得新进展，市场、机构和产品双向开放打开新局面。

2019 年，监管部门进一步加强日常监管，提升监管效能，加大对欺诈发行、财务造假、内幕交易、操纵市场等严重违法违规行为的打击力度，重拳打击了康得新、康美药业等一批信息披露违法重大案件，有效净化了资本市场生态环境。2019 年中国证监会做出行政处罚决定 296 件，罚没金额 41.83 亿元，市场禁入 66 人，为资本市场健康发展和投资者利益保护提供了有力保障。

三、证券行业营收回暖，盈利能力进一步增强

2019 年，证券行业步入高质量发展的新阶段，证券公司回归本源，主动谋求经营转型，重点加强核心业务的综合竞争力和盈利能力，传统中介业务营收占比有所下降，行业集中度进一步提升。2019 年全行业共实现营业总收入 3 604.83 亿元，净利润 1 230.95 亿元，分别较 2018 年增长 35.37% 和 84.77%。

受益于证券市场行情回暖，证券公司代理买卖证券业务净收入 687.3 亿元，同比增长 10.25%，但经纪业务营收占比同比下降 1.56 个百分点，这进一步促使证券公司加快推进经纪业务向财富管理转型的进程，更加注重提升机构经纪业务占比，同时加快与互联网信息技术的融合步伐。2019 年证券公司承销和保荐业务收入 377.44 亿元，同比增长 46.03%。同

样受到证券市场行情利好影响的还有融资融券业务，2019 年“两融”业务共实现利息收入 651.68 亿元。2019 年全行业共实现证券投资净收益近 1 221.6 亿元，同比增长 52.65%，占全行业营收的比重较上年增加 3.84 个百分点，达 33.89%。与此同时，2019 年证券公司主动谋求资产管理业务转型，坚持去通道、防嵌套和控杠杆，回归资产管理业务本源，着力提升主动资产管理能力。根据中国证券投资基金业协会数据，截至 2019 年底，行业主动资产管理规模占比 40.5%，比 2018 年高出 9 个百分点。

此外，2019 年证券行业市场化竞争更趋激烈，行业集中度进一步提升。一方面，从营收水平来看，大型综合类证券公司的盈利能力明显更强。根据 Wind 统计数据，2019 年营收规模最高的前 5 家和前 10 家证券公司占行业总营收的比重分别为 43.55% 和 68.98%，分别比 2018 年高出 17.16 个和 16.84 个百分点。另一方面，2019 年大型综合类证券公司的业务竞争力有所增强，市场份额继续提升。以 IPO 业务为例，尽管 2019 年 IPO 融资规模同比增长了 84.28%，但全年仅有 43 家证券公司揽得承销项目，揽得承销项目单数最多的前 3 家和前 10 家证券公司的市场份额分别为 29.7% 和 63.86%，分别比 2018 年提高 3.03 个和 1.96 个百分点。

四、助力国家“一带一路”建设，资本市场双向开放迈入新阶段

2019 年，资本市场双向开放迈入新阶段，证券公司国际化探索取得新进展，跨境业务拓展亦有新突破，助力国家“一带一路”建设打开新局面。沪港通、深港通和债券通的交易量稳步扩大，沪伦通正式启动，A 股纳入 MSCI 指数的权重进一步提高，H 股“全流通”改革全面推广，QFII 和 RQFII（人民币合格境外机构投资者）的投资额度限制全面放开，中日互通 ETF 产品正式落地，跨境证券产品进一步丰富，境外投资者参与国内证券市场的便利度大幅改善，外资机构持有国内股票和债券市场的份额显著提升，中国资本市场的国际影响力不断增强，在全球资源配置中的地位稳步提升。

伴随资本市场双向开放进程的稳步推进，国内证券公司积极落实党的十九大关于进一步扩大对外开放战略部署，紧紧把握粤港澳大湾区和“一带一路”建设的历史机遇，着重围绕客户“走出去”做好境内境外全流程服务，加快在沿线国家和地区布局落子，境外业务渗透率进一步提升，业务模式和跨国产品进一步丰富，国际业务收入占比明显提升。据不完全统计，自“一带一路”倡议提出以来，已在“一带一路”沿线国家或地区开展投行、销售交易和投资业务的证券公司分别有 21 家、31 家和 5 家。在国际业务拓展方面，根据彭博数据，2019 年有 10 家国内证券公司股票承销业务排名全球前 50 位，合计承销份额同比减少 1.36 个百分点。

五、证券行业深化科技运用，与金融科技融合进一步提速

金融科技的快速发展对证券公司传统的业务模式、组织构架和盈利方式都产生了重要影

响，大数据、云计算、人工智能和区块链等技术成为催生新业态并驱动证券公司业务转型的重要力量，金融科技与证券业务的融合方式也已经从简单的“拼接”向深度“融合”纵深演进，我国资本市场和证券行业正在迈入“金融科技”新时代。

2019 年，证券公司积极运用大数据、云计算、人工智能和区块链等技术，大力加强在信息技术领域的投入和布局，进一步提升线上线下资源整合能力和效率，继续促进业态优化、变革和升级，证券公司信息系统和重要业务风险处置能力得以全面提升，为机构客户提供一篮子服务的机构客户综合金融服务平台建设逐渐进入快车道，应用分布式技术构建证券公司新一代核心业务系统已成为行业发展新趋势。根据中国证券业协会的专项调研数据，2019 年证券公司信息技术（IT）总投入同比增长 40.14%，IT 人员总数（不含外包）同比增长 25.60%。证券公司在人工智能、大数据和云计算等领域的应用已开始逐步深入，区块链技术则在总体上仍处于探索和局部试点阶段。

一方面，证券市场是信息信用市场，科技运用是证券业发展的生命线。不仅大型综合性证券公司在不断加大信息技术投入，中小型证券公司同样在积极求变，或采取自主建设，或通过与国内互联网巨头合作，全面推进数字化转型战略，继续强化数字化核心竞争力建设，建立健全人才引进培养机制，主动增强金融科技对传统证券业务的赋能，加快大数据、云计算、人工智能和区块链计算在客户服务、投资顾问、市场分析、证券发行和风险定价等领域的应用，通过建立客户画像来实现精准营销，尝试为客户提供更加便捷高效的个性化服务。

另一方面，数据生态是证券业实现高质量发展的重要基础设施。2019 年证券公司深入贯彻落实《证券基金经营机构信息技术管理办法》，强化信息技术管理的主体责任，主动推进组织结构变革，继续加快数字化转型，加强数据质量管理，进一步完善数据治理框架和数据质量控制机制，同时大力加强系统安全保障工作，并进一步强化对业务风险的严厉防控。

与此同时，在完善市场监管基础设施的同时，2019 年监管机构也进一步加快对智能监管的探索，以科技监管为支撑，进一步增强监管效能，继续强化对互联网证券活动的规范管理，充分运用大数据、人工智能和云计算等新技术，逐步优化资本市场运行及系统风险监控监测指标体系，提升对新型违法违规行为的识别精准度，提高对跨界套利行为的约束力，确保互联网证券业务健康发展。

六、坚持依法合规稳健经营，落实全面风险管理

2019 年，证券公司主动适应合规经营和风险管理的新形势，不断完善合规管理机制，持续深化全面风险管理体系建设，切实提高合规管理水平和风险管理能力，为证券行业高质量发展保驾护航。

一方面，2019 年证券公司积极落实《证券公司和证券投资基金管理公司合规管理办法》和《证券公司合规管理指引》，加强合规意识培训和合规文化建设，着力提升合规管理执行力，进一步强化合规问责力度，在防范、发现和处理证券从业违法违规行为等方面发挥了重

要作用。根据中国证券业协会的调研数据，截至2019年底，105家证券公司设立了专职的合规部门，占比91.3%，较上年增长3.27个百分点；64.35%的证券公司已将合规部门与法律部门进行合并；62.83%的证券公司按照合规业务条线来划分岗位，对子公司、分公司和营业部的合规覆盖度明显提升。在合规管理人员配置方面，证券公司专职合规管理人员占公司全体员工总数的平均比例为4.92%，约64.35%的证券公司合规部门人数同比有所增长，平均增幅为19.01%。

另一方面，证券公司牢牢守住“防范化解重大风险”的底线，围绕“风险全覆盖、可监测、能计量、有分析、能应对”，在全面贯彻落实监管规定和要求的基础上，努力构建“事前严防、事中严管、事后严处”的全面风险管理长效机制，不断提升自身风险识别的前瞻性、风险把控的全面性和风险处置的科学性，同时加快风险管理工具创新，积极应用金融科技手段，强化一线风险管理职责，推动风险管理转型升级，更好地为实体经济发展服务。根据中国证券业协会的数据，截至2019年底，有91.38%的证券公司设立了独立风险管理部门来牵头全面风险管理工作，重点负责信用风险、市场风险、操作风险等主要风险的管理工作，并指定其他相关部门负责流动性风险、声誉风险和信息技术风险的管理工作。在职责划分方面，按照专业风险类型划分职能的证券公司占比为87.93%，比上年同期增长约4个百分点。在人员配置方面，年内有一半的证券公司增加了风险管理部门的人员配备，风险管理部门员工较2018年增长13.11%，风险管理部门员工占总部员工人数的平均比例达2.7%。

七、深化精准扶贫，履行社会责任，进一步提升证券行业形象

中国证监会和中国证券业协会牢固树立“四个意识”，把服务国家脱贫攻坚战略作为引导行业履行社会责任的第一要务，进一步建立健全资本市场支持扶贫开发工作长效机制，持续引导行业深化精准脱贫工作，广泛动员和凝聚行业力量参与定点扶贫，扎实推进深度贫困地区脱贫攻坚，全行业合力扶贫、合力攻坚的良好态势基本形成，脱贫工作取得显著成效。

一方面，在中国证监会和中国证券业协会的倡导下，证券公司主动响应、迅速行动，积极发挥资本市场中介服务功能，帮助贫困地区企业规范公司治理，改善融资状况，并因地制宜探索现代产业竞争扶贫新模式，提升贫困地区“造血”能力，培育贫困地区特色产业，形成聚集效应和乘数效应。经统计，2019年，证券公司服务贫困地区企业融资达570.44亿元，同比增长35.1%，持续帮助结对县优化资源配置，带动经济发展。另一方面，为了提升行业扶贫积极性和进一步落实扶贫工作实效，中国证券业协会充分发挥作为自律组织的动员、联系作用，自2016年起先后发起“一司一县”结对帮扶、“一县一企”产业扶贫行动倡议。截至2019年底，101家证券公司结对帮扶294个国家级贫困县，72家证券公司结对帮扶111个深度贫困县，帮助贫困地区企业融资570.44亿元，公益性支出5.58亿元，证券行业结对帮扶的274个贫困县已实现脱贫摘帽。

八、文化建设迈入新阶段，证券行业软实力进一步提升

文化建设既是关系证券基金行业健康发展和核心竞争力提升的基础工程，也是服务实体经济的内在要求和全面深化资本市场改革的重要保障，推动行业形成“忠、专、实”的文化底蕴和“合规、诚信、专业、稳健”的文化理念，是打造规范、透明、开放、有活力、有韧性资本市场的重要支撑。

2019 年，为了倡导培育健康行业文化，构建资本市场良好生态，进一步提升证券行业软实力和核心竞争力，中国证监会和中国证券业协会在加强政策引导和完善制度机制等方面做了大量工作；8 月，中国证监会专门成立了行业文化建设工作领导小组，并印发了工作纲要，明确了行业文化建设的总体目标、工作思路、重点任务和机制保障；11 月 21 日，证券基金行业文化建设动员大会在北京召开，中国证券行业文化建设委员会正式成立，并发布《证券行业文化建设倡议书》；11 月 24 日，27 家证券公司签署《公司债券承销机构关于构建良好生态强化职业道德的自律公约》，发起构建良好生态、强化职业道德的倡议。与此同时，2019 年证券公司认真学习贯彻党中央国务院加强文化建设的决策部署，坚持依法合规，恪守职业操守，秉持专业精神，牢记社会责任，敬畏风险，稳健经营，把握好行业文化建设的实现路径和关键环节，使文化建设与公司经营和员工执业行为相融相通，为培育健康良好的资本市场生态环境注入新动能。

第三章
2020 年中国证券业发展展望

2020 年是全面建成小康社会和“十三五”规划的收官之年，也是资本市场建立 30 周年。面对新冠肺炎疫情冲击和复杂国际形势的挑战，证券行业既要保持定力、稳字当头，又要因势利导、顺势而为，要深入学习贯彻习近平新时代中国特色社会主义思想，坚决贯彻落实党中央决策部署，坚持稳中求进工作总基调，坚定不移贯彻新发展理念，紧扣深化金融供给侧结构性改革的主线，坚持市场化、法治化方向，加强基础制度建设，推进全面深化改革，有效维护资本市场平稳运行，推动证券行业继续保持高质量发展。

第一，紧扣深化金融供给侧结构性改革主线，全面深化资本市场各项改革，不断推动证券行业高质量发展，继续提升服务实体经济的能力。资本市场在推动经济创新转型中发挥着至关重要的作用，证券行业则承载着推动资本市场创新发展、服务实体经济转型升级的光荣使命。2020 年，证券行业将坚持回归主业本源，持续优化业务结构，落实好创新、协调、绿色、开放、共享五大新的发展理念，不断提升证券行业综合金融服务能力和核心竞争力，进一步丰富实体经济投融资工具，发挥好投资银行、资本中介功能和投融资枢纽作用，支持打造一个规范、透明、开放、有活力、有韧性的资本市场。

第二，坚持法治化导向，继续完善资本市场制度建设，为证券行业发展提供更为有效的制度供给和市场生态。以贯彻新《证券法》为契机，加快制定和修改相关的配套规章制度，持续优化资本市场治理体系，显著提升违法违规成本，继续完善中介机构能力和责任体系，为资本市场的全面深化改革提供法制保障。与此同时，积极推动《刑法》修改、期货法立法，推动出台私募基金条例和新三板条例。推动建立证券代表人诉讼制度，完善投资者保护制度体系。

第三，坚守底线思维，加强证券行业风险防范，加大对违法违规行为的打击力度。进一步加强对输入性、交叉性风险的监测研判，强化预期引导，积极防范和化解市场运行风险。坚持分类施策、精准拆弹，遏制增量与化解存量并举，继续稳妥做好股票质押、债券违约、行业机构及各类交易场所等重点风险的防控处置。积极发挥稽查处罚最后防线作用，加大对欺诈发行、财务造假、内幕交易、操纵市场等严重违法违规行为的打击力度。

第四，以注册制改革为龙头，以科创板为突破口，大力发展直接融资。建设科创板市场并试点注册制，是我国资本市场全面深化改革的重要标志，坚守科创板定位，落实好以信息披露为核心的注册制，鼓励更多的“硬科技”企业上市，既是大力发展直接融资和优化金融体系结构的题中之意，也是新时期践行创新驱动发展战略和推动产业升级的必然要求。2020 年，要进一步发挥好科创板改革的试验田作用，形成可复制可推广的经验，稳步推进创业板改革并试点注册制，着力提高上市公司质量，提升资本市场对实体经济的服务能力和效率，加大科创板和创业板市场对高新技术企业的支持力度，压实中介机构责任，进一步增强资本市场对科技成果向现实生产力转化中机制创新的赋能。与此同时，持续推动新三板改革平稳落地，稳步开展区域性股权市场制度和业务创新试点，积极落实修订后的再融资制度，进一步优化并购重组机制，创新民营企业增信方式和债务融资工具，稳妥推动基础设施不动产投资信托基金（REITs）试点工作，加大商品和金融期货期权产品供给，进一步提升多层次资本市场服务实体经济的能力。

第五，证券公司加快业务转型升级，综合服务能力和核心竞争力进一步提升。随着资本市场全面深化改革的不断推进，我国证券行业生态环境正在发生影响深远的变化，创新成为证券公司提升竞争力的关键。从业务层面来看，2020 年国内证券公司将继续加快面向客户中心的转型，围绕核心客户加强业务协同，提供更具竞争力的综合金融服务。一方面，为了加速实现向财富管理转型，证券公司将继续推动组织结构调整和人才结构优化，提升综合性金融服务能力。与此同时，着力增强产品创新和专业化管理能力，积极发展主动管理业务。另一方面，注册制改革为证券公司投资银行业务提供了良好的发展机遇，但行业竞争也将更趋激烈，投行业务向“精细化”转型亦将提速。

第六，加快行业文化建设，改善行业生态，提升行业软实力。文化建设是关系证券基金行业健康发展和核心竞争力提升的基础工程，健康良好的行业文化是证券行业软实力的重要体现。2020 年是证券行业文化建设试点落地期，证券监管部门和行业自律机构将进一步加强行业文化建设引导，开展典型标杆评选，优化分类评价标准，完善诚信系统建设。作为行业文化建设的主体，证券经营机构坚持以习近平新时代中国特色社会主义思想为指导，以行业文化建设为引领，逐步打造合规、诚信、专业、稳健的行业文化，切实提升公司自身内部约束力，努力开创行业文化建设新格局，不断提升证券经营机构的适应性、竞争力、普惠性，为建设规范、透明、开放、有活力、有韧性的资本市场注入新动能，提供新支撑。

第七，证券公司全面数字化转型加速，金融科技与业务融合进一步深化。2020 年，证券公司将继续加强自主研发投入，强化数据生态治理，更多地利用区块链、人工智能等创新数字化技术来推动商业模式、管理模式实现转变、调整和重塑，构建更加高效灵活的业务中台、数据中台和技术中台，以打造数字化的核心竞争优势，发掘和拓展更多的服务领域和商业机会，触及更多的“长尾客户”。为了更好地适应投资者结构向机构化转型和经纪业务向财务管理转型等新趋势，证券公司还将持续通过利用创新技术拓展业务的服务能力，比如打造新一代交易平台、智能投研平台、智能风控平台和数字化运营平台等。与此同时，随着以人工智能、大数据、区块链、云计算等为代表的创新技术在证券业中的应用日渐广泛，要以科技监管为支撑，增强监管效能，推进监管科技基础能力建设，构建新型监管模式，加强对证券期货行业科技的监管。例如运用大数据、知识图谱等相关技术对证券市场的行为进行实时监控，提升数据收集、分析和处理能力，增强监管效能。

第八，资本市场多渠道开放稳步深化，证券公司继续推进国际化探索。2020 年 4 月 1 日，证券公司外资持股比例上限正式取消，多家外资控股证券公司设立申请被受理或获批，证券行业对外开放迈上新台阶。与此同时，随着我国资本市场多渠道开放局面的基本形成，国内证券市场的国际吸引力也在不断增强，外资机构持有国内证券的比重还将继续提升，跨境证券产品和跨境证券业务模式也将进一步丰富，跨境证券监管协调亦将进一步强化。应对金融开放的新形势，国内证券公司将积极把握“一带一路”建设的历史机遇，加快海外业务布局，提升国际化经营能力，增强国际市场服务能力和竞争力。

分 报 告

分报告之一：
2019 年中国证券经纪业务发展回顾与展望

第一章
2019 年中国证券经纪业务的总体情况

第一节　2019 年中国证券经纪业务的市场环境

一、市场总体情况和证券经纪业务规模

（一）两市指数先扬后抑，持续震荡

2019 年，股票二级市场从年初最低点开始整体上涨，在第二季度达到高点后回落，第三、第四季度持续震荡。

上证综合指数从上年收盘的 2493. 9 点，最高到 3288. 45 点，最低达 2440. 91 点，收盘 3050. 12 点，全年指数上涨 22. 30%；深证综合指数从上年收盘的 1267. 87 点，最高到 1799. 10点，最低达 1231. 83 点，收盘 1722. 95 点，全年指数上涨 35. 89%。

中小板指数从上年收盘的 4703. 03 点，最高到 6739. 69 点，最低达 4527. 95 点，收盘

6632.68点，全年指数上涨41.03%。创业板指数从上年收盘的1250.53点，最高为1807.95点，最低为1201.80点，收盘1798.12点，全年指数上涨43.79%（见表分1-1）。

表分1-1　　2018—2019年A股市场板块指数变化情况

指　数	上证综合指数（000001）	深证综合指数（399106）	中小板指数（399005）	创业板指数（399006）
2018年收盘点位（点）	2493.90	1267.87	4703.03	1250.53
2019年收盘点位（点）	3050.12	1722.95	6632.68	1798.12
变化幅度（%）	22.30	35.89	41.03	43.79

资料来源：上海证券交易所，深圳证券交易所。

（二）市场继续扩容，市值大幅增加，市盈率上涨

2019年市场持续发行新股。截至2019年底，境内上市公司数（A、B股）合计3 777家，较2018年底3 666家增加了111家，增幅为3.03%。

市场新股扩容，指数从最低点开始上行，沪、深两市总市值增加。2019年底，沪、深两市股票市价总值为59.29万亿元，较2018年的43.49万亿元上涨36.33%；其中，流通市值从2018年的35.38万亿元增加到2019年底的48.35万亿元，增幅达36.66%。

市场平均静态市盈率涨幅明显。截至2019年底，沪市平均静态市盈率为14.64倍，较2018年底的12.49倍增长17.21%；深市平均静态市盈率为26.15倍，较2018年底的20.00倍增长了30.75%（见表分1-2）。

表分1-2　　2019年证券市场概况统计表

项　目	2018年底	2019年底	变化幅度（%）
境内上市公司数（A、B股，家）	3 666	3 777	3.03
境内上市外资股（B股，家）	99	97	-2.02
股票市价总值（A、B股，亿元）	434 924.03	592 934.57	36.33
其中：股票流通市值（亿元）	353 794.20	483 461.26	36.66
股票成交金额（亿元）	901 748.40	1 274 158.80	41.30
日均股票成交金额（亿元）	3 715.88	5 221.96	40.53
上证综合指数（收盘）	2 493.9	3 050.12	22.30
深证综合指数（收盘）	1 267.87	1 722.95	35.89
平均市盈率（静态）			
其中：上海	12.49	14.64	17.21
深圳	20.00	26.15	30.75

资料来源：中国证监会，上海证券交易所，深圳证券交易所，中国证券登记结算有限责任公司。

（三）股票、债券[①]交易量增长，基金交易量有所下降

2019 年，沪、深两市股票合计成交 127.42 万亿元，较 2018 年的 90.17 万亿元增长 41.31%，股票日均交易额从 2018 年的 3 715.88 亿元上涨到 2019 年的 5 221.96 亿元，涨幅为 40.53%；基金成交方面，2019 年两市基金成交金额 9.17 万亿元，较 2018 年的 10.27 万亿元下降了 10.71%；债券成交方面，2019 年债券合计成交 246.43 万亿元，较 2018 年 237.22 万亿元上涨 3.88%（见图分 1 – 1）。

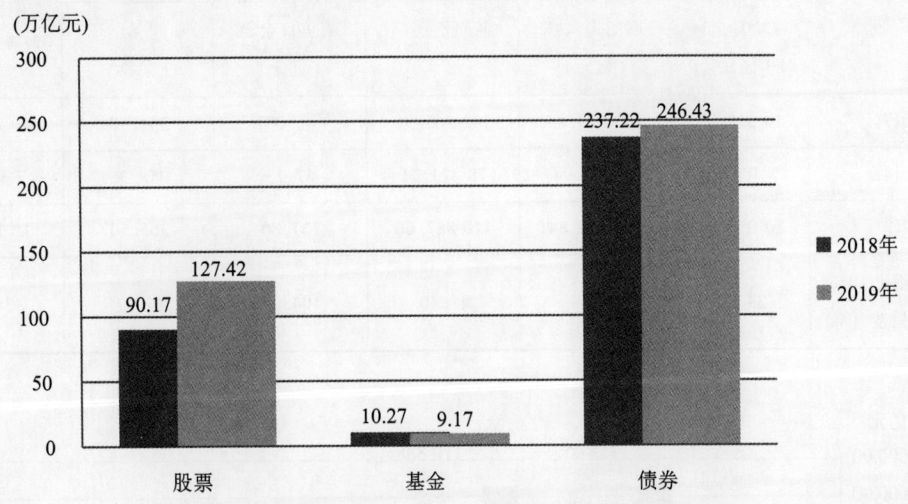

图分 1 – 1　2018 年和 2019 年各品种交易量变化对比图

资料来源：上海证券交易所，深圳证券交易所。

股基[②]总交易量大幅增长。根据沪、深两市交易所的统计数据，2019 年两市股基总成交 136.59 万亿元，较 2018 年的 100.44 万亿元增加 36.15 万亿元，增幅 35.99%。其中，上海证券交易所股基交易金额 61.25 万亿元，深圳证券交易所股基交易金额 75.34 万亿元，分别较 2018 年上涨 28.98% 和 41.93%。日均成交量方面，2019 年成交天数为 244 日，比 2018 年 243 个交易日多 1 天，2019 年两市日均股基交易量为 5 597.70 亿元，较 2018 年上涨 35.26%。

（四）融资融券交易活跃，融资和融券交易均上升

2019 年，融资融券整体交易呈现上涨态势，融资融券业务余额由 2018 年末的 7 557.04 亿元上涨到 10 192.85 亿元，涨幅为 34.88%。

融资交易规模上涨。截至 2019 年底，融资余额 10 055.04 亿元，期间买入额113 452.84

---

① 本文的债券交易特指深圳证券交易所和上海证券交易所的债券交易。

② “股基”指股票和基金。其中，股票包括主板 A 股、中小板、创业板和主板 B 股；基金包括 ETF、LOF、分级基金和封闭基金。

亿元，偿还额 110 887.60 亿元，而 2018 年同期对应的三项指标分别为 7 489.81 亿元、75 693.94亿元及 78 421.71 亿元，变化幅度分别为 34.25%、49.88% 及 41.40%（见表分 1 -3和图分 1 -2）。

融券交易规模持续上升，2019 年期间卖出额 2 903.15 亿元，较上年涨幅为 52.58%。

表分 1 -3　　2017—2019 年融资融券业务发展数据

年　度	融资			融券		融资融券余额（亿元）
	截止日余额（亿元）	期间买入额（亿元）	期间偿还额（亿元）	截止日余额（亿元）	期间卖出量（亿股）	
2017	10 215.92	103 825.84	102 965.96	45.08	241.38	10 261.00
2018	7 489.81	75 693.94	78 421.71	67.23	258.36	7 557.04
2019	10 055.04	113 452.84	110 887.60	137.80	365.50	10 192.85
2019 年相比 2018 年的变化幅度（%）	34.25	49.88	41.40	104.97	41.47	34.88

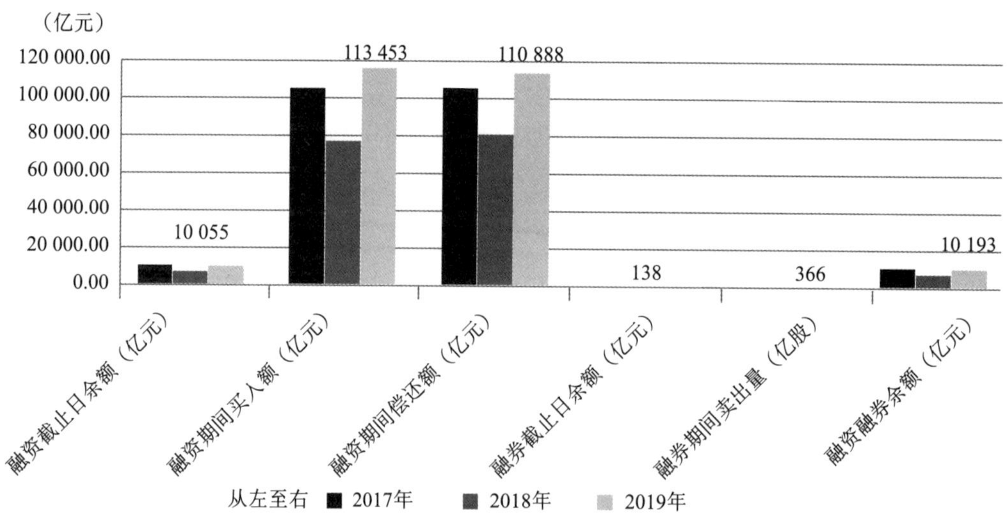

图分 1 -2　2017—2019 年融资融券业务发展数据

资料来源：Wind。

二、市场参与主体

2019 年末，沪、深两市共有投资者数 15 975.24 万户，较 2018 年增长 9.04%（见表分 1 -4）。

表分 1-4　　2017—2019 年沪、深两市投资者数量

项　目	2017 年	2018 年	2019 年
沪、深两市投资者数量（万户）	13 398.30	14 650.44	15 975.24
较上年增长（%）	13.44	9.35	9.04

资料来源：中国证券登记结算有限责任公司。

（一）具有创业板功能投资者数持续增加

截至 2019 年末，具有创业板功能投资者数为 4 627.79 万户，较上年增长 3.90%，占全部投资者数的 28.97%（见表分 1-5）。

表分 1-5　　2017—2019 年具有创业板功能账户数

项　目	2017 年	2018 年	2019 年
期末具有创业板功能投资者数（万户）	4 313.39	4 454.01	4 627.79
较上年增长（%）	7.70	3.26	3.90

资料来源：中国证券登记结算有限责任公司。

（二）信用账户投资者数保持增长

截至 2019 年末，开立信用证券账户的投资者数为 5 099 008 个，其中，个人投资者 5 076 549个，较上年增长 7.85%；机构投资者 22 459 个，较上年增长 30.80%（见表分 1-6）。

表分 1-6　　2017—2019 年信用证券投资者数　　（单位：个）

项　目	2017 年	2018 年	2019 年
期末信用证券账户	4 555 259	4 724 164	5 099 008
其中：个人	4 541 117	4 706 993	5 076 549
机构	14 142	17 171	22 459

资料来源：中国证券登记结算有限责任公司。

第二节　2019 年中国证券经纪业务的发展情况

一、行业代理买卖证券业务净收入增长，占比下降

根据中国证券业协会统计，全行业 133 家证券公司（较上年增加 2 家）2019 年实现营

业收入 3 604.83 亿元，较 2018 年的 2 662.87 亿元上涨 35.37%；净利润为 1 230.95 亿元，较上年的 666.2 亿元上涨 84.77%。

具体到经纪业务收入方面，2019 年行业代理买卖证券业务净收入为 787.63 亿元，较 2018 年的 623.42 亿元上涨 26.34%；从收入结构来看，代理买卖证券业务净收入占营业收入的比重进一步从 23.41% 下降到 21.85%，落后于证券投资收益占比（见表分 1－7）。

表分 1－7　　2018—2019 年证券行业主要经营数据对比

项　目	2018 年	占比（%）	2019 年	占比（%）
营业收入（亿元）	2 662.87		3 604.83	
代理买卖证券业务净收入（亿元）	623.42	23.41	787.63	21.85
证券承销与保荐业务净收入（亿元）	258.46	9.71	377.44	10.47
财务顾问业务净收入（亿元）	111.5	4.19	105.21	2.92
投资咨询业务净收入（亿元）	31.52	1.18	37.84	1.05
资产管理业务净收入（亿元）	275.00	10.33	275.16	7.63
证券投资收益（含公允价值变动）（亿元）	800.27	30.05	1 221.60	33.89
融资融券业务利息收入（亿元）	672.12	25.24	651.68	18.08
净利润（亿元）	666.2		1 230.95	
证券公司盈利家数（家）	106	80.92	120	90.23

资料来源：中国证券业协会。

二、证券营业网点数量持续增加

截至 2019 年底，证券公司营业部数量达 11 703 家，相比 2018 年的 11 468 家，增加 235 家，增幅为 2.05%。

从营业部数量排名靠前的证券公司比较来看，2019 年，中国银河证券减少 1 家，营业部数量保持行业第一位；安信证券减少 2 家，营业部数量排名行业第二位；广发证券、海通证券营业部数量分别增加 20 家、10 家；方正证券收购民族证券 51 家营业部（见表分 1－8）。

表分 1－8　　网点数量排名靠前的证券公司 2018—2019 年营业部数量　　（单位：家）

会员名称	2018 年营业部数量	2019 年营业部数量	增减数量
中国银河证券	495	494	－1
安信证券	373	371	－2
国泰君安证券	362	362	0
方正证券		323	
中泰证券	314	314	0

续表

会员名称	2018 年营业部数量	2019 年营业部数量	增减数量
海通证券	291	301	10
中信建投证券	302	296	-6
广发证券	271	291	20
长江证券	282	276	-6
华泰证券	268	269	1

资料来源：上海证券交易所。

三、从业人员总量继续下降

根据中国证券业协会统计数据，2019 年证券公司从业人员数继续下降。截至 2019 年底，证券公司证券从业人数为 327 886 人。其中，一般从业人员 190 598 人，证券经纪业务营销人员 921 人，证券经纪人 74 479 人，证券投资咨询业务（投资顾问）53 140 人，证券投资咨询业务（分析师）3 206 人，保荐代表人 3 806 人，投资主办人 1 736 人。

从证券公司从业人员结构来看，一般从业人员占比 58.13%，相较 2018 年略有下滑；证券经纪业务营销人员、证券经纪人、投资主办人占比下降，人数较 2018 年减少；证券投资咨询业务（分析师）、证券投资咨询业务（投资顾问）、保荐代表人占比上升，人数增加（见表分 1－9）。

表分 1－9　2018—2019 年证券公司从业人员结构

人员结构	2018 年（人）	2018 年占比（%）	2019 年（人）	人数变化（人）	2019 年占比（%）
一般证券业务	196 704	58.82	190 598	－6 106	58.13
证券经纪业务营销	1 163	0.35	921	－242	0.28
证券经纪人	82 991	24.82	74 479	－8 512	22.71
证券投资咨询业务（分析师）	2 934	0.88	3 206	272	0.98
证券投资咨询业务（投资顾问）	45 133	13.5	53 140	8 007	16.21
保荐代表人	3 682	1.1	3 806	124	1.16
投资主办人	1 795	0.53	1 736	－59	0.53
总计	334 402	100	327 886	－6 516	100

资料来源：中国证券业协会。

第二章
2019 年中国证券经纪业务面临的问题及 2020 年前景展望

第一节　2019 年中国证券经纪业务面临的问题

一、价格竞争持续，收入弹性缩窄

2019 年，证券经纪业务的价格竞争依然存在，行业平均净佣金率继续下滑至 3.49‱[①]，相较 2018 年的 3.76‱，降低 7.18%。

2019 年股票市场交易回暖，沪、深两市股票日均交易额达 5 221.96 亿元，创 2013 年以来的第三高位（见图分 1－3），成为证券公司继续下调佣金率的重要支撑。但是连年的价格竞争导致经纪业务收入弹性不断压缩，即使市场交易显著回暖，业务创收依然差强人意。2019 年，行业代理买卖证券业务净收入（含席位租赁）787.63 亿元，虽然相较 2018 年增长 26.34%，但明显落后于股票日均交易额 40.53% 的增幅。同时，由于自营投资等业务收入弹性更大，2019 年经纪业务收入的贡献度下滑至 21.85%，为 2013 年以来的最低值（见表分 1－10），相较 2018 年的 23.41%，减少 1.56 个百分点。

二、营业部创收压力增大，网点布局亟待优化

2019 年，行业各类型营业部总量再创历史新高，但是增长率仅为 2.05%，增速为 2013 年以来最低（见表分 1－11）。

---

① 中国证券业协会测算；净佣金率 = 当期代理买卖证券业务净收入（含席位租赁）/当期股基交易额 ×100%。

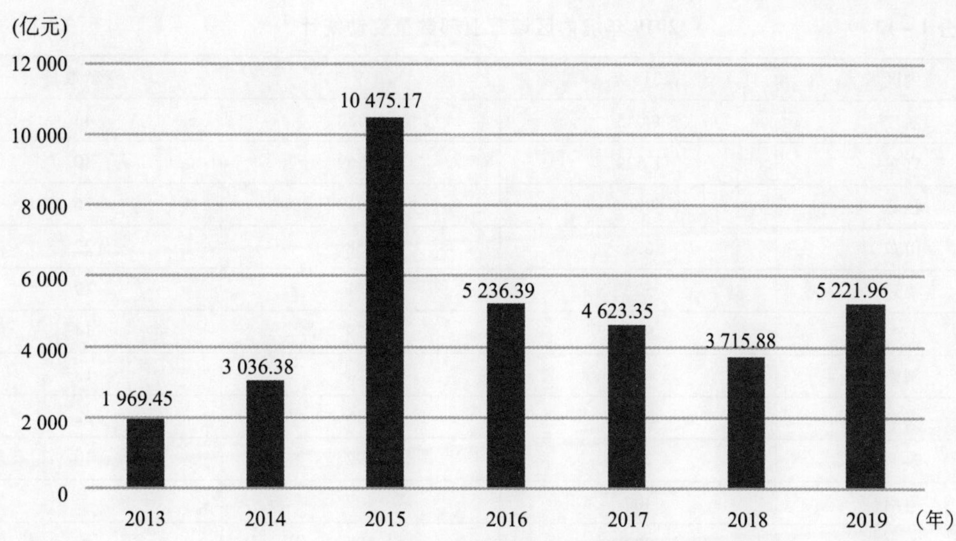

图分 1 - 3　2013—2019 年沪、深股市股票日均交易额

表分 1 - 10　2013—2019 年经纪业务收入贡献度统计

收　入	2013 年	2014 年	2015 年	2016 年	2017 年	2018 年	2019 年
行业代理买卖证券业务净收入（含席位租赁）（亿元）	759.21	1 049.48	2 690.96	1 052.95	820.92	623.42	787.63
行业营业收入（亿元）	1 592.41	2 602.84	5 751.55	3 279.94	3 113.28	2 662.87	3 604.83
经纪业务收入贡献度（%）	47.68	40.32	46.79	32.10	26.37	23.41	21.85

资料来源：中国证券业协会，国泰君安证券整理。

表分 1 - 11　2013—2019 年行业各类型营业部总量、增长率统计

项　目	2013 年	2014 年	2015 年	2016 年	2017 年	2018 年	2019 年
期末营业部总量（个）	5 785	7 199	8 170	9 385	10 873	11 468	11 703
较上年末增长（%）	—	24.44	13.49	14.87	15.86	5.47	2.05

资料来源：上海证券交易所及国泰君安证券整理。

营业部是证券公司临柜业务办理的主要窗口，也是证券经纪、证券投资咨询、代销金融产品等服务的重要载体。近年来，证券公司在不断丰富线上服务内容的同时，并未停止营业部扩张步伐，营业部总量持续增长。2018 年和 2019 年行业营业部总量增速连续两年显著放缓，深层次原因在于营业部对经纪业务的依赖性依然过重，在经纪业务价格竞争持续、收入弹性缩窄的环境下，营业部创收压力加大，倒逼证券公司优化调整网点布局。事实上，2019 年行业营业部总量增长的同时，一些证券公司也在着手裁撤、合并营业部，部分省份的营业部数量出现负增长即是印证（见表分 1 - 12）。

表分 1 - 12　　2019 年境内区域营业部数量变动统计　　（单位：家）

境内区域	2018 年	2019 年	变动数量
浙江	1 045	1 088	43
广东	1 529	1 569	40
江苏	986	1 012	26
山东	636	658	22
福建	522	541	19
上海	825	839	14
湖南	411	424	13
安徽	334	346	12
陕西	282	292	10
河南	400	407	7
北京	579	585	6
四川	462	468	6
山西	212	217	5
内蒙古	118	123	5
江西	345	348	3
河北	277	280	3
辽宁	386	388	2
重庆	229	231	2
贵州	124	126	2
新疆	121	123	2
甘肃	111	113	2
天津	182	183	1
海南	79	80	1
西藏	25	26	1
宁夏	56	56	0
青海	31	31	0
湖北	421	420	- 1
吉林	161	160	- 1
广西	211	209	- 2
云南	179	176	- 3
黑龙江	189	184	- 5
总计	11 468	11 703	235

资料来源：上海证券交易所，国泰君安证券整理。

下一步，证券公司亟须深化营业部的精细化管理。一方面，完善网点分类分级与考核评估，合理控制网点总量，科学优化网点布局；另一方面，围绕财富管理、机构经纪等业务，强化营业部能力建设，提升综合服务水平，实现营业部的提质增效。

三、“存量竞争”趋势凸显，人力资源结构亟待加速优化

近年来，行业投资者数量增速放缓（见表分 1－13），经纪业务“存量竞争”趋势凸显。在此趋势下，粗放型的人力资源模式难以产生正向回报，有必要围绕零售经纪客户和机构经纪客户需求，加速优化人力资源结构，提升专业水平，摆脱同质化竞争和价格竞争的负面影响。

表分 1－13　　2014—2019 年期末投资者数量

数　量	2014 年	2015 年	2016 年	2017 年	2018 年	2019 年
期末投资者数量（万户）	7 294.36	9 910.53	11 811.04	13 398.30	14 650.44	15 975.24
较上年增长（%）	—	35.87	19.18	13.44	9.35	9.04
其中：						
自然人（万户）	7 270.95	9 882.15	11 778.42	13 362.21	14 615.11	15 937.22
较上年增长（%）	—	35.91	19.19	13.45	9.38	9.05
非自然人（万户）	23.42	28.38	32.62	36.08	35.33	38.02
较上年增长（%）	—	21.18	14.94	10.61	－2.08	7.61

资料来源：中国证券登记结算有限责任公司。

从近年来证券从业人员数量变化来看，有关经纪业务的人力资源结构已经出现调整、优化，其中，证券经纪业务营销人员数量下降显著；证券经纪人数量在 2017 年达到高峰后，连续两年下降；投资顾问人数持续增长，但增速不稳定；证券分析师人数在 2017 年大幅增长后，增速连续两年放缓。整体而言，相较经纪业务的差异化发展需要，人力资源结构仍有较大的优化空间。下一步，证券公司须围绕零售经纪客户的财富管理需求以及机构经纪客户的综合服务需求，继续加速完善经纪业务的人力资源配置。

四、金融科技赋能效果有待进一步增强

经纪业务是金融科技在证券行业最主要的应用领域。经纪业务领域的金融科技应用相对集中在以下四个方面。①

一是利用金融科技，进行客户资料规范类、交易权限开通类、账户开立类、三方存管办理类等非现场业务的受理审核，提高业务办理效率。其中，手机客户端是非现场业务办理的主要渠道。

二是利用金融科技，开展面向投资者的智能化身份识别和风险提醒。结合投资者全面评

① 参考资料：中国证券业协会互联网证券委员会：《金融科技在证券行业应用调研报告》。

估指标体系，多维度评估投资者承受风险的意愿和能力，并通过投资者风险等级与产品风险等级匹配情况的动态更新，实现事前评估、事中提示、事后监测，进而做好投资者教育和适当性管理工作。

三是利用金融科技，开展智能化的产品与服务推荐。通过客户特征与产品特征的匹配，实现精准推送和服务。以金融产品销售为例，在售前环节精准识别出投资者的真实风险等级以及其与目标产品或服务的匹配程度，对错误的搭配进行屏蔽。在售中和售后环节，根据投资者的关注和持仓列表，推送相应的产品细节、风险提示信息，做到千人千面的智能化内容推荐，并辅之以全流程的风险跟踪。

四是利用金融科技，推动营业部向智慧网点转型。部分证券公司将智慧网点转型定位于利用金融科技推动经纪业务向以客户为中心、线下与线上业务优势相结合的新零售转型发展战略。通过智慧网点项目对分支机构业务流程和服务模式进行再造，提升风险管控与精细化管理水平；通过互联网为客户提供更便捷、高效的服务终端，提升客户黏性；通过为员工提供更全面的客户链接与服务工具，整合业务资源，打破客户服务的时空界限，提升服务能力。

近年来，证券公司经纪业务领域的金融科技投入力度持续加强。其中，大多数证券公司在利用金融科技开展非现场业务办理和投资者教育方面，已经取得成效，降低了经纪业务的运营成本；部分证券公司在利用金融科技开展智能化的产品与服务推荐方面，积累了一定经验；少数证券公司开始在智慧网点建设方面探索布局，但是产出效果暂难以精准评估；也有证券公司认为智慧网点的作用有待研究。整体而言，在行业佣金率持续下滑的背景下，经纪业务领域的金融科技应用场景仍需不断丰富，应用重心也需由基础性的非现场业务办理向更高阶的智能化交易服务迈进，着力提升金融科技对经纪业务差异化发展和财富管理的赋能效果，推动经纪业务在“降低成本”的基础上加速实现“提质增效”。

第二节　2020 年中国证券经纪业务发展前景展望

一、价格竞争仍将继续，但降幅有望缩窄

预计 2020 年，证券经纪业务的价格竞争仍将继续。究其原因，是行业价格竞争的动机逐步趋同并强化：经纪业务是证券公司与投资者建立联系的核心所在，尽管价格竞争压缩经纪业务利润空间，导致其“利润中心”的属性持续弱化，但是其“获客中心”的属性并未动摇，经纪业务可与融资类业务、资产管理业务等有机协同，以经纪业务降价换取客户资产沉淀，由其他业务增收对冲经纪业务创收压力。

但是，2020年行业平均净佣金率的降幅有望缩窄。主要原因：一是连年的价格竞争不断挤压经纪业务降价空间，在证券公司业务成本没有显著降低之前，价格难以大幅下调；二是对于综合服务能力有限、线上运营水平较弱的证券公司而言，进一步普遍、大幅下调佣金率揽客，存在“得不偿失”的风险；三是证券行业文化建设稳步开展，将促进券商强化专业能力，改变单一的价格竞争思维。

二、代理买卖证券业务净收入保持增长

2020年，股票市场面临较多积极因素：一是我国坚持推动经济高质量发展，经济稳中向好、长期向好的基本趋势没有改变，在全球经济增长乏力环境下，A股核心资产的价值相较境外市场进一步凸显，有望赢得境内外资金青睐。二是资本市场全面深化改革，证券公开发行注册制稳步推进、新三板改革启动、再融资新规落地、期货期权新品种上市、融资融券标的扩容等系列举措，将为经纪业务带来新的交易品种和机会。三是资本市场开放提档加速，CDR（Chinese Depository Receipt，中国存托凭证）落地，陆港通资金活跃，QFII/RQFII投资额度限制取消，A股纳入富时罗素比例提升，市场交易有望进一步激活。四是引导中长线资金入市举措加速落地，社保基金、养老金、保险资管、商业银行理财子公司的权益类资产投资比重有望提升。

综上，2020年行业代理买卖证券业务净收入有望继续增长。但是也应该看到，当前世界经济增长持续放缓，仍处在国际金融危机后的深度调整期，世界大变局加速演变的特征更趋明显，全球动荡源和风险点显著增多，境内外资本市场活跃度难免出现阶段性波动，进而制约2020年代理买卖证券业务净收入的增长空间。

三、证券经纪业务差异化发展有望提档加速

2020年，预计在多重因素共同驱动下，证券行业经纪业务差异化发展有望加快进程。

一是《证券公司股权管理规定》落地实施，根据证券公司从事业务的复杂程度，将证券公司划分为专业类证券公司和综合类证券公司。其中，专业类证券公司以常规传统证券业务，如证券经纪、证券投资咨询等业务为主；综合类证券公司可从事股票期权做市、场外衍生品、股票质押回购等具有显著杠杆性质的业务。在行业积极推动证券公司分类管理背景下，经纪等常规业务差异化发展、复杂业务集中度提升将是大势所趋。

二是随着2020年证券公司外资股比限制取消，外资证券公司势必针对经纪客户的财富管理需求和跨境服务需求，与本土证券公司展开激烈角逐，由此将加大本土证券公司的“本领恐慌”，进而促进本土证券公司加快探索合适的经纪业务发展模式，加速差异化发展。

根据境外成熟市场经验，经纪业务至少有三种差异化模式可供不同证券公司参考（见表分1－14）：第一种是以E－Trade为代表的“单业务精品券商”，聚焦价格敏感型且服务

要求不高的客户，深耕线上交易服务，并通过同业并购扩大客户规模，持续降低运营成本；第二种是以嘉信理财为代表的“多业务专业类券商”，通过性价比较高的经纪服务集聚大众富裕客户资源，然后深挖客户需求，形成经纪业务、资管业务、信贷业务的协同联动，实现收入多元化；第三种是以美银美林为代表的“全业务综合类券商”，依托强大的投研实力和专业投资顾问团队，为高净值客户和机构客户提供综合服务。

表分 1－14　　外资证券公司经纪业务的三类模式

代表性公司	E－Trade	嘉信理财	美银美林
发展定位	单业务精品券商	多业务专业类券商	全业务综合类券商
主要客群	价格敏感且服务要求不高的客户	大众富裕客户	高净值客户；机构客户
业务模式	网络经纪商	O2O 综合理财平台	个性化投资顾问
服务内容	交易通道	交易；投资咨询	全方位财富管理；主经纪
价格高低	较低	中等	较高

资料来源：国泰君安证券整理。

综上，预计 2020 年将有更多证券公司选择进入经纪业务的不同“赛道”，构建差异化的经营模式，实现细分领域的争先进位。

四、制度供给不断完善，促进经纪业务更好发展

资本市场的顶层设计和制度供给不断完善、完备，为证券公司各项业务的更好发展注入了强大动力。

2019 年 12 月 28 日，《中华人民共和国证券法》（简称“新《证券法》”）由第十三届全国人民代表大会常务委员会第十五次会议修订通过。新《证券法》从推行证券发行注册制、完善证券交易制度、取消多项行政许可、进一步规范中介机构职责履行以及建立健全多层次资本市场体系等多个方面作了较大调整完善，自 2020 年 3 月 1 日起施行。

2020 年，随着新《证券法》的正式施行和相关规章制度的完善、落地，我国资本市场将不断激发和释放市场活力，经纪业务也将迎来更多发展机遇。

分报告之二：
2019 年中国投资银行业务发展回顾与展望

第一章
2019 年中国投资银行业务的总体情况

2019 年随着设立科创板并试点注册制、资本市场深化改革的一系列政策陆续推出以及《证券法》的修订，投资银行业务发展势头良好，在助力实体经济和科技创新等方面，服务意识和服务能力得到了进一步提高。

2019 年境内交易所市场证券承销总额为 7.59 万亿元。其中，股权融资业务（包括 IPO、公开增发、融资性非公开发行股票、配股、优先股）全年承销总额为 6 646.93 亿元，同比增加 30.32%；交易所市场债券发行总额为 71 986.72 亿元，其中公司债券（包括公开发行公司债券、非公开发行公司债券、可转换公司债券和可交换公司债券）为 32 528.33 亿元，同比增长 46.52%。

在上市公司重大资产重组方面，2019 年披露已完成过户的重大资产重组的交易数量为 150 单，较 2018 年上升 0.67%，交易规模为 7 203.55 亿元，较 2018 年上升 33.63%。从行业分类来看，并购重组明显向实体经济和新兴产业集中。

全国中小企业股份转让系统（以下简称"全国股转系统"）2019 年新增挂牌数量同比减少，而摘牌企业数量同比增加。截至 2019 年底，新三板挂牌公司总数为 8 953 家，总市值 2.94 万亿元，全年定向发行募集资金总额 264.63 亿元。2019 年 10 月 25 日，中国证监会宣布启动全面深化新三板改革。

第一节　股权融资业务情况[①]

一、股权融资发行情况

2019 年，我国 A 股证券市场股权融资金额和主承销项目家数与 2018 年相比稳中有升。全年股权融资（包括 IPO、公开增发、融资性非公开发行股票、配股、优先股）募集资金共 6 646.93 亿元，较 2018 年的 5 100.66 亿元增加 30.32%；主承销家数共 359 家，较 2018 年的 258 家增加 39.15%（见图分 2－1）。

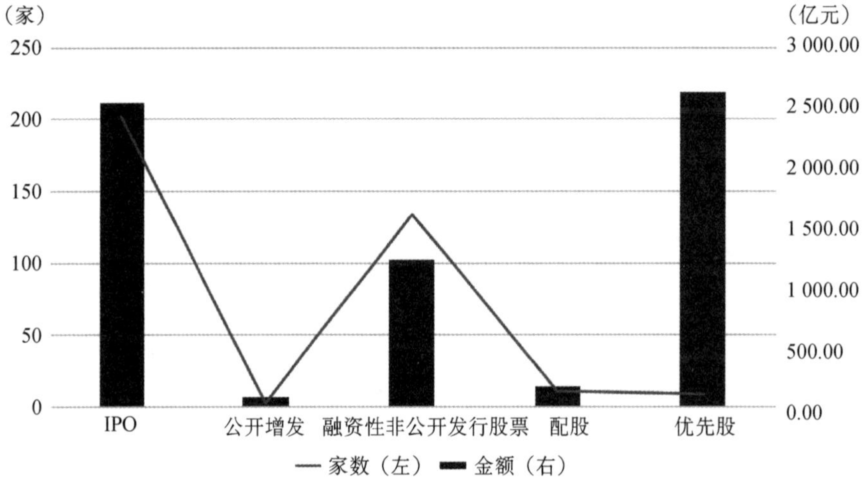

图分 2－1　2019 年 A 股股权融资情况

资料来源：中国证监会，Wind。

（一）首次公开发行（IPO）

2019 年共有 202 家企业完成首次公开发行，合计募集资金 2 533.68 亿元，同比增长 84.28%[②]，平均融资规模 12.54 亿元。其中，1 家企业在 IPO 的同时实施了老股转让，老股转让金额为 0.94 亿元。

在科创板方面，2019 年 72 家科创板公司完成发行，首募金额达到 840.07 亿元，占 IPO

① 资料来源：本节数据若无特殊说明，均取自 Wind 资讯。

② 资料来源：中国证监会，数据为完成发行口径，IPO 以完成申购为完成发行。

募集资金总额的33.16%。从审核情况看，2019年共审核114家公司，其中109家审核通过，占比95.61%；3家审核未通过，占比2.63%；2家暂缓表决，占比1.75%。

从保荐机构与主承销商业务来看，2019年共有38家保荐机构参与科创板IPO项目。排名前10位的保荐机构占据市场62.64%的份额（见表分2－1）。

表分2－1　　2019年科创板IPO首发数量前10位机构统计

机构名称	科创板首发数量（家）	市场份额（%）
中信建投证券股份有限公司	10	10.99
中信证券股份有限公司	9	9.89
中国国际金融股份有限公司	7	7.69
国信证券股份有限公司	7	7.69
国泰君安证券股份有限公司	6	6.59
华泰联合证券有限责任公司	5	5.49
广发证券股份有限公司	4	4.40
民生证券股份有限公司	3	3.30
招商证券股份有限公司	3	3.30
安信证券股份有限公司	3	3.30

（二）公开增发

2019年共有3家上市公司实施公开增发，合计募集资金89.50亿元①，平均融资规模29.83亿元。与2018年相比增加3家次，募集资金增加89.50亿元。

（三）定向增发

2019年，上市公司以再融资为目的非公开发行股票70家次，共募集资金806.45亿元，同比减少73.02%②，平均融资规模11.52亿元。

除因再融资非公开发行股票外，上市公司进行重大资产重组也会涉及非公开发行股票，包括由资产收购、实际控制人资产注入等原因触发的发行股份购买资产和募集配套资金。2019年，与并购重组相关的发行股份购买资产项目98个，涉及资产认购规模5 154.62亿元；配套融资项目64个，募集资金421.81亿元。合计融资性非公开发行股票134家，募集资金1 228.26亿元，平均融资规模9.17亿元。

（四）配股

2019年共有11家上市公司实施配股，合计募集资金168.14亿元③，平均融资规模15.29亿元。与2018年相比减少1家次，募集资金减少10.94%。

①②③　资料来源：中国证监会，数据为完成发行口径。

（五）优先股

2019 年共有 9 家公司完成优先股发行，合计募集资金 2 627. 35 亿元，与 2018 年相比增加 7 家次，募集资金增加 1 651. 57%。[①]

二、股权融资发行特点

（一）科创板成功设立，促进我国关键核心技术创新能力提高，多层次资本市场体系进一步完善

为深化金融供给侧结构性改革与金融开放，实现制度改革创新，2018 年 11 月习近平总书记在中国国际进口博览会上宣布在上海证券交易所设立科创板并试点注册制。2019 年 7 月 22 日，科创板首批 25 家企业正式上市交易。截至 2019 年 12 月 31 日，共有 72 家企业在科创板完成发行，融资总额为 840. 07 亿元，占 A 股 IPO 市场融资总额的 33. 16%。

科创板的推出将有力促进我国关键核心技术创新能力的提高、高新技术产业和战略新兴产业发展，实现经济高质量发展。2019 年完成发行的 72 家科创板公司涉及智能制造装备产业、新兴软件和新型信息技术服务、新技术与创新创业服务、先进有色金属材料、下一代信息网络产业、生物医药产业、人工智能、前沿新材料、电子核心产业等。其中信息技术行业尤为突出，共计 30 家，募集金额 365. 09 亿元，占比 43. 46%。科创板促进资本市场与科技产业有效对接，构建创新型资本形成的金融资源配置体系，助力我国科技产业崛起，形成国家创新优势和创新发展路径。

与此同时，创业板和新三板改革、上市公司再融资制度优化、并购重组市场化改革等工作也在加速推进。科创板的成功推出对于完善多层次资本市场体系、提升资本市场服务实体经济的能力有重要意义。

（二）IPO 发行和融资总额上升，规模创近 8 年来新高

2019 年全年，发审委共审核 270 家企业的首发申请，其中 247 家企业的 IPO 申请顺利通过，过会率为 91. 48%。[②] 2018 年过会率为 64. 53%，在保证登陆 A 股的企业合法合规、高质量的基础上，2019 年 IPO 过会率有所增长。

随着 2019 年 7 月科创板的正式推出，2019 年全年 A 股 IPO 数量和融资金额较 2018 年大幅增长。2019 年，共有 202 家企业完成首次公开发行，合计募集资金 2 533. 68 亿元，较 2018 年增加 99 家，金额增长 84. 28%，融资规模创近 8 年来新高。在 202 家企业中，深圳证券交易所首发 79 家，上海证券交易所首发 123 家。

---

① 资料来源：中国证监会，数据为完成发行口径。

② 未包括取消审核企业。资料来源：Wind。

（三）股权再融资规模企稳回升，定增新规面临修改，投资者热情或将回升

2019 年股权再融资（包括公开增发、融资性非公开发行股票、配股、优先股）总额为 4 023.75 亿元，较 2018 年增加 297.97 亿元，增幅 8%。

2017 年发布的《上市公司非公开发行股票实施细则》《上市公司股东、董监高减持股份的若干规定》和 2018 年发布的《关于规范金融机构资产管理业务的指导意见》对上市公司非公开发行股票市场的影响持续。由于发行定价、发行比例、减持周期、投资者认购资质方面都受到新的具体规定的约束，2019 年非公开发行股票市场活跃度较 2018 年进一步降低，发行规模进一步下降，全年非公开发行股票共 134 家次，募集资金总额 1 228.26 亿元，分别较 2018 年下降 4.96% 和 63.74%。其他再融资品种中，优先股发行家次与募集资金较 2018 年有大幅提升。2019 年，包括国有大行在内的多家商业银行完成大规模优先股发行，合计 9 家公司完成发行，募集资金 2 627.35 亿元，与 2018 年相比增加 7 家次，募集资金增加 1 651.57%。

2019 年 11 月 8 日，中国证监会就修改《上市公司证券发行管理办法》和《创业板上市公司证券发行管理暂行办法》等再融资规则公开征求意见。[①] 从投资者的角度，市场将实现三个方面的改善：投资者认购门槛大幅降低，底价折扣保障投资者收益，锁定期缩短提升投资者资金流动性。“定增新规”将提升再融资投资灵活度、降低企业融资难度。2019 年底投资者积极性及投资热情均有所回升。

第二节　公司债券业务情况[②]

一、公司债券发行情况[③]

继 2018 年债券市场利率在波动中大幅下行之后，2019 年市场利率整体呈现了低位震荡的行情，债市融资环境较为宽松，交易所市场公司债券（包括公开发行公司债券、非公开发行公司债券、可转换公司债券和可交换公司债券）的发行规模继续明显增长：全年共发行 2 750 只，合计募集资金 32 528.33 亿元，较 2018 年增长 46.52%（见图分 2－2）。除公司债券外，交易所市场 2019 年还发行企业资产支持证券 927 只，规模 10 034.93 亿元；地方

① 2020 年 2 月 14 日，中国证监会对外公布《关于修改〈上市公司证券发行管理办法〉的决定》和《关于修改〈创业板上市公司证券发行管理暂行办法〉的决定》两份决定。

② 资料来源：本节数据如无特殊说明，均取自 Wind 资讯。

③ 资料来源：中国证监会。

政府债719只，规模28 338.46亿元；政策性银行债32只，规模1 085亿元。公司债券及其他各品种合计规模为71 986.72亿元。

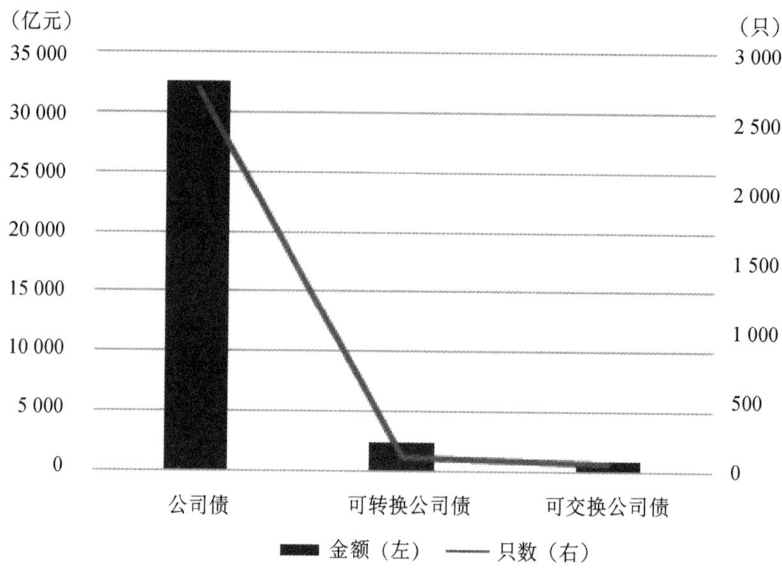

图分2-2　2019年公司债券发行情况

资料来源：中国证监会。

在发行规模回暖之际，公司债券的市场创新同样保持热度。2019年的创新品种主要包括可续期公司债券、绿色公司债券、纾困公司债券、项目收益专项公司债券、扶贫专项公司债券、“一带一路”公司债券、创新创业公司债券、大湾区专项公司债券等。

（一）可转换公司债券和可分离交易可转换公司债券

2019年发行可转换公司债券97只，发行规模合计2 419.83亿元，发行规模较2018年大幅增长207.28%。

自2011年起，可分离交易可转换公司债券一直处于停滞状态，2019年无发行。

（二）可交换公司债券

2019年发行可交换公司债券59只，发行规模合计818.64亿元，较2018年增长99.82%。发行方式多采用私募发行。

可交换公司债券由于含有转股期权，属于股债结合品种。2019年受益于股市自前期低位迎来强劲反弹，可交换公司债券发行量出现较大增长。

二、公司债券发行特点[①]

（一）建筑业融资大幅回暖，国企融资占比进一步提升

从行业角度来看，2019 年公司债券（仅包括公开发行公司债券和非公开发行公司债券）发行规模最大的 3 个行业分别是：建筑业、综合和房地产业，分别占公司债券融资总额的 27.49%、19.64% 和 11.68%。相比 2018 年的前三大行业综合（占比 15.65%）、房地产业（占比 12.67%）和建筑业（占比 10.23%），建筑业公司债券融资明显大幅增加，发行规模同比增加 225.46%。

从发债企业属性角度来看，2019 年国企（包括中央国有企业和地方国有企业）发行规模占比高达 88.23%，发债只数占比高达 87.66%，相比 2018 年的 72.14% 和 71.32%，国企融资占比进一步提升。

（二）公司债券发行主体的信用等级有所下沉

从发行规模来看，2019 年主体评级为 AA 级（含）以上的企业是市场发行主体，占比约 97.73%，较 2018 年的 99.27% 小幅回落。其中，AAA 级企业发行规模占比最大，达 49.05%，但较 2018 年的 68.26% 明显回落；其次分别为 AA+级企业（27.39%）和 AA 级企业（21.28%）。

从发行只数来看，2019 年主体评级为 AA 级（含）以上的企业也是市场发行主体，占比约 95.66%，较 2018 年的 96.77% 小幅回落。其中，AAA 级企业发行只数最多，占比达 34.66%；AA+级企业占比也较高，达到 30.52%。

出现上述情况的主要原因是：2019 年以来，受益于监管机构大力支持实体经济融资，债券市场持续表现较为强势，投资人的风险偏好有所抬升。

（三）公司债券仍以信用发行为主

由于公司债券的发行主体信用等级普遍较高，因此发行人一般选择信用发行。2019 年信用发行的公司债券只数和规模占比分别为 81.45% 和 86.81%，相比 2018 年（86.73% 和 92.18%）有所减少。

非信用发行的公司债券采用的担保方式以不可撤销连带责任担保为主，只数和规模在非信用发行公司债券中的占比分别为 98.03% 和 98.27%；其次为抵押担保和质押担保，占比很小。

---

① 资料来源：Wind。

（四）公司债券中高评级发行主体信用利差的收窄幅度更大，中短期限债券的只数及规模占比小幅回落

2019 年主体评级为 AAA、AA + 和 AA 的公司债券平均票面利率分别为 4.44%、5.56% 和 6.58%，平均票面利率较 2018 年分别下降 0.80%、0.95% 和 0.67%。由于投资人更加青睐资质较好的中高评级债券，中高评级发行主体信用利差的收窄幅度更大。

中短期限（3 年及以下）债券的发行只数及规模占比小幅回落。2019 年发行的中短期限债券的只数占比为 90.50%，规模占比为 89.55%，较 2018 年的 92.56% 和 93.05% 小幅回落。

第三节　并购重组业务情况①

一、并购重组市场概况

2010—2015 年，我国并购市场快速发展，上市公司重大资产重组交易数量及交易规模连续 6 年持续增长。2016 年以后，由于并购重组监管力度加强和宏观经济下行压力，上市公司重大资产重组交易规模出现回落。2019 年，披露已完成过户的重大资产重组的交易数量为 150 家，较 2018 年上升 0.67%，交易规模 7 203.55 亿元，较 2018 年上升 33.63%；中国证监会并购重组委审核通过的并购重组 103 家，其中上海证券交易所 41 家，深圳证券交易所 62 家（分别占交易所上市公司数量的 2.76% 和 3.89%），相比 2018 年分别上升 2.50% 和下降 25.30%（见表分 2－2）。

表分 2－2　　2016—2019 年中国证监会审核上市公司并购重组情况表　　（单位：家）

上市板块		2016 年并购重组审核通过数	2017 年并购重组审核通过数	2018 年并购重组审核通过数	2019 年并购重组审核通过数
上海证券交易所	主板	62	37	40	41
深圳证券交易所	主板	33	26	18	12
	中小板	77	50	31	25
	创业板	79	48	34	25
合计		251	161	123	103

资料来源：根据中国证监会公告整理。

① 资料来源：本节数据如无特殊说明，均取自 Wind 资讯。

从行业分类来看，2019年已完成过户的重大资产重组交易中，计算机、通信和其他电子设备制造业交易16家次，交易金额668.67亿元，家数占比10.67%，位居榜首；其次是化学原料及化学制品制造业和电气机械及器材制造业，各交易13家次，交易金额分别为689.18亿元和341.28亿元，家数占比各为8.67%；再次是软件和信息技术服务业交易9家次，交易金额411.95亿元，家数占比6.00%。并购重组明显向实体经济和新兴产业集中。

从支付对价来看，发行股份购买资产的交易金额达到5 473.05亿元，占交易总金额的75.98%，是2019年上市公司重大资产重组的主要支付方式。

二、并购重组市场特点

（一）并购重组助力供给侧结构性改革，提升上市公司质量

2019年，并购重组在助力供给侧改革方面的积极作用不断显现，出现了招商局集团物业管理资产平台证券化、中信特钢资产证券化、浙建集团重组多喜爱等一批国企重组案例，推动了国企改革。招商蛇口增资收购完成，交易金额高达1 458.17亿元，为A股市场全年交易金额最大的重组方案。另外，水泥、有色、钢铁行业公司通过并购重组不断深化改革，发展更上新台阶。

（二）重组上市有所回温，凸显重组市场新动向

受二级市场估值回归以及并购需求等因素影响，2019年重组上市有所回暖。根据统计，2019年度有11家上市公司完成重组上市，交易金额为975.03亿元，远高于2018年。例如，居然之家重组武汉中商，标志着我国家居行业上市公司又添新军；晶澳科技重组天业通联，成为政策松绑后的又一例中概股成功回归重组上市的案例。此外还有天下秀重组ST慧球、协鑫能科重组上市等交易完成，预示着2020年重组上市交易或有所起色。

（三）上市公司控股权转让频发，国资成为市场重要参与方

2019年，上市公司控股权转让频发，国资大举进入控制权转让市场，所占比例逐渐增加。据统计，在主板、中小板、创业板市场中，国资收购上市公司控股权占比均超过50%。由于控股股东所持股份的限售条件、质押状态或司法冻结等情况导致股份无法协议转让，因此，“协议转让+表决（放弃）权委托”成为现在控制权转让中比较常见的方案。

（四）标的资产持续盈利能力为重组审核关注要点

根据中国证监会网站信息，2019年度，中国证监会并购重组委共召开75次工作会议，审核124家企业，审核通过103家，其中无条件通过34家，有条件通过69家，否决21家，整体过会率为83.06%，低于2017年和2018年。

从并购重组被否项目的维度来看，标的资产持续盈利能力、独立性依然是并购项目被否的“老大难”问题。中国证监会否决21家重组中有18家企业涉及上述问题。

（五）中国证监会逐步优化并购重组政策环境，助力并购重组

2019年，中国证监会推出一系列并购重组政策，助力上市公司做大做强。2019年3月21日发布《关于取消部分行政许可事项申请材料、压缩部分行政许可事项承诺办理时限的公告》，承诺上市公司发行股份购买资产核准事项办理时间由法定3个月缩短至70个自然日，这一承诺在2019年各月中国证监会审核并购重组在会时长中已有体现。2019年8月，中国证监会正式发布《科创板上市公司重大资产重组特别规定》，补齐科创板并购重组政策。2019年10月中国证监会修订《上市公司重组管理办法》，主要修改内容包括：一是简化重组上市认定标准，取消“净利润”指标；二是将“累计首次原则”计算期间进一步缩短至36个月；三是允许符合国家战略的高新技术产业和战略性新兴产业相关资产在创业板重组上市，其他资产不得在创业板实施重组上市交易；四是恢复重组上市配套融资；五是丰富重大资产重组业绩补偿协议和承诺监管措施，加大问责力度。

第四节　证券公司参与全国股转系统情况①

2019年全国中小企业股份转让系统（简称“新三板”）改革正式启动，市场迎来历史性发展机遇。2019年2月14日，中共中央办公厅、国务院办公厅印发《关于加强金融服务民营企业的若干意见》，要求加大直接融资支持力度，积极支持符合条件的民营企业扩大直接融资，稳步推进新三板发行与交易制度改革，促进新三板成为创新型民营中小微企业融资的重要平台。2019年10月25日，中国证监会宣布启动全面深化新三板改革，相继推出优化发行融资制度、完善市场分层制度、建立转板上市机制、加强监督管理、健全市场退出制度等改革措施。

一、挂牌情况

2019年新三板新增挂牌数量持续减少，新增挂牌公司249家，较2018年同比减少56.24%；摘牌企业数量达到1 987家，较2018年增长31.07%。②

截至2019年底，新三板挂牌公司总数为8 953家，较2018年减少1 738家。截至2019年底，新三板创新层公司667家，占比7.45%，较2018年减少247家；基础层公司8 286

① 资料来源：本节数据如无特殊说明，均取自全国股转系统。
② 资料来源：东方财富Choice数据。

家，占比92.55%，较2018年减少1 491家。截至2019年底，新三板集合竞价转让公司8 261家，较2018年减少1 344家；做市转让公司692家，较2018年减少394家。

按行业分类统计，2019年新三板制造业类企业共计4 409家，位居榜首，占比49.25%；其次是信息传输、软件和信息技术服务业，共计1 725家，占比19.27%；第三是租赁和商务服务业，共计465家，占比5.19%。

按地域分布统计，2019年新三板广东地区挂牌企业共1 319家，位居榜首，占比14.73%；其次是北京市，共计1 190家，占比13.29%；第三是江苏省，共计1 072家，占比11.97%。

按挂牌公司股本分布统计，2019年新三板股本在1亿股及以上的挂牌公司共1 094家，占比12.22%；股本在5 000万股—1亿股（不含）的挂牌公司共2 203家，占比24.61%；股本在1 000万—5 000万股（不含）的挂牌公司共5 016家，占比56.03%；股本在1 000万股（不含）以下的挂牌公司共640家，占比7.15%。

二、估值情况

截至2019年底，新三板的总市值为29 399.60亿元，挂牌公司总股本为5 616.29亿股，流通股本为3 365.26亿股，平均市盈率为19.74倍，较2018年的20.86倍下降5.37%。

三、交易情况

2019年新三板的成交数量为220.20亿股，较2018年下降6.81%；成交金额为825.69亿元，较2018年下降7.02%；换手率为6%，较2018年增长12.66%（见表分2-3）。其中，集合竞价转让的挂牌公司成交量为136.69亿股，成交金额为441.49亿元，占全年交易总额的53.47%；做市转让的挂牌公司成交量为83.51亿股，成交金额为384.20亿元，占全年交易总额的46.53%。①

表分2-3　　2019年新三板交易情况

类别		成交金额（亿元）		增长率	成交数量（亿股）		增长率
		2019年	2018年	（%）	2019年	2018年	（%）
交易方式	做市转让	384.20	242.57	58.39	83.51	79.68	4.81
	集合竞价转让	441.49	645.44	-31.60	136.69	156.62	-12.73
层级	创新层	382.23	364.27	4.93	69.03	72.77	-5.14
	基础层	443.46	523.74	-15.33	151.17	163.52	-7.55
	合计	825.69	888.01	-7.02	220.20	236.29	-6.81

资料来源：东方财富Choice数据。

① 资料来源：东方财富Choice数据。

四、定向发行情况

2019年，新三板共进行637次定向发行，合计发行股份73.73亿股，募集资金总额264.63亿元，较2018年分别下降54.56%、40.46%、56.22%。

2019年新三板平均单次定向发行融资规模为4 209.48万元，中位数为1 800万元。单笔融资规模不超过1 000万元的有186次，占比29.20%，募集资金合计9.29亿元，占比仅为3.51%；单笔融资规模在1亿元以上的有46次，占比仅7.22%，募集资金合计137.85亿元，占比高达52.09%。

按行业分类统计，2019年新三板制造业定向发行共计330次，融资金额为134.95亿元，占比51%，位居榜首；其次是信息传输、软件和信息技术服务业，定向发行共计121次，融资金额为37.68亿元，占比14.24%；第三是批发和零售业，定向发行共计22次，融资金额为23.34亿元，占比8.82%。前三大行业的募集资金占比合计达74.06%，行业集中效应凸显。

五、摘牌情况

2019年，新三板市场摘牌企业共1 987家，较2018年增长31.07%。根据摘牌原因统计，845家因其他不符合挂牌的情形终止挂牌，占比42.53%；707家因生产经营调整终止挂牌，占比35.58%；395家因未披露定期报告被终止挂牌，占比19.88%；40家因转板申请终止挂牌，占比2.01%。另外，有3家因被吸收合并终止挂牌，1家因连续3年亏损终止挂牌。①

六、全国股转系统主要政策变化

（一）精选层遴选标准

2019年新三板深化改革重点举措之一是完善市场分层，新设精选层。2019年12月27日，全国股转公司发布《全国中小企业股份转让系统分层管理办法》，明确新三板挂牌公司的分层管理具体制度安排。精选层遴选标准主要以市值为核心，围绕盈利能力、成长性、市场认可度、研发能力等设置了四套入层标准，覆盖不同发展阶段、行业类型和商业模式的企业，充分体现了尊重市场的发展理念。各项条件总体上低于科创板上市条件和创业板公司平均水平，为落实转板上市制度储备企业资源，有利于不同层次资本市场之间衔接的顺畅

① 资料来源：Wind。

平稳。

（二）完善交易机制

2019 年 12 月 27 日，股转公司发布《全国中小企业股份转让系统股票交易规则》，结合不同市场层级挂牌公司的股权分散度和流动性需求，明确精选层公司实行连续竞价交易方式。

（三）优化投资者结构，适当降低投资者门槛

2019 年 12 月 27 日，股转公司发布《全国中小企业股份转让系统投资者适当性管理办法》《全国中小企业股份转让系统投资者适当性管理业务指南》。根据挂牌公司风险和流动性水平，适当降低投资者准入门槛，结合市场分层实行差异化的投资者适当性标准；鼓励公募基金依规投资精选层挂牌公司，壮大专业机构投资者队伍，为市场不断增加长期稳定的资金来源。

第五节　创新及其他业务情况

一、资产证券化发行情况①

经过近几年的高速发展，资产证券化已被市场广泛接受，成为企业直接融资的重要组成部分，也是支持实体经济发展的有力工具，在落实国家产业政策、深化供给侧结构性改革等方面发挥了重要作用。2019 年企业资产支持证券产品共发行 927 单，累计发行规模 10 034.93亿元，发行规模同比增长 13.14%。②

（一）资产证券化业务的创新情况

近几年资产证券化市场涌现出一批具有创新性的产品，发行主体及基础资产类型不断丰富。就基础资产类型而言，其中比较有代表性的包括：一是在深圳证券交易所发行的“东道一号 1 期京东白条应收账款债权资产支持专项计划”是市场上首次出现以 LPR 为基准定价的浮动利率型消费贷款 ABS，体现了交易所市场及消费金融公司根据自身行业特点紧密衔接我国利率制度改革的政策导向；二是 PPP 项目作为政府减轻财务负担、促进基础设施项目投资主体多元化发展的重要手段，也同时为出资企业带来了资金沉淀时间较长的难题，在上海证券

① 资料来源：如无特殊说明，数据取自 Wind 资讯及资产证券化分析网（CNABS）。

② 资料来源：中国证监会。

交易所发行的“中建三局－十堰 PPP 项目资产支持专项计划”，作为市场首单管廊类“PPP＋ABS”项目，为企业盘活存量资产树立了标杆；三是伴随着我国稳步改革、完善知识产权体系、不断强化知识产权保护水平，由著作权、专利权、商票、专用设备和通用设备等作为基础资产的“第一创业－首创证券－文化租赁 1—5 期资产支持专项计划”发行成功。

就结构设计而言，其中比较有代表性的包括：一是在上海证券交易所成功设立并完成扩募发行的“菜鸟中联－中信证券－中国智能骨干网仓储资产支持专项计划”是首单引入扩募机制的类 REITs 产品，该产品为下一步推动权益型公募 REITs 探索了可行的过渡型产品路径。二是就金融科技应用而言，在深圳证券交易所发行的“京东数科－中信证券 9 号京东白条应收账款债权资产支持专项计划”首次应用了区块链 ABS 全流程解决方案，通过区块链技术实现多节点信息高效同步，强化了对基础资产的穿透管理。三是在深圳证券交易所成功获批的“平安证券－前交所保理资产供应链 1—50 号资产支持专项计划”为市场首单“多原始权益人、多核心企业、多确权方式”供应链金融 ABS 产品，基础资产涵盖应收账款、票据及电子债权凭证等，为小微企业实现供应链融资提供了诸多便利。四是在上海证券交易所成功设立的“2019 平安租赁汽融三期资产支持专项计划”及“19 平三 B 信用保护凭证”是上海证券交易所发布《关于开展信用保护凭证业务试点的通知》后市场上推出的首单针对资产证券化产品的信用保护凭证，为完善我国债券市场风险定价机制提供了重要参考与实践。

同时，继续推动企业资产证券化市场的良性发展，需要在加强风险防范、建立规范化体系制度的基础上进行创新。考虑到近几年已暴露的资产证券化产品风险事件影响，监管部门也通过监管问答的形式对电影票款、不具有垄断性和排他性的入园凭证、物业服务费、缺乏实质抵押品的商业物业租金等类型基础资产进行了限制，对原始权益人、资产服务机构的持续经营能力提出了更严格的要求，旨在完善 ABS 产品的风险防控措施，规范业务运作，夯实发展基础。

（二）资产证券化产品基础资产结构情况

资产证券化产品主要依托资产的良好运营并产生持续、稳定、可预测的现金流进行融资，而底层资产的有效运营与发起机构自身的经营管理水平息息相关。供应链金融（保理）资产证券化有效地将核心企业自身主体资质优势与金融科技优势相融合，一方面使得应收账款的流转和确权变得更为便利，另一方面也简化了供应链 ABS 产品的信用分层，降低了投资者对于产品的判断难度。得益于此，供应链金融资产证券化产品在近两年取得了爆发式增长。根据 CNABS 汇总统计，2019 年全年供应链金融（保理融资）类产品累计发行 469 单，发行金额 2 973.61 亿元，占全年发行总规模的 29.63%，发行规模较 2018 年增长 104.51%，在各类基础资产发行单数及发行规模上均居首位。发行规模位居第 2 至第 5 位的基础资产类型分别为融资租赁、个人消费贷款、应收账款及 CMBS，发行规模占全年总规模比例分别为 15.56%、14.09%、11.60% 及 9.21%。其中，受相关行业政策及融资渠道受限等因素影响，2019 年融资租赁资产支持证券（ABS）发行规模较 2018 年同期上浮 31.42%，资产证券化已成为融资租赁公司重要的资金来源之一。

二、其他创新业务情况①

（一）可续期公司债券

可续期公司债券在一定条件下可计入公司权益，是当前企业降低资产负债率的重要工具。2019 年市场共发行 162 单可续期公司债券，合计募集资金 2 314. 98 亿元。其中，公开发行 138 单，募集资金 2 051. 63 亿元；非公开发行 24 单，募集资金 263. 35 亿元。2019 年可续期公司债券 79 家发行人中，29 家是中央企业，45 家是地方国有企业，5 家是非国有企业。

2019 年可续期债券相关政策频出。2019 年 1 月，《关于印发〈永续债相关会计处理的规定〉的通知》（财会［2019］2 号）下发，其中更为严格的权益计入条件导致带次级条款的可续期公司债券陆续出现，2019 年全年发行带次级条款的可续期公司债券 16 单、募集资金 227. 60 亿元；4 月，财政部、税务总局发布《关于永续债企业所得税政策问题的公告》（2019 年第 64 号），对可续期债券长期以来存在的双重征税问题提供了解决方案和依据。

（二）绿色公司债券

2019 年市场共发行 64 单绿色公司债券，合计募集资金 595. 77 亿元。其中公开发行 19 单，募集资金 196. 10 亿元；非公开发行 45 单，募集资金 399. 67 亿元。2019 年绿色公司债券的 35 家发行人中，3 家是中央企业，27 家是地方国有企业，5 家是非国有企业。2019 年绿色公司债券发行单数、规模较上年分别增加 88. 24% 和 53. 20%，市场影响力不断扩大，社会环境效益显现。但是，各级政府部门配套优惠政策的支持力度仍然偏弱，对绿色债券的发展形成了一定制约。

（三）纾困公司债券

为贯彻落实党中央、国务院关于打好防范化解风险攻坚战的决策部署，进一步夯实支持民营企业健康发展的政策措施，交易所市场纾困公司债券自 2018 年第四季度推出并发行。2019 年市场共发行了 41 单纾困公司债券，合计募集资金 491. 20 亿元，发行单数、规模较上年大幅增加，增幅分别为 412. 50% 和 401. 22%。2019 年纾困公司债券的发行主体涉及浙江、山东、四川、江苏、北京等 16 省市，对缓解当地民营企业融资难、助力民营企业健康发展起到了重要作用。

（四）创新信用衍生工具

自 2019 年 1 月沪、深证券交易所分别发布信用保护工具业务管理试点办法和配套业务

① 资料来源：本部分数据如无特殊说明，均取自 Wind。

指引起，市场迅速涌现出一批具有代表性的创新产品，如以特变电工股份有限公司公开发行2019年公司债券（第一期）为参考债务的信用保护合约5 000万元，是试点办法发布后首单信用保护工具。以深圳市百业源投资有限公司2019年非公开发行可交换公司债券（第一期）为参考债务的信用保护凭证3 000万元，是市场首批信用保护凭证。“京东数科－中信证券7号京东白条应收账款债权资产支持专项计划”成功落地首单以中间级资产支持证券为标的的信用保护合约。随着信用保护工具市场接受程度的逐步提高，投资人在购买债券产品的同时，可以配套购买由专业机构设立、运营的信用保护工具。信用衍生工具的创新，一方面降低了发行人的融资成本，另一方面又保护了投资人的资金安全，从而提振了债券发行人和投资人的信心，对于优化债券产品市场环境起到了重要作用。

（五）项目收益专项公司债券

项目收益专项公司债券是指公司依照法定程序发行，募集资金用于项目建设与运营，且以项目收益现金流为主要偿债来源的公司债券。2019年市场共发行50单项目收益专项公司债券，合计募集资金338.65亿元，发行单数、规模较上年大幅增加，增幅分别为2 400.00%和2 235.52%。2019年项目收益专项公司债券全部为非公开发行，发行主体全部为地方国有企业，募集资金主要用于产业园区、保障性住房、旅游开发以及PPP项目等项目类型。

（六）扶贫专项公司债券

扶贫专项公司债券是指贫困地区或脱贫“摘帽”不满三年地区的企业发行的公司债券，以及注册地不在贫困地区、但募集资金主要用于精准扶贫的公司债券。2019年市场共发行28单扶贫专项公司债券，合计募集资金189.60亿元，发行单数、规模较上年大幅增加，增幅分别为250.00%和626.44%。2019年扶贫债券发行人所在贫困地区已覆盖安徽、河南、湖南、贵州、重庆、西藏等省市，募集资金用途涵盖基础设施建设、异地扶贫搬迁、产业扶贫等领域。

（七）“一带一路”公司债券

“一带一路”公司债券包括“一带一路”沿线国家（地区）政府类机构发行的政府债券、“一带一路”沿线国家（地区）的企业及金融机构发行的公司债券，以及境内外企业发行的、募集资金用于“一带一路”建设的公司债券。2019年市场共发行9单涉及“一带一路”用途的公司债券，合计募集资金144.40亿元，主要是境内、境外企业发行的，募集资金用于“一带一路”相关项目建设的公司债券。“一带一路”公司债券的发行促进了“一带一路”资金融通，发挥了交易所债券市场服务“一带一路”建设的作用。

（八）创新创业公司债券

2019年市场共发行15单创新创业公司债券，合计募集资金31.10亿元，发行单数、规模较上年分别萎缩25.00%和21.56%。2019年，创新创业公司债券的发行主体以创新创业公司为主，以创投公司为辅，民营发行主体占比接近一半，区域主要位于江苏、广东、浙江及北京等经济发达地区。由于创新创业公司的规模普遍偏小，信用评级等级不高，在投资者风险偏好普遍较低的市场环境下，发行难度普遍较大。

（九）大湾区专项公司债券

为进一步推进落实中共中央、国务院《粤港澳大湾区发展规划纲要》部署，交易所市场于 2019 年推出大湾区专项公司债券。2019 年市场共发行 4 单大湾区专项公司债券，合计募集资金 22.00 亿元，发行主体共 3 家，分别是广东粤海控股集团有限公司、深圳市投资控股有限公司和广州金融控股集团有限公司，募集资金用于大湾区内产业园区建设、片区开发以及出资相关引导基金等，以支持粤港澳大湾区发展。

第六节　投资银行业务组织架构基本情况

一、证券公司承销业务格局维持集中态势

2019 年证券公司承销业务市场格局维持集中态势，与 2018 年相比债券主承销家数的集中度有所下降。根据 Wind 数据，2019 年度股权融资方面，前十家证券公司主承销金额合计占比为 74.39%，与 2018 年基本持平；主承销家数合计占比为 54.83%，与 2018 年相比降低 1.39 个百分点。债券融资方面，前十家证券公司主承销金额合计占比 61.72%，与 2018 年相比降低 0.94 个百分点；主承销家数合计占比为 44.16%，与 2018 年相比降低 7.97 个百分点（见图分 2－3）。

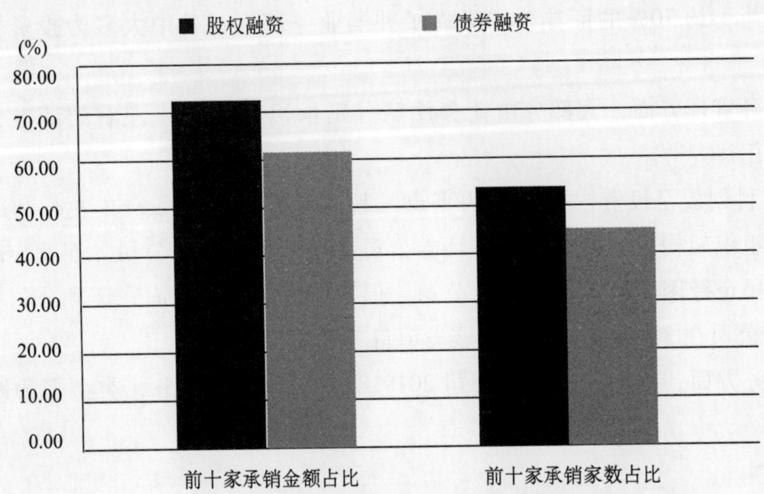

图分 2－3　2019 年前十家证券分司承销金额和家数的占比情况

资料来源：Wind。

在业务收入方面，2019 年证券公司承销业务收入整体大幅增长，得益于科创板 IPO 业务的开展，股权承销业务收入增长较多。据不完全统计[①]，2019 年度，证券公司投资银行业务总收入同比增长率的中位数为 38.28%。根据 Wind 按项目发行统计的股权融资主承销商收入数据，2019 年首发、增发、配股和可转债主承销商收入合计为 130.07 亿元，较 2018 年同期增长 85.76%；前十大主承销商的收入合计占比为 62.04%，与 2018 年相比降低 2.79 个百分点。

二、证券公司开展投资银行业务的组织架构情况[②]

2019 年是《证券公司投资银行类业务内部控制指引》发布后完整运行的第一年，证券公司投资银行业务的组织架构调整仍在继续。根据问卷调查结果，2019 年度约一半的证券公司开展投资银行业务的组织架构有调整，多数为局部调整，如增减业务单元、强化内部控制、增强发行职能等。内核机构设置方面，大部分证券公司为常设内核机构，且 1/3 左右为独立的公司一级部门；仅 10% 左右的证券公司采用非常设的内核委员会形式。作为内部控制的第二道防线，质量控制部门多隶属于投资银行业务条线，但独立于承做业务部门；仅 20% 左右的证券公司质量控制部门独立于投资银行业务条线。

在业务组织方面，由于投资银行业务特点，大部分证券公司区分业务品种建立组织架构，近 1/3 的证券公司设有统一的投资银行业务管理部门。超过 40% 的证券公司设置了独立的资本市场部门，从事股票和债券的销售发行工作。绝大部分证券公司在总部之外设有异地业务团队，异地团队多布局于北京、上海、深圳以及南京、广州、成都、武汉等城市。

在开展全国股转系统业务的证券公司中，单独设置场外市场部门与隶属于投资银行部门的情况基本各半。约 70% 的证券公司设立了并购业务部门，其中大多为投资银行部门的子部门。

在客户服务管理方面，大部分由业务团队分别承担，仅 10% 左右的证券公司单独设置了客户管理部门。

2019 年，科创板是投资银行业务的亮点，其性质为保荐业务，在发行和跟投方面有新特点；反映在组织架构上，推动了一些证券公司设立另类投资子公司。在响应政策号召，深入国企混改、民企纾困、服务创新创业公司、倡导绿色金融等方面，证券公司积极行动，超过 85% 的证券公司在 2019 年度承做过该类项目。

在海外业务方面，约 1/3 的证券公司 2019 年度发生这类业务，类型多为跨境并购和境外发行债券。

---

① 资料来源：中国证券业协会 2019 年专项调查，数据从收回的有效问卷得出，下同。

② 资料来源：中国证券业协会 2019 年专项调查。

三、从业人员数量变化情况[①]

根据中国证券业协会 2019 年专项调查数据，2019 年证券公司从事投资银行业务的总人数约 2.18 万人，较 2018 年小幅增长约 2%。在从业人员分布上，2019 年从事股权融资业务的人员约 1.22 万人，较 2018 年下降约 2%；从事债券融资业务人员约 5 600 人，较 2018 年增长约 15%；不区分股债品种的业务人员约 300 人；从事资本市场业务的人员约 1 250 人，较 2018 年增长约 10%；其他从业人员（包括从事并购、ABS、质控、运营及管理人员等）约 2 400 人。从业人员中，2019 年保荐代表人有 3 806 人，较 2018 年增长 3.37%（见图分 2-4）。[②]

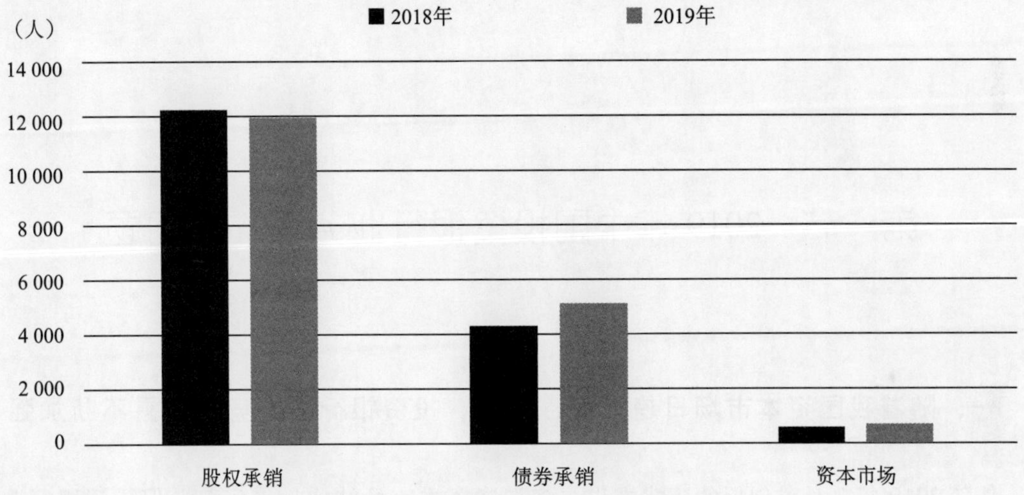

图分 2-4 近两年投行从业人员数量情况

资料来源：中国证券业协会 2019 年专项调查。

① 如无特殊说明，数据来源于中国证券业协会 2019 年专项调查。

② 资料来源：中国证券业协会。

第二章
2019 年中国投资银行业务面临的问题与 2020 年前景展望

第一节 2019 年中国投资银行业务面临的问题

一、随着我国资本市场日趋开放、完善，投资银行核心竞争力需不断加强

伴随 2019 年 7 月科创板的正式推出，多层次资本市场结构日趋完善，但投资银行业的多元服务供给能力不足。从服务供给角度来看，截至 2019 年底，我国有 133 家证券公司[①]，而根据美国金融业监管局（FINRA）统计，2018 年全美共有 3 607 家证券公司[②]，即使考虑资本市场规模的差距，我国投资银行业服务机构也偏少，与企业对多层次资本市场的迫切服务需求不相匹配。

伴随我国资本市场国际化的加速推进，对外开放程度日益加深（取消 QFII 投资额度限制、MSCIA 股权重逐步上升、外资投行进入加强竞争等），我国证券业核心竞争力不足的劣势开始显现，主要体现在：一是经营方面，我国券商经营能力与国际顶尖投行存在显著差距；二是风险控制方面，2019 年全年，保荐违规记录共 124 起，罚没金额约 4 788.00 万元，分别同比增长 103.28% 和 194.10%[③]，证券业的风险管理体系有待规范和加强；三是创新方面，在分业监管体系下，亟须从实体经济需求角度出发，回归价值创新和服务创新。

① 资料来源：Wind。
② 资料来源：https://www.finra.org/media-center/statistics。
③ 资料来源：Wind。

二、投资银行服务实体经济的综合能力需持续增强

投资银行业务的本质是资源配置，在新形势下，投资银行需要更大力度地服务“一带一路”全面脱贫、供给侧结构性改革、混合所有制改革、债转股等，切实加大对实体经济发展的支持力度。跨境服务是投资银行服务实体经济和“一带一路”倡议的重要手段，但目前我国投资银行服务机构偏少，且国际化业务的意识、资源、能力都存在较大欠缺，难以满足国内广大企业国际化进程中的迫切需要。

三、信用债违约常态化，违约处置能力亟待加强

近 5 年来我国债券违约量持续增长，信用违约已呈常态化趋势。根据 Wind 统计，2019 年国内债券市场共有 231 只债券发生违约，合计违约规模为 1 444.08 亿元。其中，民营企业违约 196 只，占比约 84.85%。从品种看，企业债 4 只，公司债 136 只，短融（含超短）、中票和 PPN 分别是 3 只、49 只和 9 只，公司债券和交易商协会债务融资工具的违约形势严峻，其中公司债券的违约只数 2019 年大幅攀升。在债券到期规模增加、经济增速放缓的大背景下，预计 2020 年债券违约形势依然严峻。

四、新三板市场融资、交易功能未能充分发挥

流动性不足、估值功能缺失一直是新三板市场的主要问题。2019 年新三板改革前，市场基本上是处于停滞和下滑的阶段，增量挂牌企业资源趋于枯竭，挂牌企业数量持续减少，新增挂牌家数远低于摘牌家数，且主动摘牌企业大部分是优质项目。新三板市场融资、交易功能均呈现弱化的趋势，对优质企业的吸引力下降，投资者参与意愿也减弱。融资和交易是企业挂牌新三板的核心诉求，公司希望通过交易获得流动性和市场合理定价，而交易功能受阻正在逐渐影响新三板市场的融资功能。新三板市场作为一个全国性的交易场所，流动性相对匮乏，市场交易寡淡，投资者退出机制未形成。市场参与者退出困难以及难以实现收益等原因使得投资者积极性下降，进一步导致市场流动性问题，证券公司发展新三板业务遇到困境。

五、资产支持证券流动性建设亟待进一步完善

根据 Wind 统计，2019 年沪、深证券交易所的二级 ABS 交易总量为 2 603.41 亿元，交易笔数 561 笔，笔均金额约 4.64 亿元，交易总量较 2018 年同期上涨 28.76%，但相较于 ABS 产品日益增长的发行规模而言，其二级市场活跃度仍显不足。加强资产支持证券的流动

性建设，可以降低产品发行时的流动性溢价，降低实体企业的融资成本，提升优质基础资产开展资产证券化业务的动力。

第二节　2020 年中国投资银行业务前景展望

一、《证券法》修订和注册制将为 A 股投资银行业务带来历史性的发展机遇

2019 年 12 月 28 日，第十三届全国人大常委会第十五次会议审议通过了修订后的《中华人民共和国证券法》（简称“新《证券法》”），并于 2020 年 3 月 1 日起施行。新《证券法》从法律层面建立了公开发行证券注册制。第二章第九条第一款规定：“公开发行证券，必须符合法律、行政法规规定的条件，并依法报经国务院证券监督管理机构或者国务院授权的部门注册。未经依法注册，任何单位和个人不得公开发行证券。证券发行注册制的具体范围、实施步骤，由国务院规定。”上述条款由修订前的“核准”改为“注册”，意味着注册制的核心是信息充分披露与市场化定价，不同质地的项目将会出现不同的发行效率，优质项目的价值将得到体现。

新《证券法》的出台标志着 2020 年我国投资银行业务将迎来新的机遇和挑战。注册制的落地将有利于投资银行 IPO 和再融资项目的推进效率，也对投行综合能力提出了更高的要求。一方面，投行将承担更多对拟上市公司资质的审查义务，对公司信息披露的可行性、完整性、真实性承担更大的责任；另一方面，改革也对投资银行专业能力提出了更高要求，要求投行具备较高的执业能力、价值发现、估值定价、承销以及投资等综合实力。预计综合实力尤其是估值、销售能力更强的投资银行将在注册制的全面推行下，获得更多的业务机会。新《证券法》简化了公开发行公司债券的相关条件，优化了注册发行流程，提高了债券市场的融资效率。随着配套政策的逐步完善，预计公司债市场将迎来新的发展。新《证券法》扩大了适用范围，授权国务院依照新《证券法》的原则规定资产支持证券及资产管理产品发行、交易的管理办法等。资产证券化的投行属性将进一步凸显，有利于投行进一步发挥其产品设计、创新、承销的本源功能，也有利于进一步对发行程序、信息披露等作出规范，将有力推动其长期健康发展。

二、并购重组市场有望加速回暖，积极探索多层次并购重组服务

目前，我国已形成主板、中小板、科创板、新三板等多层次的资本市场，2019 年 A 股《上市公司重大资产重组管理办法》修订、科创板并购重组制度推出，以及新三板的改革都

已完成或在不断完善过程中。并购重组作为资本市场优化资源配置的重要方式，在助力上市公司加速转型升级、抵御风险挑战、实现高质量发展等方面，发挥着重要作用。

传统行业迫切需要通过并购重组、产业整合乃至海外并购实现或巩固已有产业结构上的市场优势战略地位，从而促成增长方式的转变；新兴行业需要通过并购重组实现外延式或跨越式发展。未来，证券公司可以探索为客户提供更全面的服务，更好地支持国内并购市场发展，积极探索为多层次的企业提供并购服务。

三、新三板改革为市场带来较大期望

新三板挂牌公司高科技属性强，细分领域多，信息披露透明规范。目前新三板公司的估值大幅低于A股市场，随着各项改革措施的落地，进入精选层的标的公司估值会有所提升。此次改革，与科创板相似，精选层的准入门槛均按照“市值+财务”的方式设置，且设置了四套标准以期包容具有不同特征的企业。整体来看，精选层的准入门槛大幅低于科创板，略低于港股，对盈利性的要求较低，更加强调市场认可程度。这一准入门槛的设置方式包容尚在成长期企业和已经初具规模的优质企业，将企业进入资本市场的阶段进一步前移。进入新三板精选层需满足累计融资1 000万元以上的要求，也为股权投资机构和相关并购方提供了增量交易机会。

本次改革不仅立足于新三板市场本身的现实问题，而且从提高资本市场体系的整体市场效率出发，推出直接转板上市制度。挂牌公司在精选层经过一定时间的培育和发展，且符合《证券法》和交易所相关上市规定的企业，可以直接转入交易所市场。设立转板上市制度，满足了新三板优质企业进入更高级市场融资的需求，提供转板便利，降低上市成本。随着全面深化改革利好政策的有序落地，市场的参与热情将持续升温。

四、科技赋能促进资产证券化业务创新发展

2019年9月，中国证监会在北京召开全面深化资本市场改革工作座谈会，推进交易所市场债券和资产支持证券品种创新是重点任务之一。资产证券化业务作为债券市场服务实体经济的有效补充，对提高资产配置效率具有重要意义；纵观近几年资产证券化业务在逐步成熟的演化过程中，金融科技亦在其中承担了举足轻重的作用。

从市场发展的角度，科技赋能为融资企业提供了更多的机会。以供应链资产证券化为例，供应链金融在近几年保持了高速发展，发行规模连续4年保持100%以上的增速，且核心债务人已逐步从房地产企业扩充至资质较好的传统大型企业及部分互联网企业。[①] 在供应链资产证券化飞速发展的背后，国家的政策支持鼓励和企业自身寻求拓宽融资渠道自是原因

---

① 资料来源：资产证券化分析网（CNABS）。

之一，而金融科技企业将区块链技术引入资产证券化业务中，通过将底层资产标准化、流程化、电子化，既降低了资产证券化核心债务人开展业务的门槛，又为计划管理人及中介机构开展工作提供了便利，也为监管机构提供了便捷审核及监管的可能，为市场贡献了大量安全、可靠的资产证券化产品，为资产证券化市场发展提供了强大的推力。

进一步推进资产证券化市场的良性发展，不仅需要监管机构、发行人、中介机构等各参与主体共同努力，而且需要大力发展金融科技等新型生产力，提升债券市场活力和服务实体经济能力，提供更多符合市场需求及监管导向的资产证券化产品。

分报告之三：
2019 年中国证券公司资产管理业务发展回顾与展望

第一章
2019 年中国证券公司资产管理业务的总体情况

第一节　2019 年中国证券公司资产管理业务的发展环境

一、经济环境：经济增速下行期间资管业务开展压力加大

2019 年我国 GDP 增速由 2018 年的 6.6% 回落至 6.1%，全年消费和投资增速呈下滑趋势，证券公司资管业务转型受到一定的影响。一方面，在经济增速放缓的大环境下，股票一、二级市场风险提升，导致标准化资产风险调整后的收益趋弱，叠加非标业务受限，影响证券公司资管业务向主动管理转型的动力；另一方面，经济增速下滑时期居民财富配置需求受到一定的影响，加之资管行业统一监管后行业竞争更加激烈，证券公司资管业务募集资金难度提升。

二、政策环境：资管新规监管理念延续

2018 年 4 月 27 日，中国人民银行、中国银监会、中国证监会、国家外汇管理局联合印发《关于规范金融机构资产管理业务的指导意见》（银发〔2018〕106 号，以下简称“资管新规”）。资管新规自 2018 年落地之后，统一监管与打破刚兑的思想延续至 2019 年。2019 年 11 月，最高人民法院印发《全国法院民商事审判工作会议纪要》，认为“信托公司、商业银行等金融机构作为资产管理产品的受托人与受益人订立的含有保证本息固定回报、保证本金不受损失等保底或者刚兑条款的合同，人民法院应当认定该条款无效”，这是最高人民法院从法律层面认定了刚兑不合法。资管新规的落地实施于 2019 年取得了一定成效，各类机构资管规模稳中有降，结构有所优化，同时机构监管与功能监管相结合的监管理念得到有效探索，资管行业转型发展势头基本形成。证券资管同样在压缩规模、回归资产管理本源方面有显著进展。

三、行业环境：持续去通道，加快主动转型

随着资管新规的落地与行业竞争激烈程度的提升，证券公司资管行业整体向主动管理转型。从行业资管业务的结构来看，中国证券投资基金业协会数据显示，2019 年行业被动管理规模下滑 2.69 万亿元至 6.15 万亿元，下滑幅度为 30.5%，而主动管理规模自 2017 年以来首次回升，增加 1 184 亿元至 4.19 万亿元，上升幅度为 2.9%。主动管理规模占比由 2018 年的 31.5% 上升至 40.5%，达到近年来最高水平，规模是 2014 年的 3 倍（见图分 3 –1）。证券公司资产管理业务正在积极加强主动管理，回归服务实体经济的本源。

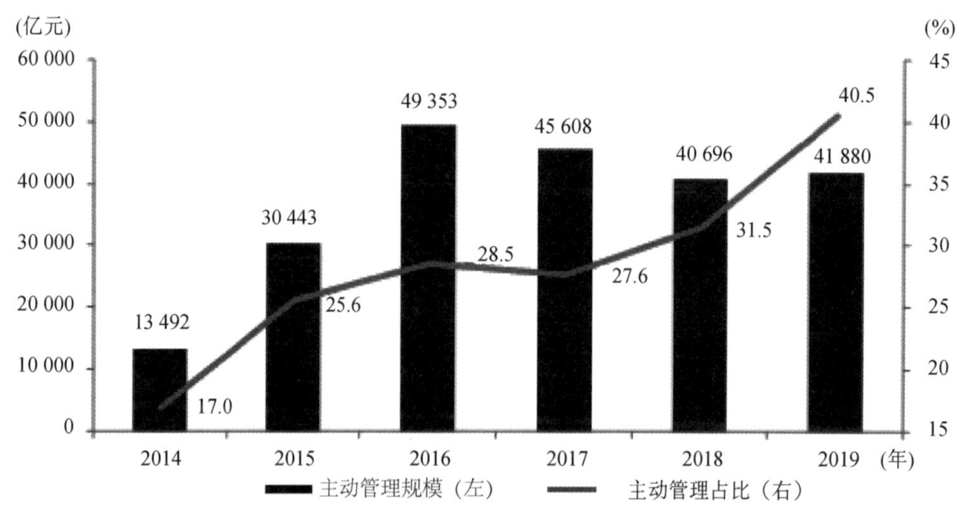

图分 3 –1　证券公司资产管理主动管理规模及占比

资料来源：中国证券投资基金业协会，申万宏源研究。

第二节　2019 年中国证券公司资产管理业务的发展情况

一、整体情况：规模继续压缩，收入占比下降

在资产管理行业持续去通道、去杠杆的背景下，2019 年证券公司资管业务规模有较明显的下降。截至 2019 年末，证券公司资产管理业务总规模由 2018 年末的 14.11 万亿元下降至 12.29 万亿元①，下降超过 10%。从收入来看，2019 年行业实现资产管理业务净收入 275.16 亿元，与 2018 年持平；从收入贡献度来看，2019 年资管业务贡献了证券行业 7.6% 的营业收入，较 2018 年全年的收入占比（10.3%）下滑，部分原因是二级市场回暖导致自营业务等收入占比提升（见图分 3－2）。

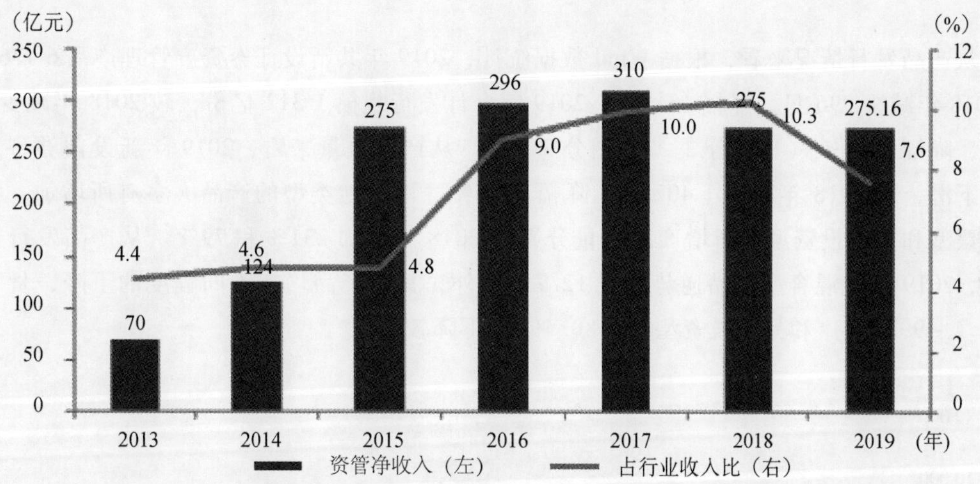

图分 3－2　证券行业资产管理业务收入及占比

资料来源：中国证券业协会，申万宏源研究。

（一）集合资管产品受托规模略微增长

2019 年末，共有 96 家证券公司设立集合资产管理产品，与上年末持平；合计管理集合资产管理产品数量 4 764 只，较上年末增加 849 只，同比增长 21.7%；期末受托管理资金规模 1.94 万亿元，较上年末增加约 500 亿元，同比增加 2.6%。

① 此处数据来源于中国证券业协会的证券公司年度经营数据，数据基于证券公司未经审计的财务报表统计。

（二）专项资产管理业务规模大幅增长

2019 年末，共有 82 家证券公司设立专项资产管理产品，较上年末增加 9 家；合计管理专项资产管理产品数量 4 913 只，较上年末增加 1 201 只，同比增长 32.4%；期末受托管理资金规模 1.41 万亿元，较上年末增加 0.31 万亿元，同比增长 28.2%。

（三）定向资产管理业务占比明显下滑

2019 年末，共有 95 家证券公司设立定向资产管理产品，上年末为 92 家；证券公司定向资产管理业务期末客户数达 11 413 户，较上年末减少 2 456 户，同比减少 17.7%；期末受托资金总额 8.49 万亿元，较上年末减少 2.18 万亿元，同比减少 20.4%。整体而言，在行业去通道降杠杆的政策环境下，以定向资产管理为代表的通道类业务规模扩张受到抑制，2019 年定向资产管理产品受托资金占比由 2018 年的 78.1% 下降至 71.7%。

二、新设情况：新发行产品量价齐降

从产品发行情况来看，根据 Wind 数据统计，2019 年共新设证券资产管理产品 6 476 只，较 2018 年减少 996 只，降幅 13.3%；2019 年合计发行规模 1 312 亿份，较 2018 年减少 926 亿份，降幅 41.4%（见图分 3－3、图分 3－4）。从产品数量来看，2019 年新设债券型产品大幅下滑，较 2018 年减少 1 402 只，降幅 32.6%，而其他类型的产品大多有所增加，特别是股票型和另类投资型，新增产品数量分别较 2018 年增加 231% 和 79%。从产品发行份额来看，2019 年除混合型产品逆势增长 12.7% 以外，其余产品均有不同程度的下降，货币市场型（－99.2%）和另类投资型（－80.5%）下降较多。

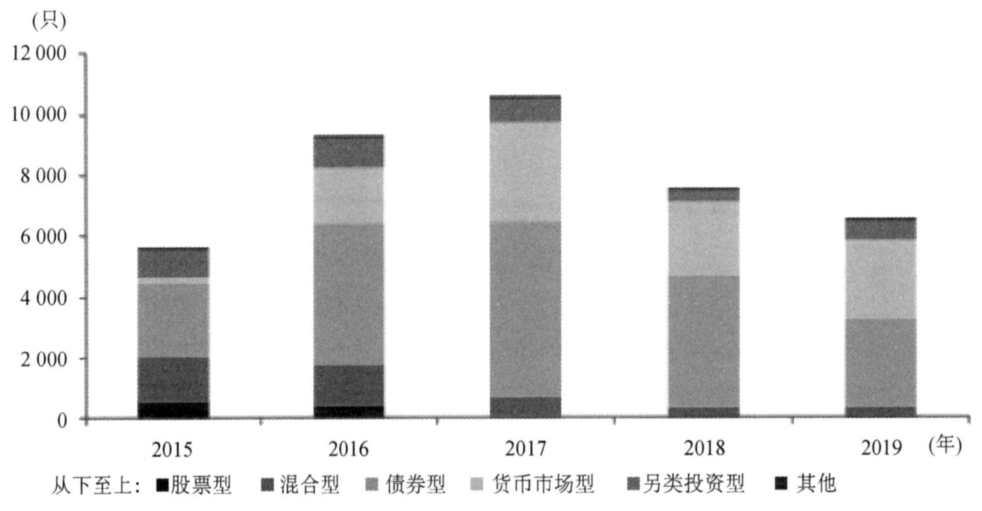

图分 3－3 2015—2019 年证券资产管理产品发行数量

资料来源：Wind，申万宏源研究。

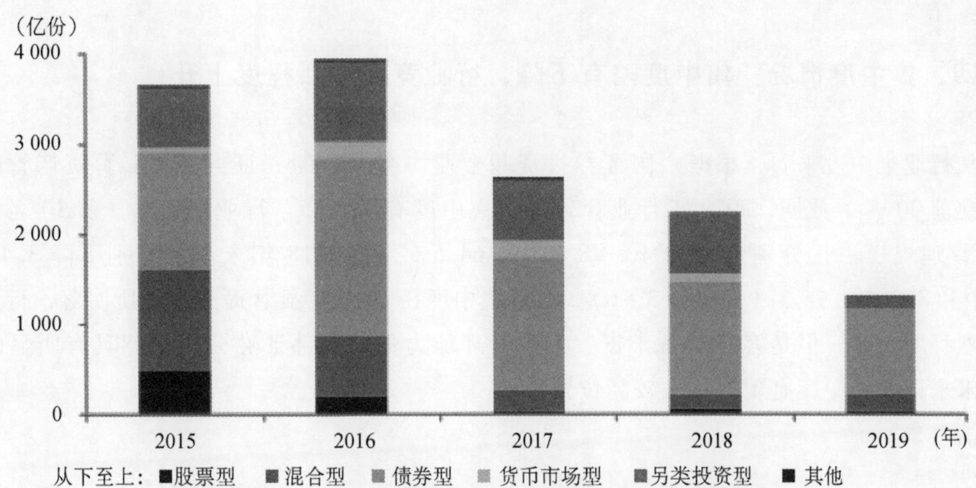

图分3-4　2015—2019年证券资产管理产品发行份额

资料来源：Wind，申万宏源研究。

三、配置情况：集合资管以配置债券为主，股票基金占比上升

从资产配置情况来看，债券依旧是证券公司集合理财计划的主要配置对象。从占比来看，2019年证券公司集合资管计划配置债券、基金、股票、协议或定期存款、信托计划、专项资产管理计划以及其他资产的比例依次为55.2%、3.5%、5.9%、13.5%、2.2%、1.8%以及17.8%。与2018年相比，2019年债券配置占比略微下降但仍超一半，股票和基金配置占比略微提升，协议或定期存款配置占比明显上升（见图分3-5）。

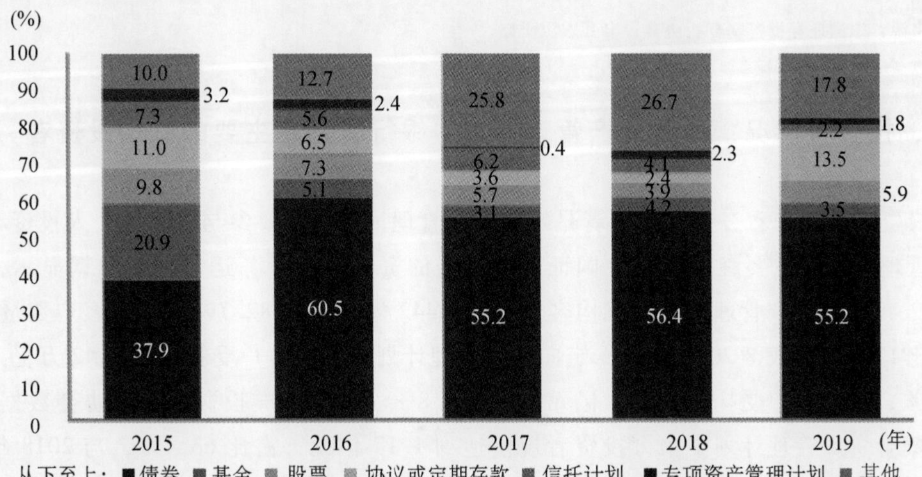

图分3-5　证券公司集合理财计划配置情况

资料来源：中国证券投资基金业协会，申万宏源研究。

四、集中度情况：集中度略有下降，行业竞争激烈程度上升

从行业集中度来看，根据中国证券投资基金业协会颁布的“证券公司私募资产管理月均规模前20名”数据，2019年行业管理规模集中度有所下降，行业前5名、前10名、前20名管理规模占比分别为32.1%、48.9%和64.5%，较2018年末占比分别下降3.4个、4.4个和8.0个百分点（见图分3-6）。行业集中度在2018年显著提升后有所回落，行业竞争激烈程度上升，但是客户储备丰富、主动管理能力强的头部证券公司仍然具有明显的优势，未来行业集中度有望保持在较高位置。

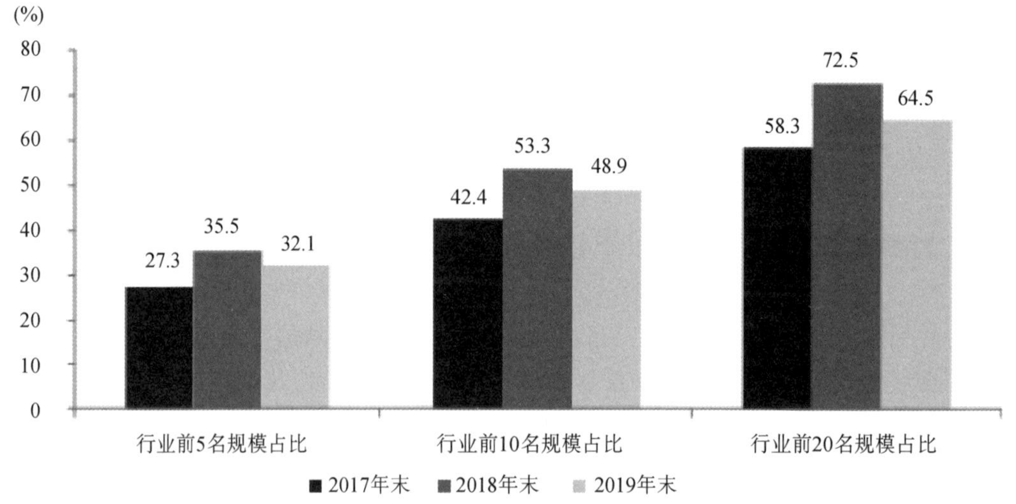

图分3-6 证券公司资产管理行业管理规模集中度

资料来源：中国证券投资基金业协会，申万宏源研究。

五、投资者情况：集合资产管理计划中银行资金是主要的机构投资者

从投资者结构来看，机构投资者是定向资产管理计划的主要参与者，而个人投资者是集合资产管理计划的主要参与者。中国证券业协会的资产管理业务运作情况数据显示，截至2019年末，定向资产管理计划的机构客户数量9 442家，占比82.7%，个人客户数量1 971名，占比17.3%；截至2019年末，定向资产管理计划的机构客户受托资金8.42万亿元，占比99.2%；个人客户受托资金721亿元，占比0.8%。中国证券投资基金业协会数据显示，2019年集合资产管理计划中个人投资者规模达到1.17亿元，占比63.4%，与2018年基本持平；机构投资者中银行资金占据主导，其在集合资产管理计划规模中占比达到20.7%。

第二章
2019 年中国证券公司资产管理业务发展中面临的问题与 2020 年发展展望

第一节 2019 年中国证券公司资产管理业务发展中面临的问题

一、现有发展模式与专业化发展的要求不匹配

当前我国资产管理业务没有形成明显的分工，在 2012—2017 年资产管理行业大发展时，各类资产管理机构普遍采取通过通道业务做大规模的发展战略，而资产管理新规之后发展模式仍在探索之中。这导致不同资产管理机构在资产管理业务链的资金端、产品端、资产端等各个环节均进行了激烈的竞争，在后资产管理新规的时代对各类资产管理机构均产生了一定影响。相比之下，证券公司资产管理业务由于体量较小，受到的影响较大。而在证券公司资产管理子行业内部，大多采取了“大而全”“小而全”的发展模式，特色化的资产管理机构仍然欠缺，导致很多证券公司（特别是中小证券公司）资产管理业务在战略聚焦与专业化转型方面有所滞后，没有合理分配有限的资源。

二、主动管理规模仍有待做大

虽然 2019 年证券公司资产管理规模的主动管理占比有所提升，由上年的 31.5% 上升到 40.5%（中国证券投资基金业协会口径），但是仍远小于通道类业务占比。这导致在 2019 年资产管理去通道背景下，年内证券公司资产管理规模在公募基金和保险资产管理分别增加 13.6% 和 12.9% 的同时下滑幅度较大（-19.9%），规模与后二者差距拉大（见图分 3-7）。

由于权益投资是证券公司的相对优势，所以做大做强主动管理、提升主动管理能力是证券资产管理明确的发展途径，当前主动管理规模仅略超4万亿元，仍偏低。

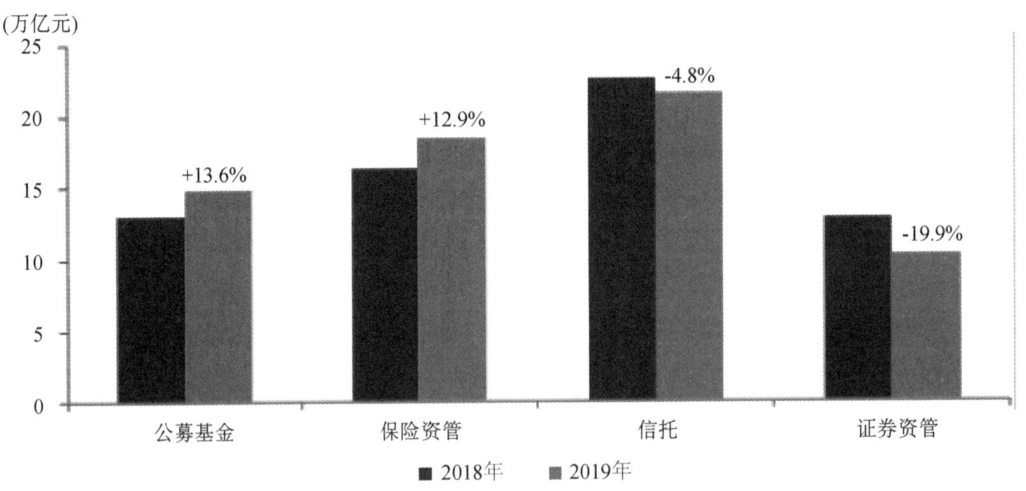

图分3－7　2018—2019年各资产管理行业规模变化比较

资料来源：中国证券投资基金业协会，中国银保监会，中国信托业协会。

三、产品满足实体经济需求的能力还不够强

证券公司资产管理产品服务实体经济能力仍然有限，对金融供给侧结构性改革的支持力度有待提高。一是产品线不够齐全，证券公司资产管理业务的产品线虽然近年来有一定创新（FOF、FOT、QDII等），但总体仍难以满足投资者多元化的投资需求。在公募类产品创新上基金公司领先，ETF、QDII产品及指数基金等均有所发展；在私募类产品上，证券公司小集合资产管理计划和专户与基金专户及银行私人银行理财产品相比也无明显优势；在跨境产品上，尽管证券公司有所尝试，但还是以基金公司、保险和银行等机构为主。二是由于证券公司资产管理产品流动性较差，缺少统一场所进行流通与交易，所以不能很好地满足投资者对持有资产管理产品期限的不同要求。

四、收益率不够出众，没有体现在权益投资领域的优势

同其他资产管理的同类产品相比，证券公司资产管理产品的收益率不占优势。以保险资产管理为例，据Wind数据统计，2019年保险资产管理的股票型、债券型和货币市场型产品的中位数回报率分别为34.4%、6.3%和3.5%，高于同类证券资产管理产品的中位数回报率（17.7%、2.0%和0.2%）；而保险资产管理混合型产品的中位数回报率（12.9%）与证券资产管理混合型产品的中位数回报率（13.2%）也基本持平。收益率不占优势降低了证券资产管理产品的吸引力，特别是股票型产品收益率偏低，说明证券公司没有发挥其应有的

在权益投资方面的优势（见图分 3-8）。

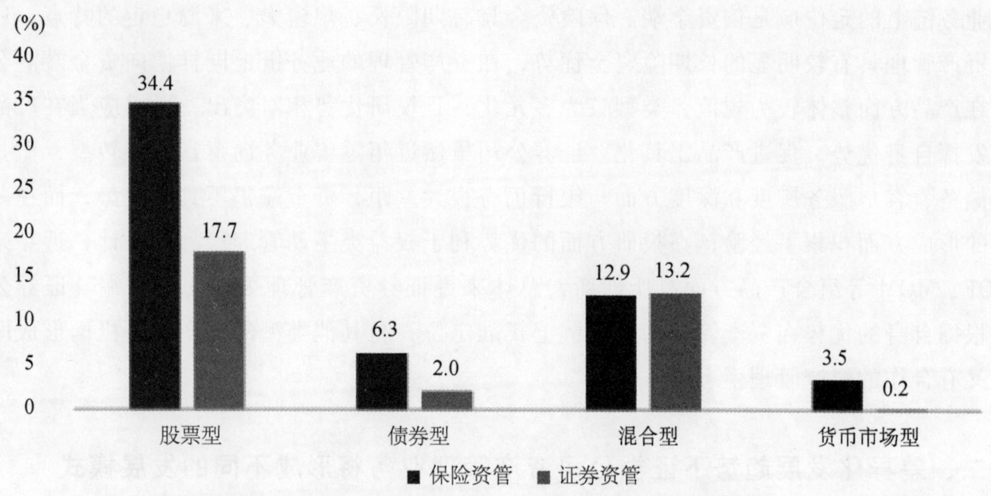

图分 3-8　2019 年证券公司资产管理产品回报率表现

资料来源：Wind，中国信托业协会。

五、面临外资资产管理机构的多方面挑战

在金融对外开放加速的大背景下，更多外资资产管理机构将加入竞争，我国证券公司资产管理业务面临多方面的考验。一是资产配置能力。面对外资机构加入行业后费率收窄、资金端竞争激烈程度上升的格局，我国证券公司资产管理业务应加强研究能力建设，培养并提升对复杂金融资产定价的能力，在风险可控的情况下赚取较为稳定的收益。二是渠道和销售能力。我国证券公司资产管理业务需要真正形成以客户为中心的商业模式，加强对客户的了解，把合适的产品投放到合适的渠道上，最终销售给合适的客户。三是金融科技应用能力。我国证券公司与海外同业相比在金融科技应用方面仍有较大差距，需要通过科技赋能，完成资产管理产品全生命周期以及前、中、后台全流程管理，业务上实现千人千面，全方位做好客户管理和关系维护，提升差异化的竞争能力。

第二节　2020 年中国证券公司资产管理业务前景展望

一、证券公司资产管理业务应发挥在大资产管理业务链上偏资产端的定位优势

与其他类型资产管理机构相比，证券公司资产管理业务的优势有所不同。银行理财的客

户资源优势较为突出，普通客户数量巨大，而机构和高净值客户的占比逐渐提升，其在资产管理业务链上的定位应是偏资金端。保险资金具有期限长、规模大、来源稳定的特点，所以保险资产管理具有较明显的长期险资金优势，在资产管理的业务链上同样偏向资金端。公募基金在产品方面整体较为规范，类型较为多元化，且投研优势相对突出，所以应当在产品创设上发挥自身优势，促进产品工具化。证券公司虽然近年零售业务向财富管理转型，但是在客户储备、客户服务广度和深度方面与银行仍有很大差距，资金端仍不具备优势，而在基础资产的形成方面积累了经验，在投研方面的优势利于权益类主动管理产品的设计，近年来又在 FOF、MOM 等组合产品方面有所创新，总体来说证券资产管理更偏向资产端。证券公司应当根据自身的优势在资产管理的业务链上找准定位，与其他类型的资产管理机构形成既有竞争又有合作的资产管理生态圈。

二、差异化发展趋势下证券公司资产管理业务将形成不同的发展模式

2020 年证券公司资产管理业务的差异化格局将继续显现，将打造不同模式的资产管理业务。发展模式包括：一是打造平台型资产管理。部分实力雄厚的大型证券公司可以借助完善产品线来实现全产品、全周期及全市场覆盖。二是打造精品资产管理。在二级市场投资研究方面有长期积累和布局的机构可以借助强化主动管理来提升竞争力，这一发展模式专注于发展主动管理，坚持资产管理本源、价值投资。三是将资产管理与财富管理相结合。拥有广泛零售客户基础的证券公司可以通过基础设施搭建、产品创设等将资产管理业务与财富管理相结合，发挥协同效应。四是稳扎稳打，在产品创新或特色产品上形成优势。部分证券公司秉持稳扎稳打的风格，不断提升主动管理能力，形成自身的产品特色。预计证券公司资产管理业务将逐渐形成头部全能型资产管理机构和在某一方面有特色的精品资产管理机构并存的发展生态。

三、过渡期内证券公司通道类资产管理规模持续压缩

资产管理新规配套细则明确了嵌套层数的限制，引导证券公司资产管理业务回归本源，提升主动管理能力。近三年，通道业务规模分别下降 3.4%、26%和 30.5%。在去通道和净值化转型的过程中，证券公司通道类资产管理规模将持续压缩，而主动管理规模增速暂时无法完全弥补通道类资产管理规模的降幅。此外，2020 年老产品到期的压力将持续增加，净值型新产品面临合格投资者资格范围、收益率及风险宣传等方面的挑战，其发行进度和发行规模成为关键。预计证券公司资产管理业务总体规模在 2020 年底前将有持续下降的压力，头部证券公司在发行产品方面相对占优。

四、证券公司资管业务应以服务实体经济为核心转型

证券资产管理业务转型将以提升服务实体经济的能力为核心。一是通过加强证券化能力服务实体经济。金融供给侧结构性改革要求改善实体经济融资结构，而资产证券化是证券资产管理推动直接融资、服务实体经济的重要突破口。2018 年证券公司 ABS 业务加速增长，备案产品数量和规模均大幅增长，产品种类也越发多元。未来随着通道业务的进一步收缩，侧重主动管理的 ABS 业务将是证券资产管理能否顺利转型的一大关键。二是发挥证券公司基础资产范围广的优势，加快培养资产管理产品的设计能力，以满足投资者不同的偏好及需求。目前证券公司资产管理产品种类相对单一，与银行理财、基金公司、保险公司相比都不具备优势，从产品线的设置来看，证券公司资产管理的产品线创新相对不足，难以满足投资者多元化的投资需求。未来证券公司资产管理业务一方面应当大力发展大类资产配置型产品，并不断完善产品线，另一方面要充分发挥在权益投资上的比较优势，提升权益类配置的主动型资产管理产品占比。三是改革资产管理产品的交易模式，通过柜台市场为资产管理产品的流通提供便利。目前我国资产管理产品大多重发行、轻交易，除了公募基金有较好的流动性安排机制外，其他资产管理产品绝大多数都以持有到期为主。证券公司可以通过其柜台市场为资产管理产品的交易提供服务，从而发挥其交易撮合功能。

五、积极开拓跨境产品，满足资金配置国际资产需求

伴随着金融对外开放的深化，有能力的证券公司应利用跨境业务的优势，积极开拓跨境产品。全球化资产配置需求的彰显是近年来居民理财的重要变化之一，随着中国金融市场主动开放进程加速，居民获得了更多的参与全球市场投资的机会和渠道，境外投资产品也日渐丰富。《2019 年中国私人财富报告》显示超高净值人群中可投资资产境外配置占比超过 20%。近年来多家头部证券公司跨境业务布局进一步增强，多家证券公司的境外子公司收入占比超过 10%。预计有能力的证券公司将利用其优势积极开拓跨境产品，进一步满足居民的跨境资产配置需求。

分报告之四：2019 年中国证券公司融资类业务发展回顾与展望

第一章 2019 年中国证券公司融资融券业务发展回顾与 2020 年前景展望

第一节 2019 年中国证券市场融资融券业务发展现状

一、融资融券市场余额情况

2019 年 A 股市场整体表现较好，融资融券业务整体情况与市场走势类似①（融资融券余额与上证综指走势见图分 4－1）。据 Wind 数据统计，截至 2019 年 12 月 31 日，融资融券全市场余额为 10 192.85 亿元②，相比于 2018 年末的市场余额 7 557.04 亿元增长了 34.88%。

① 2019 年末上证综指、深证成指点位分别比上年末上涨 22.30%、44.07%。

② 有关融资融券余额的数据有两个主要来源：一是中国证券金融股份有限公司网站公告的数据；二是 Wind 等数据服务商根据沪、深证券交易所公告的数据加总而来。二者在统计口径上略有差异，比如 2019 年底沪、深两市的融资融券余额按照 Wind 显示为 10 192.85 亿元，中国证券金融股份有限公司网站公告数据为 10 192.07 亿元。

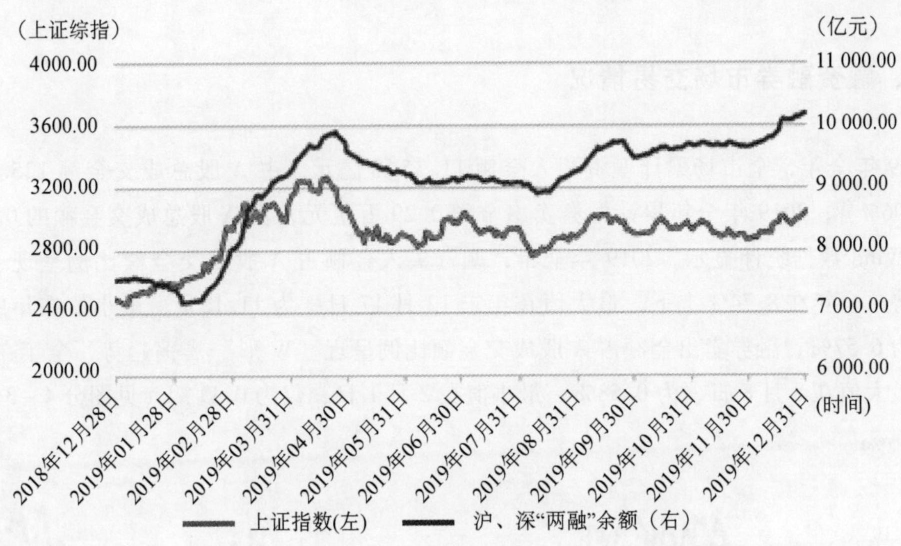

图分 4-1　2019 年融资融券余额与上证综指走势

资料来源：Wind。

2019 年全年，融资余额和融券余额整体均呈现稳步上行趋势。融资余额在年初略有下降，2 月 1 日达到全年最小值 7 109.21 亿元之后稳步上升，12 月 31 日达到全年最大值 10 055.04亿元。融券余额类似，在 2019 年全年保持了震荡上行的态势，2 月 1 日达到最小值 60.30 亿元后，在 10 月 17 日上涨到了全年最大值 143.74 亿元（见图分 4-2）。

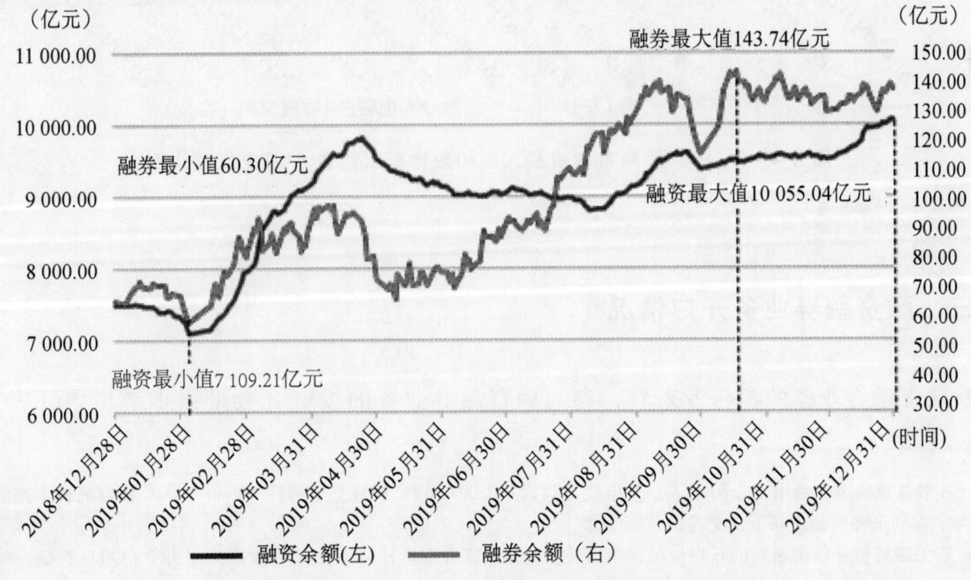

图分 4-2　2019 年融资融券市场余额变化情况

资料来源：Wind。

二、融资融券市场交易情况

2019 年全年，全市场累计融资买入金额 11.35 万亿元，占 A 股总成交金额 125.21 万亿元的 9.06%①；2019 年全年累计融券卖出金额 0.29 万亿元，占 A 股总成交金额的 0.23%。

据 Wind 数据统计显示，2019 年全年，融资买入金额占 A 股成交金额比例呈现“M 形”震荡趋势，全年在 8.74% 上下，最大值在年末 12 月 17 日，为 11.12%，最小值在年中 6 月 4 日，仅为 6.57%；融券卖出金额占 A 股成交金额比例呈现“W 形”震荡趋势，全年在 0.24% 上下，最大值在 8 月 8 日，为 0.58%，最小值在 2 月 1 日，仅为 0.11%（见图分 4－3）。

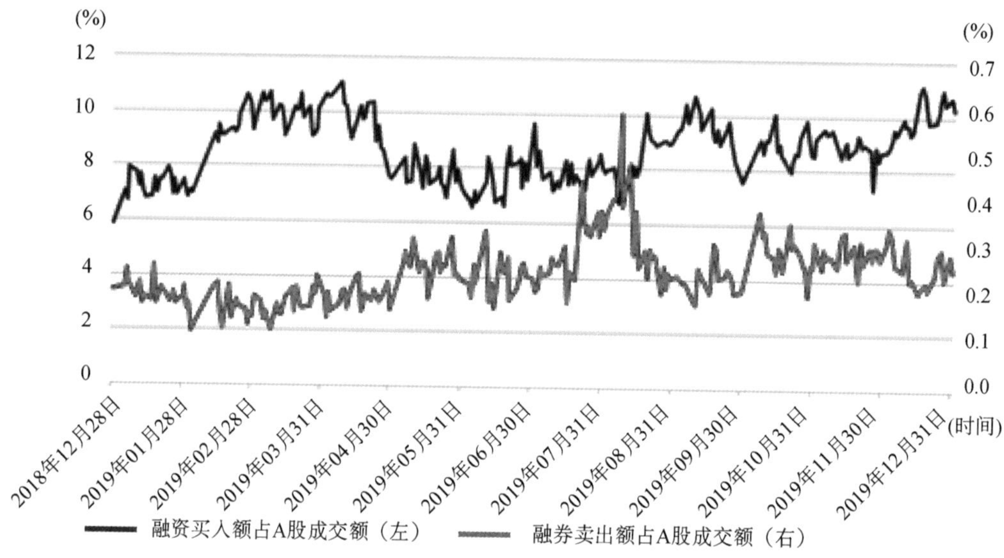

图分 4－3　沪、深两市融资买入额和融券卖出额占 A 股成交额比例

资料来源：Wind。

三、融资融券业务开户情况②

从融资融券业务的参与者来看，参与融资融券业务的投资者数量稳步增长，但从 2015

① A 股总成交金额使用了“Wind 全 A”指数（代码 881 001. WI）的成交金额，“Wind 全 A”指数的样本范围是全部在上海、深圳证券交易市场上市交易的 A 股股票。

② 有关融资融券信用账户的开户情况，中国证券登记结算有限责任公司公布的数据为“开立信用证券账户的投资者数”，开立信用证券账户的投资者数以信用证券账户对应的一码通账户数统计；中证金融公司公布的开户数是根据证券公司汇总数，一个投资者的沪、深普通账户可对应开立一个沪、深信用账户。一般而言，当前投资者开立信用账户时，会同时开立沪、深信用证券账户，大体而言，中证金融公司公布的信用账户数应是中国结算按照一码通统计的“开立信用证券账户的投资者数”的 2 倍。基于上述情况，对于客户开立融资融券信用账户的变化情况，中国结算和中证金融公司的数据显示的趋势是大体一致的。此外，在融资融券业务开展实践中，证券公司对于客户信用账户中的资产、负债、维持担保比例等参数的计算是不区分沪、深市场统一计算的，并作为一个账户统一进行盯市、追保、平仓等业务处理。

年以来，参与融资融券业务的投资者数量占沪、深证券交易所市场投资者总数的比例逐年缓慢下降。根据中国证券登记结算有限责任公司数据统计，2019 年末开设信用证券账户的投资者数约为 509.90 万户，较 2018 年末开设信用证券账户的投资者数 472.42 万户增长了 7.93%（见表分 4－1）。

表分 4－1　　2015—2019 年信用账户数

年　度	期末投资者数*（万户）	期末信用账户数（万户）	信用账户占比（%）
2015	9 910.53	397.69	4.01
2016	11 811.04	424.89	3.60
2017	13 398.30	455.53	3.40
2018	14 650.44	472.42	3.22
2019	15 975.24	509.90	3.19

* 根据中国证券登记结算有限责任公司网站说明，期末投资者数量指持有未注销、未休眠的 A 股、B 股、信用账户、衍生品合约账户的一码通账户数量。

资料来源：中国证券登记结算有限责任公司。

从增长率的角度来看，2019 年信用账户开户数月增长率呈现先升后降的趋势，在 4 月达到顶峰，之后逐步趋稳，平均月增长率为 0.72%，相对于 2018 年平均月增长率 0.37% 有了较大的增长（见图分 4－4）。

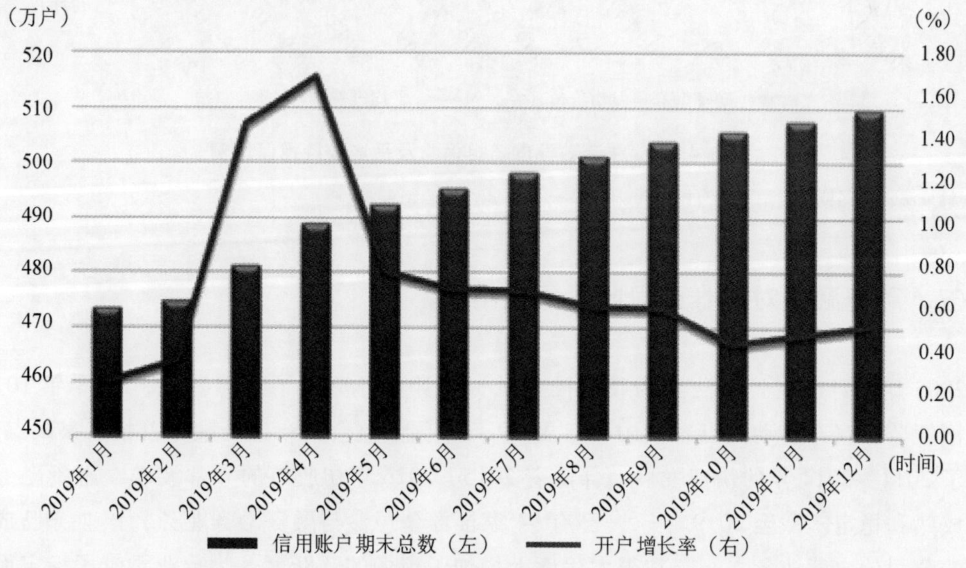

图分 4－4　2019 年融资融券开户月增长率

资料来源：中国证券登记结算有限责任公司，Wind。

四、融资融券市场担保物及维持担保比例

根据中国证券金融股份有限公司数据，融资融券客户的担保物总市值随着 A 股市场总市值的稳步上升而较为迅速地上升，A 股市场总市值从 2018 年末的 43.49 万亿元上升至 2019 年末的 59.29 万亿元，增长 36.33%；融资融券客户的担保物总市值从 2018 年末的 2.09 万亿元上升至 2019 年末的 3.29 万亿元，增长 57.42%。

融资融券客户的平均维持担保比例与融资融券担保物价值的走势基本相似，从 2018 年末的 230.53% 上升至 2019 年末的 276.56%，增加 46.03%（见图分 4－5）。

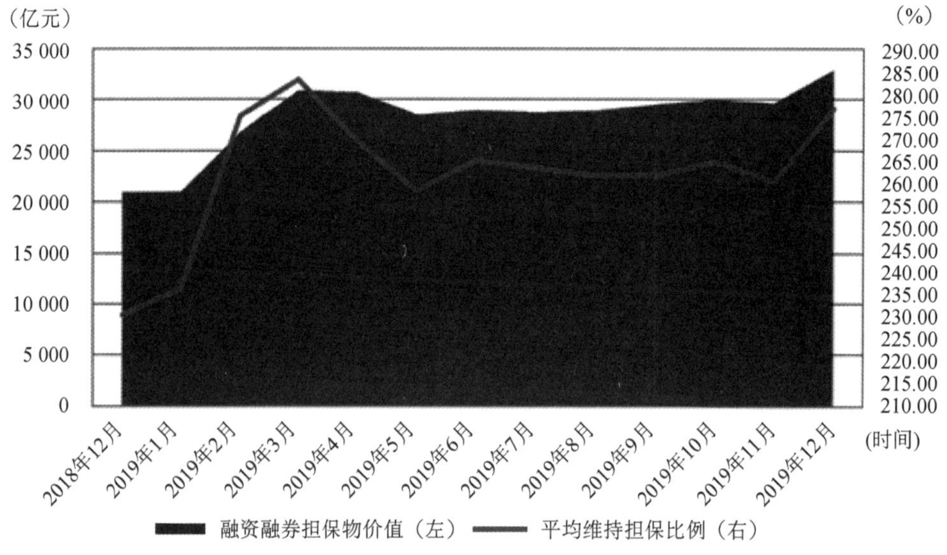

图分 4－5　融资融券市场担保物及平均维持担保比例

资料来源：中国证券金融股份有限公司。

五、融资融券对证券公司收入贡献情况

2005 年修订的《证券法》为我国推行融资融券业务奠定了法律基础，2008 年 10 月 25 日中国证监会宣布启动试点，2010 年 3 月 19 日中国证监会公布融资融券首批 6 家试点券商，经历了 2011—2014 年的快速发展，伴随着 2015—2016 年初股市的异常波动，融资融券业务日益成熟和稳定。截至 2019 年末，已有 94 家证券公司参与融资融券业务，该业务已成为我国证券公司的主营业务之一，在很大程度上增加了市场的活跃度，为行业贡献了稳定而可观的交易量和收入。融资融券业务的利息收入占证券公司整体营业收入的比重经历了 2012—2018 年的稳步上升，2019 年随着该业务行业整体利差的收窄以及行业整体营业收入的大幅

上升[①]，该比重在 2019 年出现了一定回落（见图分 4－6）。

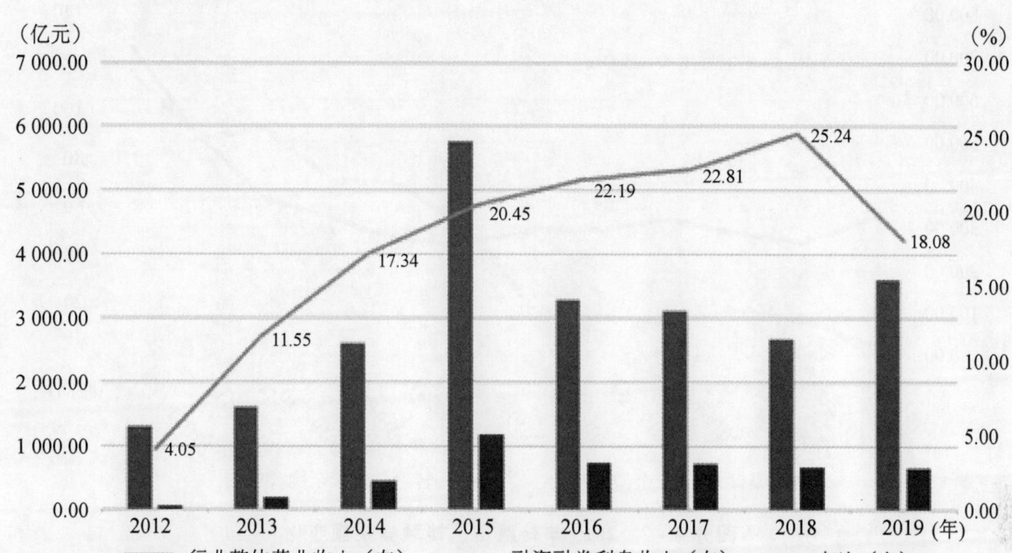

图分 4－6　2012—2019 年融资融券市场利息收入

资料来源：中国证券业协会。

第二节　2019 年中国融资融券业务发展的特点

一、转融资业务稳中有进，转融券业务高速增长

截至 2019 年末，全行业有 93 家证券公司开通了转融通业务。2019 年，转融通业务随着 A 股市场以及融资融券业务整体稳步发展。转融资余额 2018 年末为 517.22 亿元，2019 年上半年有所波动，从 7 月份开始逐步上升，2019 年末达全年最大值 721.71 亿元，较年初增长 160%。转融券余额 2018 年末为 6.16 亿元，从 2019 年初的 5.30 亿元缓慢增长，到 2019 年 7 月随着科创板的开板及公募基金、社保基金参与证券出借快速增长，2019 年末的转融券余额达 116.17 亿元，较年初增长 20 多倍（见图分 4－7）。

① 根据中国证券业协会数据，2019 年度，133 家证券公司合计实现营业收入 3 604.83 亿元，较上年同比增长 35.37%。2019 年度，全行业融资融券业务利息收入 651.68 亿元，同比下降 3.04%。

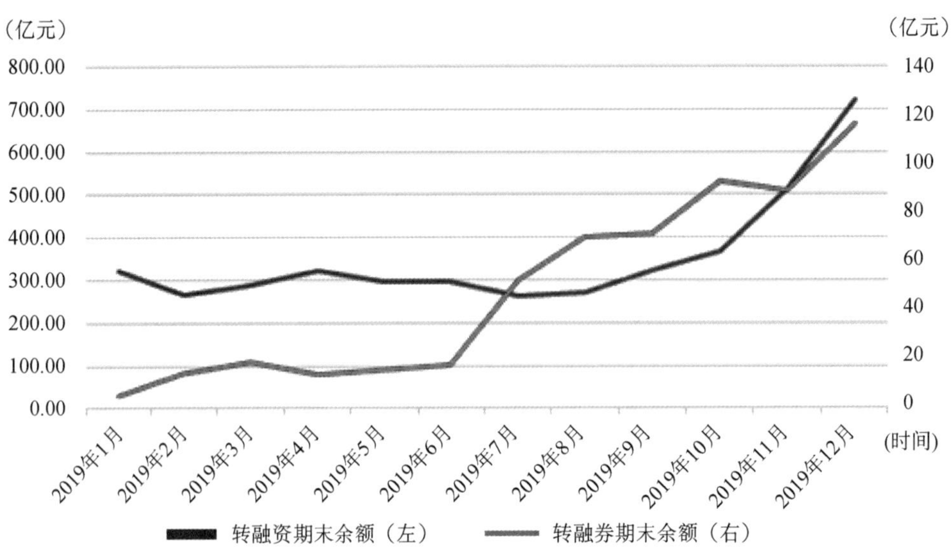

图分 4 -7　2019 年转融资、转融券余额变化

资料来源：中国证券金融股份有限公司，Wind。

二、融资融券交易机制优化，融资融券标的范围扩大

2019 年 8 月 9 日，沪、深证券交易所修订《融资融券交易实施细则》，进一步扩大融资融券标的范围，对融资融券交易机制进行了较大幅度的优化：一是取消了最低维持担保比例不得低于 130% 的统一限制，交由证券公司根据客户资信、担保品质量和公司风险承受能力，与客户自主约定最低维持担保比例。二是完善维持担保比例计算公式，除了现金、股票、债券外，客户还可以用证券公司认可的其他证券等资产作为补充担保物，增强补充担保的灵活性。三是进一步明确信用账户保证金余额提取条件，仅计算现金及信用账户内证券市值总和的维持担保比例超过 300% 时，客户可以提取保证金可用余额中的现金、充抵保证金的证券，提取后按以上方法计算的维持担保比例不得低于 300% 。四是将融资融券标的股票数量由 950 只扩大至 1 600 只。标的扩容后，市场融资融券标的市值占总市值比重由约 70% 达到 80% 以上，中小板、创业板股票市值占比大幅提升（见图分 4 -8）。

此外，为了提高市场定价效率，着力改善“单边市”等问题，科创板优化了融券交易机制，科创板股票自上市后首个交易日起可作为融券标的，且融券标的证券选择标准与主板 A 股有所差异。

三、政策改革利好推进融券及转融券业务快速发展

2019 年 4 月 30 日，为完善科创板多空平衡机制，促进科创板转融通证券出借和转融券业务发展，经中国证监会批准，上海证券交易所、中国证券金融股份有限公司、中国证券登

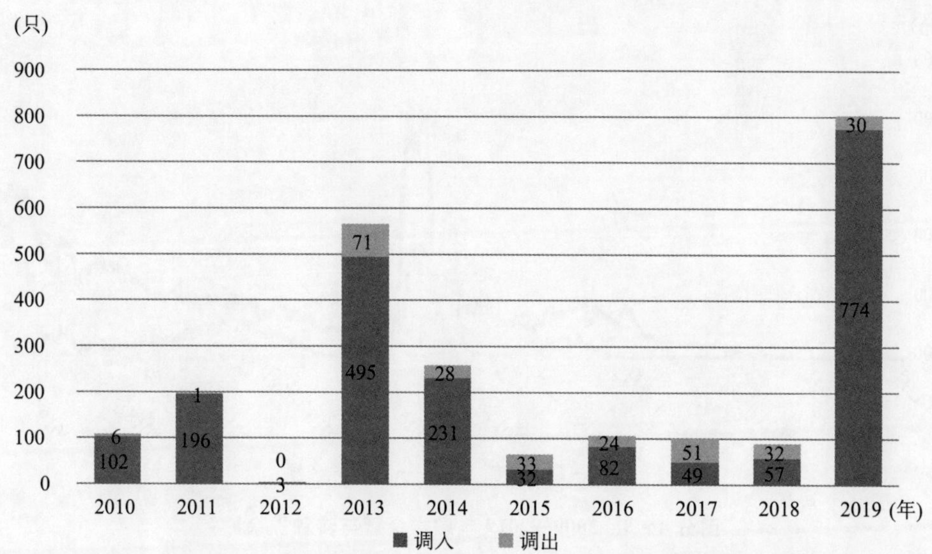

图分 4-8 2010—2019 年交易所“两融”标的调整情况

资料来源：沪、深证券交易所网站，Wind。

记结算有限责任公司联合制定和发布《科创板转融通证券出借和转融券业务实施细则》。该细则相关机制安排主要包括：一是优化转融券交易机制。出借人与借入人可以协商确定科创板证券出借的申报数量、期限、费率。二是提高业务效率。实现科创板转融券约定申报方式实时成交，证券公司可实时借入科创板股票，供其客户开展融资融券业务。三是扩大券源。明确公募基金、社保基金等机构作为出借人以及战略投资者配售获得的在承诺的持有期限内的股票均可参与科创板证券出借业务。四是放宽了证券公司借券的用途，除办理融券业务之外，还支持证券公司将借入的证券用于做市和风险对冲业务。五是大幅降低证券公司借券成本。

2019 年 6 月 21 日，为配合科创板的顺利推出，完善资本市场融券机制，规范公募基金参与转融通证券出借业务的行为，中国证监会发布了《公开募集证券投资基金参与转融通证券出借业务指引（试行）》。该指引主要包括以下内容：一是明确公募基金参与出借业务的基本原则以及业务参与各方的主体责任；二是明确公募基金参与出借业务的定义和性质；三是规定具体的产品类型及投资比例，强化流动性风险管控，并要求基金管理人加强信用风险以及关联交易管理；四是明确相关估值核算、信息披露、法律文件等方面的要求。

在上述政策改革的利好下，2019 年融券及转融券业务得到了快速发展，融券余额及转融券余额呈现快速上升趋势。在 2019 年内，融券余额突破 2015 年 4 月 9 日历史顶峰 103.11 亿元，2019 年 10 月 17 日达到了新的纪录 143.74 亿元；转融券余额在 2015 年 6 月 9 日达到历史顶峰 215.35 亿元之后，一直在低位徘徊，进入 2019 年 7 月后快速增长，在 2019 年 12 月 26 日达近 4 年的最大值 120.45 亿元，相当于历史顶峰 215.35 亿元的 55.93%（见图分 4-9）。

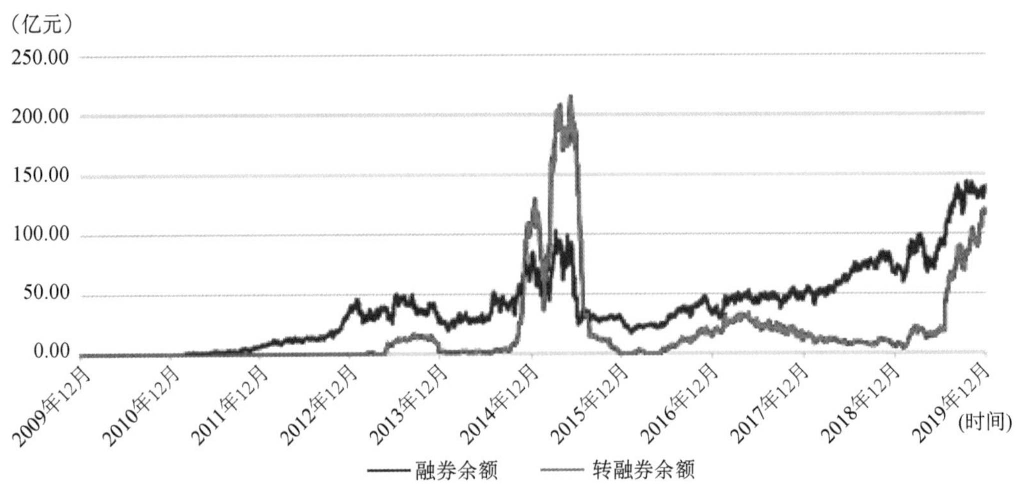

图分 4－9　2009—2019 年融券余额与转融券余额

资料来源：沪、深证券交易所网站，Wind。

第三节　2019 年中国融资融券业务面临的问题

一、融资融券业务发展不平衡，融券渠道待进一步拓展

2019 年，虽然融券业务逐步上升，相对表现较好，但相关交易量仍远远小于融资业务。融券卖出额占融资买入额的比重 2018 年日均值为 2.74%，2019 年为 2.87%，变化不大；融券余额占融资余额的比重 2018 年日均值为 0.74%，2019 年为 1.15%，有了一定的提升。但整体而言，融资融券业务发展仍然不够均衡，从成熟市场融资融券的实践来看，尽管融资交易量会高于融券交易量，但融券业务的占比仍有一席之地。例如，在日本和我国台湾地区的证券市场，融券交易总额一般会占融资交易和融券交易总额的 20% 左右。相比之下，我国融资融券业务发展仍然不够均衡（见图分 4－10）。

融券业务发展缓慢的原因较多，融券渠道单一、转融通成交效率不高，公募基金、券商自营等专业机构不能参与融资融券业务，融资融券业务保证金计算不支持“多空轧差”，当日融券合约不能当日偿还等均为制约融券业务发展的重要原因。此外，由于当前融资融券业务标的范围仍然有待进一步扩大、交易制度相对复杂，部分专业投资者通过收益互换、场外期权等方式实现的“场外融券”模式，也对场内融券规模发展带来一定程度的影响。

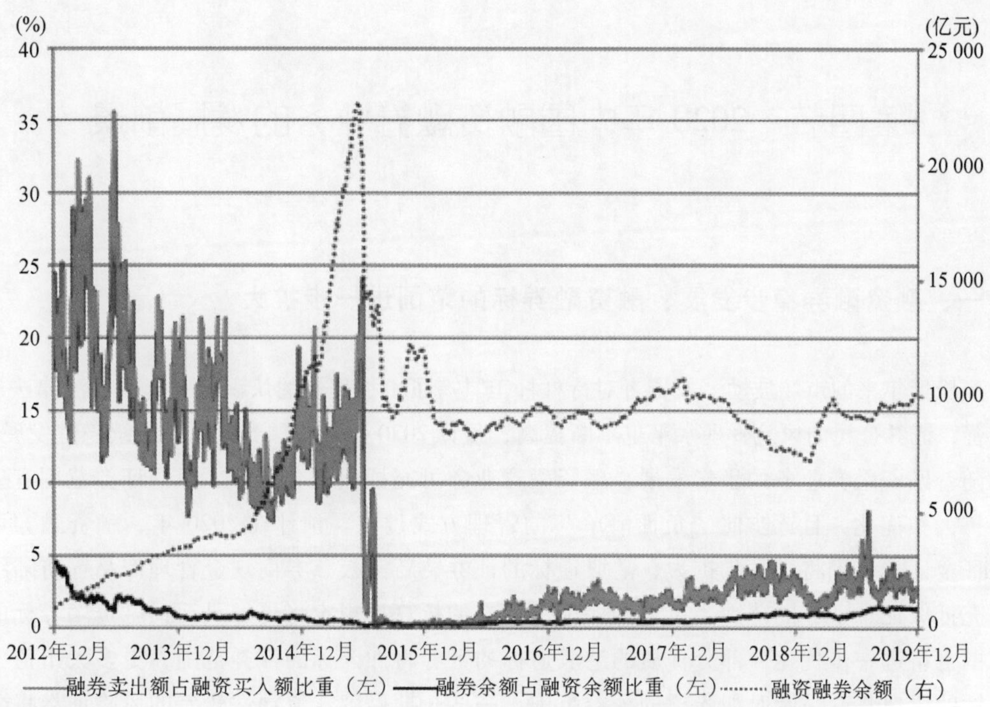

图分 4－10　2012—2019 年融资业务和融券业务比较

资料来源：Wind。

二、科创板的特殊交易制度对当前融资融券风险控制模式提出新挑战

2019 年 7 月 22 日，科创板正式开板。科创板借鉴成熟市场经验，在发行上市、保荐承销、市场化定价、交易、退市等方面进行制度创新，特别是科创板引入一系列创新交易机制安排（比如放开/放宽涨跌幅限制——上市后的前 5 个交易日不设价格涨跌幅限制，第 6 个交易日涨跌幅比例为 20%），自上市首日起可作为融资融券标的以及严格的客户准入制度等，均为证券公司融资融券业务管理带来了挑战。

三、坏账追索和核销等有待统一的制度规范

股票市场经历 2015—2016 年初的异常波动，以及 2017 年、2018 年个股频频“爆雷”，导致一些客户被强制平仓，遗留了一部分坏账客户，这些客户信用账户已无可处置资产，但仍对证券公司有负债。从我国证券公司的发展历程来看，证券公司长期以来主要以投行业务和经纪业务为主，对于处理融资融券以及质押融资等借贷业务出现坏账时普遍经验不足，也未能像商业银行一样建立起完整的坏账追索、财务计提、坏账核销等配套制度。对于融资融券客户的坏账追索和核销将是证券公司近几年面临的一个新问题，需要整个行业共同探究，建立相应的行业标准和规范。

第四节　2020 年中国融资融券业务的发展前景

一、融资融券稳步发展、融资融券标的范围进一步扩大

经历近年来的市场波动，投资者对待杠杆工具有了更加理性的认识，融资融券法律法规逐步完善，证券公司的风险管理水平也不断提高，预计 2020 年融资融券业务将继续稳健发展。

随着融资融券业务的稳步发展，融资融券业务可充抵保证金证券、标的证券范围有望进一步扩大和优化，且逐步向“负面清单”的管理方式过渡。预计在 2020 年，融资融券可充抵保证金证券范围将进一步扩大，港股通标的证券、新三板、券商现金管理产品等将陆续加入可充抵保证金证券的范围，可充抵保证金证券的折算率规定将更加灵活；融资融券标的证券范围也将进一步优化，部分优质的港股通标的证券将加入标的证券范围，更多大市值、高流动性的股票将会被及时加入标的证券范围，一些长期停牌、流动性较差的风险证券将会被剔除标的范围。

二、QFII 等外资机构将参与融资融券业务，投资者结构进一步优化

2019 年 1 月 31 日，中国证监会发布公告，就《合格境外机构投资者及人民币合格境外机构投资者境内证券期货投资管理办法（征求意见稿）》征求意见，该管理办法中明确了 QFII 允许参与证券交易所融资融券交易，预计在 2020 年随着该管理办法的落地，QFII 等外资专业机构将参与融资融券业务。同时，随着我国金融行业对外开放的加速，可以预计在未来的几年里境内外机构投资者参与融资融券的参与度将有一定的提高，这将进一步优化融资融券业务投资者的结构，也将进一步促进融资融券业务制度的完善和行业风险管理水平的提高。

三、市场化转融通机制逐步完善，融券业务稳步发展

公募基金、社保基金参与转融通证券出借业务逐步落地，以及科创板转融券市场化约定申报、实时成交等制度创新的全面推广，将进一步拓展融券券源，提高出借人积极性，提升成交效率，降低交易成本。市场化转融通机制的完善，将促进融券业务稳步发展，发挥融券作为资本市场重要基础性交易制度的功能作用，逐步改变当前融资融券业务发展不均衡的局面。

第二章
2019 年中国证券公司其他融资类业务发展回顾与 2020 年前景展望

第一节　2019 年证券公司其他融资类业务发展状况

一、股票质押式回购交易

2013 年 6 月 24 日，股票质押式回购交易（以下简称“股票质押回购”）业务同时在沪、深证券交易所上线。根据沪、深证券交易所统计数据，2019 年末，两市股票质押回购存续规模[①]降至 9 787.83 亿元，降幅为 23.69%，延续了 2018 年以来的下降趋势（见图分 4－11)。2019 年全年初始交易金额合计 2 631.16 亿元，同比减少 23.19%。2019 年全年购回交易金额合计 5 382.56 亿元，同比减少 18.92%。逐月来看，2019 年每月均呈现余额净减少趋势(见图分 4－12)，全年平均每月减少余额 253.23 亿元。

自 2013 年 6 月 24 日股票质押回购业务上线至 2019 年 12 月 31 日，共有 95 家证券公司开通了股票质押回购业务权限并发生交易。同期，沪、深两市初始交易金额累计 49 252.92亿元，其中沪市占 31.86%，深市占 68.14%；同期购回交易金额累计 38 782.68亿元，沪市占 30.91%，深市占 69.09%；待购回初始交易金额 9 787.83 亿元，沪市占 30.86%，深市占 69.14%；履约保障比例沪市为 189.08%，深市按市值加权平均为 321.82%（见表分4－2)。

① 本章中，股票质押回购存续规模指股票质押回购待购回初始交易金额。

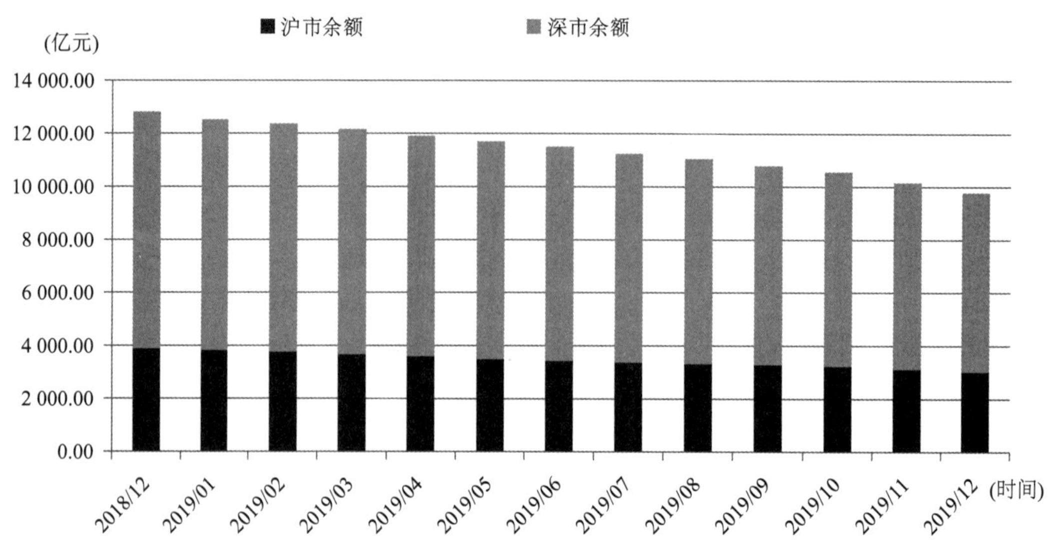

图分 4－11　股票质押回购业务逐月月末待购回金额

资料来源：上海证券交易所，深圳证券交易所。

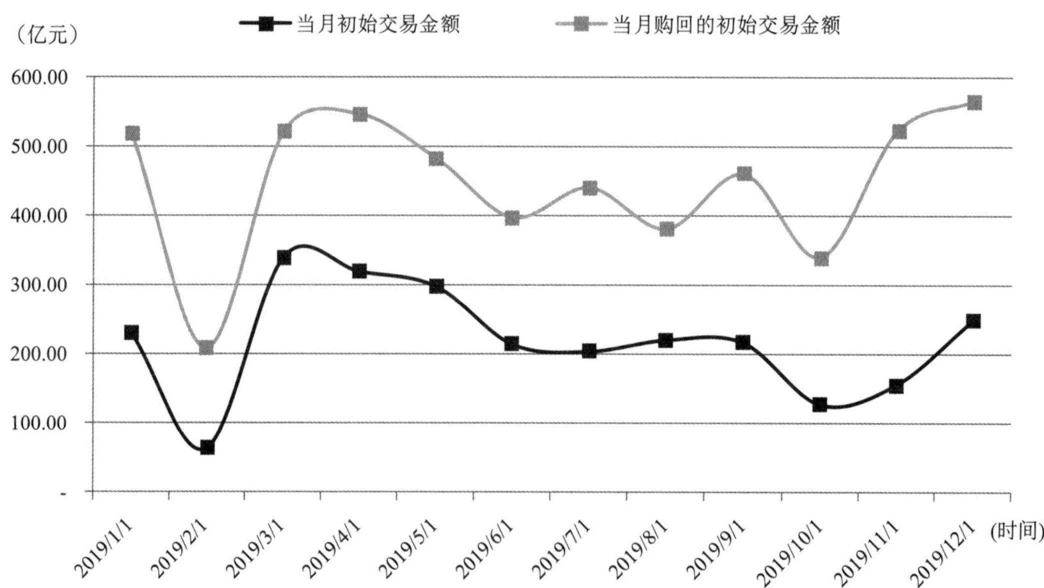

图分 4－12　股票质押回购业务逐月初始交易金额与购回交易金额

资料来源：上海证券交易所，深圳证券交易所。

表分 4－2　　沪、深两市股票质押回购交易规模（自 2013 年 6 月业务上线起算）

项　目	沪　市		深　市		沪、深两市（亿元）
	金额（亿元）	占比（%）	金额（亿元）	占比（%）	
初始交易金额累计值	15 689.59	31.86	33 563.33	68.14	49 252.92
购回交易金额累计值	11 987.03	30.91	26 795.65	69.09	38 782.68

续表

项　目	沪　市		深　市		沪、深两市（亿元）
	金额（亿元）	占比（%）	金额（亿元）	占比（%）	
待购回初始交易金额	3 020.15	30.86	6 767.68	69.14%	9 787.83
标的证券市值	5 216.17	29.22	12 632.79	70.78	17 848.96
履约保障比例	189.08%		市值加权平均321.82%		

资料来源：上海证券交易所，深圳证券交易所（截至2019年12月31日）。

标的证券股份性质方面，质押标的证券为流通股的待购回初始交易金额为7 878.74亿元，占比80.50%；质押标的证券为限售股的待购回初始交易金额为1 909.09亿元，占比19.50%。沪、深两市流通股待购回初始交易金额7 878.74亿元中，沪市占27.51%，深市占72.49%；沪、深两市限售股待购回初始交易金额1 909.09亿元中，沪市占44.65%，深市占55.35%。沪市待购回初始交易金额3 020.15亿元中，流通股占71.78%，限售股占28.22%；深市待购回初始交易金额6 767.68亿元中，流通股占84.39%，限售股占15.61%（见表分4-3）。

表分4-3　　沪、深两市不同类型股份待购回初始交易金额

项　目	沪　市		深　市		沪、深两市（亿元）
	金额（亿元）	占比（%）	金额（亿元）	占比（%）	
流通股	2 167.80	27.51	5 710.94	72.49	7 878.74
限售股	852.35	44.65	1 056.74	55.35	1 909.09
合计	3 020.15	30.86	6 767.68	69.14	9 787.83

资料来源：上海证券交易所，深圳证券交易所（截至2019年12月31日）。

资金融出方类别方面，证券公司自有资金出资的待购回初始交易金额为5 413.12亿元，占比55.30%；证券公司资产管理计划出资的待购回初始交易金额为4 258.79亿元，占比43.51%，其他融出方出资的待购回初始交易金额为115.92亿元，占比1.19%，均为沪市交易。沪、深两市证券公司自有资金待购回初始交易金额5 413.12亿元中，沪市占28.47%，深市占71.53%；沪、深两市证券公司资产管理计划待购回初始交易金额4 258.79亿元中，沪市占32.01%，深市占67.99%。沪市待购回初始交易金额中，证券公司自有资金占比51.02%，证券公司资产管理计划占比45.14%，其他融出方占比3.84%；深市待购回初始交易金额中，证券公司自有资金占比57.22%，资产管理计划占比42.78%（见表分4-4）。

表分4-4　　沪、深两市不同融出方的待购回初始交易金额

项　目	沪　市		深　市		沪、深两市（亿元）
	金额（亿元）	占比（%）	金额（亿元）	占比（%）	
证券公司	1 540.86	28.47	3 872.26	71.53	5 413.12
资产管理产品	1 363.37	32.01	2 895.42	67.99	4 258.79
其他	115.92	100.00	0.00	0.00	115.92
合计	3 020.15	30.86	6 767.68	69.14	9 787.83

资料来源：上海证券交易所，深圳证券交易所（截至2019年12月31日）。

二、市场参与股票质押纾困情况

2018 年股票质押市场出现一定风险，股价持续下跌使得高比例质押股东无力及时补仓，出现流动性危机。从党中央、国务院，到各监管机构、自律机构、市场参与主体，各方协调互动，积极支持民营企业融资纾困，着力化解流动性风险。

中国银保监会允许保险资金设立专项产品，参与化解上市公司股票质押流动性风险，为优质上市公司和民营企业提供长期融资支持。中国证监会鼓励地方政府管理的各类基金、合格私募股权投资基金、券商资管产品分别或联合组织新的基金，帮助有发展前景但暂时出现流动性风险的上市公司纾解股票质押困境，促进其健康发展。中国证券业协会推动设立证券行业支持民营企业发展集合资产管理计划，组织部分证券公司共商市场化方式化解股权质押风险，提升股权质押融资业务风险管理水平，支持民营经济高质量发展。

“证券行业支持民营企业发展系列资产管理计划”（以下简称“支民资管计划”）全面启动以来，得到了行业各机构的积极响应。中国证券业协会数据显示，截至 2019 年 12 月 31 日，共计 60 家证券公司完成协议签署，承诺出资规模累计达 571.54 亿元。已有 53 家证券公司共成立了 115 只支民资管计划和 67 只子计划，出资规模总计 702 亿元左右。从投资方面来看，目前有 43 家证券公司管理的支民资管计划及其子计划已进行具体项目投资，累计投出金额总计 656.35 亿元左右（其中 98.62 亿元已按照合同约定退出收回），所投资标的共涉及沪、深证券交易所上市的 202 家上市公司及其主要股东，切实纾解了民营企业及其股东的流动性困难。

当前股票质押风险得到显著缓解。根据沪、深证券交易所的股票质押业务纾困统计数据，2019 年市场各主体参与股票质押业务纾困，涉及金额共计约 1 184.77 亿元，涉及上市公司共 118 家，其中约 659.92 亿元纾困已经实施完成，占全部金额的 55.70%。纾困方类型方面，以国资为主，国资参与纾困涉及金额共约 682.09 亿元，占比 57.57%。被纾困方与上市公司关系方面，以控股股东、第一大股东及实际控制人为主，涉及金额共约 1 032.63 亿元，占比 87.16%；约 105.07 亿元涉及上市公司自身的纾困，占比 8.87%；另有约 47.07 亿元涉及上市公司其他股东的纾困，占比 3.97%。纾困方式方面，以股权协议转让为主，涉及金额共约 870.79 亿元，占比 73.50%；通过质押融资方式纾困的金额共约 105.56 亿元，占比 8.91%；通过其他方式纾困的金额共约 208.41 亿元，占比 17.59%。

三、约定购回式证券交易

约定购回式证券交易（以下简称“约定购回”）业务于 2011 年 10 月 31 日由上海证券交易所率先推出，之后深圳证券交易所于 2013 年 1 月 14 日上线该业务。截至 2019 年 12 月 31 日，共 81 家证券公司开通了约定购回业务权限。

根据沪、深证券交易所统计数据，截至2019年12月31日，两市待购回初始交易金额16.83亿元，同比下降43.88%。2019年全年初始交易合计578笔，同比下降79.68%；初始交易金额合计27.66亿元，同比下降40.06%。

自2011年10月约定购回业务上线至2019年12月31日，沪、深两市初始交易金额累计1 056.23亿元，其中沪市占54.98%，深市占45.02%；发生购回的初始交易金额累计1 035.01亿元，沪市占54.75%，深市占45.25%；待购回初始交易金额16.83亿元，沪市占56.99%，深市占43.01%；履约保障比例沪市为239.47%，深市按市值加权平均为266.24%（见表分4－5）。

表分4－5　沪、深两市约定购回交易规模（自2011年10月业务上线起算）

项　目	沪　市		深　市		沪、深两市（亿元）
	金额（亿元）	占比（%）	金额（亿元）	占比（%）	
初始交易金额累计值	580.67	54.98	475.56	45.02	1 056.23
发生购回的初始交易金额累计值	566.69	54.75	468.32	45.25	1 035.01
待购回初始交易金额	9.59	56.99	7.24	43.01	16.83
履约保障比例	239.47%		市值加权平均266.24%		

资料来源：上海证券交易所，深圳证券交易所（截至2019年12月31日）。

交易所约定购回业务规则的优化创新目前暂未继续推进，预计在规则优化创新之前，业务规模较难有较大增长。

第二节　2019年证券公司其他融资类业务发展中面临的问题

一、股票质押式回购交易

2019年，股票质押式回购业务规模稳中有降，月均复合降幅为2.23%。2019年底，市场存续规模降至9 787.83亿元，较2018年末下降23.69%，延续2018年以来的下降趋势。在业务发展过程中，面临的问题主要体现在以下方面。

（一）交易规则方面

1. 交易类型仍不够完善

2015年，深圳证券交易所推出“部分购回”交易指令，支持融入方在待购回期间进行场内部分还款；而上海证券交易所一直未推出该指令。此外，目前沪、深证券交易所都未推出“卖券还款”交易指令，对于有意通过减持股份来还款的融入方，无法灵活操作，同时增加了融入方资金占用，即需要融入方自行备资完成质押交易购回解质押后再自行卖出股份。无力备资先行还款的融入方将陷入两难：一方面，在未回收资金的情况下券商先行解质押股份存在较大风险；另一方面，券商违约处置卖出的相应公告对市场情绪将带来负面影响。故急需与违约处置区别对待的“卖券还款”指令。

2. 融入方违约，由纾困方代为偿还债务情形，在实操层面存在优化空间

融入方的质押交易发生违约，为解决违约债务问题，融入方可通过引入纾困方来代为偿还债务。纾困方式主要有股份协议转让与债权转让。

在股份协议转让方式下，融入方通过协议转让方式将所持质押标的股份转让给纾困方，转让款用于偿还质押违约债务。若纾困方在标的股份解押过户交收前支付了转让款项，T日标的股份解押过户因T日标的股份被司法冻结导致交收失败，纾困方则面临着已支付转让款但股份无法过户的风险。若融出方在收到款项前配合办理解押过户，T日标的股份解押过户交收成功，同时T日纾困方的银行账户被司法冻结，纾困方无法支付转让款项，融出方则面临着债务未回收但质权灭失的风险。若股份解押过户后，能够立即将纾困方受让的标的股份质押给融出方，也即实现解押过户再质押的捆绑，三项业务同时成功或同时失败，将能有效避免上述风险。

在债权转让方式下，融出方将违约债务的债权转让给纾困方，融出方获得转让款后退出，纾困方成为新的债权人。债权转让通常需进行质权人的变更，常规操作下，需要先解除质押，再将标的股份质押给纾困方。若标的股份已经被司法冻结或在解质押后被司法冻结，将无法再办理质押登记，司法冻结成为债权转让方案落地的主要障碍。若存在“质权人变更”业务，实现将质押登记的质权人由融出方直接变更为纾困方，出质人和质押标的等要素均保持不变，且质押标的被司法冻结不影响质权人变更，将能有效解决实操层面债权转让落地难的问题。

3. 上市公司股东场外质押股份的行为有待进一步规范

场外股票质押由于其非标准化属性，在交易结构、交易执行、风险指标等维度具有很多的灵活性，例如证券质押登记与资金交收可以非同步进行、融资人和出质人可以是不同主体、质押率上限不受证监体系规则限制等。场外股票质押模式的灵活性和自由度使其广泛应用于各种非标准化的融资和质押担保情形，但也随之带来了诸多潜在风险。目前银行、信托等金融机构仍然可以为上市公司股东参与场外质押提供支持，且不受场内质押新规的限制，建议对于上市公司的核心股东参与场外质押业务时，能够参考场内质押的监管要求进行一定程度的管理，尤其重点关注信息披露、信息查询、风险指标等维度，切实做好风险防范工作。

（二）业务风险方面

1. 仍存在部分融入方持股质押比例过高的现象

融入方持股质押比例是指融入方已质押股份数量占其持股总数的比例，持股质押比例过

高的融入方面临着较大的违约风险。一方面，在股价下跌跌破平仓线时，由于融入方大部分持股均已质押，补仓能力有限，将面临平仓风险；另一方面，高比例质押使得融入方股份腾挪空间有限，置换还款渠道受限，在交易到期时面临较大的逾期风险。

基于 Wind 数据统计结果显示，若以持股质押比例在 80% 及以上作为高比例质押的标准，则 2019 年以来，10.56% 的大股东持股质押比例高的现象有所缓解，但仍有 29.67% 的大股东持股质押比例依然过高。

2. 仍存在部分标的股票全市场质押比例过高的现象

根据《证券公司参与股票质押式回购交易风险管理指引》（以下简称“质押新规”），全市场质押比例超过 50% 的标的证券无法在场内质押融资，这些标的证券质押交易的融入方场内质押再融资能力因此丧失，面临较大的违约风险。

基于中国结算数据，对 A 股市场的 3 508 只股票（不含 2019 年退市的股票及科创板股票）2018 年末及 2019 年末的全市场质押比例进行统计，统计结果显示，有 67 只股票高市场质押比例有所缓解，但仍有 89 只股票全市场质押比例在 50% 及以上。

3. 业务存在较大的错向风险

股票质押回购业务的风险主要在于融入方的信用资质恶化而无法及时购回，虽然有标的证券作为质押物，但由于融入方多为控股股东、实际控制人，其资质与标的证券价值相关性较大，若其资质恶化，则标的证券价值也将下降，造成业务的错向风险较大。

（三）证券公司内控方面

监管机构对 2019 年以来股票质押业务规模增幅较大的部分券商进行了现场核查，检查发现部分券商存在业务定位不清、盲目追逐利益、风险意识不强、风控措施不足、审核把控不严、质押率设置不严谨、尽职调查不完备甚至缺乏尽职调查、贷后风险管理流于形式等问题，反映出相关证券公司内部控制不完善。监管机构对发现的问题采取了相关监管措施，全行业应引以为戒，认真自查整改，清醒审视业务定位，严格落实各项规定，加强风险管控力度。

二、约定购回式证券交易

随着 2013 年 6 月股票质押回购业务的推出，约定购回业务存续规模逐步下降，2019 年末存续规模 16.83 亿元，仅占同期股票质押回购业务 9 787.83 亿元规模的 0.17%。在业务发展中，面临的问题主要有监管政策、交易规则、客户体验三大类。

（一）监管政策方面

因标的证券过户的交易规则，上市公司持股比例 5% 以上股东及董、监、高受限于其股东身份在买卖股票时的交易限制，较难参与约定购回业务。同时，约定购回业务过户的标的证券，需纳入证券公司权益类证券进行规模和集中度指标控制，相关规定要求证券公司通过约定购回业务持有的证券与通过其他自营持有的该证券合计不得超过该证券总股本的5%，此要求使得证券公司在约定购回与其他自营业务之间面临取舍，在一定程度上限制了约定购回业务的发展。

（二）交易规则方面

相对于股票质押回购业务的T+0交收、最长融资期限为3年、允许部分购回、违约处置支持电子化申报的便利特点，约定购回业务存在T+1日交收的相对效率较低、融资期限最长为1年相对较短、不支持对一笔交易的分次部分购回、违约处置不支持电子化申报等特征，业务规则有待进一步优化。此外，约定购回交易的标的证券占用了证券公司权益类持仓的规模和集中度，但却不能被证券公司使用。如何修订业务规则、有效利用交易存续期间证券公司约定购回专用账户中持有的标的证券，将对该项业务未来的发展有很大影响。

（三）客户体验方面

由于约定购回式证券交易开户要求临柜办理，导致客户体验较差。证券公司在客户完成开户及投资者适当性确认等相关工作后，可考虑通过适当的流程设定，允许客户通过非现场方式完成约定购回交易开户操作。在业务合规开展的前提下，达到方便客户的目的，提升客户体验。

第三节　2020年证券公司其他融资类业务发展前景展望

一、股票质押式回购交易

（一）强化股票质押回购业务服务实体经济的本质

2020年是全面建成小康社会和“十三五”规划的收官之年，也是资本市场建立30周年。证券公司在开展股票质押回购业务时，应不忘服务实体经济的初心，进一步做好融入方的资信审查工作，强化存续期资金用途管理。一方面，通过把握资金去向，控制业务风险；另一方面，融出资金要进入实体经济领域，切实履行证券公司服务实体经济的职责，助力实体经济高质量发展。

（二）证券公司继续与各方协调，积极支持民营企业融资纾困，着力化解流动性风险，切实维护企业合法权益

2019年，经过市场各方的积极参与，存量股票质押回购业务的风险逐步缓释，部分大

股东持股质押比例高、标的证券市场质押比例高的现象得到有效缓解。2020 年，面对外部严峻复杂的环境，证券公司应以自身资源与能力为抓手，协调各方共商市场化方式化解股权质押风险，提升股权质押融资业务风险管理水平，支持民营经济高质量发展，切实防范化解存量股票质押业务风险。未来各证券公司将充分发挥投资银行的专业优势和组织交易的能力，采用市场化、多样化、个性化的方式，研究解决民营企业、中小企业发展中遇到的困难，激发市场活力，促进资本市场长期健康发展。

（三）强化信息披露要求，规范大股东和上市公司行为，维护市场稳定运行

2019 年 12 月 28 日，第十三届全国人大常委会第十五次会议审议通过了修订后的《中华人民共和国证券法》（新《证券法》），于 2020 年 3 月 1 日起施行。新《证券法》设专章规定信息披露制度，完善了信息披露制度，进一步强化了信息披露要求；新《证券法》还显著提高了证券违法违规成本，对欺诈发行、上市公司信息披露违法等证券违法行为加大了处罚力度。通过强化信息披露要求，规范大股东和上市公司行为，将为存量股票质押业务风险化解与增量业务的稳定运行创造良好的市场环境。

（四）质押业务融资人资信共享平台已逐步形成

质押新规实施后，证券公司开展股票质押业务，应建立黑名单制度，对存在未按协议约定购回且催缴超 90 日仍未能购回、未按规定使用融入资金且未能限期改正等行为的融入方，证券公司应将其记入黑名单并通过行业协会披露。黑名单披露制度一定程度上实现了行业内融资人违约信息的共享。随着业务的发展，证券公司在融入方资信管理方面逐步积累经验，行业内对融资人资信、全市场预警与违约数据的共享和合作将日趋成熟，进一步促进业务健康发展。

（五）证券公司积极妥善地做好风险处置相关工作，积累行业经验

在个股事件性风险中，发生股票质押违约事件后，证券公司如何在保障自身利益、保护融资人应有权益的基础上妥善完成处置，股票质押相关的司法冻结与司法执行案件尤其是限售股质押案件如何快速有效处置，是市场各参与主体共同关心的关键问题。随着风险事件的不断出现、司法实践经验的逐步积累，会形成一些行业经验，证券公司自身风险管理能力得到提升的同时，将有助于股票质押回购业务规则和制度的完善，更好地指导未来的业务开展。

二、约定购回式证券交易

目前约定购回业务逐渐被股票质押回购业务替代，2019 年底全市场存续余额 16.83 亿元，约定购回业务在市场的关注度逐渐降低。约定购回业务的本质是证券的买断式回购交

易，但在现有业务规则下，约定购回交易的标的证券保管在证券公司的专用证券账户，证券公司无法盘活该部分资产，使得标的证券过户带来的优势并不明显，实现功能类似于质押，但却产生了包括额外的信息披露、股东反向交易限制、权益处理等诸多不便，无法有效发挥买断式交易的优势。未来约定购回业务规模的增长，很大程度上取决于交易规则的进一步优化及创新。借着融券业务进一步发展的机遇，约定购回业务有望重启规则创新，例如证券公司可将标的证券出借等，以实现约定购回业务与股票质押业务的差异化发展。

分报告之五：2019 年中国证券公司投资业务发展回顾与展望

第一章 2019 年中国证券公司投资业务的总体情况

我国证券公司传统投资业务可划分为权益投资和固定收益投资两大类。2019 年，权益类资产的表现好于固定收益类资产。2019 年股票投资期末账面价值为 2 711.99 亿元，较 2018 年的 1 735.02 亿元增长 56.31%。基金投资期末账面价值 2 983.44 亿元，较 2018 年的 2 337.58 亿元增长 27.63%。债权投资期末账面价值 21 786.50 亿元，较 2018 年的 17 792.1 亿元增长 22.45%。其他证券产品投资期末账面价值 4 756.40 亿元，较 2018 年的 4 214.23 亿元增长 12.87%。总体来看，证券投资产品合计期末账面价值为 32 238.33 亿元，较 2018 年的26 078.92亿元增长 23.62%。证券投资在 2019 年取得了稳定增长（见表分 5－1）。

表分 5－1　　2019 年末全行业自营业务运作情况　　（单位：亿元）

序号	指标	期末账面成本	期末账面价值
1	股票投资	2 651.16	2 711.99
2	基金投资	2 913.70	2 983.44
3	债权投资	21 370.54	21 786.50
4	权证投资	0.00	0.00
5	其他证券产品投资	4 643.49	4 756.40
6	证券投资产品合计	31 578.89	32 238.33

资料来源：中国证券业协会。

第一节 2019 年中国证券公司传统投资业务发展情况

一、2019 年市场运行状况

股票市场经历了 2018 年的下跌后，2019 年迎来复苏。2019 年末上证综指收于 3050.12 点，上涨 22.30%；深证综指收于 1722.95 点，上涨 35.89%。指数涨幅集中在第一季度，上证指数于 2019 年 4 月 8 日触及年内最高点 3288.45 点，涨幅为 31.86%，后三个季度呈震荡走势。行业表现分化，2019 年第一季度农林牧渔行业表现突出，下半年电子、家电行业表现突出，食品饮料行业全年持续上涨。

债券市场 2019 年震荡走平，10 年期国债收益率从年初的 3.1734% 降至年末的 3.1365%，全年收益率围绕 3.0%—3.4% 波动。

衍生品市场上，2019 年 12 月 23 日，沪深 300ETF 期权、沪深 300 股指期权等共 3 只期权新品种上市交易，是近 5 年来场内股票期权首次增加标的。

二、2019 年证券公司传统投资业务发展现状

（一）投资业务收入占比进一步提升

从证券公司收入结构来看，投资业务收入占比不断提高。2019 年证券投资业务收入占比进一步提升至 33.89%，已成为证券公司收入占比最大的业务。证券公司作为金融市场的重要参与者，开展投资业务具有天然优势。在其他传统业务面临激烈竞争的压力背景下，投资业务面对的市场容量较大，仍有较大的盈利空间。

（二）2019 年证券公司自营业务发展情况

2019 年底，中国证券业协会对证券公司自营业务情况进行了专项问卷调查，收到问卷反馈共计 101 份，其中有效反馈 92 份。调查结果显示，2019 年多数证券公司自营业务获得了良好收益。92 家证券公司中，42% 反馈基本完成当年目标，26% 反馈大幅度完成目标，14% 表示与当年目标仍有差距，剩余 18% 表示不便透露业绩情况。

在 2019 年普遍获利的情况下，证券公司对 2020 年业务布局明显乐观。55% 表示未来投资额度或有增加，32% 表示总规模基本与 2019 年持平，仅有 3% 表示会降低投资额度，剩余 10% 仍保持观望态度、看行情走势而定。在团队人员规模方面，27% 表示将维持现有人

员规模，42% 表示会增加研究员，23% 表示会增加投资经理，8% 暂无意见。

账户管理方面，46% 的证券公司采用了总账户统一管理的模式，18% 选择了母子大小账户的管理模式，32% 选择了独立分散账户的管理模式，4% 选择其他。接近 2/3 的证券公司选择大账户主导的管理模式，管理效率高，能够更有效地赚取收益；约 1/3 的证券公司选择分散账户管理，利于投资经理发挥优势，在各自擅长的领域进行投资管理。

投资策略上，65% 的证券公司以基本面选股为主，参考量化模型的投资方式仅占 3%，多策略综合选择的为 31%，1% 未作答。由此可见，证券公司自营投资还是以传统选股为主。在综合运用期货、期权等衍生金融工具对冲方面，44% 表示不对冲，47% 表示会偶尔小幅运用期货对冲，3% 表示会大幅度运用期货，5% 选择使用期权，1% 选择其他工具。

投资范围上，51% 的证券公司表示仅仅参与 A 股市场，不参与海外市场；46% 会参与港股市场，反映出香港作为连接我国内地与国外资本市场的重要枢纽作用；参与美股市场的占 1%；参与其他发达市场的占 2%。

基金投资方面，11% 的证券公司表示不参与基金投资，43% 表示会配置被动指数基金，28% 表示会配置主动型基金，18% 选择专户委外的模式参与。大部分公司选择基金投资，可见基金产品确实满足了证券公司自营的部分需要。

卖方服务的满意度方面，59% 由签约券商提供服务，30% 认为得到了较少的卖方服务，仅有 2% 表示能获得众多卖方服务，9% 表示有其他获取信息资讯的来源。近年来卖方服务市场发生了不小的变化，机构佣金率下滑以及直播等新传播方式的崛起，使证券公司自营如何获得更多更好的资讯和信息值得探究。

在合规前提下的公司业务协同上，50% 的自营团队与研究部有往来，18% 与衍生品部门有往来，4% 与经纪部门和投行等部门有往来，以上共有 62% 的自营团队和其他一个或多个部门往来。[①] 剩余 38% 选择其他或没有往来。自营团队在公司内部业务协同的比例相较往年逐步提高。

综上可以看出，随着市场上涨，股票投资业务迅速回暖，盈利水平与股市涨幅直接相关，顺周期特点明显。股票投资以统一的大账户管理为主，能够高效管理资产，减少分散账户带来的平衡问题等。业务模式比较稳定，还有进一步创新的空间，不管是投资范围、使用工具，还是获取市场咨询方式，都可以进行有益的探索，进一步增强投资的稳定性。

① 选项为多选。

第二节　2019 年中国证券公司传统投资业务发展中面临的问题与 2020 年前景展望

一、中国证券公司传统投资业务发展中面临的问题

（一）传统投资业务波动较大

股市行情波动大。经历了 2018 年持续下跌的行情后，2019 年的股市上涨集中在第一季度，只有在 2019 年初坚持资金规模的投入才能有较好的收益。如何在波动的市场中保持既定的投资策略充分连贯执行是一个挑战。

投资业绩波动大。自营业绩波动对券商月报冲击较为明显，要维持投资业绩对券商月报、季度报表持续稳定的盈利贡献十分困难。而过度关注短期的视角，又会影响长期投资目标的实现。如何平衡长期收益与短期波动之间的关系，值得探究。

（二）难以与其他业务形成协同效应

在业务协同上，传统投资业务以最大化投资收益为目标，较少考虑利用资金的优势为证券公司其他业务带来机会，或者最大化利用本公司自身业务优势形成独特的投资风格。

二、中国证券公司传统投资业务发展前景展望

（一）权益市场的中长期吸引力不断增强

从全球大类资产比较来看，中国股市优势明显。在经历了过去几年供给侧改革和金融去杠杆后，股票市场较海外相对更健康。面对复杂多变的内外环境，中国经济表现出较强的韧性和巨大的潜力，中国资本市场近年来改革开放步伐逐步加大，和国际市场进一步接轨。在全球货币宽松政策下，A 股的高性价比使得中长期投资于中国权益市场的吸引力不断提升。

（二）资本市场改革推动投资业务发展

我国资本市场的基础制度改革全面深化，顶层设计不断完善。科创板于 2019 年顺利开板运行，注册制试点范围不断扩大，再融资新规为企业募资打开新局面，减持新规有助于资金顺畅流入流出市场。信息披露、扩大开放、上市退市等方面也将出台更多的制度安排。新

《证券法》于2020年3月1日起施行，以更高标准、更严要求维护资本市场环境，增加投资者对资本市场的信心。

证券公司自营投资业务，机会与挑战并存。一方面，股权融资改革为新兴行业企业打开了估值上行空间；另一方面，增量境外资金和中长期资金将为业绩稳健的蓝筹白马企业形成持续的估值支撑。

第二章
2019 年中国证券公司私募投资基金业务发展情况与 2020 年前景展望

一、2019 年中国股权投资市场基本情况

2019 年中国股权投资基金在基金募集方面和投资方面较 2018 年出现较大幅度的下滑，而随着科创板的推出，退出金额和案例数都出现了一定程度的增长。

根据清科旗下私募通统计（见图分 5－1），2019 年中国股权投资基金新完成募集 2 710 只基金，同比减少 27.46%；从股权基金募集规模来看，2019 年共募集完成 12 444.04 亿元，较 2018 年的募资金额下滑 6.56%；就平均募资金额而言，2019 年的平均募集规模为 4.59 亿元，较 2018 年的平均募资规模 3.56 亿元增长了 28.93%，主要是多只百亿级、千亿级的国家级产业基金的设立所致（见表分 5－2）。

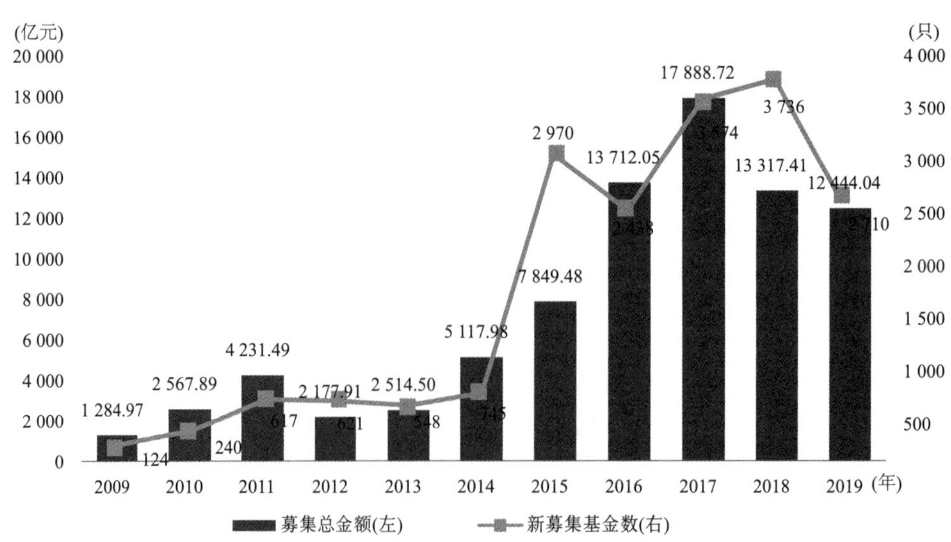

图分 5－1　2009—2019 年中国股权投资市场募资情况分布（含早期投资、风险投资和私募股权投资）

资料来源：清科集团私募通。

表分5-2　　**2019年中国股权投资市场前十大人民币基金募集情况**　　(单位：亿元)

基金名称	基金管理人	募集完成时间	认缴总规模
国家集成电路产业投资基金二期	国开金融	2019年10月	2 042
国家军民融合产业基金	惠华基金	2019年12月	1 500
国家制造业转型升级基金	国家制造业转型升级基金	2019年11月	1 472
国新建信基金	建信金投天津	2019年4月	300
北京城市副中心基金	北京北投基金管理	2019年4月	144
国改双百基金	中国国新基金	2019年7月	129
红杉时尚科技产业基金	红杉中国	2019年1月	120
深圳和谐成长三期基金	IDG资本	2019年6月	100
徐州徐工产业发展基金	中菊资产	2019年3月	100
深投控发展合作基金	深圳投控	2019年12月	100

资料来源：清科集团私募通。

细分市场方面，私募股权投资机构在募资金额和数量上依旧占据明显优势，产业基金、并购基金规模较大，年度总募集额同比增长0.5%，占市场总额的80.4%。然而，以民营机构为主的早期和风险投资（VC）市场募资总额分别下滑34.4%及28.3%。

从基金类型来看，除基础设施基金和夹层基金外，各类型的基金募集金额都出现了一定幅度的下滑。其中，占比最高的成长基金募集规模和数量都有所下滑，募资规模达到8 040.33亿元，较2018年下滑6.6%，募集数量达到1 517只，较2018年下滑36.2%；占比第二位的创业投资基金共募集1 912.05亿元及970只，较2018年分别下滑29.9%和4.3%。除上述基金外，股权投资共募集基础设施基金40只、并购基金28只、房地产基金88只、早期基金58只及夹层基金9只，其中基础设施基金和夹层基金的募资规模分别达到886.49亿元及432.25亿元，较2018年分别增长214.6%和606.2%。

清科集团私募通统计数据显示，2019年中国股权投资市场持续降温，机构投资更为谨慎，共发生投资案例8 234例，相比2018年全年投资案例数减少17.8%。就投资总金额来看，2019年中国股权投资共完成7 630.94亿元投资额，较2018年下降29.3%（见图分5-2）。从平均投资金额来看，2019年股权投资的单笔投资金额为0.93亿元，较上一年同比下降13.9%。

细分市场方面，私募股权投资机构2019年完成投资总额5 939.78亿元及3 417例投资，较2018年分别下滑30.3%及12.5%，分别占市场总量的77.8%和41.5%。以民营机构为主的早期和VC投资额分别下滑25.5%及20.4%。

从投资行业来看，案例数方面，IT行业以2 164例高居首位；半导体及电子设备、机械制造等领域受到市场青睐，投资案例数分别跃升至第四位及第五位；第二位、第三位与

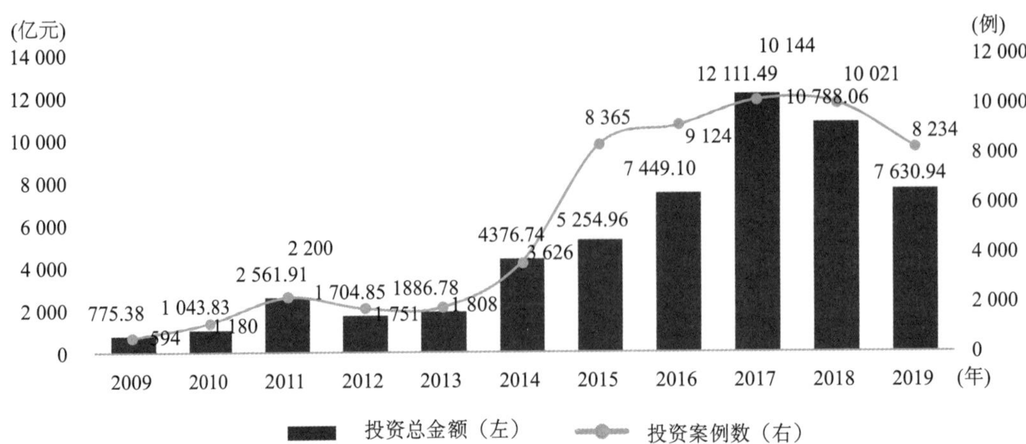

图分 5－2　2009—2019 年中国股权投资市场投资情况分布（含早期投资、风险投资和私募股权投资）

资料来源：清科集团私募通。

2018 年相比变化不大，仍为互联网和生物技术/医疗健康。在投资地域上，无论是投资案例还是投资金额，北京均处于全国第一位；上海、深圳、江苏以及浙江紧随其后。除江苏的投资案例数外，其他地域的投资案例数及投资金额均出现了一定程度的下滑。

清科集团私募通数据显示，随着科创板的推出，2019 年中国股权投资市场共计实现退出 2 949 例（见图分 5－3），与 2018 年同期相比增长 18.96%。从退出方式来看，2019 年股权投资机构的主要退出方式发生了变化，共计 1 573 例通过 IPO 退出，占比 53.34%，其中 651 例由科创板贡献，占 IPO 退出案例数的 41.39%；紧随 IPO 之后的退出方式包括并购退出 412 例，占比 13.97%；股权转让退出 583 例，占比 19.77%；回购退出 310 例，占比 10.51%；还有少部分是其他退出方式。

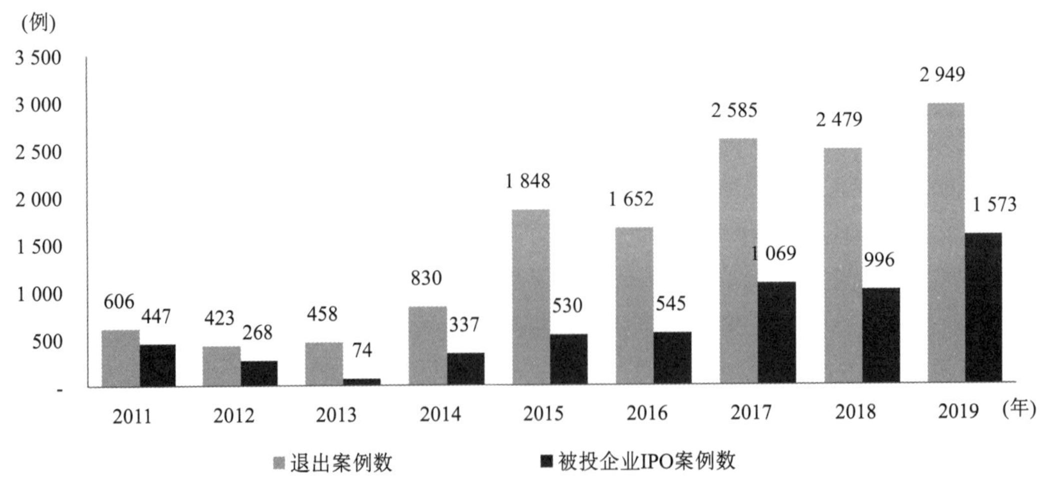

图分 5－3　2011—2019 年中国股权投资市场退出案例情况（含早期投资、风险投资和私募股权投资）

资料来源：清科集团私募通。

二、2019 年中国证券公司私募投资基金子公司的投资业务开展情况

根据中国证券投资基金业协会统计，2019 年证券公司私募投资基金子公司全年共发起设立各类直接投资基金 928 只，较 2018 年末的 910 只增加 18 只，增长 1.98%；募集资金（认缴）总额 8 990.93 亿元，实缴资本总额 4 976.56 亿元，认缴资金及实缴资金总额分别较 2018 年增长 11.5% 及 2.8%（见表分 5－3）。

表分 5－3　　2019 年证券公司私募投资基金子公司设立基金情况

基金类型	数量（只）	认缴金额（亿元）	实缴金额（亿元）
股权投资基金	711	6 485.63	3 547.90
创业投资基金	114	644.94	335.49
并购基金	57	1 061.67	708.42
证券投资基金	2	5.82	5.82
其他类基金	44	792.87	378.93
合计	928	8 990.93	4 976.56

资料来源：中国证券投资基金业协会。

三、证券公司私募投资基金业务监管政策变化

（一）证券公司私募投资基金子公司政策解读

2016 年 12 月，中国证券业协会发布《证券公司私募投资基金子公司管理规范》（以下简称《私募子公司规范》）、《证券公司另类投资子公司管理规范》（以下简称《另类子公司规范》），对证券公司设立这两类子公司提出了基本要求，明确两类子公司的经营边界，强化母子公司一体化管控，形成功能定位清晰、组织架构合理、主业突出、母公司管控到位、约束机制健全的子公司管理体系。2017 年 10 月，中国证券业协会发布《关于证券公司子公司整改规范工作有关问题的答复》，提出，为服务实体经济和"一带一路"等，在证券公司私募基金子公司与地方政府投融资平台、国家重点扶持产业龙头企业及知名外资机构合作等特殊情形下，可以在取得中国证监会机构部无异议函后下设二级管理子公司。截至 2019 年 12 月 31 日，中国证券业协会共公示了 13 批整改规范名单（2019 年有 3 批），共涉及 77 家证券公司及其下属的私募基金子公司。

（二）资管新规新政解读

2018 年 4 月 27 日，中国人民银行、中国银保监会、中国证监会、国家外汇管理局联合印发《关于规范金融机构资产管理业务的指导意见》，即资管新规。资管新规的发布对私募

股权投资的影响巨大，主要表现在：一方面，资管新规限制资产产品必须期限匹配；另一方面，资管新规的要求限制了嵌套与分级。

2019 年 10 月 25 日，国家发展改革委、中国人民银行、财政部、中国银保监会、中国证监会、国家外汇管理局联合发布《关于进一步明确规范金融机构资产管理产品投资创业投资基金和政府出资产业投资基金有关事项的通知》（以下简称《通知》），落实了资管新规对两类基金相关规定另行制定的要求。《通知》针对符合要求的两类基金配套适度“豁免”原则和新老划断原则，明确了两类基金的定义及过渡期安排，在一定程度上缓解了两类基金募资压力，传达了国家鼓励早期投资、长期投资的利好信号。

2019 年 12 月，中国证券投资基金业协会发布《私募投资基金备案须知》更新版，规范行业的募资和投资运作行为。同时，私募基金首次被纳入《市场准入负面清单（2019 年版）》，“基金管理”等字样的使用有了明确要求，市场准入将更加透明公正，行业准入隐形壁垒进一步消除。

四、证券公司私募投资基金业务的困难和挑战

一是市场化竞争加剧。一方面，随着外资限制的进一步放开，即“中国不迟于 2020 年 4 月 1 日，应取消外资股比限制并允许美国独资的服务提供者进入证券、基金管理和期货服务领域”，更多的外资机构进入中国私募股权投资市场，外币基金的募投将更为强势；另一方面，国内已形成一小批特色鲜明且具有较强竞争力的投资机构。随着资本市场监管的规范、股权投资市场的日趋成熟和理性，市场竞争加剧，导致大量的私募机构追逐少数优质项目，造成这些项目估值偏高，也带来较大的投资风险。

二是募资难度加剧。一方面，由于私募股权投资直接支持实体经济，从投资到退出周期较长（至少在 5 年以上），导致一般的投资者不愿进行长期投资，缺乏长期投资资金来源，是导致募资难的主要原因之一；另一方面，受市场整体下滑及资管新规的综合影响，外部募资的难度加大。

三是人才流失严重。与一般的私募股权投资机构相比，券商私募面临着更为严格的监管要求，造成券商私募投资基金子公司虽拥有更为专业规范的投资团队，但在非公平的市场竞争方面却处处捉襟见肘的局面。与完全市场化的私募投资基金相比，证券公司私募投资基金子公司的激励机制仍相对落后，导致优秀人才的流失仍较为严重，不利于长期发展。

严峻的市场化竞争环境将进一步促使券商私募投资基金做足内功，改善内部机制，提升“募、投、管、退”等综合能力以吸引有限合伙人（LP），实现可持续发展。

五、2020 年证券公司私募投资基金业务发展环境与契机

一是券商私募的退出灵活和多元化。随着科创板的开板和注册制的实施，上市要求更为

灵活，从而使处在不同阶段、具备发展潜力的各类企业，甚至是尚未盈利、特殊股权结构企业和红筹企业也可以在科创板或未来实施注册制的板块实现上市，券商私募投资渠道和退出渠道变得更加灵活多变。

二是券商私募投资专业化发展的契机。如前文所述，随着股权投资行业整体流动性紧缩，监管的规范化让股权投资市场逐步告别“野蛮生长”，给券商私募带来了专业化发展的契机，即需专注布局某一赛道、深入挖掘行业价值，形成专业化的投资风格，通过差异化竞争以形成核心竞争力。

分报告之六：
2019 年中国证券市场资信评级业务发展回顾与展望

第一章
2019 年中国证券资信评级行业发展环境

第一节　债市环境

一、交易所债券发行量大幅增长

2019 年，我国交易所债券市场共发行各类信用债[①] 3 800 期，同比增长 52.79%；发行规模 4.44 万亿元，同比增长 41.46%。交易所债券发行量大幅增长主要与市场利率水平下行、公司债进入兑付高峰背景下借新还旧需求增加、交易所放松城投公司发行公司债申报条件以及政策支持中小、民营企业债券融资有关。2019 年 3 月，沪、深证券交易所窗口指导放松城投公司发行公司债的申报条件，对于 6 个月内到期的债务，城投公司以借新还旧为目的发行公司债，放开政府收入占比 50% 的上限限制，这有利于城投企业公司债发行的增加。

① 此处交易所债券市场的各类信用债统计范围为一般公司债、私募债、证券公司债、可转债、可交换债和资产支持证券。对资产支持证券，一个项目发行的分层证券按一期计算。

2019 年 2 月 14 日，中共中央办公厅、国务院办公厅发布《关于加强金融服务民营企业的若干意见》，要求研究扩大定向可转债适用范围和发行规模；扩大创新创业债试点，支持非上市、非挂牌民营企业发行私募可转债；支持民营企业债券发行，鼓励金融机构加大民营企业债券投资力度等。在此政策指导下，2019 年 8 月 30 日，上海证券交易所（以下简称“上交所”）、深圳证券交易所（以下简称“深交所”）、全国中小企业股份转让系统有限责任公司、中国证券登记结算有限公司（以下简称“中证结算”）共同发布《非上市公司非公开发行可转换公司债券业务实施办法》，将非公开发行可转换公司债券发行主体范围由创新创业公司扩展至非上市公司，进一步拓宽中小、民营企业的融资渠道，降低企业融资成本。

二、创新债券产品不断推出

2019 年，为实施对实体经济的定向支持和精准调控，我国债券市场推出了一系列创新债券品种。2019 年 1 月，首单挂钩信用保护工具的公司债券——广汇汽车服务股份公司 2019 年公司债券（第一期）成功发行；3 月，首批创新创业公司债信用保护合约在上交所正式落地①；6 月，江西省赣江新区绿色市政专项债券（一期）在上交所成功发行，为全国首单绿色市政专项债，丰富了我国绿色债券品种，有助于降低政府融资成本、缓解期限错配、支持绿色市政基础设施的建设；12 月 17 日，首批信用保护凭证落地，共 4 单，合计名义本金 1.33 亿元，有效支持债券融资 44.60 亿元。在资产证券化业务方面，也推出多项创新：一是基础资产类型不断丰富，例如首单基础设施类 REITs 产品“中联基金－浙商资管－沪杭甬徽杭高速资产支持专项计划”、首单纯专利许可 ABS“兴业圆融－广州开发区专利许可资产支持专项计划”成功发行；二是违约保护机制的创新，例如海通证券对“海通恒信小微 3 号资产支持专项计划优先 A－3 级资产支持证券信用保护合约”的创设是上交所市场推出的首单基于小微融资租赁资产支持证券的信用保护合约，在缓解民营企业特别是小微企业融资难、融资贵方面进行了有益尝试。

创新债券品种的不断出现，既为评级公司提供了新的业务机会，同时也要求评级公司加大对评级技术的研发投入，开发适用新型债券的评级技术，以满足债券市场的发展需要，更好地服务于实体经济融资。依据各家评级公司报送中国证券业协会的数据统计，各家评级公司 2019 年共承接创新债券评级项目 105 个，同比增长 8.25%。

三、信用债发行结构明显分化

2019 年，一般公司债发行 889 期②，同比增长 11.40%，占比为 23.39%，同比下降

① 2019 年 3 月 7 日，东吴证券在上海证券交易所完成国内首批创新创业公司债信用保护合约业务，参照实体分别为昆山龙腾光电有限公司和江苏京源环保股份有限公司，均为创新创业实体企业，参照债务为“19 龙腾 01”和“19 京源 01”。

② 资料来源：Wind，经整理所得。

8.69 个百分点；私募债发行 1 574 期，同比增长 117.70%，占比为 41.42%，同比提高 12.35 个百分点；中国证监会主管 ABS 发行 971 期，同比增长 43.00%，占比为 25.55%，同比下降 1.75 个百分点；证券公司债发行 178 期，同比减少 5.82%，占比 4.68%，同比下降 2.92 个百分点；可转债和可交换债分别发行 128 期和 60 期，同比分别增长 82.86% 和 114.29%，占比分别为 3.37% 和 1.58%，同比分别提高 0.55 个和 0.45 个百分点。从发行人所有制属性来看，国有企业、民营企业和其他类型企业[①]所发信用债规模分别为30 121.47 亿元、7 574.65 亿元和 6 726.88 亿元，同比分别增长 58.48%、5.62% 和 28.73%；国有企业所占比例同比提高 7.28 个百分点，而民营企业和其他类企业所占比例同比分别下降 5.79 个和 1.50 个百分点。从所发各类信用债的信用评级分布看，AAA 级和 AA + 级的信用债规模分别为 24 808.50 亿元和 5 040.60 亿元，所占比例分别为 55.85% 和 11.35%，占比同比分别下降 6.84 个和 1.67 个百分点；AA 级信用债规模为 2 092.50 亿元，占比 4.71%，同比略升 0.56 个百分点；无评级的信用债规模为 12 260.14 亿元，占比 27.60%，同比提高 7.82 个百分点；其他信用等级的信用债规模和所占比例均较低，同比变化不大。总体看，在各类型债券中，私募债、可转债和可交换债增幅较高，证券公司债出现一定下降，而国有企业和民营企业的信用债发行则出现明显分化。

信用债发行结构的变化导致评级公司的业务结构相应变化，根据 11 家评级公司报送中国证券业协会的数据[②]，2019 年 11 家评级公司共承接评级项目 5 469 个（包括 7 家发行人付费评级公司承担的 5 448 个评级项目和 4 家投资人付费评级公司承担的 21 个评级项目），同比增长 23.20%。其中，一般公司债评级项目 1 051 个，同比增长 19.57%，在评级项目总数中的占比为 19.22%，同比微降 0.58 个百分点；私募债评级项目 873 个，同比大幅增长 108.85%，占比为 15.96%，同比提高 6.55 个百分点；资产证券化评级项目 1 111 个，同比下降 13.61%，占比 20.31%，同比降低 8.66 个百分点；证券公司债评级项目 84 个，同比增长 6.33%，占比 1.54%，同比微降 0.24 个百分点；可转债和可交换债评级项目分别为 183 个和 21 个，所占比例同比变化不大。总体看，随着我国债券市场的扩容，评级市场保持稳步增长，评级业务结构也随着发债结构的变化而相应变化，在 2019 年，私募债发行期数的大幅增加带动私募债评级项目的明显增长。

四、债市信用风险持续暴露

2019 年，在全球经济缓慢复苏、中美贸易摩擦以及国内经济结构调整背景下，我国经济增速有所放缓，企业的信用风险有所加大，债市违约的发生更加常态化。2019 年，我国交易所债券市场新增违约发行人 38 家，涉及到期违约债券 95 期，到期违约规模合计约 550.30 亿元。交易所债券市场新增违约主体家数、涉及到期违约债券期数、到期违约规模

① 国有企业包括中央国有企业和地方国有企业，其他类型企业包括公众企业、集体企业、外资企业和其他企业。
② 按 11 家评级公司（7 家发行人付费评级公司和 4 家投资人付费评级公司）承接评级项目总数统计。

较上年分别增加 5.56%、48.44%、15.47%，违约事件的发生呈现常态化的趋势。另有 19 家之前已经发生违约的发行人未能按时偿付其存续债券利息或本金，共涉及到期违约债券 48 期，到期违约规模合计约 294.24 亿元。此外，2019 年还发生了债券展期、场外兑付、要求回售撤回、永续债展期或利息递延等情况，信用风险暴露形式更加多样化。

与此同时，监管层也采取了一系列措施加强风险管控、完善违约处置机制。2019 年 1 月，沪、深证券交易所联合中证结算发布《信用保护工具业务管理试点办法》，从参与者管理、信用保护合约和凭证业务流程、信用事件后处理机制、信息披露、风险控制以及自律管理等方面明确了信用保护工具业务的主要内容，提供信用风险有效管理工具，优化信用债市场风险定价机制；3 月，深交所发布通知，对在该所上市的公司债券信用评级调整为 AA 级（不含）以下等情形，仅允许其采取协议大宗交易方式进行交易；上交所将在该所上市的存续期内债券信用评级调整为 AA 级（不含）以下等情形的公司债券、企业债券交易方式调整为仅采取报价、询价和协议交易方式；5 月 24 日，沪、深证券交易所联合中证结算发布《关于为上市期间特定债券提供转让结算服务有关事项的通知》《关于为挂牌期间特定非公开发行债券提供转让结算服务有关事项的通知》，为特定债券以及兑付存在重大不确定性且发行人或受托管理人发布公告明确提示风险的债券、存在不能按约定分配收益等情形的资产支持证券提供转让服务，进一步丰富违约处置方式；12 月 9 日，上交所发布《关于开展信用保护凭证业务试点的通知》，在前期信用保护合约试点基础上，开展信用保护凭证业务试点，以进一步健全信用风险分担机制，促进债券市场健康稳定发展。相关措施有助于债券市场信用风险的释放，但违约常态化仍然对监管和信用评级机构的专业性提出了更高层次的要求，能否准确、及时地揭示违约风险成为市场判断评级公司专业水平的核心标准，评级质量的竞争将成为评级机构间竞争的主要内容。

第二节　监管环境

一、确立评级行业统一监管框架，强化信息披露和利益冲突管理

近年来，监管机构采取各项措施推动债券市场互联互通，在此背景下，评级行业统一监管取得实质性进展，评级行业统一监管框架得以确立。2019 年 11 月 29 日，中国人民银行、国家发改委、财政部、中国证监会四部委联合发布《信用评级业管理暂行办法》（以下简称《暂行办法》），明确中国人民银行为信用评级行业主管部门，国家发改委、财政部、中国证监会为信用评级业务管理部门，自律组织或机制作为有效补充的依法开展行业自律管理“三位一体”的监管体系。“三位一体”各司其职监管体系的建立健全有利于相关部门形成

监管合力，避免重复监管和监管真空，提升监管的效率和一致性，促进评级行业健康有序发展。

此外，《暂行办法》强化了以事中、事后监管为重点，以信息披露监管和防止利益冲突负面清单管理为核心的监管策略。《暂行办法》加强对信用评级机构在独立性、透明度、利益冲突管理、评级程序规范等方面的监管，要求信用评级机构进行充分的信息披露，包括评级方法、评级技术、评级人员等方面的对外披露，以及评级作业层面的 7 大负面清单行为的列出，更加强化了内部防火墙制度的建设，通过对利益冲突行为进行规范和以各方面信息披露管理为监管核心，有利于信用评级机构遵循独立、客观、公正和审慎性原则，勤勉尽责，更好地揭示信用风险，保护社会公共利益和市场主体的合法权益。《暂行办法》还首次构建起对机构和个人职业行为的规范化要求和处罚机制，独立性原则是评级机构发挥其在债券市场应有职责的前提。此次《暂行办法》专设两章，从更高法规层面对信用评级机构执业独立性、机构独立性、人员独立性、部门独立性、薪酬独立性五方面作出具体规定，对评级机构的规范化运作将起到极大的积极作用。与此同时，《暂行办法》首次系统确立了信用评级机构的法律责任，对信用评级机构和信用评级人员的执业行为给予罚款、警告、移交司法机关等处罚并加大处罚力度，加强信用评级机构及从业人员法律责任追究与惩罚力度，提高评级机构和评级从业人员的违法违规成本，有利于行业自律发展，从合规建设上推动评级机构声誉和公信力机制的确立。

二、加强评级行业日常监管和自律监管，细化资产证券化项目尽职调查要求

2019 年，监管机构继续强化评级行业监管和自律管理力度，对多家评级机构开展约谈、现场检查和专项检查，中国银行间市场交易商协会和中国证券业协会定期联合发布信用评级机构业务运行及合规情况通报，发现评级机构存在评级结果对受评对象信用风险预警功能薄弱、评级质量控制不足、调查访谈工作不到位、评级报告信息披露不充分等问题。2019 年，中国证监会对各家评级机构共采取了 4 次监管措施，其中包括 3 次出具警示函、1 次出具监管关注函。总体来看，监管机构对评级行业的监管更加严格和细致化，力度不断加强。2019 年中国证监会就资产证券化业务中的违规行为多次向评级机构出具警示函，暴露出评级机构在承做资产证券化项目中的不足。2019 年 6 月 24 日，中国证券投资基金业协会发布《政府和社会资本合作（PPP）项目资产证券化业务尽职调查工作细则》《企业应收账款资产证券化业务尽职调查工作细则》《融资租赁债权资产证券化业务尽职调查工作细则》，进一步规范和指导资产证券化业务的尽职调查工作，提高尽职调查工作质量，要求包括评级机构在内的参与机构严格履行尽职调查过程中相应的义务，机构及其人员违反细则、相关约定、承诺或者协会其他规定的，协会可采取口头提示、约见谈话等方式对其予以提醒，情节严重的，协会可对机构及相关人员采取相应的处分措施。

三、接受外资评级机构注册，推动评级行业国际化、市场化发展

在我国债券市场和评级行业国际化发展的背景下，监管机构逐步“放开前端”，允许更多评级机构进入债券市场开展信用评级业务。2019 年 1 月 28 日，交易商协会公布银行间债券市场外资信用评级机构注册评价结果，接受标普信用评级（中国）有限公司（以下简称“标普中国”）开展银行间债券市场信用评级业务的注册。2019 年 7 月，国务院金融稳定发展委员会办公室宣布了一系列金融业进一步对外开放的政策措施，包括允许外资机构在华开展信用评级业务时，可以针对银行间债券市场和交易所债券市场的所有种类债券进行评级。目前，标普中国开展了大量的发行人和投资人交流活动，包括专项债券研讨会、信用风险交流会、评级技术讨论会、信用展望年会等，通过这类活动积极争取市场各方对其评级理念和方法的认同，扩大品牌影响力。尽管 2019 年标普中国业务量不大，但凭借其自身品牌影响力、评级技术和资本实力，其不断开拓市场。国内外评级机构竞争进入“短兵相接”阶段，这对国内评级机构科学揭示信用风险的能力提出更高的要求。

第二章
2019 年中国证券资信评级业务发展情况

第一节 评级行业基本情况

一、基础设施建设

（一）评级机构执业能力持续提升

2019 年，我国交易所债券市场共有 11 家资信评级机构，其中发行人付费 7 家，投资人付费 4 家，均已获得中国证监会的资信评级业务许可。2019 年 5 月，原四川大普信用评级股份有限公司变更为浙江大普信用评级股份有限公司（以下简称“大普评级”），注册地址由四川省成都市迁往浙江省杭州市。2020 年 2 月，原中诚信证券评估有限公司（以下简称“中诚信证评”）的资信评级业务许可证被中国证监会注销，其资信评级业务由其唯一股东中诚信国际信用评级有限责任公司（以下简称“中诚信国际”）承继，同时，中国证监会核准中诚信国际从事资信评级业务，标志着历时三年多的中诚信国际和中诚信证评的整合已完成。这是中国人民银行和中国证监会跨市场评级牌照互认政策出台后的首例评级机构整合事件，中诚信国际实现在银行间债券市场和交易所债券市场全市场开展评级业务，成为我国第一家拥有全牌照的中外合资评级机构。[①] 在境外，有 3 家证券评级机构或其关联分支机构[②]

① 由于 2019 年交易所债券市场评级业务仍由中诚信证评承做，后文的分析中仍使用“中诚信证评”这一名称。

② 中诚信国际的全资子公司中国诚信（亚太）信用评级有限公司、联合评级的关联公司联合评级国际有限公司、中证鹏元资信评估股份有限公司的全资子公司鹏元资信评估（香港）有限公司拥有香港证监会发出的第十类受规管活动牌照（提供评级服务）。

拥有香港证券及期货事务监察委员会提供信贷评级服务执业资质，1家证券评级机构[①]正在申请新加坡资信评级牌照。经过境内评级牌照整合和境外评级资质认可，我国证券资信评级机构执业能力继续稳步提升。

（二）评级信息系统建设力度加大

2019年，国内共有5家发行人付费的证券资信评级机构对评级数据库系统进行了功能优化或完善，如优化财务数据导入功能、完善评级数据库与评级管理平台之间的数据交换接口、增加系统无操作状态下强制退出的时间、开发结构融资数据库等。部分评级机构完善了基于数据库基础上的数据分析系统，可通过数据浏览器与自动化图表功能对数据进行比较分析，提高数据处理效率。部分评级机构实现了评级项目工作底稿标准化、评级作业线上化、评级档案数字化，提高了作业效率和经济效益。此外，部分评级机构升级了客户关系管理系统，优化了招投标文件、合同线上审批流程和嵌入项目签约前的利益冲突合规审查功能，并增设移动端应用，填补过往移动作业空白，完善了客户信息管理功能。2019年，发行人付费的证券资信评级机构继续使用原有的外部金融数据库和宏观经济数据库，为其评级业务提供数据支持。不断优化的评级信息系统为评级机构开展评级业务提供了坚实的基础。

（三）人才队伍显著优化

截至2019年末，7家发行人付费的证券资信评级机构合计拥有证券从业资格的评级人员为1 268人，较上年增长9.40%。[②] 其中，具有3年以上评级从业经验的人员数量为534人，较上年增加36.22%；拥有注册会计师、律师、CFA、CIIA等专业执业资格人员人数为61人，较上年增加3人。在评级机构所有员工学历构成中，具有硕士以上学历的人员占比为61.94%，较上年增加1.01个百分点。35周岁以下的人员数量为1 325人，占比72.76%，较上年下降1.40个百分点。整体来看，评级机构员工队伍继续优化，具有较长从业经验的员工数量明显增加，员工队伍的稳定性有所提高。

二、服务能力

（一）研究水平稳步提高

截至2019年末，7家评级机构的研发人员总数为113人，较上年增加6.60%，研发人员在整体评级从业人员中的占比为6.21%，较上年增加0.26个百分点。其中，具有3年以

① 中证鹏元资信评估股份有限公司的全资子公司鹏元资信评估（香港）有限公司在新加坡设置了子公司，正在申请新加坡资信评级牌照。

② 数据来自2019年中国证券业协会专项调查统计数据。由于4家投资人付费的评级机构在2019年来自交易所市场的证券评级业务收入极少，为保持数据的可比性，此处以发行人付费的7家证券资信评级机构为样本进行比较，后文的数据比较均以发行人付费的7家证券资信评级机构为样本。

上研发经验的研发人员数量为 84 人，较上年大幅增加 50%。2019 年，各家评级机构加大了对新产品评级方法和信用风险的研究力度，共完成各类研究课题 129 个，公开出版书籍 1 部，公开发表研究报告 2 189 篇，研究成果数量较上年显著增加。

多数评级机构建立了国内外宏观经济走势和热点跟踪分析机制，积极研究债市新产品的风险特点和评级方法，并定期推出重点行业信用风险展望，研究内容更为丰富，信用分析更有深度，研究水平稳步提高。

（二）投资者交流显著加强

2019 年，各家评级机构积极拓展投资者交流渠道，除了公司网站、微信公众号、与第三方媒体合作之外，部分评级机构通过深交所网上业务平台、北京金融资产交易所信息披露平台发布信息，加强与投资者的沟通。

投资人会议方面，各家评级机构均注重与投资者的互动交流，主动展现自身研究实力，围绕城投企业转型、企业信用分层、重点行业风险展望等热点话题举办各类专题论坛，加强与投资者的深入交流。2019 年，7 家发行人付费的资信评级机构共主办或承办投资人会议 61 次，参加论坛并发表演讲 331 次，接受媒体采访或举办新闻发布会共 1 068 次；部分评级机构还通过网络培训平台与投资者交流，提升投资者服务的力度。

三、合规管理

（一）合规监管进一步加强

2019 年，评级行业出现了一些违规事件，部分评级机构的合规管理存在薄弱环节，监管部门相应进行了监管处罚。2019 年 11 月，中国人民银行、国家发改委、财政部与中国证监会四部门联合发布的《暂行办法》建立了评级行业的统一监管框架，并加强了对评级机构独立性、透明度、利益冲突管理、评级程序规范等方面的监管，为评级行业的规范发展提供了法律依据。为了加强对信用评级机构的自律管理、促进评级行业的规范发展，中国证券业协会和中国银行间市场交易商协会联合开展了 2019 年评级机构业务市场化评价，并公布了各家评级机构的市场化评价结果，督促评级机构完善公司治理机制和内部控制制度，依法合规开展评级业务。

（二）合规管理水平进一步提升

2019 年，各家评级机构积极配合监管部门和自律组织，对自身合规风险管理建设高度重视，按照要求对自身公司治理机制和合规管理规范进行了整改，进一步提升合规管理水平。在现有合规管理制度基础上，部分评级机构结合监管要求以及当前行业规范和业务要求，进行相应的整改，同时进一步修订了相关业务制度，并在中国证券业协会或各自公司官网上及时公示。其中，有 3 家评级机构新增了多项合规制度，如信用评级标准委员会议事规范、信息披露事务管理制度、评级业务承揽规范、信用评级过程质量控制制度等，强化了信息披露及沟通管理等合规制度，同时还按照监管要求高频率定期自查并按时报送合规报告。

多数评级机构依据评级业务承揽规范、信用评级程序、评级报告质量控制等相关内控合规制度进行全方位的合规风险检查、排查和整改，同时多次对全体员工进行合规培训，确保各项业务和工作完全合规合法、稳步有序推进，行业合规管理水平较往年进一步提升。

第二节　评级业务发展概况

一、业务规模

2019 年，我国 7 家发行人付费证券资信评级机构的业务规模有所扩大，全年协议承做评级项目 5 448 个，较上年增加 22.51%。其中，2019 年承做一般公司债项目 1 051 个，较上年增加 19.57%；承做私募公司债项目 873 个，较上年增加 108.85%，主要是由于监管部门鼓励债市扩容，加大对民营企业债券融资支持力度，放松城投公司发债的申报条件，从而推动了债券发行规模大幅上升；承做可转债项目 183 个，较上年增长 22.82%；承做可交换债项目 21 个，与上年持平；承做证券公司债项目 84 个，较上年上升 6.33%，这主要源自证券公司为补充资本进行融资的需求而上升；承做资产证券化产品 1 111 个，较上年减少 13.61%，这主要是由于“一次申报、分次发行”的储架式资产证券化项目大幅增多，加上监管部门为防控金融风险对电影票款、物业服务费和房地产类资产证券化产品进行了严格限制；承做信托、理财、资管等非标产品 759 个，较上年增加 41.08%；承做其他主体评级项目① 1 349 个，较上年增加 32.13%；承做其他业务项目 17 个，较上年减少 69.64%，这主要是由于框架协议、优先股等承揽项目大幅减少（见图分 6 - 1）。

从评级项目数量份额情况看，2019 年公司债依旧是占比最大的产品，份额占比 35.32%，较上年上升 6.15 个百分点；其他主体评级业务份额排名第二位，份额占比 24.76%，较上年上升 1.80 个百分点；资产证券化产品份额排名第三位，占比 20.39%，较上年下降 8.53 个百分点；信托/理财/资管等非标产品份额仍处于第四位，占比 13.93%，较上年上升 1.83 个百分点；证券公司债、可交换债、可转换债产品份额依旧占比较小。

2019 年，7 家发行人付费证券资信评级机构合计正式出具首次评级报告 6 769 份，较上年增加 35.57%。其中，出具公司债评级报告 1 961 份，报告数量占比 28.97%，排名第一位，

① 其他主体评级项目主要包括信贷市场上借款企业主体评级项目、担保公司主体评级项目、网络小贷公司主体评级项目等。

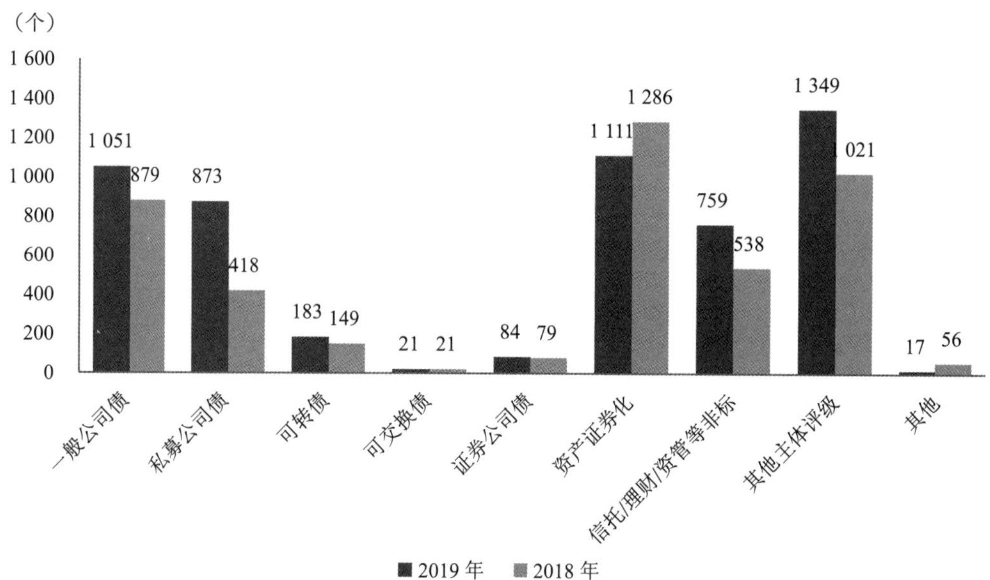

图分 6－1　2019 年 7 家发行人付费证券资信评级机构协议承做的评级项目情况

资料来源：2019 年中国证券业协会专项调查统计数据。

较上年上升 4.12 个百分点；出具资产证券化评级报告 1 529 份，报告数量占比 22.59%，排名第二位，较上年上升 2.44 个百分点。

随着前期市场规模的快速扩容，2019 年各家评级机构跟踪评级工作量快速增加，全年 7 家机构合计完成定期跟踪评级项目 4 698 个，增幅为 5.34%；不定期跟踪评级项目 1 198 个，增幅为 18.15%；终止/撤销评级项目达到 259 个，较上年减少 2.26%。

二、创新券种评级业务

2019 年，随着交易所债券市场不断推出创新债券品种，各家评级机构加强了创新债券品种评级方法的研发和修订，充分揭示创新债券品种的信用风险，为各类创新债券品种提供评级服务。2019 年，针对交易所债券市场新推出的熊猫可交换债、公募绿色可交换债、粤港澳大湾区专项公司债券等创新品种，各家评级机构协议承做 1 个熊猫可交换债评级项目、1 个公募绿色可交换债评级项目和 3 个粤港澳大湾区专项公司债评级项目；针对永续债、创新创业债券、纾困专项公司债等原有创新品种，各家评级机构协议承做个数分别为 43 个、6 个、8 个，永续债、创新创业债和纾困专项公司债项目个数分别较上年增长 7.50%、200.00%、100.00%。2019 年，资产证券化产品的基础资产类型继续扩大，发行方式更加丰富，部分评级机构加大资产证券化创新品种评级方法的研发力度，积极支持资产证券化产品的创新发展。针对首单智慧停车产业资产证券化产品、首单储架式知识产权供应链资产证券化产品、首单基础设施类 REITs 等创新品种，部分评级机构研发了评级方法与评级模型，揭示了基础资产与交易结构中的信用风险，助力资产证券化创新产品成功落地，满足实体经济的融资需求。

2019 年，7 家发行人付费证券资信评级机构承做了 8 个熊猫债评级项目，为北控清洁能源集团有限公司、中信泰富有限公司等境外主体发行熊猫债提供了有力支持，部分评级机构完善了熊猫债评级方法。

三、财务状况

2019 年，受债券发行规模扩大的影响，信用评级行业整体业务收入上升，盈利能力增强。2019 年，7 家发行人付费证券资信评级机构的资产规模合计和净资产合计分别为 25.40 亿元和 16.15 亿元，分别较上年增加 11.94% 和 22.16%；营业收入合计为 13.97 亿元，较上年增加 7.63%；利润总额合计为 3.92 亿元，较上年增加 0.26%。从交易所债券市场评级业务贡献度看，2019 年 7 家发行人付费证券资信评级机构的证券资信评级业务收入规模合计 8.75 亿元，较上年增长 28.72%，占 7 家发行人付费的评级机构收入的比例为 62.62%，较 2018 年上升 10.25 个百分点，交易所债券市场评级业务成为发行人付费评级机构的重要收入来源（见图分 6－2）。

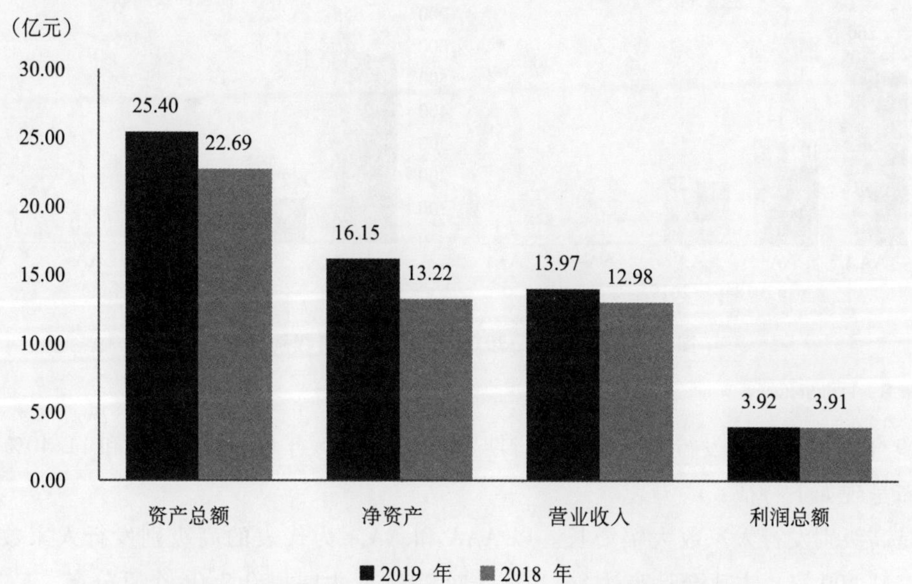

图分 6－2　2019 年 7 家发行人付费证券资信评级机构财务情况

资料来源：2019 年中国证券业协会专项调查统计数据。

第三节　评级表现分析

一、信用等级分布

（一）一般公司债

2019 年，从主体级别分布情况看，一般公司债发行人 AAA、AA +、AA、AA - 和 A + 级别家数分别为 260 家、145 家、59 家、5 家和 1 家，占比分别为 55.32%、30.85%、12.55%、1.06% 和 0.21%；从债项级别分布情况看，2019 年一般公司债发行人所发行的债券 AAA、AA + 和 AA 级别期数分别为 655 期、192 期和 42 期，占比分别为 73.68%、21.60% 和 4.72%（见图分 6 - 3）。

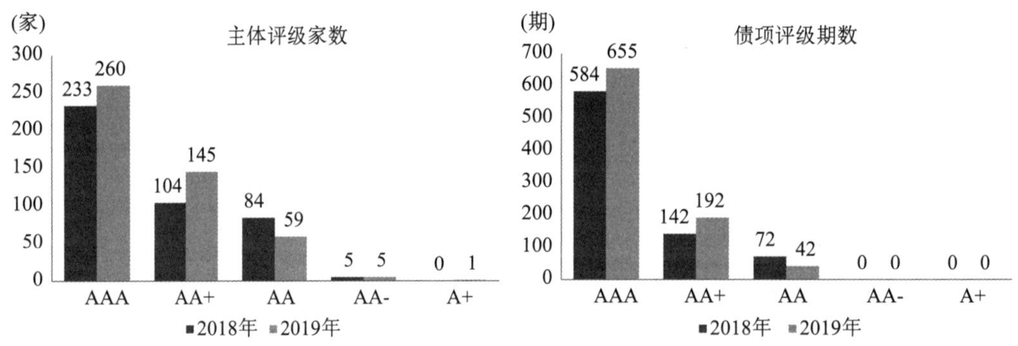

图分 6 - 3　2018—2019 年一般公司债级别分布

资料来源：巨潮资讯网，Wind。

2019 年一般公司债发行人家数和发行期数分别较 2018 年增长 10.33% 和 11.40%，信用等级分布呈现如下特征：

一是高级别发行人家数大幅增长。以 AAA 和 AA + 为代表的高级别发行人家数，2019 年首次突破 400 家，占比合计高达 86.17%，较 2018 年大幅提升 7.06 个百分点。

二是债项级别中枢进一步上移。2019 年一般公司债发行人所发行的债券 AA 级别期数和占比均出现持续下降趋势。与此同时，AAA 和 AA + 级别期数和占比合计份额则保持稳步增长，其中 AAA 级别期数较 2018 年增加 71 个，AA + 级别占比较 2018 年提升 3.80 个百分点，二者共同推动债项级别中枢进一步上移。

三是债券发行增信措施更为丰富、增信效果更为突出。2019 年一般公司债发行人所发行的债券中提供增信保障措施的占比为 11.25%，较 2018 年小幅提升 0.10 个百分点。在

100期提供程度不一的增信措施的一般公司债中，主要由第三方担保公司或控股/参股股东提供担保，少数由股东个人财产以及发行人财产（包括房产、采矿权等）或由第三方提供全额收购承诺等增信措施。其中，有68期增信效果十分突出，尤其是主体级别仅为A+的发行人通过独立第三方担保公司提供的不可撤销连带责任担保而使其所发行的“19浙投01”获得了3个小级别的债项信用增级（见表分6-1）。

表分6-1　　2019年一般公司债发行增信情况统计

主体级别	债券级别	期数	增信措施
A+	AA+	1	“19浙投01”由北京中关村科技融资担保有限公司提供不可撤销连带责任担保
AA-	AAA	4	“19英唐01”“19和佳S1”由深圳市高新投集团有限公司提供不可撤销连带责任担保；“19恒达01”由广东省融资再担保有限公司提供不可撤销连带责任担保；“19起步01”由深圳担保集团有限公司提供不可撤销连带责任担保
	AA+	1	“19硅谷01”由北京中关村科技融资担保有限公司提供不可撤销连带责任担保
AA	AAA	24	由第三方担保公司或控股/参股股东提供担保
	AA+	4	均由控股或参股股东提供担保
	AA	5	“19远高01”“19远高02”由实际控制人以及个别股东以个人全部财产为本次债券的到期兑付承担连带责任保证；“19口岸01”“19口岸02”由江苏望涛投资建设有限公司提供担保；“19中希01”以评估价值不低于本期债券累计待偿本息2倍的资产设定第一优先顺位的抵押
AA+	AAA	34	“19兰创01”以评估价值不低于本次债券累计待偿本金及其一年利息1.5倍的采矿权资产设定第一优先顺位的抵押；“19汇金01”由发行人提供房产抵押及股权质押担保；其他由第三方担保公司或控股/参股股东提供担保
	AA+	13	“19西集01”“19西集03”“19西集04”“19西集05”“19永钢01”分别由实际控制人以个人全部财产为本次债券的到期兑付承担连带责任保证；“19宜华02”承诺以评估价值40 169.01万元的房产为本期债券进行抵押担保；“19禹洲01”“19宝龙01”分别由控股股东就本期债券兑付做出全额收购承诺
AAA	AAA	14	均由控股股东提供担保
合计		100	—

资料来源：巨潮资讯网，Wind。

（二）私募公司债

2019年私募公司债中，发行时有主体评级信息的发行人858家，在私募公司债发行人中的占比为 93.87%；发行时有债项评级信息的私募公司债 504 期，占私募公司债发行期数的比重为 32%。

从级别分布来看，2019 年有评级信息披露的私募公司债发行情况呈现如下特征：

一是主体级别集中分布于 AA—AAA 级，集中度为 97.67%。其中，AA 级发行人占比为 53.26%，同比上升 6.06 个百分点；AA+级发行人占比为 32.05%，同比下降 2.74 个百分点；AAA 级发行人占比为 12.35%，同比下降 3.22 个百分点。私募公司债发行人主体级别所表现出来的显著特征与 2019 年发行人家数大幅增长 108.76%，尤其是 AA 级别发行人家数大幅增长 1.36 倍高度相关。值得一提的是，与 2018 年相比，2019 年新增低级别私募公司债发行人 3 家，即发行时主体级别为 A+、A 和 B 的各有 1 家（见图分 6－4）。

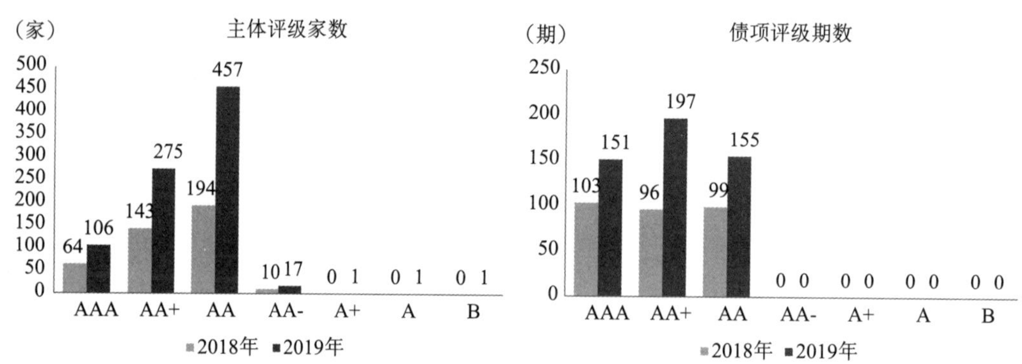

图分 6－4 2018—2019 年私募公司债级别分布

注：(1) 未披露评级信息未在图中列示（以下同）；(2) 2018 年和 2019 年分别有 1 期债项评级为 A－1 级的私募债未在图中列示。

资料来源：巨潮资讯网，Wind。

二是债项级别主要分布于 AA—AAA 级，集中度为 99.80%。其中，AA+级债券占比为 39.09%，同比上升 6.98 个百分点；AA 级和 AAA 级债券占比分别为 30.75% 和 29.96%，同比分别下降 2.36 个百分点和 4.49 个百分点。私募公司债债项级别向高级别集中除与前述发行人主体级别趋势一致相关外，更多的是由于信用分化背景下高级别国企发行人占比增加，以及为降低融资成本而大量采取增信措施所致。

三是 2019 年私募公司债发行人仍主要是中央及地方国有企业，二者共计 865 家。其中，中央国有企业 20 家，占比 2.19%；地方国有企业 845 家，占比 92.45%，较 2018 年大幅提升 17.91 个百分点。此外，2019 年带有担保措施的私募公司债共计 359 期，较 2018 年增长 147.59%。

（三）证券公司债

2019 年发行的证券公司债中，普通公司债 101 期（占比 55.49%），次级债 71 期（占比 39.01%），短期公司债 10 期（占比 5.49%）。上述发行的 182 期债券产品中，有债项评级信息的 137 期，占证券公司债发行期数的比重为 75.27%。

从主体级别分布情况看，2019 年证券公司债发行人 AAA、AA +、AA 和 AA - 级别家数分别为 36 家、19 家、4 家和 1 家，占比分别为 60%、31.67%、6.67% 和 1.67%。其中，2019 年 AAA 级证券公司家数较 2018 年增加 2 家，占比提升 3.33 个百分点，是份额占比最大的级别。值得注意的是，尽管 2019 年证券公司债发行人总家数与 2018 年保持一致，但是发行主体的内部结构变化依然较大。以主体级别 AAA 为例，2019 年证券公司债发行人净增主体为 1 个，上调主体为 3 个，而净减主体为 2 个（见表分 6 - 2）。

表分 6 - 2　　2018—2019 年证券公司债主体级别分布及变化情况

级别	2018 年		2019 年		变化	
	主体家数（家）	占比（%）	主体家数（家）	占比（%）	家数变化（%）	占比变化（%）
AAA	34	56.67	36	60.00	5.88	3.33
AA +	21	35.00	19	31.67	- 9.52	- 3.33
AA	4	6.67	4	6.67	0	0
AA -	1	1.67	1	1.67	0	0
合计	60	100.00	60	100.00	0	0

资料来源：巨潮资讯，Wind。

从有债项评级信息的债项级别分布情况看，2019 年证券公司债发行人所发行的债券 AAA、AA + 和 AA 级别期数分别为 81 期、37 期和 15 期，占比分别为 59.12%、27.01% 和 10.95%。此外，尚有 4 期债项级别为 A - 1 的短期证券公司债发行，占比为 2.92%。需要说明的是，2019 年证券公司债发行期数较 2018 年有所下滑，但是银行间债券市场证券公司短期融资券发行期数和发行规模均实现了跨越式增长，证券公司短期融资券对证券公司债中短期品种的替代效益表现得十分显著（见表分 6 - 3）。

表分 6 - 3　　2018—2019 年证券公司债债项级别分布及变化情况

级别	2018 年		2019 年		变化	
	债券期数（期）	占比（%）	债券期数（期）	占比（%）	期数变化（%）	占比变化（%）
AAA	73	34.60	81	44.51	10.96	9.91
AA +	48	22.75	37	20.33	- 22.92	- 2.42
AA	10	4.74	15	8.24	50.00	3.50
A - 1	22	10.43	4	2.20	- 81.82	- 8.23
有级别	153	72.51	137	75.27	- 10.46	2.76
无级别	58	27.49	45	24.73	- 22.41	- 2.76
合计	211	100.00	182	100.00	- 13.74	—

资料来源：巨潮资讯，Wind。

（四）可转债

从级别分布来看，2019 年有评级信息披露的可转债发行情况呈现如下特征：

2019 年可转债发行人披露主体级别的共计 126 家，主体级别主要分布于 AAA—A + 级。其中，2019 年 AA 级占比最高，达到 41.27%，较 2018 年上升 9.93 个百分点；AA - 级占比次之，为 24.60%，较 2018 年下降 11.22 个百分点；A + 级占比居于第三位，为 15.87%，较 2018 年大幅上升 11.40 个百分点。此外，2019 年 AAA 和 AA + 级占比分别为 11.11% 和 7.14%，分别较 2018 年上升 8.13 个百分点和下降 16.74 个百分点。相较于 2018 年，2019 年可转债发行人主体级别重心有所下移，主要是 AA 和 A + 发行人家数及其增幅较大所致（见图分 6 - 5）。

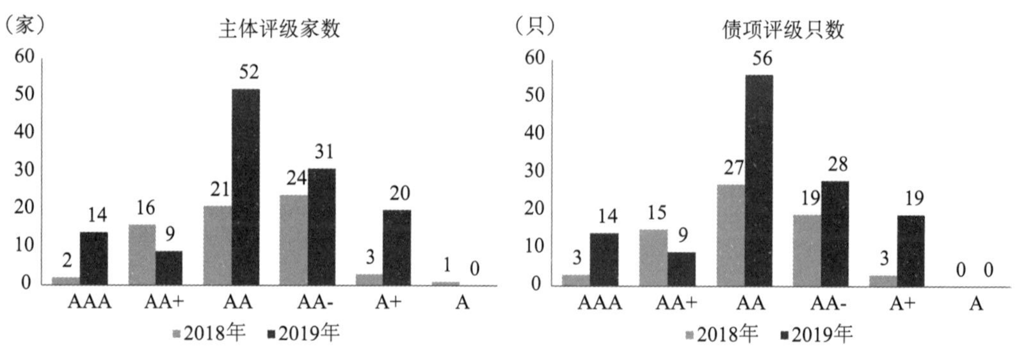

图分 6 - 5　2018—2019 年可转换公司债级别分布

注：未披露评级信息未在图中列示，以下同.

资料来源：巨潮资讯网，Wind。

2019 年可转债发行人所发行的债券披露债项级别的共计 126 期，债项级别分布规律基本与其所对应的发行人主体级别一致，少数债券由于有增信措施进行了级别上调。其中，2019 年 AA 级占比最高，达到 44.44%，较 2018 年上升 4.15 个百分点；AA - 级占比次之，为 22.22%，较 2018 年下降 6.14 个百分点；A + 级占比居于第三位，为 15.08%，较 2018 年上升 10.60 个百分点。此外，2019 年 AAA 和 AA + 级占比分别为 11.11% 和 7.14%，分别较 2018 年上升 6.63 个百分点和下降 15.25 个百分点。

（五）可交换债

2019 年发行的可交换公司债中，6 期为公开发行，54 期为非公开发行。上述可交换债产品均以所持目标上市公司股权作为质押物进行增信，并设置了不同的赎回及回售条款。在有债项评级信息披露的 17 期可交换债产品中，债项级别集中分布于 AAA—AA 级。除“19 荣盛 E1”由于有发行人控股股东担保进而获得增信外，其他债券的债项级别与主体级别保持一致（见表分 6 - 4）。

表分 6 - 4　　2018 — 2019 年可交换公司债券债项级别分布

类别	债项评级	2018 年		2019 年	
		发行期数（期）	占比（%）	发行期数（期）	占比（%）
公募发行	AAA	3	10.71	4	6.67
	AA +	1	3.57	1	1.67
	AA	0	0	1	1.67
私募发行	AAA	2	7.14	2	3.33
	AA +	5	17.86	6	10.00
	AA	0	0	3	5.00
有级别		11	39.29	17	28.33
无级别		17	60.71	43	71.67
合计		28	100.00	60	100.00

资料来源：巨潮资讯，Wind。

（六）资产支持证券

2019 年资产证券化产品的基础资产类型更为多样、信用级别分布更加广泛。以有债项评级信息披露的 1 907 期证监会主管 ABS 为例，仍以 AAA 级、AA + 级产品为主。2019 年 AAA 级期数占有债项评级信息披露发行只数的比例为 74.36%，较 2018 年上升了 2.73 个百分点。高级别产品占比的进一步提升表明在违约风险持续扩大的背景下合格机构投资者的风险偏好下降迹象依然明显（见表分 6 - 5）。

表分 6 - 5　　2018—2019 年证监会主管 ABS 级别分布

债项评级	2018 年		2019 年	
	发行期数（期）	占比（%）	发行期数（期）	占比（%）
AAA	1 015	71.63	1 418	74.36
AA +	290	20.47	378	19.82
AA	82	5.79	64	3.36
AA - 及以下	30	2.12	47	2.46
合计	1 417	100.00	1 907	100.00

注：未披露评级信息未在表中列示（以下同）。

资料来源：巨潮资讯网，Wind。

二、利率及利差

（一）一般公司债

1. 发行利率

2019 年，中国人民银行继续实施稳健中性、松紧适度的货币政策。99 次逆回购投放、16 次 MLF 和 TMLF 投放、3 次降准等多种货币政策工具运用以及 LPR 改革举措，既保证了精准投放下资金面的总体稳定，同时又实现了市场利率在较小振幅中的“小碎步”整体下行。2019 年 1 月初，中国人民银行宣布自 2019 年 1 月 15 日和 1 月 25 日起分别下调金融机构存款准备金率 0.5 个百分点，市场利率在短暂平稳度过季度缴税和春节关键时点之后便一路上行。同时，2019 年第一季度地方债放量发行，经济、金融数据阶段性好转，共同推动市场利率在 2019 年 4 月达到年度高点。进入 2019 年 5 月，包商银行被接管事件引发市场新一轮避险情绪，中国人民银行公开市场操作力度明显加大，多手段向市场释放维稳信号，国内市场利率也开始从高位回落。2019 年 8 月 16 日，国务院常务会议部署运用市场化改革办法推动实际利率水平明显降低，解决“融资难”问题，核心内容包含两点：一是增设 LPR 5 年期以上品种；二是将 LPR 定价机制确定为“公开市场操作利率加点”。至 2019 年 8 月底，在消化掉“包商事件”极端忧虑情绪和有效缓解部分中小金融机构流动性风险后，市场利率进入年度低点。在各种利好因素相继释放完毕的同时，此前已大幅上涨的猪肉价格正在带动 CPI 快速上行，通胀预期的再次升温和央行资金面的阶段性收紧，使得市场担心货币政策由松转紧，因而国内利率触底回升。2019 年 11 月至 12 月，央行先后下调 MLF、公开市场逆回购、LPR 等政策利率，前期再次上行的市场利率开始在货币政策预期突然由紧转松后进行修复性下行。总体看，央行 2019 年全年持续采用“削峰填谷”的操作手段，实现了市场利率在较小振幅中“小碎步”整体下行，中证国债 3 年期到期收益率、5 年期到期收益率和 10 年期到期收益率也均呈小幅波动中的下行趋势（见图分 6 - 6）。

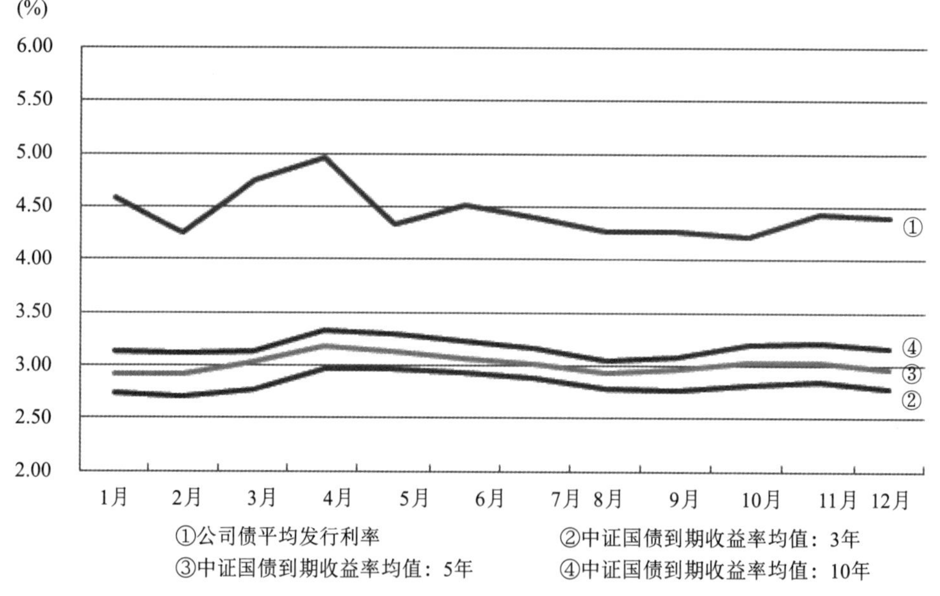

图分 6 - 6　2019 年公司债平均发行利率与国债到期收益率走势

资料来源：Wind。

公司债发行利率走势也基本与中证国债到期收益率走势基本趋同，呈现出波动下行之势。同时由于受到交易所债券市场公司债发行量“井喷”、违约风险事件频发、期间政策监管规范以及投资者资金成本与风险溢价诉求等因素影响，公司债发行利率波动幅度较中证国债到期收益率振幅明显偏大。具体到一般公司债方面，与 2018 年相比，2019 年各期限各级别平均发行利率均呈现下降态势，即 3 年期 AAA、AA + 和 AA 级一般公司债平均发行利率同比分别下降 90. 04 个 BP、120. 03 个 BP 和 99. 52 个 BP，5 年期 AAA 和 AA + 级一般公司债平均发行利率同比分别下降 92. 92 个 BP 和 125. 65 个 BP。各期限各级别平均发行利率的下行，表明前期促进实体经济融资政策成效逐渐显效（见表分 6 –6）。

表分 6 –6　　2018—2019 年一般公司债发行利率情况

期限	债项级别	2018 年（%）	2019 年（%）	同比变化（BP）
3 年期	AAA	4. 9124	4. 0120	–90. 04
	AA +	6. 4227	5. 2224	–120. 03
	AA	7. 3793	6. 3841	–99. 52
5 年期	AAA	5. 1240	4. 1948	–92. 92
	AA +	6. 3747	5. 1182	–125. 65

注：（1）如果债券存在选择权，期限为选择权之前的期限，例如债券的原始期限设计为“3 + 2”，则期限为 3 年；（2）发行利率为该时间段内发行的一般公司债票面利率加权平均利率，权重为实际发行总额（以下同）；（3）2018 年无债项级别为 AA 级的 5 年期一般公司债发行，2019 年债项级别为 AA 级的 5 年期一般公司债仅有 3 期，由于该期限内 AA 级发行样本数太少，故不作分析。

资料来源：Wind。

2. 发行利差

从 3 年期和 5 年期一般公司债发行利差情况看，整体呈现如下特征：（1）3 年期和 5 年期一般公司债发行利差均值均呈现随债项级别的降低而逐步扩大的趋势；（2）3 年期 AA +—AAA 级级差比 AA—AA + 级高，可能是投资者对于 AAA 级以下债券风险溢价要求较高所致；（3）各期限各级别一般公司债的变异系数较高，反映出投资者对部分债项评级的认可度相对较低，主要是一些较低主体评级的发行人通过采取增信措施后所发行的 AAA 和 AA + 级债券占比增多以及发行利差较大所致（见表分 6 –7）。

表分 6 –7　　2019 年一般公司债券发行利差统计情况

期限	债项信用等级	样本数（个）	发行利率		发行利差		
			区间（%）	均值（%）	均值（BP）	级差（BP）	变异系数（%）
3 年期	AAA	401	3. 30—7. 50	4. 01	122. 91	—	51. 99
	AA +	114	3. 78—7. 80	5. 22	239. 92	117. 01	50. 79
	AA	26	4. 50—7. 90	6. 38	345. 86	105. 94	33. 45
5 年期	AAA	140	3. 60—6. 80	4. 19	125. 45	—	31. 50
	AA +	8	4. 48—6. 45	5. 12	207. 73	82. 28	31. 71

注：（1）如果债券存在选择权，期限为选择权之前的期限，例如债券的原始期限设计为“3 + 2”，则期限为 3 年；（2）发行利差为债券发行利率与其起息日同期限中证国债到期收益率的差额；（3）级差指某信用等级的利差均值减去比该信用等级高一个子级的利差均值，AAA 级无级差；（4）变异系数为利差的标准差与利差均值的比；（5）如果债券或发行人具有双评级或多评级，当级别相同，则按一次统计，当级别不同，则按不同级别分别统计；（6）2019 年债项级别为 AA 级的 5 年期一般公司债仅有 3 期，由于该期限内 AA 级发行样本数太少，故不作分析。

资料来源：Wind。

与 2018 年同期相比，在中国人民银行降低企业综合融资成本、民营企业和制造业融资条件明显改善的大环境下，2019 年 3 年期和 5 年期各级别一般公司债发行利差均有所下降。

细分来看，2019 年 5 年期 AA + 级一般公司债发行利差同比降幅最大，其次是 3 年期 AA 级；3 年期 AAA、AA + 级和 5 年期 AAA 级一般公司债发行利差同比降幅依次由大到小，主要与投资期限拉长和债券风险补偿诉求相关（见表分 6 - 8）。

表分 6 - 8　　2018—2019 年一般公司债发行利差及变化情况　　（单位：BP）

期限	债项信用等级	2018 年	2019 年	同比变化
3 年期	AAA	176.87	122.91	-53.96
	AA +	290.95	239.92	-51.03
	AA	406.60	345.86	-60.74
5 年期	AAA	168.33	125.45	-42.88
	AA +	295.38	207.73	-87.65

资料来源：Wind。

整体来看，在中国人民银行降低企业综合融资成本的大环境下，2019 年 3 年期和 5 年期各级别一般公司债发行利差均有所下降，各信用等级之间的发行利差均具有良好的区分性。

（二）私募公司债

2019 年私募公司债发行利率与一般公司债趋势一样，各期限均有所下降。2019 年全期限平均发行利率为 5.82%，较 2018 年下降 95.40 个 BP。其中，2019 年 1 年期平均发行利率为 6.04%，较上年下降 88.96 个 BP；3 年期平均发行利率 5.59%，较上年下降 96.13 个 BP。与 2018 年相似，2019 年私募债 1 年期和 3 年期平均发行利率倒挂与发行主体自身信用风险有密切关系，即 1 年期发行主体多来自市场认可度相对较低的低主体级别发行人，投资者要求获得更高的风险补偿。

从有评级信息披露且发行量最大的 2019 年 3 年期私募债发行情况来看，AAA 级私募债发行利率和发行利差同比下降幅度均为最大，分别达到 147.65 个 BP 和 99.20 个 BP，其他均呈现随债项级别的降低而逐步缩小之势，主要原因仍可能是受央行降低企业综合融资成本、民营企业和制造业融资条件明显改善的大环境影响。

2019 年，从 3 年期私募公司债发行利率和发行利差情况看，整体呈现如下特征：（1）3 年期私募公司债发行利率均值呈现随债项级别的降低而逐步升高的趋势；（2）3 年期私募公司债发行利差均值呈现随债项级别的降低而逐步扩大的趋势（见表分 6 - 9）。

表分 6 - 9　　2019 年 3 年期私募公司债发行利率及利差情况

期限	债项级别	平均发行利率			平均发行利差		
		2018 年（%）	2019 年（%）	同比变化（BP）	2018 年（BP）	2019 年（BP）	同比变化（BP）
3 年期	AAA	6.3869	4.9104	-147.65	334.45	235.25	-99.20
	AA +	6.5889	5.7211	-86.78	352.24	299.16	-53.08
	AA	7.5004	6.7281	-77.23	416.36	396.47	-19.89

资料来源：Wind。

（三）证券公司债

2019 年证券公司债发行利率与其他公司债趋势一样，各期限均有所下降。2019 年全期限平均发行利率为 4.00%，较 2018 年下降 99.40 个 BP。其中，3 年期平均发行利率 3.99%，较上年下降 91.97 个 BP。1 年期证券公司债被银行间债券市场证券公司短期融资券替代，尽管该期限平均发行利率也大幅下降，但考虑到样本数太少以及发行场所的变换，故不作同比分析。

从有评级信息披露且发行量最大的 2019 年 3 年期证券公司债发行情况来看，AAA 级证券公司债发行利率和发行利差同比下降幅度均为最大，分别达到 92.40 个 BP 和 43.78 个 BP，其他均呈现随债项级别的降低而逐步缩小之势。此外，AA 级证券公司债平均发行利率与平均发行利差与 AA + 级同比变化较为相近，可能与该债项级别的样本数太小有关。

2019 年，从 3 年期证券公司债发行利率和发行利差情况看，整体呈现如下特征：（1）3 年期证券公司债发行利率均值呈现随债项级别的降低而逐步升高的趋势；（2）3 年期证券公司债发行利差均值呈现随债项级别的降低而逐步扩大的趋势（见表分 6 – 10）。

表分 6 – 10　　2019 年 3 年期证券公司债发行利率及利差情况

期限	债项级别	平均发行利率			平均发行利差		
		2018 年（%）	2019 年（%）	同比变化（BP）	2018 年（BP）	2019 年（BP）	同比变化（BP）
3 年期	AAA	4.6960	3.7720	– 92.40	146.42	102.64	– 43.78
	AA +	4.8737	4.2104	– 66.33	183.04	148.04	– 35.00
	AA	5.6342	4.9795	– 65.47	258.47	223.67	– 34.80

注：3 年期债项级别为 AAA 的证券公司债已包括由证券公司在银行间债券市场发行的 9 期债券类型为“证券公司债”的金融债券。

资料来源：Wind。

（四）可转债和可交换债

2019 年，新发行可转债[①]的票面利率很低，主要是由于可转债含有转股选择权。2019 年，沪、深证券交易所可转债发行利率类型全部为累进利率，每年付息 1 次，第一年票面利率主要分布在 0.1%—0.8%。

由于可交换债赋予了持有人标的股票的看涨期权，因此发行利率通常低于信用评级相当的其他固定收益债券。2019 年沪、深证券交易所发行的 60 期可交换债中，除 6 期以公募方式发行的利率类型仅为固定利率外，其他 54 期以私募方式发行的利率类型既包括固定利率，也有累进利率。由于发行方式、条款设置、标的股票以及发行人自身信用水平的变化等不

① 已剔除在地方股权交易中心发行的 23 期可转债。

同，可交换债发行票面利率区别较大，利率区间为0.1%—9%。其中，以公募方式发行的可交换债第一年票面利率主要分布在0.5%—1.5%；以私募方式发行的可交换债第一年票面利率由于前述原因导致发行票面利率差异巨大。

三、信用等级迁移分析

（一）主体评级调整情况

截至2019年底，交易所债券市场存续的一般公司债发行人共计1 254家。2019年一般公司债发行人级别变动（含展望变动）合计133家，调整率为10.61%。其中，信用等级调升67家，评级展望调升3家，调升率分别为5.34%和0.24%，合计调升率5.58%；信用等级调降47家，评级展望调降16家，调降率分别为3.75%和1.28%，合计调降率5.03%。此外，从调升率/调降率指标看，一般公司债发行人信用等级调整和评级展望调整的调升率/调降率分别为1.42和0.19，合计调升率/调降率为1.11（见表分6-11）。

表分6-11　　2019年一般公司债发行人主体评级调整情况

发行人主体	信用等级	评级展望	合计
样本数量（家）	1 254	1 254	1 254
维持数量（家）	1 140	1 235	1 121
维持率（%）	90.91	98.48	89.39
调整数量（家）	114	19	133
其中：调升数量	67	3	70
调降数量	47	16	63
调整率（%）	9.09	1.52	10.61
其中：调升率	5.34	0.24	5.58
调降率	3.75	1.28	5.03
调升率/调降率	1.42	0.19	1.11

注：（1）发行人样本数量为截至2019年底各家评级机构所评定的具有主体评级的一般公司债发行人数量；（2）发行人主体信用等级的有效期限等同于其所发债券的有效期限（以下同）；（3）评级展望调升和调降统计不包括信用等级发生调整的评级展望统计；（4）展望调整指统计期内存续、到期或新发债券发行人的主体信用等级在统计期内未调整，但评级展望发生了调整。如果期初或期末无评级展望或为观望的发行人在展望调整样本中显示，但不视为展望发生调整，不列入展望调整统计；（5）由超过一家评级机构对同一发行人进行主体信用评级时，则按不同评级机构分别纳入统计，即同一主体可被计数多次（以下同）；（6）级展望由负面调整为稳定或正面、由稳定调整为正面均视为调升，反之视为调降；（7）调升率或调降率是年内发生信用等级（或评级展望）调升或调降的数量与样本数量的比。

资料来源：Wind。

从企业性质来看，上调级别（含展望）的一般公司债发行人以地方国有企业及中央国有企业为主，共计46家，在上调级别（含展望）的一般公司债发行人家数中的占比为65.71%。从行业分布来看，上调级别（含展望）的一般公司债发行人共涉及26个行业[①]，主要集中于房地产开发行业（18家），在上调级别（含展望）的一般公司债发行人家数中的占比（25.71%）最大。上调原因主要是房地产企业签约销售规模快速增长，盈利能力大幅提升。

从企业性质来看，下调级别（含展望）的一般公司债发行人以民营企业为主，共计45家，在下调级别（含展望）的一般公司债发行人家数中的占比为71.43%。如果再加上5家第一大股东为个人或民营相对控股的公众企业，则上述占比更是高达79.37%。从行业分布来看，下调级别（含展望）的一般公司债发行人共涉及36个行业，行业分布总体较为分散。其中建筑与工程（5家），服装、服饰与奢侈品（5家），电气部件与设备（4家）和食品加工与肉类（4家）行业下调级别（含展望）的较多，在一般公司债发行人家数中的占比合计仅为28.57%。下调原因主要是公司治理结构不健全、经营发生亏损、短债偿还压力大、再融资能力受挫，或者已经发生债务违约等。

（二）主体等级迁移矩阵

为反映各家评级机构对发行人的信用等级调整变化，本部分采用Cohort法对交易所债券市场一般公司债发行人主体信用等级变化进行分析。[②] 在信用等级迁移方面，2019年一般公司债发行人主体信用等级一年期迁移矩阵显示，从年初至年末，在样本数量较多的AA-级及以上级别中，AA-级别的稳定性最低，其级别迁徙率为20.83%，主要源自向下调整，有12.50%的发行人向下调整至BB+级及以下级别；AA+级别的迁徙率为11.27%，为迁徙率第二高的级别，主要来自向上调整，有7.64%的发行人向上调整至AAA级别；AA级别的迁徙率居于第三位，有7.26%的发行人发生调整，其中向上调整的为4.29%；AAA级别的稳定性最好，其迁徙率仅有0.99%，但个别样本向下调整的迁移幅度很大。此外，A+—AAA级均有部分发行人的级别迁移范围超过5个子级，级别迁移幅度较大（见表分6-12）。

表分6-12　　2019年一般公司债发行人主体信用等级一年期迁移矩阵

年末 年初	样本数量（个）	AAA（%）	AA+（%）	AA（%）	AA-（%）	A+（%）	A（%）	A-（%）	BBB+（%）	BBB（%）	BBB-（%）	BB+及以下（%）
AAA	406	99.01	0.25	0.25	—	—	0.25	—	—	0.25	—	—
AA+	275	7.64	88.73	0.73	0.36	—	—	—	—	0.73	0.36	1.45
AA	303	—	4.29	92.74	2.31	—	—	—	—	—	—	0.66
AA-	24	—	—	4.17	79.17	—	—	—	—	4.17	—	12.50

① 此处行业分类标准为Wind行业四级分类，下调时同。

② 一年期发行人主体信用等级迁移矩阵的计算方法采用Cohort法，即对年初和年末均有效的信用等级从年初到年末的变动情况进行统计，不包括年内新发债券和债券在年内到期的发行主体的级别统计，亦不考虑年内等级多调和等级回调的情况。

续表

年末 年初	样本数量（个）	AAA（%）	AA+（%）	AA（%）	AA-（%）	A+（%）	A（%）	A-（%）	BBB+（%）	BBB（%）	BBB-（%）	BB+及以下（%）
A+	4	—	—	—	—	75.00	—	—	—	—	—	25.00
A	3	—	—	—	—	—	0	—	—	—	—	100.00
A-	1	—	—	—	—	—	—	0	100.00	—	—	—
BBB+	1	—	—	—	—	—	—	—	0	—	—	100.00
BBB	1	—	—	—	—	—	—	—	—	0	—	100.00
BBB-	1	—	—	—	—	—	—	—	—	—	0	100.00
BB+及以下	19	—	—	—	—	—	—	—	—	—	—	100.00

注：（1）发行人样本数量为2018年底前已发行且2019年底存续的各家评级机构所评定的具有主体评级的一般公司债发行人数量；（2）如果发行人在2019年度仅发生评级展望的调整，则不列入本表的调整统计。

资料来源：Wind。

整体来看，2019年交易所债券市场一般公司债发行人主体评级调整依然频繁，在决定上调时更倾向于直接调升发行人主体信用等级，而在决定下调时则往往选择先行调降评级展望。同时，级别上调企业多为国有企业，行业主要集中于房地产开发；级别下调企业以民营企业为主，涉及行业较多；中高级别主体以级别（含展望）调升为主，低级别主体则倾向于调降，且大多数已发生债券违约。

四、违约分析①

2019年，交易所债券市场新增38家违约发行人，共涉及95期违约债券，违约金额②约550.30亿元，较上年分别增加5.56%、48.44%、15.47%；另有19家此前已经发生违约的发行人继续未能按时偿付其存续债券利息或本金，涉及违约债券48期，违约金额约294.24亿元。

2019年，交易所债券市场新增违约发行人主要为民营企业。新增违约发行人涉及纺织品、服装与奢侈品、零售、多元金融服务、化工、金属、非金属与采矿、建筑与工程、食品等17个行业，违约行业覆盖面有所收敛。新增违约发行人分布在广东、河北、山东、浙江

① 当出现下述一个或多个事件时，即可判定主体和债券为违约：一是债务人未能按照合同约定及时支付债券本金和（或）利息；二是债务人被法院受理破产申请，或进入破产清算程序、被接管、被停业、关闭；三是债务人进行债务重组且其中债权人做出让步或债务重组具有明显的帮助债务人避免债券违约的意图（例如和解或重整中的债务重组），债权人做出让步的情形包括债权人减免部分债务本金或利息、降低债务利率、延长债务期限、债转股（根据转换协议将可转换债券转为资本的情况除外）等情况。但在以下两种情况发生时，不视作债券（主体）违约：一是如果债券具有担保，在债务人发生上述第二种情况时，担保人履行担保协议对债务进行如期偿还，则债券视为未违约；二是单纯由技术原因或管理失误而导致长期债务未能及时兑付的情况，只要不影响债务人偿还债务的能力和意愿，并能在1—2个工作日得以解决，不包含在违约定义中。

② 违约金额为债券未偿付本金和利息之和，下文同。

等19个省市，违约主体涉及地区继续增加。从违约企业地区分布来看，发行人更多集中在东南沿海、经济较发达等地以及过剩产能行业集中区域。

通过对主体违约进行统计，2019年交易所债市一般公司债发行人主体违约率为1.03%，较2018年（1.04%）略有下降（见表分6－13）。

表分6－13　2017—2019年交易所债券市场一般公司债发行人主体违约率情况*

发行人主体级别	2019年			2018年			2017年		
	年初样本数（家）①	违约数量（家）②	违约率③（%）	年初样本数（家）	违约数量（家）	违约率（%）	年初样本数（家）	违约数量（家）	违约率（%）
AAA	472.5	2	0.42	382.5	1	0.26	288.5	0	0
AA+	496.5	7	1.41	470	1	0.21	415	0	0
AA	1 244.5	4	0.32	1 403.5	17	1.21	1 413.5	2	0.14
AA－	189.5	4	2.11	218.5	2	0.92	230.5	0	0
A+	18	2	11.11	24.5	1	4.08	19.5	0	0
A	11.5	3	26.09	10.5	2	19.05	11	0	0
A－	6	0	0	5.5	0	0	6.5	0	0
BBB+	3.5	1	28.57	3	0	0	6.5	0	0
BBB	3	1	33.33	2	0	0	4.5	0	0
BBB－	1	0	0	1	1	100	2.5	0	0
BB+	0.5	0	0	1	0	0	1	0	0
BB	1	1	100	0	0	0	1.5	0	0
BB－	0	0	0	0	0	0	1	0	0
B+	0	0	0	0	0	0	0	0	0
B	0	0	0	1	1	100	0	0	0
B－	0	0	0	1.5	0	0	1	0	0
CCC	0	0	0	0	0	0	1	0	0
CC	0	0	0	0.5	0	0	0.5	0	0
C	0	0	0	0	0	0	0	0	0
NR④	15	0	0	15.5	0	0	20	0	0
总计	2 437⑤	25	1.03	2 504	26	1.04	2 376.5	2	0.08

注：*违约率计算采用动态池法，即样本家数为年初建立的群组中的发行人数量，并考虑年内债券到期、终止评级等导致信用等级失效的情形；年末主体信用等级有效的发行人在样本数量统计时计为1个样本，年末主体信用等级失效的发行人计为0.5个样本。

①发行人样本为当年年初存续且具有主体信用级别的一般公司债发行人主体，不包括所发债券年初存续但主体被终止信用评级的发行人；发行人主体信用等级的有效期限视为等同于其所发债券的有效期限，对于所有债券均到期的发行人认为其主体信用等级失效；年末主体信用等级有效的发行人在样本数量统计时计为1个样本，年末主体信用等级失效的发行人计为0.5个样本；表中发行人主体级别为当年年初级别；发行人具有不同信用等级的双评级或多评级，则按不同主体信用等级分别纳入统计，即同一主体可被计数多次。

②发行人主体违约率＝当年发生违约的发行人家数÷经调整的发行人样本家数×100%。

③当年违约数量不包括之前已发生违约并在当年再度发生违约的发行人。

④NR表示一般公司债发行人的主体级别缺失。

⑤由于同一发行人存在多家评级机构授予不同信用等级的情况，所以，各级别发行人年初样本数之和大于发行人年初样本总计数。

资料来源：Wind。

第三章
2019 年中国证券资信评级行业面临的问题与 2020 年前景展望

2019 年，我国评级行业继续稳步发展，同时面临着诸多挑战，评级行业正处于关键的转型期；2020 年，我国评级行业将呈现新的发展趋势。

第一节 2019 年中国证券资信评级行业面临的问题

一、违约事件常态化进一步考验信用评级机构的公信力

2019 年，随着我国经济增速的逐步下滑和“去杠杆、防风险”政策的持续推进，我国交易所债券市场违约事件呈现出常态化，全年新增违约主体 38 家，新增违约债券 95 期，涉及违约金额 551.45 亿元，较上年分别增加 5.56%、48.44%、15.71%。2019 年，我国交易所债券市场新增的 38 家违约主体中，有 32 家违约主体存在有效评级，涉及 6 家发行人付费评级机构。随着违约风险的持续暴露，投资者对违约风险预警的需求更趋迫切，评级机构的风险揭示能力受到前所未有的重视。

2019 年，虽然各家评级机构都在不断完善评级模型和优化评级流程，评级结果的及时性有所改善，但与交易所债券市场投资者的需求相比，评级结果的及时性仍有待提高，部分违约债券的信用级别没有及时下调，甚至个别违约债券的信用级别直到违约后仍未调整，部分债券的信用评级失去了本应具备的风险预警功能，使得投资者对评级机构的风险预警功能产生了质疑。

二、全球评级技术体系有待完善

随着 2019 年 4 月人民币债券纳入彭博巴克莱全球综合指数以及“债券通”的快速发展，

我国评级机构将加快迈向国际市场，评级机构原有的区域评级技术体系不能适应国际化的需要，应加快建立健全全球评级技术体系。目前，我国评级机构的国际化发展程度还处于初期阶段，虽然有 3 家评级机构已在香港开展评级业务，但市场份额很小，影响力有限。中资信用评级机构在境外声誉不足，评级技术不完善，数据库不完整，发行人和投资者对其认可度不高，面对业务经验丰富、技术人才实力雄厚的国际评级机构，国内评级机构面临着严峻的竞争态势，拓展境外业务的压力较大。

为了提高国际竞争力，评级机构需要以全球视角，加快建立全球评级技术体系，并与国内区域评级技术体系形成对应关系，提高评级技术体系的国际化水平，逐步赢得国际发行人和投资人的认可。

三、评级信息透明度有待提升

部分信用评级机构的评级过程不透明、评级模型变动后不及时公布、评级参数缺乏说明，导致市场参与人不能完全了解评级过程、含义和局限性。信用评级机构的初衷是通过评定信用等级来揭示信用风险、缓解信息不对称，然而，部分评级机构未充分披露评级方法、评级模型和评级流程，在评级模型变更后也未及时公布最新评级模型，使得市场参与人难以理解其评级结果的产生过程和变动逻辑。

四、行业竞争秩序有待进一步改善

2019 年，虽然监管部门和自律组织不断规范评级行业竞争秩序，但评级行业恶性竞争现象仍然存在。随着市场竞争的日趋激烈，部分评级机构为迎合发行人，采取级别竞争的方式去抢夺客户、拓展市场，恶化了评级质量；部分评级机构通过打包收费等方式变相降低评级收费，诱发恶性价格竞争，不利于评级行业的可持续发展。

第二节　2020 年证券资信评级行业发展前景展望

一、评级行业监管标准将逐步统一

在评级行业统一监管框架建立的基础上，预计 2020 年评级行业的监管标准将逐步统一。中国人民银行与中国证监会将对评级机构继续开展联合现场检查和统一的市场化评价，通过联合检查和市场化评价结果倒逼评级机构提升评级质量；银行间债券市场和交易所债券市场评级业务资质有望实现进一步互认，各监管部门的监管信息将可能实现共享，监管套利空间进一步压缩。这些措施将进一步推动评级机构提高评级质量和合规管理水平。

二、债券发行规模将可能继续增长，评级机构业务量有望增加

2020 年，市场流动性将保持合理宽松，宽信用格局有望延续，在政策支持实体经济发展，鼓励和推动民营、中小企业债券融资的背景下，我国债券发行规模将可能继续增长，2020 年我国债券市场存量规模有望突破 100 万亿元。随着债券市场发行规模的稳步增长，评级业务规模也将保持增长。预计 2020 年，评级机构承做的公告发行债券项目数量有望突破 5 000 个。其中，地方政府债、城投债和资产支持票据（ABN）的评级项目有望继续增多。

三、评级行业竞争加剧，行业的洗牌与整合进一步加速

随着我国债券市场和评级行业国际化程度的进一步提升，2020 年我国交易所债券市场评级行业可能会迎来新进入的外商独资评级机构，评级机构的数量可能会进一步增加。此外，未来在监管逐步取消强制性评级要求的情况下，买方信用评价、外部第三方独立投资咨询等其他评级替代性产品的出现，也会对评级机构的发展产生一定影响。这些都对评级机构的专业性提出了更高的要求，未来评级机构之间的差距或进一步拉大；随着评级市场竞争的进一步加剧，评级行业内或将出现新的兼并收购，加速优胜劣汰。

四、评级机构业务发展模式将加快由监管驱动转为市场需求拉动

为了降低对外部评级的依赖，监管机构将逐步取消评级作为债券发行要件的要求，评级机构的业务发展模式也将逐步由监管驱动型向市场需求拉动型转变。2020 年，随着监管部门“放开前端、管住后端”监管思路的逐步落实，评级机构的业务发展模式将加快由监管驱动向市场需求拉动转型。

长期以来，我国评级机构主要是依赖监管要求开展业务，未来，在投资人需求的拉动下，评级机构的业务发展模式将转变为主要通过满足投资人需要来开展业务。评级机构应通过高质量的评级服务满足投资人的需求，提升在投资人中的声誉，赢得投资人的认可。这将促使评级机构加快调整业务发展模式，转变发展理念，切实提高评级质量，更主动地为投资人提供专业服务。

五、评级质量成为评级机构生存的基础，声誉约束将继续考验评级机构的公信力

2020 年，我国债券市场违约风险仍将存在，违约发生的常态化使得投资者高度关注评

级机构的评级表现。评级准确性不高、评级预警不及时的评级机构将受到投资人和监管部门的质疑，其公信力逐渐丧失，并最终被市场边缘化、淘汰；评级准确性高、风险识别能力强、预警及时的评级机构将获得市场认可，其公信力将逐步提高，并有望成为评级行业的引领者。

专题报告

专题报告之一：2019 年中国证券公司合规管理发展综述

第一章 2019 年中国证券公司合规管理概况

第一节 2019 年证券公司合规管理基本情况

证券公司的合规管理，不仅是证券行业健康发展的基石，也是证券公司稳健经营的保障。自 2017 年《证券公司和证券投资基金管理公司合规管理办法》（以下简称《办法》）和《证券公司合规管理实施指引》（以下简称《指引》）发布以来，经过近三年的实践，证券业监管规则体系越来越规范，合规管理的重要性显著提高。2019 年，证券公司积极对照落实《办法》和《指引》，倡导和推进合规文化建设，培育全员合规意识，为证券行业的发展保驾护航。

一、证券公司分类监管情况

中国证监会结合证券公司市场竞争力和综合水平，以风险管理能力为基础，对证券公司实施分类监管。2019 年中国证监会对 131 家证券公司开展了分类评价，其中 33 家公司按规定与其母公司合并评价，共计 98 家单位参与评价。评价结果为 A 类的公司占比为 38.78%，比 2018 年占比减少 2.04%，其中 AA 级公司 10 家，A 级公司 28 家；B 类公司数量占受评公司总数的 51.02%，比 2018 年占比增加 1.02%，其中 BBB 级、BB 级和 B 级公司分别为 28 家、12 家和 10 家；C 类公司占比为 8.16%，与 2018 年持平，其中 CCC 级公司 5 家，CC 级公司 2 家，C 级公司 1 家；D 类公司 2 家，占比 2.04%，比 2018 年占比增加 1.02%。2019 年证券公司分类评价结果无 E 类公司。

二、证券公司合规管理组织体系

2019 年底中国证券业协会组织的证券公司合规管理问卷调查显示（有效问卷共 115 份），在证券公司合规部门设置情况方面，随着《办法》明确要求“证券基金经营机构应当设立合规部门”，2019 年 91.30% 的证券公司设立了专职的合规部门，较上一年度上升 3.27%，比例远大于将合规部门与风险管理部门合并设立的公司（8.70%）。同时，大多数证券公司（64.35%）的法律部门与合规部门合二为一。

在合规部门岗位划分方面，62.83% 的公司合规部门按合规业务条线划分岗位，合规部门中证券经纪业务合规、证券投资合规、投行合规、信息技术岗位人数占比平均为 24.60%、12.34%、19.72% 和 7.90%；14.16% 的公司合规部门按合规管理职能划分岗位，其中合规咨询与审查、合规监测、合规检查岗位人数占比平均为 54.59%、27.26% 和 43.36%；其余 22.12% 的公司合规部门综合采用合规业务条线及合规管理职能模式或其他模式划分岗位。

在证券公司合规管理人员情况方面，《办法》和《指引》对证券公司合规部门、各业务部门、分支机构、各子公司合规管理人员的数量提出了基本标准。2019 年证券公司合规管理人员整体数量明显增加。截至 2019 年底，证券公司专职合规管理人员（含总部合规部门、业务部门、分支机构、子公司）总人数为 12 795 人，平均约 111 人；兼职合规管理人员（含业务部门、分支机构、子公司）平均约 37 人；专职合规管理人员占公司全体员工数的平均比例为 4.92%；全体合规管理人员（含专职合规管理人员和兼职合规管理人员）占公司全体员工数的平均比例为 6.83%。其中，从专职合规管理人员分布来看，总部合规部门平均为 17 人，业务部门专职合规管理人员平均为 11 人，分支机构专职合规管理人员平均为 76 人，子公司专职合规管理人员平均为 11 人。平均 78.93% 的证券公司分公司配备了专职合规管理人员，平均 66.78% 的营业部配备了专职合规管理人员；平均 83.73% 的证券公司子公司、98.82% 的另类或私募子公司、73.53% 的境外子公司已经由公司选派合规负责人。关于兼职合规管理人员的人数分布，业务部门兼职合规管理人员平均为 12 人，分支机构兼职合规管理人员平均为 28 人，子公司兼职合规管理人员平均为 5 人。从证券公司合规部门人员变动情况来看，2019 年约 64.35% 的证券公司合规部门人数增加，平均涨幅达 19.01%；约 14.78% 的证券公司合规部门人数减少，平均减幅为 12.87%。

第二节　2019 年证券行业监管与自律规则体系的发展情况

一、证券行业监管规则体系发展情况

2019 年，中国证监会系统以党的十九大思想为指导方针，加强风险防控，积极防范化解资本市场重大风险，努力打造一个规范、透明、开放、有活力、有韧性的资本市场。

一是规范证券行业，打造百年老店，加强投资者保护。2019 年底，全国人大常委会审议通过新修订的《证券法》，扩大了证券的适用范围，改革了证券发行制度，全面推行注册制，设立投资者保护专章，大幅提高了违法行为成本。为保障证券基金行业信息系统安全、合规运行，中国证监会规定自 2019 年 6 月起开始实施《证券基金经营机构信息技术管理办法》①，进一步规范证券基金业信息技术管理。2019 年 7 月，中国证监会发布《证券公司股权管理规定》②，重启内资券商设立审批，推动证券行业充分竞争，引导差异化、特色化、专业化发展；中国证监会就《证券经纪业务管理办法（征求意见稿）》公开征求意见，为打击非法证券经纪业务，提供了明确的规则依据。2019 年 9 月，中国证监会发布《证券交易所风险基金监管指引》③，规范并指导交易所风险基金的使用和管理。2019 年 12 月，中国证监会和中国人民银行、中国银保监会、国家外汇管理局联合发布《关于进一步规范金融营销宣传行为的通知》④，为金融营销宣传行为监管提供统一明确的判定标准和制度遵循，进一步加强金融消费者合法权益的保护；中国证监会还发布了《证券投资者保护基金实施流动性支持管理规定》⑤，建立健全证券行业流动性支持长效机制，维护市场稳定。

二是鼓励外资投资境内资本市场，市场双向开放水平进一步提高。2019 年 1 月，中国证监会就《合格境外机构投资者及人民币合格境外机构投资者境内证券期货投资管理办法（征求意见稿）》及其配套规则公开征求意见，拟将 QFII 和 RQFII 两项制度合二为一，形成统一的管理办法；放宽准入条件，简化申请文件，缩短审批时限，扩大投资范围，利于吸引境外机构投资资金。2019 年 6 月，中国证监会与英国金融行为监管局联合公告开展“沪伦通”业务。2019 年 7 月，中国证监会发布《境外证券期货交易所驻华代表机构管理办

① 《证券基金经营机构信息技术管理办法》（证监会令〔2018〕152 号）。
② 《证券公司股权管理规定》（证监会令〔2019〕156 号）。
③ 《证券交易所风险基金监管指引》（证监会公告〔2019〕14 号）。
④ 《关于进一步规范金融营销宣传行为的通知》（银发〔2019〕316 号）。
⑤ 《证券投资者保护基金实施流动性支持管理规定》（证监会公告〔2019〕29 号）。

法》[1]，按照国务院“放管服”改革要求，加强备案制改革后对境外证券期货交易所驻华代表处的事中事后监管；中国证监会明确取消证券公司、基金管理公司、期货公司外资股比限制时点，将原定于2021年取消外资股比限制的时点提前到2020年。2019年10月，中国人民银行和国家外汇管理局发布《关于进一步便利境外机构投资者投资银行间债券市场有关事项的通知》，规定同一境外主体QFII、RQFII和直接入市渠道下的债券可以进行非交易过户，同一境外主体资金账户之间可以直接双向划转；中国人民银行、国家外汇管理局就《境外机构投资者境内证券投资资金管理规定》公开征求意见，在取消合格境外投资者QFII和RQFII投资额度限制基础上，合并QFII和RQFII资金管理规定，简化资金汇出入手续。

三是全面深化改革，设立科创板并试点注册制。2019年3月，中国证监会发布《科创板首次公开发行股票注册管理办法》[2] 和《科创板上市公司持续监管办法（试行）》[3]，为科创板企业的发行做出制度安排。2019年8月，中国证监会发布《科创板上市公司重大资产重组特别规定》[4]，规定科创公司发行股份购买资产实施注册制，在重大重组认定标准、发行价格方面做了更符合科创板企业的灵活安排。

四是积极促进基金、期货及衍生品市场的发展。2019年6月，中国证监会发布《公开募集证券投资基金参与转融通证券出借业务指引（试行）》[5]，明确公募基金可参与证券出借业务；7月，发布《公开募集证券投资基金信息披露管理办法》[6] 和《公开募集证券投资基金投资信用衍生品指引》[7]，优化公募基金信息披露制度，丰富公募基金风险管理工具。2019年2月，中国证监会发布《关于修改〈期货公司分类监管规定〉的决定》[8]，加强对期货公司的分类监管；6月，中国证监会发布《期货公司监督管理办法》[9]，规范期货公司监管；7月，为逐步放开外资投资境内期货市场，中国证监会发布《境外证券期货交易所驻华代表机构管理办法》[10]；9月，中国证监会发布《证券期货业软件测试规范》[11] 行业标准，进一步规范行业软件测试过程；12月，中国证监会发布新修订的《证券期货业统计指标标准指引（2019年修订）》。[12] 为引入资本市场中长期资金，规范MOM运作，12月中国证监会发布《证券期货经营机构管理人中管理人（MOM）产品指引（试行）》[13]，加强对MOM产品监管，促进MOM产品健康发展。

---

① 《境外证券期货交易所驻华代表机构管理办法》（证监会令〔2019〕157号）。
② 《科创板首次公开发行股票注册管理办法》（证监会令〔2019〕153号）。
③ 《科创板上市公司持续监管办法（试行）》（证监会令〔2019〕154号）。
④ 《科创板上市公司重大资产重组特别规定》（证监会公告〔2019〕19号）。
⑤ 《公开募集证券投资基金参与转融通证券出借业务指引（试行）》（证监会公告〔2019〕15号）。
⑥ 《公开募集证券投资基金信息披露管理办法》（证监会令〔2019〕158号）。
⑦ 《公开募集证券投资基金投资信用衍生品指引》（证监会公告〔2019〕1号）。
⑧ 《关于修改〈期货公司分类监管规定〉的决定》（证监会公告〔2019〕5号）。
⑨ 《期货公司监督管理办法》（证监会令〔2019〕155号）。
⑩ 《境外证券期货交易所驻华代表机构管理办法》（证监会令〔2019〕157号）。
⑪ 《证券期货业软件测试规范》（证监会公告〔2019〕20号）。
⑫ 《证券期货业统计指标标准指引（2019年修订）》（证监会公告〔2019〕28号）。
⑬ 《证券期货经营机构管理人中管理人（MOM）产品指引（试行）》（证监会公告〔2019〕26号）。

五是依法全面从严监管的态势进一步巩固，市场生态积极发展。2019 年行政执法保持了一以贯之的高压态势，节奏平稳，查处案件类型多元。重点督促发行人、上市公司及其大股东等责任主体强化信息披露责任，提升上市公司质量；严厉打击内幕交易、市场操纵等行为，净化市场环境；督促中介机构坚守市场“看门人”初心，勤勉尽责履行义务。重拳惩治市场乱象，引导市场主体知敬畏、明底线，使市场生态环境得以净化，市场的法治基础更加坚实，防范系统性风险的堤坝更加牢固。中国证监会通过严格执法，不断夯实资本市场健康发展的制度基石，为打造一个规范、透明、开放、有活力、有韧性的资本市场保驾护航。

二、行业自律规则体系发展情况

2019 年证券交易所积极加强监管，发布了多项自律规则。积极配合中国证监会的政策，交易所发布了多项科创板配套规则，为设立科创板并试点注册制提供了相关业务规则和配套指引。2019 年 3 月，上海证券交易所发布《关于科创板投资者教育与适当性管理相关事项的通知》①，对科创板投资者适当性管理提出了明确要求，要求证券公司对投资者交易权限进行严格控制；4 月，发布《科创板转融通证券出借和转融券业务实施细则》②，明确科创板证券出借和转融券业务出借环节。上交所还发布了《科创板股票发行与承销业务指引》③，强化主承销商在超额配售选择权中的主体责任，平衡 IPO 估值与公司长期投资价值，吸引多方投资资金，构建合理的资金结构。

2019 年 1 月，沪、深证券交易所发布《关于股票质押式回购交易相关事项的通知》④，允许股票质押式回购交易违约合约延期，有利于纾解民营企业股票质押风险；上海证券交易所发布《信用保护工具交易业务指引》⑤ 及相关配套细则，提供信用风险的有效管理工具，优化信用债市场风险定价机制。2019 年 5 月，深圳证券交易所发布《上市公司信息披露指引第 3 号——重大资产重组》⑥，规定上市公司应对重组业绩承诺等进行充分披露。2019 年 8 月，沪、深证券交易所发布《非上市公司非公开发行可转换公司债券业务实施办法》⑦，可转换债券发行主体范围扩展至非上市公司，利于拓宽企业融资渠道。2019 年 12 月，上海证券交易所发布《上市公司重大资产重组信息披露业务指引》⑧，简化披露要求，突出对重组业绩承诺和重组整合实效的分阶段信息披露要求。

2019 年，自律组织持续加强对证券公司业务的规范和指导。中国证券业协会配合科创

① 《关于科创板投资者教育与适当性管理相关事项的通知》（上证发〔2019〕33 号）。
② 《科创板转融通证券出借和转融券业务实施细则》（上证发〔2019〕54 号）。
③ 《科创板股票发行与承销业务指引》（上证发〔2019〕46 号）。
④ 《关于股票质押式回购交易相关事项的通知》（上证发〔2019〕6 号）。
⑤ 《信用保护工具交易业务指引》（上证发〔2019〕8 号）。
⑥ 《上市公司信息披露指引第 3 号——重大资产重组》（深证上〔2019〕273 号）
⑦ 《非上市公司非公开发行可转换公司债券业务实施办法》（上证发〔2019〕89 号）。
⑧ 《上市公司重大资产重组信息披露业务指引》（上证发〔2019〕122 号）。

板的设立和试点注册制，发布了一系列执业规范。2019 年 5 月，中国证券业协会发布《科创板首次公开发行股票承销业务规范》[①]；发布《科创板首次公开发行股票网下投资者管理细则》[②]，保护投资者权益；发布《证券经营机构投资者教育工作指引》[③]，对证券公司的投资者教育工作提出了更高要求。2019 年 6 月，中国证券业协会发布《证券投资咨询机构执业规范（试行）》[④]，加强对证券投资咨询机构的自律管理，规范证券投资咨询机构的发展。2019 年 7 月，中国证券业协会发布《证券公司信用风险管理指引》[⑤]，指导证券公司建立完善的信用风险管理体系和信用风险控制流程，加强证券公司对各类信用风险事件的防范与应对。2019 年 10 月，中国证券业协会发布《证券分析师参加外部评选规范》[⑥]，规范证券公司分析师参加评选活动廉洁自律的内控机制。

2019 年 1 月，中国证券投资基金业协会发布《证券投资基金投资信用衍生品评估指引（试行）》[⑦]，规范证券投资基金投资信用衍生品的估值，保护基金份额持有人的利益；6 月，发布《证券期货经营机构私募资产管理计划备案管理办法（试行）》[⑧]，进一步规范证券期货经营机构的私募资产管理。2019 年 1 月，中国证券登记结算有限责任公司发布《中国证券登记结算有限责任公司国债期货交割登记结算业务实施办法（2019 年修订版）》[⑨]，取消了申请开立国债期货交收专用证券账户和国债期货交收专用资金账户时提交组织机构代码证的要求；发布《中国证券登记结算有限责任公司可交换公司债券登记结算业务细则（2019 年修订版）》[⑩]，进一步规范可交换公司债券登记结算要求。

---

① 《科创板首次公开发行股票承销业务规范》（中证协发〔2019〕148 号）。

② 《科创板首次公开发行股票网下投资者管理细则》（中证协发〔2019〕149 号）。

③ 《证券经营机构投资者教育工作指引》（中证协发〔2019〕120 号）。

④ 《证券投资咨询机构执业规范（试行）》（中证协发〔2019〕147 号）。

⑤ 《证券公司信用风险管理指引》（中证协发〔2019〕188 号）。

⑥ 《证券分析师参加外部评选规范》（中证协发〔2019〕271 号）。

⑦ 《证券投资基金投资信用衍生品评估指引（试行）》（中基协发〔2019〕1 号）。

⑧ 《证券期货经营机构私募资产管理计划备案管理办法（试行）》（中基协发〔2019〕4 号）。

⑨ 《中国证券登记结算有限责任公司国债期货交割登记结算业务实施办法（2019 年修订版）》（中国结算发字〔2019〕2 号）。

⑩ 《中国证券登记结算有限责任公司可交换公司债券登记结算业务细则（2019 年修订版）》（中国结算发字〔2019〕3 号）。

第二章 2019 年中国证券公司合规管理职能的履行情况

合规管理是指证券基金经营机构制定和执行合规管理制度，建立合规管理机制，防范合规风险的行为。2019 年，证券公司普遍切实履行了多项合规管理职能，积极落实《办法》和《指引》。

一、合规咨询与合规审查

在合规咨询方面，证券公司各部门、分支机构及其工作人员就其经营行为、管理行为和执业行为向合规管理部门提出咨询。合规管理部门对于公司各业务、管理部门及分支机构咨询的相关问题，一般采取以下几种方式应答：对于电话或者口头的一般性咨询，口头即时答复；对于电子流程或书面材料提交的合规咨询事项，在该类流程或书面材料上签署意见予以答复。同时，2019 年，证券公司普遍通过多种渠道，与证券监管机构和行业自律组织进行良好的沟通互动，及时透彻地学习和理解监管要求和自律组织相关规定，所咨询的答复有效地指导了证券公司的合规管理工作。

在合规审查方面，证券公司合规管理部门以法律、法规、规章、规范性文件、行业规范、自律准则、公司内部规章制度等为依据，对公司各部门、各分支机构合规审查事项的合法合规性进行审查。合规审查的内容包括公司内部管理制度、公司的重大决策等经营管理事项，公司报送监管机关并应其要求进行合规审查的相关材料或报告，以公司或分支机构名义对外签署的协议、合同等。合规审查程序一般包括：（1）事先评估。公司对拟开展业务的合法合规性进行内部论证。（2）初审机制。合规管理人员就提交审核事项的合规性发表明确意见。（3）审前沟通。与合规管理部门进行审前沟通，合规管理部门可以根据提交的材料以口头或书面方式反馈审前意见。（4）正式审查。法律合规部内部根据公司业务条线划分情况、审查事项来源和复杂程度等具体安排。（5）审查意见。出具合规审查意见书、合规工作委员会会议纪要、合规总监签署确认书等。证券公司通过审查，能够及时判定、评估和监测公司所面临的类似合规风险，在事前识别合规风险，对可能的违规行为进行评估，有效减少违规行为实际发生的可能性。

二、合规监测

2019 年，中国证监会严查证券从业人员违规买卖股票、利用未公开信息交易、私下接受客户委托买卖证券等违法违规行为，处罚了一大批相关案件。证券公司普遍加强员工执业行为的合规监测工作，为防范员工利用本人账户违规买卖股票，普遍要求员工报备证券账户，指定交易或托管到公司营业部，公司对从业人员账户进行监控。同时，为防范员工借用他人账户交易、代客理财，通过监测办公电脑地址、办公电话在本公司集中交易系统中的交易记录等方式，证券公司一般会对公司办公设备上发生的股票交易行为进行合规监测；并要求私募基金子公司及其下设基金管理机构的从业人员本人、配偶和利害关系人，另类子公司董事、监事、高级管理人员和其他工作人员申报证券账户并定期提供交易记录，对其提交的交易记录进行审查，对涉嫌违规交易行为进行调查处理。

三、子公司合规管理

《办法》和《指引》强调了证券公司对子公司合规管理全覆盖的要求，2019 年，中国证监会处罚了多家对子公司风险管控不足、合规管理存在缺陷的证券公司。为建立健全集团化合规管理的制度建设，一些有子公司的证券公司，根据《办法》和《指引》，修订和发布了公司内部子公司管理办法，细化母子公司的合规管理职能边界，强化内部控制、信息隔离墙及反洗钱等垂直管理，建立子公司的合规管理报告机制，明确母公司对子公司的合规督促和指导职能。部分证券公司还建立了子公司向母公司的合规管理月报、（半）年报机制，子公司每月上报合规管理工作开展的概况及重大合规风险事项，确保母子公司间合规信息的有效沟通和反馈。

2019 年，证券公司积极开展海外业务，在中国香港等不同地区和国家建立了境外子公司。根据 2019 年中国证券业协会组织的问卷调查，28.70% 的证券公司在境外设立了子公司，设立境外子公司最多的地区为香港。证券公司对境外子公司采取多种合规管理措施，部分证券公司组织修订子公司管理办法，从管理标准、管理架构、管理措施等维度，细化落实集团穿透垂直管理要求，将《证券公司和证券投资基金管理公司境外设立、收购、参股经营机构管理办法》（证监会第 150 号令）对境外子公司特殊管理要求转化为制度约束；建立境外子公司合规定期汇报机制，以季度为频率听取子公司合规汇报，就汇报问题派员进行跟踪整改情况。部分证券公司对境外子公司重大事项进行审议，提名境外子公司合规负责人，督导境外子公司提交定期报告，督导境外子公司按照证监会第 150 号令进行整改，将境外子公司纳入统一的集团合规考核，明确将境外子公司纳入集团合规有效性评估范畴等。

四、法律、法规和准则跟踪

2019 年，证券公司紧密关注监管动态，梳理了监管部门和自律组织等发布的法律法规、规章制度、行业规范和自律规则，并通过周报、月报的形式，在公司内部网站发布或以邮件和微信等多种方式向员工进行宣导。通过书面或口头形式及时学习并解读新增或修订的行业法律法规和准则，使从业人员能更好地了解、掌握最新的政策和监管动态。

对于新颁布的重大法律法规和制度，证券公司普遍积极参与监管部门和自律组织举办的相关培训，并及时在公司内部开展培训宣导活动，向从业人员传达最新监管政策精神，监督和指导其对相关规定或业务流程进行改进，以确保修订后的政策和流程符合行业最新法律规定。

五、信息隔离

2019 年，证券公司普遍采取措施对部门、场地、人员、系统、账户、资金等基础性设施进行隔离，并实行观察名单管理、限制名单管理、跨墙管理等隔离措施。为防范利益冲突和内幕交易，证券公司对公司内的投资银行、证券自营、客户资产管理、融资融券等业务之间敏感信息的不当流动和使用进行管控。根据 2019 年新修订的《证券公司信息隔离墙制度指引》，部分证券公司已将隔离墙系统与投资银行、自营、客户资产管理等业务系统对接，有效地提高了隔离墙系统运作的准确性。证券公司国际化程度不断加深，而境外有关信息隔离的要求往往更加严格，证券公司开始注重提高信息隔离墙工作的国际化水平。证券公司信息隔离墙制度、投行利益冲突管理制度也覆盖了境外子公司，且境外子公司也建立健全了适用自身的相关机制。2019 年，证券公司根据科创板股票发行和承销制度及其业务规范，进一步规范了公司内部隔离墙制度，普遍针对投行部门发行承销、发布研究报告和另类子公司参与科创板跟投等，防范利益输送和利益冲突，防止利用内幕信息牟取不正当利益的行为。

六、反洗钱

2019 年，证券公司进一步落实《法人金融机构洗钱和恐怖融资风险管理指引（试行）》[①] 的相关要求，进一步明确董、监、高的风险管理职责内容和集团统一管理要求，通过建立健全反洗钱风险管理体系，完善反洗钱治理架构，强化公司及全员履职尽责。同时，中国人民银行加大了对证券行业的反洗钱处罚力度，2019 年处罚了多家证券机构，监管力度明显加强。

---

① 《法人金融机构洗钱和恐怖融资风险管理指引（试行）》（银反洗发〔2018〕19 号）。

2019年度，证券公司大多按照反洗钱的法律法规要求，积极开展反洗钱制度建设、客户资料保存、身份识别、洗钱风险评估及等级划分、大额和可疑交易报告、反洗钱培训宣传等反洗钱工作。部分公司制定了反洗钱内部制度，明确公司反洗钱风险管理的目标、文化建设目标、洗钱风险管理原则、策略和程序等，加强反洗钱和反恐怖融资内部培训。证券公司同时加强对子公司的反洗钱制度建设，要求子公司参照执行总部反洗钱规章制度，在保持总部统一洗钱风险管理政策的基础上，要求子公司根据属地化监管的要求从严开展反洗钱工作。证券公司通过子公司半年度反洗钱工作报告、年度洗钱风险评估报告，根据监管动态和风险事项对子公司进行洗钱风险提示，督促子公司做好反洗钱工作。

七、合规文化建设与合规培训

2019年，随着证券业的监管转型，证券公司普遍认识到合规价值观念先行的重要性，并通过多种手段开展合规文化建设，将合规理念作为公司企业文化建设的重要内容。证券公司开展的合规培训形式有：现场培训、非现场培训、内部期刊、公司公众号专栏、合规测试等。部分证券公司在公司内网上建设维护“合规管理平台”，将合规动态、法律法规、规章制度、合规培训等功能整合，成为员工合规学习、交流和培训的综合平台。有的证券公司还举办覆盖面广、有针对性的合规培训，提高员工合规意识和合规工作水平。证券公司合规培训一般包括新员工入职培训、公司内部培训、监管部门和自律组织的培训，或与其他证券公司合作的外部培训、网上学习、多媒体课程等。

2019年，中国证券业协会先后举办了“证券经营机构债券交易业务规范专题培训班”“证券投资咨询机构执业规范培训班”“证券公司反洗钱专题培训班”“证券期货经营机构合规管理专项培训班”等，通过培训和宣导，构建积极有效的合规文化氛围，为证券公司稳健发展提供切实的保障。

八、合规检查

2019年，证券公司根据监管部门的要求，开展多种类型的合规检查。证券公司组织并实施对证券经纪业务、融资类业务、投资银行业务、资产管理业务、信息技术、互联网金融等的合规检查。证券公司大多提高了合规检查频次，且检查内容点面结合，不仅包括全面的风险排查，还包括公司内控机制检查、信息技术项目协作规范性检查和子公司合规管理情况检查等具体方面。检查开展方式包括总部合规部制作合规检查方案、合规检查底稿，下发各部门及子公司有关部门，单位根据检查底稿反馈信息，检查组根据情况，通过制度查阅、资料抽样、现场查看、人员访谈等方式完成检查工作；对发现的问题进行后续督导和落实整改，促进被检查单位合规管理水平的提高。

九、合规考核与合规问责

2019年，证券公司普遍重视合规考核在合规管理工作中的重要性，大多数证券公司根据合规管理新规的要求，落实了合规总监对高级管理人员及下属单位合规性考核占绩效考核结果的比例不低于15%的指标要求。根据2019年底中国证券业协会组织的行业专项调查，6.96%的证券公司的合规性专项考核占绩效考核比例达30%以上，2.61%的证券公司的合规性专项考核占绩效考核比例达20%—30%，88.70%的证券公司合规性专项考核占比15%—20%，不满足15%比例要求的证券公司数量为零。2019年，各证券公司扩大合规考核的覆盖范围，明确对合规管理的有效性、经营管理的合规性和职业行为合法性的考核要求。95.61%的证券公司已将个人合规性考核纳入合规考核范围。除了明确合规考核权重及合规考核覆盖面以外，97.37%的证券公司将重大合规风险作为一票否决事项。

在合规问责方面，证券公司普遍加大了合规问责力度，大多在公司内部制度中明确了合规问责的情形、流程和具体措施，加大问责的力度和有效性。2019年，证券公司普遍更加注重考核与问责结果的执行程度，将合规考核、合规问责结果与相关部门和人员的薪酬情况挂钩，确保合规考核制度的有效性。

第三章
2019 年中国证券公司合规管理面临的问题与 2020 年展望

第一节　2019 年证券公司合规管理面临的问题

2019 年，随着行业的发展创新，行业监管与时俱进，行业整体合规意识不断加强，合规管理理念持续提高。证券公司在实践中加强员工的合规意识，完善合规管理机制，提高合规管理水平，在防范、发现、处理证券从业违法违规行为等方面发挥了重要作用。但随着全球经济、行业环境和监管要求的变化，证券公司在落实合规管理工作具体实施方面也面临着一些问题。

一、全员合规、主动合规的意识有待进一步强化

随着监管部门对合规的重视以及监管新政策的出台，证券公司从业人员比以往增强了合规意识，加深了对合规理念的认同。但在实际业务中，仍然存在着合规与业务分离，合规"事不关己"的观念，"全员合规、主动合规、我要合规"的意识仍然有待增强。部分证券公司核心合规管理职能履行不够充分，主动合规、发现并报告违规行为的意识不足，重合规的理念有待加强。部分证券公司在短期薪酬激励、绩效考核目标的作用下，抱着侥幸心理，对监管要求和公司内部规章制度敷衍执行，长此以往则极易导致合规风险的堆积。

二、合规管理全覆盖有待深入落实

随着证券公司业务发展的国际化、复杂化，证券公司的分支机构、子公司数量持续增加。证券公司还需进一步探索如何合理、有效地将子公司纳入统一合规管理体系，制定全

面、可量化的考核指标。证券公司将分支机构和子公司纳入统一合规管理体系的过程面临多重困难，子公司的种类不同、管理方式不同，子公司的设立地点不同、管理要求不同，子公司的法人独立性与母公司管控之间的冲突等都对合规管理全覆盖造成了一定难度。不同类别的子公司需要根据不同的监管要求落实合规管理相关内容，不同地区的子公司需要遵守不同地区的相关规定，如香港子公司需要遵守香港地区的监管与法律要求。子公司作为独立的法人主体，落实合规管理相关要求需要平衡公司独立性和母公司管控的关系。部分证券公司的合规管理工作尚未完全适应多样化、国际化的要求，集团层面的合规管理结构体系有待优化，合规管理全覆盖要求有待深入落实。

三、合规管理人员储备不足，履职保障有待提升

《办法》和《指引》出台后，2019 年证券公司合规管理人员数量有所增加，但与业务复杂程度、风险管控难度等相对照，证券公司合规管理人员的队伍建设有待进一步壮大。部分证券公司存在合规管理人员少、职责重的特点，合规部门管理人员的储备不够，合规人员培养机制有待完善，难以保证合规管理工作的有效性。部分证券公司合规人员专业化水平不高，难以适应公司业务创新发展需要，经验丰富的合规管理人员选任难度较大。具备 3 年以上金融、法律、会计、信息技术等有关专业领域工作经历的人员，因薪资待遇等问题往往更倾向于到业务部门履职，因此在市场上找到成熟专业的合规管理人员难度较大；而新人在内部培养到一定阶段成为骨干后，又可能被业务部门或其他工作机会吸引而转换工作岗位。部分证券公司因合规部门人员流动率较高、分支机构营业部人手不足等问题，难以保证合规管理工作的有效性。

四、合规管理执行力有待提高，合规管理职责边界不清晰

一方面，部分证券公司业务部门、分支机构等一线合规管理人员配备不足，无法与其业务规模、业务复杂程度及合规管理工作相匹配；同时，部分一线合规管理人员合规意识不够强，合规履职能力欠缺，不能有效地发挥合规管理作用。

另一方面，合规分工协作原则有待加强。在实际业务经营中，“全员合规、主动合规”的意识仍然有待增强，认为“合规是合规部门的事情”的观念没有根本转变，存在合规责任向合规部门不当转移的现象。大多数证券公司已根据《办法》和《指引》明确了各部门的合规职责分工，但实际执行中仍容易出现合规管理职责边界不清晰的问题，如一些事项可能涉及质控部门、风险管理部门、合规部门、运营部、信息技术部、财务部等多个后台管理或支持部门，需要各部门利用各自专业优势分工协作共同解决，但很多时候这些事项的风险被简单归结为合规风险，由合规部门解决，使合规部门承担了与自身职责、能力不匹配的工作，部门间的协同作用难以有效发挥。

上述问题说明证券公司合规管理工作还需进一步深化发展，全行业还需将合规意识进一步融入日常执业活动，努力培养良性合规文化，真正实现从“要我合规”向“我要合规”的转变。

第二节　2020 年证券公司合规管理展望

2019 年，随着监管规则的逐步完善，合规管理的重要性在证券公司开展业务和经验管理过程中显著提升。在监管部门强化依法从严、全面监管的背景下，2020 年证券公司应当顺应监管要求，坚持合规经营的基本方针，努力践行“主动合规、全员合规”的理念。

一、深入落实合规管理全覆盖

证券公司应当进一步贯彻《办法》和《指引》的要求，不断优化合规管理体系，深入落实合规管理全覆盖。建立和健全合规管理制度体系，修订公司内部合规考核制度，强化合规考核，明确专项合规考核的权重以及合规考核的程序等。调整、优化合规管理部门和合规管理人员的设置，调整相关内控管理职责，明确公司主要业务部门专职合规管理人员设置，对经纪条线下分支机构合规管理人员设置进行调整和明确。

证券公司应进一步优化对子公司、分支机构的合规管理机制，将子公司、各分支机构的合规管理统一纳入公司合规管理有效性评估。每年对子公司、各分支机构合规管理情况进行检查和考核，子公司、各分支机构发生重大合规风险事项的，证券公司应按照有关制度对其主要负责人进行合规问责，并要求子公司对相关责任人进行合规问责。合规管理信息系统应穿透覆盖子公司、分支机构，做到将合规管理真正贯穿于决策、执行、监督及反馈等各个环节，形成紧密联动、高效的全方位合规管理体系。

二、加强合规管理人员队伍建设，优化合规考核、问责机制

证券公司应进一步树立“全员合规、合规从管理层做起、合规创造价值、合规是公司生存基础”的理念，倡导和推进合规文化建设，培育全体工作人员合规意识，提升合规管理人员职业荣誉感和专业化、职业化水平。应进一步保障合规人员的薪酬待遇与其职责相匹配，尽力避免合规管理人才的流失。按照《办法》和《指引》进一步落实考核机制，明确合规性专项考核占绩效考核结果的比例不得低于 15%，明确合规考核内容、程序及考核方式，并明确合规问责的适用情形。

三、全面提升合规管理的执行能力

在证券行业依法从严全面监管的大环境下，证券公司应当着力提升合规管理的执行力。建立董事会和合规负责人的直接沟通机制，明确各单位应承担的合规管理职责，完善合规部门人员配置和考核机制，加强业务部门及分支机构合规管理人员配备，调整考核机制，对考核机制及薪酬保障做出更完善的制度安排，全面落实《办法》和《指引》的具体要求。在日常经营和管理中重视和监管部门的沟通，遇到重大、疑难合规问题，应积极向监管机构及自律组织寻求指导意见，主动反映行业存在的共性问题，推动法制环境进一步适应行业发展的需要。同时，也要求监管部门继续严格执法，对恶意破坏市场秩序、违规经营行为给予及时、严厉的处罚；要求监管机构和自律组织对行业共同面对的合规问题给予更多关注和指导，促进证券行业合规经营、持续发展。

专题报告之二：
2019年中国证券公司风险管理发展综述

第一章 2019年中国证券公司风险管理概况

第一节 2019年中国证券公司风险管理基本情况[①]

2019年是充满机遇和挑战的一年，股权融资市场回暖，科创板及注册制落地，金融对外开放加速，宏观经济增速下滑。面对复杂的市场环境，证券公司严守合规风控底线，积极适应风险管理的新形势，有效应对了复杂的市场行情和经营环境，同时继续深化全面风险管理体系建设，提升全面风险管理能力，推动证券行业整体高质量发展。根据全行业证券公司调研情况，对2019年中国证券公司风险管理情况概括如下：

一、风险管理组织架构与职责

目前证券公司均已建立了多层级的风险管理组织架构，并明确了董事会、监事会、经理

① 本节数据源自2019年中国证券业协会专项调研问卷，有效问卷结果合计116份。

层、各部门、分支机构及子公司的风险管理职责分工。证券公司指定或者设立专门部门履行风险管理职责，在首席风险官的领导下推动全面风险管理工作，监测、评估、报告公司整体风险水平，并为业务决策提供风险管理建议，协助、指导和检查各部门、分支机构及子公司的风险管理工作。

（一）风险管理部门的设置情况

部门设置方面，2019年中国证券业协会专项调研结果显示，2019年91.38%（该比例与上年持平）的证券公司设立了独立的风险管理部，牵头负责全面风险管理工作，重点负责信用风险、市场风险、操作风险等主要风险的管理工作。针对流动性风险、声誉风险、信息技术风险，证券公司也指定了相关部门负责相关管理工作，其中流动性风险管理的牵头部门主要设置在财务或资金管理部门，声誉风险管理的牵头部门主要设置在董事会或总经理办公室，信息技术风险管理的牵头部门主要设置在信息技术部门。

职责划分方面，2019年87.93%（该比例同比上升约4个百分点）的证券公司按照专业风险类型（即信用风险、市场风险、操作风险、流动性风险、声誉风险）划分职能。此外，证券公司的风险管理部门内还设置了其他岗位或团队，例如风控指标管理、全面风险管理、综合事务管理、量化模型、数据系统、子公司管理、政策与报告等。风险管理的分工进一步细化，风险管理专业化水平不断提升。

人员配置方面，截至2019年末，证券公司风险管理部门员工合计约为2 321人，同比增加13.11%；证券公司风险管理部门人数占总部员工人数的平均比例为2.70%，与上年基本持平。2019年，50%的证券公司增加了风险管理部门的人员配备，25.44%的证券公司减少风险管理部门人员，24.56%的证券公司风险管理部门人数保持不变。

（二）业务部门或分支机构风险管理

为强化业务部门、分支机构的风险管理，证券公司在业务部门、分支机构配置了风控人员，且风控人员不得兼任与风险管理职责相冲突的职务，具体负责其权限范围内的风险管理工作，对风险管理政策和制度的执行情况进行监督、检查和报告，履行一线风险管理职责。同时，大多数证券公司业务部门或分支机构的风险管理人员编制属于各自所在业务部门或分支机构，未纳入风险管理部门编制之中。

（三）子公司风险管理

截至2019年末，77.59%的证券公司设有子公司，69.83%的证券公司设有不止一家子公司，27.59%的证券公司设有境外（含香港）子公司。对于设有子公司的证券公司，80%在母公司风险管理部门中设置了专职的子公司风险管理岗位或团队，专门负责子公司风险管理工作，其中26.39%的证券公司在2019年增配了子公司风险管理人员，73.61%的证券公司保持不变。

证券公司对子公司的风险管理主要包括子公司风险管理负责人任免、风险限额、日常监测、风险报告、子公司重大事项审核或审批、风险考核等方面。对于设有子公司的证券公司，2019 年中国证券业协会专项调研结果显示：一是 92.22% 的证券公司对子公司实施风险限额管理；84.44% 的证券公司针对不同子公司的业务属性、风险特征设置不同的风险限额指标。二是 93.33% 的证券公司要求子公司在发生重大风险事件时，在 T+1 日内进行上报，同时明确了具体的上报内容要求，包括风险事件主体、发生原因、潜在影响、处置措施等，并持续跟踪后续进展。针对子公司重大风险事件，部分证券公司还明确了其定义和范围，规定了达到重大标准的金额，列举了具体事件情形。三是 46.67% 的证券公司母公司风控系统实现了以 T+1 频率获取所有子公司的风险数据，53.33% 的证券公司尚未实现 T+1 或仅能获取部分子公司 T+1 风险数据。四是 93.33% 的证券公司已将所有子公司纳入集团统一监测范围，72.22% 的证券公司设置了集团层面的统一风险监测指标，例如规模、VaR、损益、风险敞口、集中度、净资本核心风险控制指标（即风险覆盖率、资本杠杆率、流动性覆盖率和净稳定资金率），以及其他风险限额。61.11% 的证券公司每日风险报告中会涵盖各家子公司的风险信息。五是对于设有境外子公司的证券公司，93.75% 的证券公司已将境外子公司纳入全面风险管理体系，实施风控垂直管理；6.25% 的证券公司由于境外子公司正在设立或交接过程中，尚未完全实施上述垂直管理措施。

二、风险管理政策和机制

（一）制度建设

2019 年各家证券公司均已不同程度地建立了多层级的风险管理制度体系，同时通过稽核、检查和考核等手段保证制度的贯彻执行。2019 年证券公司在现有制度体系的基础上持续完善制度建设工作。

（二）风险限额

2019 年证券公司均已建立了适合自身业务管理需要的风险偏好，在风险偏好框架下设立了风险容忍度及风险限额，并建立了逐级分解机制。同时，证券公司建立了超限预警机制，并明确了异常情况的报告路径和处理办法。

（三）风险计量

2019 年证券公司选择风险价值 VaR、违约概率 PD、现金流缺口等方法或模型来计量和评估市场风险、信用风险、流动性风险等可量化的风险类型，并采用敏感性分析和压力测试等手段评估极端风险。

（四）风险评估

2019 年证券公司针对新产品新业务，如科创板等，建立了明确的评估、审议流程，风控合规及其他内控部门参与评估审议并独立发表意见。

（五）风险应对

2019 年证券公司根据风险评估和预警结果，选择与公司风险偏好相适应的风险回避、降低、转移和承受等应对策略，建立合理有效的资产减值、风险对冲、资本补充、规模调整、资产负债管理等应对机制。

（六）风险报告

2019 年，证券公司的风险报告分为定期和不定期报告。定期风险报告主要包括风险日报、月报、年报，反映风险识别、评估结果和应对方案，并按照不同报告路径向董事会、经理层提交。部分证券公司还会编制每周、季度、半年度风险报告。不定期报告主要包括重大风险专项报告、压力测试报告、新产品风险评估报告、监管自查以及其他专项报告。

三、风险管理信息技术系统和数据

（一）信息技术系统

2019 年证券公司均不同程度地建立起了与自身业务复杂程度和风险指标体系相适应的风险管理信息技术系统，对风险进行计量、汇总、预警和监控。2019 年中国证券业协会专项调研结果显示，证券公司整体信息系统的外购率较高，自主开发程度有待提升。按照风险种类划分，2019 年证券公司信息系统可以分为以下六类：

1. 全面风险管理系统

证券公司搭建的全面风险管理系统主要功能包括：风控指标管理、风控指标并表管理、风险监控与分析、总量风险计量、风险管理驾驶舱、风险偏好与限额管理、综合压力测试等。其中，65.62% 的证券公司完全外购，21.88% 的证券公司完全自建，12.50% 的证券公司外购和自建相结合（包括在外购系统的基础上自主开发功能）。

2. 市场风险管理系统

证券公司搭建的市场风险管理系统主要功能包括：数据管理，估值定价，市场风险计量（敏感度、VaR、情景分析、压力测试），风险管理（实时查询、限额管理、报告生成），平台管理（组合管理、参数管理）等。其中，80% 的证券公司完全外购，10% 的证券公司完全自建，10% 的证券公司外购和自建相结合（包括在外购系统的基础上自主开发功能）。

3. 信用风险管理系统

证券公司搭建的信用风险管理系统主要功能包括：支持对信用产品、交易对手、担保人、抵押担保品进行统一数据管理，以及内部评级、信用风险计量、风险监测、集中度管理和风险管理等。其中，80.56%的证券公司选择完全外购系统，7.4%的证券公司完全自建，12.04%的证券公司选择外购和自建相结合的形式（包括在外购系统的基础上自主开发功能）。

4. 操作风险管理系统

证券公司搭建的操作风险管理系统主要功能包括：风险控制自我评估 RCSA、损失数据收集 LDC、关键风险指标 KRI、操作风险计量等。其中，77%的证券公司完全外购，18%的证券公司完全自建，5%的证券公司选择外购和自建相结合的形式（包括在外购系统的基础上自主开发功能）

5. 流动性风险管理系统

证券公司搭建的流动性风险管理系统主要功能包括：资金管理、指标计量和分析、缺口分析、阈值设置和限额监控、超限预警、报表生成等。其中，78.10%的证券公司完全外购，19.05%的证券公司完全自建，2.85%的证券公司选择外购和自建相结合的形式（包括在外购系统的基础上自主开发功能）

6. 声誉风险管理系统

证券公司搭建的声誉风险管理系统主要功能包括：提供舆情信息、负面舆情预警、舆情报告等。其中，88.90%的证券公司选择完全外购系统，5.55%的证券公司完全自建，5.55%的证券公司选择外购和自建相结合的形式（包括在外购系统的基础上自主开发功能）。另外，2019年行业内约37.93%的证券公司尚未建立专门的声誉风险管理系统，较上年下降近7个百分点。

（二）数据治理

数据治理是证券公司建设现代化投资银行面临的重要挑战，也是数据价值充分发挥的前提。整体来看，2019年各家证券公司日益重视数据的作用，在数据治理方面开展了一系列探索和实践，大部分证券公司建立了数据治理组织架构，不同程度地对数据质量进行了管控，制定了公司层面的数据治理战略规划，并涵盖至子公司。但证券公司在数据治理体系化建设，尤其是集团化风险数据治理方面，仍存在若干问题与不足。

证券公司纳入集团风险数据集市的子公司数据主要包括四类：一是业务相关信息，如各子公司股票、债券、基金、衍生品等投资交易业务持仓信息、信用类业务敞口及抵押信息、资管产品底层资产信息等；二是客户相关信息，如信用资质信息、风险敞口信息、关联人信息等；三是各专业风险信息，如市场风险敏感性、信用业务抵押情况、交易对手及授信使用情况、流动性管理所需信息等；四是风控指标并表监管报表编制所需要的各类业务、资产负债明细信息等。

2019年中国证券业协会专项调研结果显示，在设有子公司的证券公司中，64.45%的证券公司已建立了集团统一的风险数据集市，35.55%的证券公司尚未建立、正在建设或计划建设。在上述已建立了集团统一风险数据集市的证券公司中，65.52%的证券公司已将所有子公司的风险数据纳入集团风险数据集市，53.45%的证券公司已实现 T+1 日对子公司风险数据的获取。

第二节　2019 年中国证券公司风险管理的特点

一、提升全面风险管理能力，推动证券业高质量发展

当前，中国经济发展的内外部环境面临深刻变化，资本市场各项改革措施稳步推进，在为证券公司经营发展带来巨大机遇的同时，也带来了一定的挑战。2019 年，证券公司牢牢守住"防范化解重大风险"的底线，把握内外部经济环境的深刻变化，积极适应风险管理的新形势，有效应对各类新情况、新问题、新挑战，坚持底线思维，围绕"风险全覆盖、可监测、能计量、有分析、能应对"，在全面贯彻落实监管规定和要求的基础上，努力构建"事前严防、事中严管、事后严处"的全面风险管理体系和风险管理长效机制，不断提升自身风险识别的前瞻性、风险把控的全面性、风险处置的科学性。同时，不断创新风险管理工具和手段，推动传统风险管理转型升级，更好地服务实体经济发展，推动证券行业高质量发展。

二、优化风控指标计算标准，强化导向与逆周期调节

2019 年 8 月 9 日，中国证监会就最新修订的《证券公司风险控制指标计算标准（征求意见稿）》公开征求意见。[①] 本次修订维持总体框架不变，根据市场情况和行业发展需要完善部分指标；实施逆周期调节，针对不同业务、产品的风险特征，实施宽严相济的指标调整，发挥风控指标计算标准的导向作用；明确信用衍生品、境外股票投资、科创板股票投资等新业务计算标准，提升风控指标完备性；结合证券公司分类评价结果强化差异化监管，提升优质证券公司资本运作空间。

现行以净资本和流动性为核心的风控指标体系对引导证券公司提升风险管理水平、有效防范和控制风险发挥了重要作用。但随着市场情况的变化以及行业的不断发展，证券公司业务类型日趋多样化，部分新业务未被指标体系涵盖；个别业务的风险特征发生变化，相关指标的计算标准与业务的风险特征不完全匹配。因此，本次修订有必要且意义深远，不但适应

① 2020 年 1 月 23 日，中国证监会发布了《证券公司风险控制指标计算标准规定》，于 2020 年 6 月 1 日正式施行。

了新形势下风险管理和行业发展的需要，完善和优化了证券公司风控指标计量标准，充分反映和有效防范证券公司风险，增强了证券公司风险控制指标体系的有效性和适应性，同时发挥监管导向，倡导价值投资，支持实体经济发展，推进融资类业务风险防范化解，支持行业健康有序发展。

三、探索推进风控并表监管试点，完成试点证券公司评价工作

自2017年起，监管部门开展证券公司风控指标并表监管试点项目（以下简称“试点”），要求试点证券公司建立集团层面的并表监管体系，并将境内外子公司一并纳入报送范围。此后，监管部门不断探索推进试点工作，以鼓励优秀经验做法、查找存在的问题、促进行业风险管理能力共同提升为导向，对申请试点公司风险管理能力进行全方位、多维度评估。并表监管试点评价采取行业自评和第三方外部专家评审相结合的方式进行，并于2019年底顺利完成上述评价工作，为未来对标国际投行先进经验、实现集团化全面风险管理奠定了良好基础。

试点证券公司按照风控指标并表要求，逐步建立完善覆盖境内外全部母子公司风险敞口的评估、监测体系，不断健全对子公司风险管理的各项措施，逐步统一集团风险数据标准，加强集团板块业务风险计量，进一步提升集团风险管控能力。风控指标并表管理的实施通过数据与指标的统一管理，对证券公司的集团风险进行整体衡量，为有效识别、评估、计量、监测和控制证券公司的集团总体风险打下坚实的基础。

四、完善信用风险管理体系，加强对信用风险事件的防范

2019年7月16日，中国证券业协会发布实施《证券公司信用风险管理指引》，在信用风险管理方面建立行业统一的制度规范，对信用风险管理的适用范围、管理标准、方法和流程等予以规定，对证券公司信用风险管理做出行业指导。

2019年，证券公司围绕《证券公司信用风险管理指引》，持续建立完善信用风险管理体系和信用风险控制流程，加强证券公司对各类信用风险事件的防范与应对，主要包括：一是强化客户尽职调查工作；二是根据业务实际需要建立适用的内部评级工具和系统，建立健全授信管理机制；三是逐步建立信用风险计量体系，并将计量结果运用于对业务的信用风险管理；四是完善舆情监控机制和重大信用风险事件报告机制；五是细化完善同一业务、同一客户管理要求，特别是对于当前风险相对突出的融资类业务的统一认定、汇总和监控；六是强化信用风险业务的专项压力测试，并依据压力测试结果制定应对措施；七是加强风险资产违约处置，明确违约处置的职责分工和人员安排，细化违约处置流程，对资产进行风险分类，审慎计提损失，指定专人牵头负责风险资产处置事宜，切实加强对信用风险事件的防范等。

第二章
2019 年证券公司面临的主要风险与管理

第一节　2019 年证券公司关键类型风险的管理

2019 年，证券公司在开展经营过程中，主要面临市场风险、信用风险、流动性风险和操作风险。针对上述风险，证券公司开展准确识别、审慎评估、动态监控、及时应对和全程管理。

一、市场风险管理

2019 年，宏观经济面临下行压力，金融市场不确定性因素增多。股市方面，受多重因素影响，股市整体表现为震荡市。截至 2019 年 12 月 31 日，上证指数为 3050.12 点、深证成指为 10430.77 点、创业板指数为 1798.12 点、沪深 300 指数为 4096.58 点，较上年末分别上涨 22.30%、44.08%、43.79% 和 36.07%。债市方面，中债综合全价指数全年宽幅波动，2019 年末报收 120.36 点，较上年末上升 1.31%。在全球贸易摩擦反复、上市公司盈利分化的背景下，2019 年证券市场风险事件较往年有所增加，部分上市公司陷入业绩造假、商誉减值等漩涡，全年通过各种渠道退市有 18 家公司。证券市场风险因素出现的阶段性变化，给证券公司的市场风险管理带来了较大的挑战。2019 年，证券公司针对市场风险的重点管控措施包括以下几方面。

（一）提升市场风险计量和监控能力

风险价值（VaR）模型是证券公司市场风险管理的重要部分。证券公司开发建设市场风险管理系统，基于系统实施各投资组合的 VaR 值计量，实现不同置信水平下的 VaR 指标分析、分解和限额管理，并通过返回检验监测评估 VaR 模型有效性等。此外，证券公司积极使用其他量化指标和方法进行补充，例如，使用期望损失（Expected Shortfall）、压力测试等分析方法计量和监控相关资产的市场风险。

2019 年，证券公司采用定性及定量相结合的方法对承担市场风险的证券投资业务进行日常监控。其中，定性方法主要包括对资产的内在属性、投资价值、行业前景及风险来源进行评估；定量方法主要包括采用投资规模、风险价值（VaR）、集中度、风险敞口、敏感性、压力测试等量化指标，对资产价格波动可能带来的损益情况进行分析。

（二）完善市场风险限额管理体系

2019 年中国证券业协会专项调研结果显示，证券公司普遍采用风险限额管理的方式对业务运作过程中的市场风险进行管控，主要的风险限额指标种类包括规模、VaR、止损、敏感性等，并且将市场风险的监测与限额管理情况纳入风险报告体系，通过日报、月报、年报等不同频率的风险报告向管理层及时报送市场风险的整体情况。站在行业最佳实践视角，头部证券公司根据内部管控逻辑，会把市场风险指标合理拆解至业务条线、部门、子公司等层面。当市场风险指标接近或者超过风险限额时，证券公司会及时按照超限流程向业务条线、业务部门和子公司等层面相关人员发送预警和风险提示，并根据监管政策、内部规章、管理层意见等要求，监督风险处置措施的落实。

（三）优化市场风险压力测试方法

2019 年，证券公司开展市场风险压力测试，以评估公司在极端市场因子压力水平下的风险承受能力。市场风险压力测试情景主要分为情景分析和敏感性分析两种。情景分析分为假定情景和历史极端情景两类，分别从不同视角综合展示证券公司投资组合在多种情景压力水平下的极端损益；敏感性分析为单一因素的压力场景，考察单因子变化的作用结果，计算资产组合对权益类、利率、商品价格、汇率等因子变动的敏感性。

二、信用风险管理

2019 年，宏观经济面临下行压力，但在“宽货币、稳增长”政策导向下，权益市场和信用债市场都有良好的表现。与此同时，随着资金利率波动以及各类信用事件的冲击，信用分层现象加剧，微观主体依然承压。2019 年信用债市场的违约规模和数量再创历史新高，权益市场整体表现较上年大幅回暖，但是呈现结构化行情，部分股票质押风险依然较高。2019 年，证券公司针对信用风险的重点管控措施包括三点。

（一）推进内部评级应用，开展授信管理

2019 年，内部评级已成为证券公司管理信用风险的重要手段之一，覆盖了融资类业务和债券投资业务。在内部评级的基础上，证券公司建立授信模型，综合客户内部评级、财务状况以及公司信用风险容忍度，核定客户授信额度，开展授信管理。同时，内部评级结果也成为证券公司确定主体违约概率的依据，进而被用于信用风险计量。

（二）完善多层次多维度的信用风险限额体系

2019 年，证券公司根据自身业务复杂程度，不断优化信用风险限额体系，并结合业务条线的风险特征，将信用风险总体限额进行分解，确保信用风险限额的切实执行。信用风险限额主要包括规模和集中度两类，具体指标设定视证券公司风险容忍度和业务复杂程度有所不同。此外，头部证券公司已基本实现信用风险限额在子公司层面、业务条线层面和部门层面的拆解。

（三）强化信用风险业务专项压力测试

2019 年中国证券业协会专项调研结果显示，证券公司定期开展信用风险压力测试，设置轻、中、重度压力测试情景，并根据压力测试结果进行风险提示，提出应对措施建议，例如调整业务规模、增加资产流动性、加强担保品管理等。同时，针对市场出现重大负面舆情的证券，证券公司也会不定期开展压力测试，预判风险点并采取应对措施。采取的措施包括但不限于对客户进行风险提示，了解高风险客户资金安排、还款计划，制订风险处置预案等。

三、流动性风险管理

2019 年，从整体外部环境来看，货币政策延续上年末趋势引导资金面持续宽松，但由于质押式回购信用分层、债券市场“爆雷”等现象的出现导致信用风险逐步向流动性风险传导，对流动性风险管理带来了一定的挑战。同时信用衍生品、股指期权等众多新业务也对证券公司流动性风险管理工作提出了更高的要求。2019 年，证券公司针对流动性风险的重点管控措施包括以下四点。

（一）持续完善流动性风险管理体系

根据中国证监会全面风险管理要求，证券公司从全覆盖、可监测、能计量、有分析、能应对五个方面深化完善流动性风险管理体系。特别是在面对当前多变的外部市场环境的情况下，流动性风险作为尾端风险，更需要根据现实情况灵活调整管理策略。管理方法上则进行业务部门间的横向和时间维度前瞻分析的纵向区分管理。横向上，在前期已经建立多层次指标监测体系的基础上，对指标进行业务部门拆解管理，这样不仅可以全面、及时地了解业务动态，构建指标、资金联动体系，有效防范其他种类风险向流动性风险传导，同时可以督促各业务部门强化流动性风险管理意识；纵向上，通过提高指标、头寸前瞻分析和多情景下压力测试的频率，及时把握市场变化和公司业务开展情况，结合自身负债期限结构，进行合理融资安排。

（二）加大流动性风险管理精细化程度

流动性风险相比较其他风险种类，除了要保证安全性和流动性，同时也要兼顾一定的收益性，防止“过度安全”所导致的资金冗余。流动性风险管理需要从逆周期管理角度出发，更加积极主动地做好资产配置工作。目前主要手段包括通过更加准确的压力测试，短期内在保证备付的同时进行优质资产总量和结构调整，同时拓宽应急资金渠道；中长期则考虑业务沉淀资金情况，合理进行负债融资安排。

（三）强化表外产品流动性风险管理

目前，证券公司的流动性风险管理对象主要集中于自有资金。但质押式回购信用分层形成了“信用风险→流动性风险→声誉风险”的传导链，暴露了证券公司对表外产品流动性风险管控的不足。2019 年，证券公司加强了对表外产品流动性风险的管控，主要手段包括完善产品流动性风险指标限额体系，辅以集团联动的流动性应急支持，妥善化解流动性风险。

（四）探索完善集团化流动性风险管理

随着证券公司集团化经营的不断发展，守住不发生系统性风险的底线、保证集团风险可控、防止风险对外传导，都使得证券公司加快集团化风险管理的步伐。对于集团化发展较为迅速的头部证券公司，其集团流动性风险管理已初步形成框架，主要遵循通过制订流动性风险内部指标限额实现分类管理、差异要求的管控思路和集团流动性救助应急方案，但建立跨行业、跨地域的资金救助体系仍然面临较多的政策约束，集团化流动性风险管理发展仍将是证券公司探索和研究的课题。

四、操作风险管理

2019 年，证券公司主要利用操作风险三大管理工具，即风险与控制自我评估（RCSA）、损失数据收集（LDC）、关键风险指标（KRI），对操作风险进行管控。同时，证券公司认真履行员工道德风险防范、廉洁从业的主体责任，同时加强合规管理，完善内控制度，强化内部制约，加大违规处罚力度。2019 年，证券公司针对操作风险的重点管控措施包括以下四点。

（一）开展风险与控制自我评估（RCSA），强化操作风险事前防范

证券公司对各项业务的主要风险点进行识别，对风险的控制情况进行梳理，并通过定期开展自我评估不断完善风险识别的完整性和控制措施的有效性，从而提升操作风险防控水平。除定期开展自我评估外，证券公司针对不同场景不定期开展相应的专项自我评估工作，

例如针对科创板业务、2019 年 6 月起实施的《证券基金经营机构信息技术管理办法》、内部组织架构或业务流程发生较大变化等场景。多种场景下对风险与控制自我评估的运用，有助于操作风险识别与控制的及时完善，并强化风险的事前防范水平。

（二）利用损失数据收集（LDC）跟踪管理操作风险事件

证券公司积极利用操作风险管理的信息系统建立操作风险损失数据库，对操作风险损失事件进行收集和跟踪维护，并不断积累操作风险损失数据。在对操作风险损失进行归集分类时，多数证券公司采用《巴塞尔协议》的操作风险七种表现形式，即内部欺诈，外部欺诈，聘用员工和工作场所安全事件，客户、产品和业务活动事件，实物资产损毁，业务中断和系统失灵，执行、交割和流程管理事件。2019 年中国证券业协会专项调研结果显示，2019 年证券公司所发生的操作风险损失事件主要涉及业务中断和系统失灵，执行、交割和流程管理事件，客户、产品和业务活动事件等类型。部分证券公司持续收集操作风险事件，将事件详细信息录入操作风险管理系统后进行整理分析，以发现需要重点关注的领域和环节，并优化操作风险管理手段；或以历史操作风险损失数据为基础，用于辅助风险评估，并提出相应的管理措施。

（三）运用关键风险指标（KRI）监测操作风险

证券公司建立关键风险指标体系对所关注业务、单位的操作风险情况进行监测跟踪，并对指标异常情况进行及时响应，以防范潜在的操作风险事件发生。2019 年中国证券业协会专项调研结果显示，证券公司关注的操作风险关键风险指标主要涉及人员、客户、系统以及监管处罚等方面。关键风险指标主要来源于各相关业务条线的重点管理领域，证券公司往往对不同的业务类型设置不同的关键风险指标。例如，针对证券经纪业务主要关注客户投诉、红冲蓝补次数、系统故障时间等；针对证券自营业务主要关注交易差错、数据录入差错率等；针对投资银行业务主要关注监管函和处罚数量等。在指标监测方面，证券公司多通过信息系统实现异常指标的自动预警。例如，对指标设立多级阈值，当指标达到或超过阈值时，触发对指标超标的风险提示，相关单位需采取有效措施，防止指标频繁发生超标情况。

（四）加强员工道德风险防范与廉洁从业

2019 年 11 月 21 日，证券基金行业文化建设动员大会在北京召开，首次将文化建设定位于引领行业健康发展的战略高度。证券公司应切实担负建设行业文化、防范道德风险、履行社会义务的主体责任。2019 年中国证券业协会专项调研结果显示，证券公司认真履行员工道德风险防范、廉洁从业的主体责任，同时完善内控制度，强化内部制约，部分证券公司还纳入操作风险进行统一管理。主要管控手段包括信息披露、授权管理、合规监测、警示教育、考核惩戒等；并与操作风险管理工具相结合，例如将道德风险、廉洁从业风险纳入风险与控制自我评估范围，建立有针对性的风险监测指标并对将相关风险事件纳入操作风险事件库进行跟踪管理。

第二节 2019 年证券公司关键业务风险的管理

2019 年，证券公司在业务经营过程中，针对证券经纪业务、投资银行类业务、证券投资业务、融资类业务和资产管理业务，根据经营环境的变化情况，动态评估分析事前、事中、事后风险点，并积极采取合理有效的风控措施，保障业务有序开展。

一、证券经纪业务

（一）事前风险点及风控措施

在事前阶段，证券经纪业务面临的风险点主要包括：营销人员违规展业的合规风险与道德风险、客户适当性管理的合规风险、客户开户过程中的操作风险以及客户引入过程中的反洗钱风险。

对此，证券公司建立营销人员管理制度，对营销人员进行法律法规、职业道德相关的培训，以加强对营销人员的管理；通过规章制度明确投资者适当性管理的职责安排与各项要求，在实际业务开展中利用风险测评、适当性评估、“双录”、协议签署等方式获取并保留适当性管理相关材料，并认真审核客户身份资料；对开户流程进行规范化与标准化管理；完善反洗钱风险管理体系架构，发布反洗钱风险相关提示与信息，强化相关工作人员反洗钱意识，加强客户背景调查，识别反洗钱风险，并做好反洗钱分类评级。

（二）事中风险点及风控措施

在事中阶段，证券经纪业务面临的风险点主要包括：客户业务办理和交易相关操作风险，影响交易、清算的信息技术风险，客户异常交易相关风险以及交易过程中的反洗钱风险。

对此，证券公司制定经纪业务的管理办法、业务办理指南等配套制度，对相关业务操作加以规范，明确岗位责任，加强业务管理；通过对分支机构的交易、清算、产品代销等实行集中管理，根据具体经纪业务在交易系统设置前端参数控制，如验资验券等，并对业务运行的相关风险情况进行系统监控；加强开发运维及 IT 外包的管理，并通过信息技术设施建设（如建立有两地三中心架构），完善系统及数据的备份、恢复机制，制订应急预案并定期开展系统的应急演练；对交易系统等重要信息系统的运行情况进行实时监测；建立有效的异常交易行为监控系统以及日间盯市与风险处置机制，利用监控系统对客户的交易行为进行实时监控，按照要求及时处置监控系统中的异常事项，并依据监管要求对异常交易的当事人采取相应措施；借助信息系统加强反洗钱监测（如大额交易、可疑交易行为等），及时报告异常情况。

（三）事后风险点及风控措施

在事后阶段，证券经纪业务面临的风险点主要包括：客户回访不符合监管要求、投资者教育不及时、内容更新迟滞的合规风险，以及风险处置不及时、执行不到位的操作风险。

对此，证券公司通过制订客户回访的管理办法、投资者教育的实施计划和方案，统一对客户回访、投资者教育等工作明确具体要求并进行质量把控；通过明确内部职责范围，确保相关方面及时执行并处置风险，定期进行稽核检查，将经纪业务风险处置纳入检查范围，并将风险处置工作的落实情况纳入管理考核。

二、投资银行类业务

（一）事前风险点及风控措施

在事前项目承揽、立项阶段，投行类业务面临的风险点主要包括：一是合规风险。例如在项目承揽、立项等阶段未排除与客户存在潜在利益冲突、未发现客户潜在违规风险、未进行内幕信息知情人报备。二是操作风险。例如在项目前期承揽、立项等过程中尽调不充分，立项材料对可能构成重大立项障碍的问题未予充分揭示，致使不符合证券公司立项标准，项目无法开展。

针对合规风险，证券公司建立未公开信息知情人管理制度，细化反洗钱和隔离墙制度，建立健全利益冲突审查机制。证券公司投行业务部门执行公司制度并防范合规风险，合规部门对投行业务部门的执行情况进行审核、监督。

针对操作风险，证券公司通过建立投行业务立项制度，明确立项机构设置及其职责、立项标准和程序等内容，从源头保证投行类项目质量。证券公司项目组勤勉尽责完成立项尽职调查工作，质量控制部门对投资银行类项目是否符合立项标准和条件进行核查和判断，内核、合规、风险管理部门可参与立项会议。

（二）事中风险点及风控措施

在事中内核、报送、发行上市或挂牌等阶段，投行类业务面临的风险点主要包括：一是操作风险。例如证券公司项目组尽职调查工作未做到勤勉尽责，工作底稿不完整，获取的资料证据不充分、不适当等；内核等环节未能有效控制项目风险；项目组对监管反馈意见的回复及对申报材料的修改流程不规范等。二是市场风险和流动性风险。例如在证券发行上市阶段，可能存在因证券发行定价不合理、对市场的判断存在偏差、发行时机选择不当等导致的包销情形，进而对证券公司市场风险及流动性风险指标等产生不利影响。

针对操作风险，证券公司根据各类投行业务风险特性，针对性地建立尽职调查制度，规范项目组在实施尽职调查过程中的行为；建立健全投行类业务工作底稿制度，明确工作底稿的整理、验收、移交、保管等要求。

证券公司质量控制部门对投行类项目是否符合内核等标准和条件、业务人员是否勤勉尽责履行尽职调查义务等进行核查和判断，监督项目组按照相关要求完成工作底稿的整理归档，并对归档工作进行验收。证券公司设立内核委员会，履行对投行类业务的内核审议决策职责，对投行类业务风险进行独立研判并发表意见。证券公司内核委员会反馈意见回复报告、发审委意见回复报告、举报信核查报告、会后事项专业意见、补充披露材料和文件等在对外提交、报送、出具或披露前，均按规定履行内核程序。

针对市场风险和流动性风险，证券公司建立定价配售集体决策机制，对定价配售过程中的重要事项进行集体决策。证券公司建立并完善包销风险评估与处理机制，通过事先评估，制订风险处置预案。证券公司风险管理部门委派代表参加包销决策会议，独立发表意见，同时持续计量和监测已包销证券组合的市场风险情况，确保市场风险水平保持在合理范围。证券公司规定包销证券相关的资金划付需要按照相关制度履行审批程序，同时根据监管要求计量并持续监测包销证券对证券公司主要流动性风险指标的影响。

（三）事后风险点及风控措施

在事后持续督导、受托管理、存续期管理等后续管理阶段，投行类业务面临的风险点主要包括：一是合规风险。例如证券公司在后续管理阶段中未勤勉尽责，导致可能被监管或自律部门处罚、采取监管措施，或被司法机关追究刑事责任等。二是信用风险和声誉风险。例如在后续管理阶段可能出现存续期债券或ABS等项目违约导致的投资者诉讼、包销损失等。

针对合规风险，证券公司针对后续管理阶段的特性，建立健全相关制度和工作规程，确保相关人员诚实守信、勤勉尽责地开展持续督导、受托管理、存续期管理等工作，避免由此引发的违规风险。对外披露持续督导、受托管理、年度资产管理等报告，履行内核程序。

针对信用风险和声誉风险，对于存续期债券、ABS等项目信用风险等级进行分类（即正常、关注、风险和违约）。对于关注等级以上的债券，纳入证券公司重大风险关注池进行监督管理。证券公司风险管理部门牵头业务部门制订存续期项目风险排查方案，定期对存续期项目开展全面风险排查，并完成排查工作报告。对于出现重大兑付风险的项目，由证券公司成立应急小组并进行应急处理。另外，证券公司对投行类项目建立了舆情监控系统，及时处理影响公司声誉的风险事件。

三、证券投资业务

（一）事前风险点及风控措施

在事前阶段，证券投资业务面临的风险点主要为操作风险和合规风险，包括投资于清单外的投资品种、开展授权范围外的投资业务、投资研究不充分、具体投资交易环节未经适当的审批或系统风险控制阈值校验等情形。另外，对于量化交易业务及场外衍生品业务，事前阶段还面临模型风险。

对此，证券公司对各类证券投资业务建立授权管理体系和投资交易管理制度及流程，具体业务的开展严格按照制度和流程要求落实。对各项证券投资品种建立投资标的和交易对手备选池，规范出池、入池流程，并根据内外部研究报告等材料调整，投资标的和交易对手需从备选池中挑选，禁止内幕交易、异常交易等违规操作；所有投资交易指令严格落实系统化的前端风控指标校验，交易系统风控指标由风控人员设置并需双人复核；投资交易业务的出入金由证券公司业务部门领导、风险管理部门分别审批，资金管理部门统一调拨管控。

针对场外衍生品等业务开展过程中面临的模型风险，证券公司要求业务中涉及的各类衍生品估值模型、风险计量模型需要经过风险管理部门的独立测试、验证和审批程序后才能投入生产使用，确保风险计量基础的科学性。

（二）事中风险点及风控措施

在事中阶段，证券投资业务面临的风险点主要包括证券价格、利率水平、信用价差、汇率价格等波动导致的市场风险，由于证券发行人或交易对手未能正常履约或信用水平下降等因素造成的信用风险，以及由于标的资产无法合理变现、资产负债期限错配等情况引起的流动性风险。

针对市场风险，证券公司建立量化风险指标评估体系对投资组合的市场风险水平进行计量与监测，密切关注相关资产价格波动，采取多元化投资策略，对各类证券品种的投资规模进行适当控制和适时调整，并结合各类套期保值工具有效控制相关风险；在具体投资项目中匹配负债与资产的期限结构，测算风险价值、贝塔值、波动率、基点价值、久期、凸性等风险指标，并结合压力测试与敏感性分析等工具进行风险评估。对于场外衍生品业务，证券公司结合具体业务特点设置风险量化指标，丰富、完善市场风险指标体系，包含规模类指标（如名义本金规模等），衍生品敏感性指标（如希腊字母、基点价值、利差基点价值等），隐含波动率，对冲有效性等；严格履行投资组合的止盈止损监控机制，并在适当授权情况下进行强制平仓、中止交易等风险处置操作。

针对信用风险，证券公司建立内部评级管理体系，覆盖证券投资业务，对投资标的建立评级准入要求，同时密切关注发行主体、债项的内外部评级变化，持续关注投资标的兑付风险。此外，对承担交易对手信用风险的投资业务建立授信管理和交易对手信用风险管理机制，根据交易对手信用水平变化和负面舆情情况动态调整交易对手备选池，合理控制信用风险敞口。

针对流动性风险，证券公司严格设置资产集中度上限，加强组合久期管理，确保总体资产负债期限匹配；动态分析与跟踪流动性覆盖率、净稳定资金比率、资金缺口等流动性风险指标，建立流动性专项压力测试机制，并制订流动性风险预警机制和应急预案，确保流动性风险在可承受的范围内。

（三）事后风险点及风控措施

在事后阶段，证券投资业务面临的风险点主要是操作风险，例如未能履行风险监测报告程序、未能对风险指标超限或重大风险事件进行应对和处置等情形。

对此，证券公司应持续监测证券投资业务开展过程中的风险状况变化，证券公司投资业务部门应定期总结分析业务经营情况、投资策略及组合方案执行情况，对前期各项目的投资绩效进行分析评估；风险管理部门对总体投资业务风险和风险限额指标执行情况实施监测，定期向管理层出具风险评估报告。对于场外衍生品等业务中使用的估值模型和风险计量模型，证券公司建立定期评估机制，通过返回检验等手段对已有模型本身及其参数进行持续评估，确保模型的合理、可靠，并根据评估结果进行调整和改进。证券公司建立风险限额指标管理制度和相应的处置流程，明确各项指标在突破预警、限额值时的应对流程，通过系统实施监测债券价格偏离度等指标；对于重大风险事件，加强风险处置管控，明确风险事件处置责任人，密切跟踪违约债券发行人、交易对手等相关主体的风险动态，如有必要积极推进司法处置进程，并按要求及时向监管机构、管理层报告风险处置进展。

此外，随着债券违约的常态化，2019 年债券投资业务是证券公司风险管理的重点领域。针对债券违约风险，证券公司主要从以下方面管控：一是重点加强投前风险管控，强化债券风险的评估和尽调，及时更新债券投资标的库，严格控制债券投资范围；二是加强评级管理，注重分散化债券投资，控制投资债券集中度；三是执行债券交易对手的限额管理，并控制单一交易对手债券交易的风险暴露；四是强化对债券负面舆情、评级变化、发行人经营情况的监控，发现风险及时处置。

四、融资类业务

（一）事前风险点及风控措施

在事前阶段，融资类业务面临的风险点主要包括：一是客户适当性管理工作不到位、所开展业务与客户风险承受能力不匹配所导致的合规风险；二是对融资方、标的证券事前风险评估不到位，未充分发现项目的信用风险，导致项目后续出现违约的信用风险；三是融资类业务决策与授权体系不健全，导致后续开展业务未经过适当的审批授权的操作风险；四是业务开展过程中交易要素、资金投放未严格审查，导致业务开展过程中出现的操作风险。

对此，证券公司一是制定并严格执行投资者适当性管理办法、客户征信管理办法等制度，对融入方准入条件、融入方推荐、征信调查及评级、黑名单管理等内容进行规定。二是加强贷前管控，着力从源头降低融资类业务风险。在业务开展前，证券公司通过尽职调查获取客户基础信息、财务数据、信用状况、资金用途、还款来源等相关材料，通过内部评级和尽职调查报告等手段对客户的履约能力进行综合评估，通过量化模型等设定担保券的折扣率标准并定期评估更新，同时严格执行客户准入标准。三是建立分级授权机制，根据业务规模、风险程度等要素，逐级审批，提高集体决策的专业性和有效性。四是在业务开展过程中严格实施交易要素审核、交易协议审查、资金投放审查等，有效降低操作风险。

（二）事中风险点及风控措施

在事中阶段，融资类业务面临的风险点主要包括：一是项目存续期间融资方信用状况恶化，导致融资方后续无法按时履约的风险；二是项目存续期间融资方、关联方及标的证券出现重大负面舆情，影响其正常经营、再融资能力等，导致项目出现信用风险。

对此，证券公司在充分考虑公司风险承受能力和业务实际的基础上，一是制订融资类业务风险限额和风险控制指标，并逐日开展业务指标监测、风险分析及后续跟踪管理，根据监控情况向相关部门予以提示或发出风险警示；二是落实项目风险的持续跟踪及评估，通过公开资料、现场或非现场访谈、委托调研等多种方式跟踪了解融资方资信状况、标的证券经营状况变化并进行持续评估；三是对存续期项目进行日常舆情监控，针对存在负面新闻并可能导致风险向公司传递的融资类项目，及时进行风险提示；四是定期或不定期进行压力测试，排查大额高风险项目，对业务部门进行风险提示，提前规避或化解风险事件。

（三）事后风险点及风控措施

在事后阶段，融资类业务面临的风险点主要包括：一是因信用状况恶化、偿付能力不足、偿付意愿不足等原因导致融资方未按照合同规定追加保证金（或担保品）或未按时履约给公司造成损失的风险；二是违约后融资方资产全部平仓仍不足以清偿所欠债务，未能采取及时有效的追偿措施给公司造成损失的风险。

对此，证券公司应建立健全风险处置机制，针对未按照合同规定追加保证金（或担保品）或未按时履约的客户，建立风险处置机制。业务部门根据信用风险评估和监测结果，动态选择与公司风险偏好相适应的应对策略，对信用风险事件及时进行处置。对符合平仓标准的标的证券及时进行平仓，对于平仓后资不抵债的客户，持续商谈追索，并根据风险严重程度，采取还款以降低信用敞口、追加担保资产、司法诉讼等风险缓释手段。

此外，2019 年股票质押式回购业务是证券公司风险管理的重点领域。针对股票质押回购风险，证券公司主要从以下方面管控：一是结合自身业务特点和风控能力，主动调整股票质押回购业务定位，控制规模与优化结构并行；二是推进存量业务风险防范与化解，密切监控履约保障比例、集中度、信用限额等指标，加强对融资主体和质押标的券负面舆情信息的及时预警和反应，对于出险项目采取增加担保品、平仓处置、司法处置和纾困基金等手段化解风险；三是更加审慎地开展增量业务，对客户准入、内部评级、尽职调查、审核评估、授信限额、标的券管理和操作流程等提出更高要求。

五、资产管理业务

（一）事前风险点及风控措施

在事前立项准入和审批决策环节，证券公司资产管理业务面临的风险点主要包括：一是投资者适当性、反洗钱工作以及产品结构、宣传营销等方面的合规性风险。特别是《关于规范金融机构资产管理业务的指导意见》（即资管新规）颁布以来，监管层陆续发布相关资产管理细则，且从近几年处罚的趋势及分布来看，行业资产管理业务因内部审批、尽职调查、债券交易等被处罚的比例逐渐增加，合规风险管理尤为受到重视。二是审批决策、分级授权、内部控制、职责分工等流程机制不健全，准入标准和风控指标体系不完善，人员操作失误等因素带来的操作风险。

对此，证券公司采取了以下风控措施：强化产品立项的合规风控审核，避免合规性问题，在充分揭示潜在风险点后才能提交并决策；建立必要的职责分离制度，明确关键岗位、特殊岗位、不相容岗位及其控制要求；制定完善的内部控制体系和业务流程，明确审批决策的职责权限；加强业务尽职调查和投研机制，建立投资标的和交易对手的入库机制；建立健全风险限额指标体系，并在前端交易系统里进行设置；建立复核机制，投资交易指令采用多人交叉复核模式，避免操作风险事件的发生。

（二）事中风险点及风控措施

在事中风险监控和动态跟踪环节，证券公司资产管理业务面临的风险点主要包括：一是市场价格不利变化导致的市场风险以及投资标的和交易对手的信用风险。特别是 2019 年债券违约时有发生，产品投资的债券信用风险管理较为突出。二是产品开放期流动资金不足、高杠杆产品因市场流动性紧张而引起的产品流动性风险。

对此，证券公司需密切关注宏观经济指标变化及投资标的负面舆情；加强行业、单一主体、单一证券、单一交易对手等集中度指标监测，强化对投资标的主体的相关跟踪和调研以及投后尽调管理；做好资管产品整体流动性管理，合理配置高流动性资产，根据市场资金价格及融资环境做好融资安排及杠杆控制；定期进行流动性压力测试，建立风险应急预案。

（三）事后风险点及风控措施

在事后风险资产处置和风险事件应对环节，证券公司资产管理业务主要面临标的及交易对手违约、资产处置流动性较差导致无法及时处置、产品亏损导致客户投诉等因素带来的信用风险、流动性风险和声誉风险。

对此，证券公司应采取以下风控措施：建立风险分类分级管理机制，对出险资产实施分类分级；按照既定风险应急预案，在发生风险事件第一时间发起应急流程，成立应急处置小组，由相关部门协同跟进追偿和诉讼流程。

第三章 2020 年中国证券公司风险管理展望

一、打造风险管理核心竞争力，砥砺前行在路上

当前，金融风险防控受到党和国家的高度重视，防范化解重大风险是当前及今后一段时期经济工作的首要任务。同时历史经验证明，能够稳妥应对挑战的证券公司一定是以服务实体经济为根本，具备完善的风险管理体系、稳健的风险管理文化、审慎的风险管理能力的证券公司。这些都说明证券公司的风险管理水平需要不断完善和提高，风险管理没有终点，永远在路上。

2020 年，证券公司应从国家安全观的高度认识防范化解重大风险工作，坚持底线思维，增强忧患意识，不断增强防范化解重大风险的意识和能力。首先，要正确把握金融本质，立足国内实际情况，深化对金融本质、初心和规律的再认识，坚持服务实体经济的根本发展方向，做到尊重规律、敬畏规律、遵循规律，坚持按市场规律办事。其次，平衡好促发展和防风险的关系，坚持在创新发展中防范风险，持续提升全面风险管理能力，精细化风险管理的要求，增强抵御风险的韧性。最后，持续做好重点领域风险的处置，切实增强忧患意识，坚持历史观和辩证法，精准处置，打好防范化解重大风险攻坚战，不断健全风险管理长效机制。

二、培育稳健的风险文化，筑牢道德风险防控

2019 年 11 月 21 日，证券基金行业文化建设动员大会在北京召开。中国证监会主席易会满在会上作了题为“加快行业文化建设 优化行业发展生态 着力提升证券基金机构软实力和核心竞争力”的重要讲话，首次将文化建设放到引领行业健康发展的战略高度。同日，中国证券业协会发布《证券行业文化建设倡议书》。

2020 年，证券公司要坚持稳中求进，把稳健作为行业的经营底色和鲜明特质，始终保持资本稳健，流动性充足，业务发展与管理能力相匹配。证券公司良好的风险管理文化和全员风控合规意识是风险管理的基础，也是风险管理体系有效运行的重要保障。证券公司应建

立自上而下、上下贯通的风险管理文化，提高全员风险意识，打造“人人合规、全员风控”的风险管理文化，建立健全激励约束机制，切实将风险管理效果与绩效考评结果挂钩，提高员工的风险管理意识与责任感。

同时，健康良好的行业文化是防范金融风险的有力抓手。实践表明，金融从业人员如果没有良好的道德操守，则能力越强，风险越高。2020 年，证券公司应充分认识加强企业文化建设和道德风险防范的价值意义，推进廉洁文化建设，加强廉洁从业内控体系建设，加大追责问责力度，坚守廉洁底线，筑牢道德风险防线。

三、借鉴国际先进经验，提升风险管理水平

当今，我们处在一个崭新的时代，中国正推动形成全面开放新格局，以更大范围的开放促进金融深化改革。资本市场和证券行业对外开放速度不断加快，将在一定程度上促进甚至倒逼我国更主动地全面深化金融体制改革，为国内证券业的发展带来的新的机遇和挑战。

国外投资银行发展历史较长，在长期的风险管理实践中积累了丰富的经验。无论是风险管理框架，全面、分层次、立体的管理模式，还是风险量化技术模型、功能强大的风险管理信息系统等方面，都具有优势。2020 年，证券公司要坚定信心，主动把握机遇，积极应对潜在挑战，积极学习借鉴国外一流投资银行的风险管理经验和做法，探索借鉴国际先进的风险管理理念和方法，形成适合本土特色的创新性风险管理模式和方法，加快锻造具备国际竞争水平的核心竞争能力。

四、借助金融科技手段，推动风险管理转型升级

随着证券公司业务结构日益复杂，投资交易工具种类日渐增多，特别是一些交叉性金融工具的使用，造成风险管控难度加大，跨市场、跨区域风险增加，单靠风控人员的肉眼观察、手工操作难以实施有效的风险管理，急需借助先进、智能的风控技术和手段提高风险管理效率和效果。

2020 年，证券公司应立足金融风险管理的本质，借助金融科技加快数字化转型，依托大数据、云计算、人工智能、区块链、知识图谱、生物识别等技术应用，构建科学的全流程风控体系，促进传统风控方式转型升级。证券公司应积极拥抱数字化转型，创新风险管理工具和方法，改进方法使得风险计量更准确，优化流程使得风险管理更高效，开发技术使得风险管理效能更大，应用新技术使得防风险空间更广，推进证券行业更好地服务实体经济发展，助力打赢防范化解金融风险攻坚战。

专题报告之三：

2019 年证券行业履行脱贫攻坚社会责任综述

党的十八大以来，党中央、国务院把金融扶贫作为政策“组合拳”的“重头戏”，习近平总书记多次对金融扶贫作出重要指示，强调要发挥资本市场支持贫困地区发展作用，吸引社会资金广泛参与脱贫攻坚，形成脱贫攻坚资金多渠道、多样化投入，为发挥资本市场作用、利用市场化机制服务脱贫攻坚战略提供了行动指南和根本遵循。

近年来，证券行业在资本实力、服务质量、规范水平、市场竞争力等方面均有了显著提升和改善，服务实体经济能力明显提升，参与脱贫攻坚的资本更加充足。在此背景下，中国证券业协会（以下简称“协会”）充分发挥作为自律组织的动员、联系作用，自 2016 年起先后发起“一司一县”结对帮扶、“一县一企”产业扶贫行动倡议。截至 2019 年底，101 家证券公司结对帮扶 294 个国家级贫困县，72 家证券公司结对帮扶 111 个深度贫困县，帮助贫困地区企业融资 570.44 亿元，公益性支出 5.58 亿元，证券行业结对帮扶的 274 个贫困县已实现脱贫摘帽。

第一章
全面贯彻落实党中央部署，引导行业合力攻坚精准扶贫

2019 年，协会全面贯彻党中央、国务院脱贫攻坚决策部署，认真落实中国证监会扶贫工作要求，引导行业充分发挥专业优势，不断探索完善扶贫新路径，服务脱贫攻坚取得务实成效。

一、凝聚行业合力，坚持合力攻坚克难

协会注重调动各方积极性，引导市场机构协同发力，形成行业广泛参与的帮扶格局。2016 年 8 月，率先发出《助力脱贫攻坚 履行社会责任——证券公司“一司一县”结对帮扶贫困县行动倡议书》，号召每家证券公司至少结对帮扶一个国家级贫困县。在协会倡导和动员下，证券公司积极响应、迅速行动，将服务脱贫攻坚凝聚为思想共识和行动自觉。

经统计，截至 2019 年底，101 家证券公司结对帮扶 294 个国家级贫困县，覆盖 35% 的国家级贫困县；82 家证券公司从“一司一县”增至“一司多县”，中泰证券、东方证券、方正证券 3 家证券公司结对帮扶的贫困县达 10 个以上；72 家证券公司主动向深度贫困地区倾斜，结对帮扶 111 个深度贫困地区，覆盖 33% 的深度贫困县。通过证券公司和社会各界的共同帮扶，证券行业结对帮扶的 274 个国家级贫困县实现脱贫摘帽，高效务实的帮扶措施得到贫困地区政府和企业的高度认可，合力攻坚、合力帮扶的良好局面成为证券业服务脱贫攻坚的亮点和特色。

二、立足行业优势，深入开展专业帮扶

协会注重引导行业发挥资本市场在资源配置中的引导和撬动作用，帮助贫困地区开拓多元化融资渠道，着力支持产业发展。2017 年 9 月，再次发出《推动“一县一企”深化精准扶贫——证券公司服务脱贫攻坚再行动倡议书》，号召证券公司发挥专业优势，借助资本市场直接融资功能，为贫困地区企业规范公司治理、改善融资途径提供专业服务，培育产业“造血”功能。

经统计，2016—2019 年，证券公司在遵循产业发展规律和市场融资需求的基础上，综合运用承销保荐、并购重组、财务顾问、投资融资等手段，分别帮助贫困地区企业融资 2 596亿元。其中，帮助贫困地区企业首次公开发行股票并上市融资 89.86 亿元，帮助贫困地区上市公司股票增发融资 342 亿元，帮助贫困地区企业通过全国中小企业股份转让系统股权融资 120.2 亿元，发行债券（含资产支持证券）融资 1 539.18 亿元，并购重组融资 176.69 亿元，设立产业基金 65.04 亿元，开展私募股权融资 69.09 亿元，通过资管计划、区域性股权市场等其他方式融资 194.11 亿元，起到了通过支持产业带活一方经济的作用。

三、紧盯挂牌督战县，逐项补齐脱贫短板

党的十八大以来，得益于政府、市场对扶贫投入力度的不断加大，我国贫困人口从 2012 年底的 9 899 万人减少到 2019 年底的 551 万人，累计减少 9 348 万人，贫困发生率从 2012 年的 10.2% 下降至 0.6%。根据国务院扶贫办统计数据，截至 2019 年底，全国仍有 52 个贫困县未实现脱贫摘帽，对于社会各界的挑战依然严峻。

结合国务院扶贫开发领导小组《关于开展挂牌督战工作的指导意见》要求，协会及时动员跟进证券公司在 52 个挂牌督战县帮扶工作进展，督促证券公司围绕“两不愁三保障”，聚焦挂牌县突出问题和困难，进一步加大帮扶力度，助力挂牌县按期退出、贫困人口按期脱贫，全力打好脱贫攻坚收官之战。经统计，2020 年，23 家证券公司拟在 29 个挂牌督战县（占比 56%）开展 61 个脱贫攻坚项目，拟投入资金共计 7 445 万元，涵盖金融服务、产业扶持、消费采购、电商平台搭建、志智双扶、义务教育、基本医疗、住房保障、公共设施建设等，切实为挂牌县脱贫摘帽贡献行业力量。

四、优化正向激励，完善专项评价体系

协会注重构建正向激励机制，发挥考核导向作用，在中国证监会授权和指导下，结合证券业扶贫特色，研究制订了“证券公司脱贫攻坚等社会责任履行情况专项评价指标”，对证券公司 2016—2019 年扶贫成效开展专项评价，并纳入年度分类评价，引导行业增强行动自觉，提升责任担当。

现行评价指标包含结对帮扶、服务融资、公益性支出等八个维度，在激励行业加大帮扶力度方面发挥了指挥棒作用。以公益性支出为例，2016—2019 年，证券公司公益性支出分别为 2.50 亿元、4.69 亿元、5.21 亿元、5.58 亿元，保持持续增长态势。特别是 2019 年，公益性支出超过 500 万元的证券公司共 36 家，同比增加 4 家；达到千万元以上的共 20 家，同比增加 1 家。以结对帮扶为例，截至 2016 年底，82 家证券公司结对帮扶 125 个国家级贫困县；截至 2019 年底，101 家证券公司结对帮扶 294 个国家级贫困县，证券公司数量、结对帮扶县域数量较 2016 年分别增长 19 家、169 个，参与度和覆盖率不断提升。

五、搭建金融扶贫综合服务平台，创新信息共享方式

根据《中国人民银行、国务院扶贫办等关于加强金融精准扶贫信息对接共享工作的指导意见》要求，2016 年 9 月，由协会指导中证报价搭建的金融扶贫综合服务平台上线运行。平台定位于信息展示、资源对接、扶贫宣传、数据交互等，为信息共享、数据支持、项目推进等提供有效支撑，也为行业了解扶贫动态、交流经验做法提供了良好渠道，逐渐成为行业扶贫信息聚集区和经验交流阵地。

经统计，在信息展示和资源对接上，平台已为中国证监会 9 个定点扶贫县及新疆、西藏等贫困地区设立专门的展示板块，为 220 个国家级贫困县进行县域展示，为 64 个贫困地区产业项目进行融资展示，对接产业扶贫基金 8 只，规模 8. 34 亿元，持续推动贫困地区产业资源与资本市场对接。在数据报送和扶贫宣传上，平台设有扶贫信息报送系统，102 家证券公司报送了 4 921 条扶贫信息。平台以此为基础，发布行业扶贫动态 68 期，积极传播行业扶贫正能量。在线下，平台还与证券公司、贫困县域企业合作，累计组织 13 场针对贫困县域的培训、路演，为超过 50 家贫困地区企业对接 100 余家专业投资机构。

六、注重宣传推广，增强行业荣誉感、责任感、使命感

协会注重总结行业扶贫典型案例和突出成效，充分运用新闻媒体、户外宣传、网络平台等载体，增强舆论宣传和传播推广，推动行业持续加大金融扶贫支持力度，为形成脱贫攻坚合力贡献可复制、可推广的经验。

一是 2016—2019 年，召开五次行业扶贫交流座谈会，总结、交流资本市场服务脱贫攻坚实践经验，巩固、提高证券公司扶贫工作成果。二是根据中国证监会年报披露要求，推动证券行业将社会责任履行情况纳入信息披露范围。2016—2019 年，证券公司精准扶贫社会责任披露情况由 67% 提升至 98%。三是自 2011 年起，连续 8 年发布证券公司履行社会责任报告，并自 2016 年起发布精准扶贫专题报告，向公众披露证券行业参与国家发展战略、服务实体经济、服务脱贫攻坚、完善投资者保护、发展绿色金融、致力公益慈善等责任建设成果。四是丰富宣传方式，联合新华网推出“证券行业助力贫困地区脱贫摘帽”专题宣传，联合人民网人民视频开展证券公司扶贫案例微视频宣传，借助全国扶贫日等契机开展“资本市场助力脱贫攻坚成果展”“庆祝改革开放 40 周年资本市场扶贫成果展”等活动，通过生动丰富的方式彰显资本市场担当作为的实践与成效。

第二章
精准施策精准帮扶，助力结对地区高质量完成脱贫攻坚任务

2019 年，证券行业积极发挥资本市场机制作用，以金融扶贫、产业扶贫、消费扶贫、智力扶贫、公益扶贫为路径，以提高脱贫攻坚质量和贫困群众满意度为导向，立足自身优势，为结对帮扶县引入可持续发展的“活水”。目前，在社会各界的共同努力下，证券行业结对帮扶的 274 个贫困县已实现脱贫摘帽。

一、金融扶贫：发挥行业优势助力直接融资，注入长期发展动能

自启动“一司一县”“一县一企”行动以来，证券公司突出金融与产业的融合，进一步发挥专业优势和资源整合优势，帮助贫困地区通过资本市场融资、融智等方式，加大金融服务力度。经统计，2019 年，服务贫困地区企业融资达 570.44 亿元，同比增长 35.1%，持续帮助结对县优化资源配置，带动经济发展。

一是助力贫困地区企业通过股权融资直接对接资本市场。2019 年，证券公司帮助 3 家贫困地区企业通过 IPO“绿色通道”发行上市，募集资金 25.16 亿元；并购重组项目 1 个，标的额 1.47 亿元。如，光大证券担任独立财务顾问，助力河池化工完成收购南松医药重大资产重组。河池化工于 1999 年在深交所上市，是广西河池唯一的上市公司，也是对外招商引资的重要平台。河池市地处广西西北部，是著名的革命老区、少数民族聚集区，也是广西贫困人口最多、贫困面最广、贫困程度最深的地级市之一。近年来河池化工原主营业务受产能过剩等因素影响，持续亏损、资不抵债，经营陷入困境，转型升级迫在眉睫。光大证券助力河池化工出售持续亏损的尿素生产相关资产，通过发行股份及募集配套资金支付现金的方式购买南松医药控股权，注入盈利能力较强、前景广阔的医药中间体业务。该项目为河池化工盘活资产、引入资本、增加地方税收、带动当地经济发展打下了坚实基础。

二是助力贫困地区企业通过债券融资提升资本“造血”能力。2019 年，证券公司通过发行债券（含 ABS）帮助贫困地区企业融资 448.64 亿元，发行人覆盖贵州、湖南、西藏、广西、云南等多个地区，募集资金用途涵盖异地扶贫搬迁、小额贷款、农业养殖、环境治

理、生态旅游等，从不同领域支持贫困地区因地制宜发展特色产业。如，2019 年，开源证券担任管理人及销售机构发行上交所首单景区扶贫 ABS 产品“开源－普者黑国家级景区扶贫资产支持专项计划”。该项目以云南普者黑文化旅游开发有限公司为原始权益人，以原始权益人因建设和运营普者黑景区内游船设施而享有的自专项计划设立之日起特定期间内特定数量的游船凭证为基础资产，发行规模 7.5 亿元，期限 10 年。募集资金用于普者黑基础设施建设、景区运营等，带动景区设施和服务全面升级，将对当地以普者黑景区为核心的旅游服务业产生积极推动作用，实现金融服务实体经济、以资本市场联动助力贫困地区建设发展的成效。

三是助力贫困地区企业通过新三板挂牌及融资实现转型升级。2019 年，6 家证券公司推荐 7 家贫困地区企业在新三板挂牌，14 家证券公司帮助 19 家贫困地区企业实现新三板股权融资 5.89 亿元，助力贫困地区企业完善法人治理结构，规范财务管理，拓宽融资渠道，改善经营机制。如，戈碧迦公司注册地位于湖北省秭归县，是以光学玻璃和水晶工艺玻璃研发、生产与销售为主营业务的高新技术企业。中信建投证券与戈碧迦于 2014 年底达成合作，完成挂牌前融资 3 000 万元，并于 2016 年 1 月推荐其挂牌新三板。2019 年，中信建投证券再次协助其完成股票发行融资 1 亿元，募集资金主要投向新建的汽车光学车灯非球面透镜项目。通过提供全方位的服务，公司治理逐步走向规范，产品结构调整优化，生产规模不断扩大，经营业绩稳健向好，营业收入从 8 000 万元/年增长至 2 亿元/年，净利润从盈亏平衡增长至 2 000 万元/年，不仅有助于增加当地税收收入，而且为贫困地区创造了大量就业岗位，企业近 500 名员工中，当地人员占比 80%，具有广泛的经济效益和社会效益。

四是助力贫困地区企业通过区域性股权市场实现特色化发展。2019 年，证券公司帮助贫困地区企业在区域性股权市场融资 27.43 亿元，将小微企业、专业服务机构、金融产品、政策信息高度整合，引导贫困地区产品配套和布局优化，打破经济零散型和碎片化局面，推动中小微企业发展。如，2019 年，长江证券推荐 89 家县域中小微企业在区域性股权市场挂牌，打造了“郧西县产业助力精准脱贫板块”“中国水都·丹江口绿色智能制造板块”“宜都市茶业板块”“湖北西陵经济开发区板块”“襄阳科技成长板块”等县域经济板块，有力推动了“一司一县”定点扶贫地区脱贫攻坚进程。其中，“郧西县产业助力精准脱贫板块”所在的湖北省郧西县是国家新阶段扶贫开发重点县，2019 年进入脱贫摘帽关键时期，该板块成功启动后，25 家郧西县企业集体登陆湖北区域性股权市场，是助力郧西县全面打好精准脱贫攻坚战的务实举措和最新成果。

五是创新金融产品为贫困地区打造扶贫新模式。2019 年，证券公司联合旗下期货公司，持续探索贫困地区“保险＋期货”项目，改变原有的农产品风险转移方式和农产品补贴方式，承保品种不断扩大至天然橡胶、玉米、大豆、苹果、白糖、猪饲料等多种农副产品，为云南、海南、吉林、河南等地农民提供收入保障，让农民得到真正的实惠。如，2019 年，浙商证券期货子公司主导、参与 8 个“保险＋期货”精准扶贫项目，包含山东嘉祥大豆收入险、内蒙古扎鲁特旗玉米收入险、黑龙江桦川玉米收入险、海南白沙橡胶价格险、陕西富县苹果价格险、新疆库车红枣价格险、甘肃麦积区苹果价格险、甘肃秦安县苹果价格险等项目，共投入保费补贴 1 822.64 万元，取得良好效果。一是项目规模持续扩大，2019 年共保障现货 11.42 万吨，种植面积 59.49 万亩，保险金额 8.6 亿元，实现赔付 3 853.4 万元，服务农户 2 万余人，其中建档立卡贫困户 2 713 人。二是由点及面，打造县域覆盖试点典型，8 个项目中有 6 个是县域覆盖项目。三是积极引入银行、农业龙头企业等主体，为贫困地区农户提供综合风险管理服务，打造农业产业链产销闭环。

二、产业扶贫：提升贫困地区自我发展能力，确保脱贫效果可持续

2019 年，证券公司产业扶贫呈现出参与主体广泛、投入资金增多、产业品类众多、扶贫效益显著等特点，借助支持产业化龙头企业发展、延伸农业产业链、打造特色品牌、提高农产品附加值等方式，推动产业整合和转型升级，通过发展产业、对接市场带动贫困落后地区经济发展。

一是结合贫困地区资源禀赋，打造特色产业品牌。证券公司在分析贫困地区资源禀赋、产业现状、市场空间、环境容量、新型主体带动能力和产业覆盖面的基础上，因地制宜协助发展特色产业，打造特色产业品牌，助力贫困地区培育优势特色主导产业、脱贫增收支柱产业。如，自 2016 年结对帮扶内蒙古莫旗以来，东方证券经过大量实地调研，通过设立标准化基地、邀请专家实地指导、捐赠专用流转框、援建仓储转运基地、引入电商平台等多种方式，连续多年实施“东方菇娘”产业扶贫项目，助力当地完善产业链标准化程度。目前，菇娘果品质越来越好，种植面积越来越多，从 2017 年的 1 100 亩增加到 2018 年的约 2 200 亩、再到 2019 年的 3 500 亩，不仅直接帮助果农们创收脱贫，更长远促进了菇娘果产业发展。除此之外，东方证券持续总结“东方菇娘”项目经验，将其推广到湖北省五峰县等地，携手知名茶厂、电商平台开展项目标准化、品牌化及信息化建设，借助旗下子品牌影响力，打造“东方红宜红茶”品牌，帮助五峰宜红茶重焕活力，助推当地茶叶产业长远升级发展。

二是培育贫困地区新型经营主体，发挥带动作用。证券公司注重协助贫困地区培育产业基地、产业园区、产业合作社等新型经营主体，覆盖蔬果种植、畜牧养殖、农产品深加工等多种类型，支持和激励新型经营主体发挥资金、技术、市场、管理等优势，更好地带动贫困地区经济发展和贫困人口脱贫增收。如，广发证券向海南省白沙县对俄村捐赠扶贫资金 500 万元，正生堂配套投入 167 万元，合计 667 万元，在对俄村及周边建设 1 000 亩橡胶林下土地五指毛桃种植示范园，项目由正生堂负责具体实施、日常管理及产品销售，白沙县政府予以协助。项目期内，正生堂引导贫困户自行种植五指毛桃，供应种苗和技术跟踪，对合格产品保价收购。有劳动能力的贫困户参与项目建设，并利用自身土地种植五指毛桃，每户种植不少于 2 亩，项目共 3 年，给予每名贫困户固定回报 11 000 多元，全体贫困户回报总额 628 万余元，带动对俄村 135 户建档立卡贫困户共 549 人增收。

三是探索产业发展模式，助力特色产业升级发展。证券公司着力在实施新型经营主体带

动、贫困户互相帮扶、特色产业项目建设上下功夫，积极探索能复制、可推广、效益好的发展模式。根据证券公司报送数据统计，2019 年，36 家证券公司通过光伏电站、民宿旅游、电池回收资源循环利用、建立村办工厂、天然橡胶场外期权、撮合土地租赁、设立高校实习基地、设立慈善信托计划、开展“互联网 + 现代农业”等方式，助力产业转型升级。如，长江证券出资 60 万元在贵州省从江县秋新村试点开展“林下养鸡”“稻田禾花鱼”产业扶贫项目。通过开展技术培训，引导当地村民开展主导产业探索，实现“农业产业项目培育 + 龙头企业带动 + 贫困户参与”的良好合作模式，为当地培育特色产业、促进增产增收起到了积极的推动作用。2019 年，林下鸡与稻田禾花鱼产业共实现盈利 31.48 万元，按照“226”利益联结模式分配，村集体分红 6.296 万元，合作社滚动发展资金 6.296 万元，71 户贫困户分红 18.88 万元，户均分红 2 660.28 元。

四是设立产业基金投资特色产业，为贫困地区中小企业缓解融资难题。根据证券公司报送数据统计，截至 2019 年，证券公司自主设立或参与设立产业基金 65.04 亿元，充分发挥了产业基金的引导作用，助力贫困地区企业及产业发展。如，山西证券对山西省汾西县产业情况进行调查研究，促成汾西洪昌养殖公司与具有较强肉鸡深加工能力的山东诸城外贸公司合作成立汾西县长晟科贸有限责任公司，由其建设 1.86 万吨肉鸡熟食深加工厂。2019 年 4 月，在克服多种不利因素的情况下，通过管理的汾西扶贫基金和山西中小创投基金对项目投资 2 250 万元，帮助项目顺利启动。目前，项目土建及设备安装工程已基本结束，并于 2019 年 12 月进行了试生产，项目建成后将为汾西县建档立卡贫困户至少提供 100 人的就业岗位，安置剩余劳动力 600 余人，对汾西县扶贫脱困起到了有力的推动作用。

三、消费扶贫：调动贫困人口依靠自身努力实现脱贫致富积极性，促进贫困人口稳定脱贫

2019 年，证券公司通过帮助拓宽产品流通和销售渠道、扩大产品和服务消费、提升产品供给质量、推动需求与供给直接对接等，助力贫困地区产品和服务融入更广阔的市场。根据证券公司报送数据统计，2019 年，超过 45% 的证券公司开拓消费扶贫，投入资金超过 4 000万元，助推贫困地区产品和服务消费，调动贫困人口依靠自身努力实现脱贫致富的积极性。

一是借助电商平台拓展销售渠道。证券公司依托电子商务平台，针对贫困地区产品策划特色活动，将特色产品与全国市场对接，使“互联网”逐渐打通农产品的“出山路”，成为贫困户脱贫致富的“新农具”。如，光大证券在湖南省新田县挖掘含硒特色农作物，将“米大姐”恒丰粮油作为龙头企业予以帮扶，通过多次上门辅导，帮助规范公司治理，改善融资状况；聘请专业团队，深度挖掘恒丰粮油产品亮点，帮助设计产品包装，加强品牌建设和品牌宣传；依托人民日报（中央厨房）“人民 · 光大”特色精准扶贫电商平台、光大银行购精彩电商平台，以及中证资本市场精准扶贫专场拍卖会等平台推广恒丰粮油产品。在光大证

券帮扶下，“米大姐”不断发展壮大，到2019年底，恒丰粮油年产值已近亿元，带动1 500人就业，其中贫困户近千人，人均增收2 000元以上，成为惠及一方百姓的致富带头企业。

二是开拓多种方式缓解流通销售难题。证券公司通过为贫困地区企业提供产品开发、包装设计、网店运营、产品追溯、人才培训等专业服务，帮助其拓宽流通和销售渠道。如，开源证券与陕西省汉阴县凤堰茶业有限公司合作，打造“凤堰绿茶”“凤堰红茶”特色扶贫产品，通过第一书记代言、定制特色包装、订单认购、打造网络销售平台等方式推广销售，先后与多家企业签署合作协议，2019年销售70余万元，新增茶园建设100亩，通过土地流转、贫困户茶园务工等多种方式带动200余户贫困户增收千元以上。

三是推动消费者与贫困户直接对接。证券公司采取“以购代捐”“以买代帮”等方式采购贫困地区产品和服务，推动消费者与特色产品供给者信息精准对接，帮助贫困人口增收脱贫。如，中国银河证券为甘肃省静宁县打造京东商城“静宁扶贫馆”，共整合1个龙头企业、6个产业扶贫公司和合作社的农特产品，直接吸纳24个村集体和1 520户建档立卡贫困户参与，吸引300多人就业。同时，广泛动员员工购买静宁农特产品，累计1 400万元；号召全体人员、战略客户参加“认养一棵苹果树·扶贫济困献爱心”活动，汇聚扶贫资金345万元，全部投向静宁县杨咀村脱贫攻坚中。

四、智力扶贫：坚持“志智双扶”，普及资本市场发展理念和产业技术知识

2019年，证券公司坚持发挥特色优势，通过资本市场教育培训、投资者教育和保护、产业技术培训等智力帮扶形式，帮助改善贫困地区、深度贫困地区金融环境，持续为贫困地区群众普及金融理念和技术知识，维护其合法权益。

一是以投教提高防范意识，为投资者撑起保护伞。证券公司结合贫困地区群众实际需求，通过普及证券法规和金融知识、传播理性投资理念、提高投资者风险防范意识等，拓展投教服务广度和深度，促进贫困地区投资者树立维权意识。根据证券公司报送数据统计，2019年1月至2020年4月，近50家证券公司在贫困地区开展投资者教育与保护活动。如，爱建证券在湖北省英山县开展以“老年人投资理财风险防范”为主题的打击非法证券活动的宣传“暖冬行动”，结合近年来农村地区非法金融诈骗典型案例，通过现场宣传、讲座的形式，帮助老百姓提高对非法证券活动的风险防范意识和识别能力，为促进当地人民幸福、社会稳定发展提供服务与支持。

二是以培训更新发展理念，为贫困地区引入智力“活水”。证券公司联合贫困地区政府、扶贫部门等，提供资本市场教育培训服务，着力提升对资本市场的认识，增强贫困地区政府、企业利用资本市场促进自身发展的能力。如，方正证券结合扶贫工作规划和结对帮扶县实际情况，开展“智富大讲堂”培训。培训采用“现场+视频、培训+座谈、经验交流+分享”的模式，邀请业务部门讲师、金融行业相关人士为贫困地区政府干部、企业管理人员进行金融知识培训和案例分享，并为所有参训人员开通网络学习账号，推广“智富

大讲堂”网上在线学习模式。同时，采用金融讲师走进贫困县、贫困县领导走出去学习等多种方式，目前已累计开展40余场培训，受益对象5 000多人。

三是以技术促进人口就业，为贫困群众筑牢保障网。证券公司整合多方资源，汇聚专业力量，通过开展产业技术培训、职业技能培训等方式，提高贫困群众就业、创业能力，力求从根本上扭转贫困局面，为贫困群众生活筑牢保障网。如，广发证券与农业农村部、联合国粮农组织共同合作开展“联合国可持续发展目标示范村”项目，打造全球减贫样本。该项目是国内首个在中国政府认可下企业与政府间组织开展捐赠的项目。项目于2019—2021年在湖南省龙山县、湖北省来凤县、四川省美姑县、海南省白沙县4地各选取4个贫困村进行试点，从农业产业发展着手，通过“互联网+农业+金融”的模式，对16个试点村进行全方位帮扶，帮扶措施包括开展农民田间学校培训、整合电商平台销售农产品等。该项目综合发挥中华农业科教基金会、联合国粮农组织的专业优势和广发证券的金融扶贫优势，立足深度贫困地区，促进传统农业向生态农业转型升级，实现贫困人口脱贫增收和农村环境保护的双重价值，预计将有逾千名农民成为直接受益者。

五、公益扶贫：聚焦“两不愁三保障”，合力推进暖心公益改善民生

习近平总书记在解决“两不愁三保障”突出问题座谈会上指出，到2020年稳定实现农村贫困人口不愁吃、不愁穿，义务教育、基本医疗、住房安全有保障，是贫困人口脱贫的基本要求和核心指标。2019年，证券公司通过持续增加教育扶贫资金和人才投入、对因病致贫返贫群众给予有效救助、改善贫困地区基础设施和人居环境等，助力贫困群众改善民生。根据经审计财务数据统计，2019年，证券公司公益性支出共计5.58亿元，同比增长7.22%；其中，500万元以上的公司共36家，同比增长4家；1 000万元以上的公司共20家，同比增长1家。

一是聚焦义务教育有保障，助力贫困地区改善教育教学环境。证券公司从帮助改善教学和住宿硬件条件、资助贫困学生学习生活、支持乡村教师技能培训等方面，努力为贫困地区教育事业贡献力量。如，自2011年起，中信证券先后派出两位援藏干部直接参与对口援助西藏申扎县。从2013年9月第一所梅朵村幼儿园立项开始，到2019年4月第8所那切幼儿园交付使用，历经5年半时间，投入1 100多万元在申扎县巴扎乡七村、塔尔玛乡四村等8个村镇陆续援建8所村级幼儿园，协助当地解决幼儿教育问题。

二是聚焦基本医疗有保障，助力贫困地区改善医疗卫生条件。证券公司通过帮助改善医疗卫生硬件设施、设立专项费用支持公共卫生服务项目、资助乡村医生技能培训、借助互联网开展网上问诊服务等方式，帮助贫困地区改善基本医疗服务。如，东方财富证券于2018年捐赠500万元，与援助西藏发展基金会合作成立“东方财富慈善光明行”白内障手术活动项目及“东方财富慈善公益”项目，用于救助藏区患有白内障疾病的贫困人群。其中，“东方财富慈善光明行”项目邀请区内眼科领域专家医生参与，在自治区藏医院、拉萨光明

眼科康复诊疗院、昌都市藏医院等医院实施，为贫困白内障患者带来“福音”。截至 2019 年底，门诊筛查患者 4 100 多人，手术 600 余例，落实资金 337.7 万元。此外，2019 年 12 月，向援助西藏发展基金会捐赠 500 万元，用于白内障复明手术医疗帮扶、中小型医疗器械捐赠、青少年爱眼教育及高端医疗人才培养等提升藏区医疗水平的公益项目。

三是聚焦住房安全有保障，助力贫困地区改善人居环境。证券公司立足贫困地区实际，推动帮扶项目快速落地，持续投入资源助力建设更加宜居的美丽乡村，帮助贫困群众改善生活。如，五矿证券设立“三江源精准扶贫 17 号慈善信托”，向甘肃省临洮县捐赠 18 万元用于支持机井建设项目，分别在峡口镇、连儿湾乡、漫洼乡等乡镇新建机井 9 座，解决当地吃水用水问题，帮助 450 户群众发展高原夏菜种植 3 000 亩，其中贫困户 190 户。设立“三江源精准扶贫 15 号慈善信托”，向甘肃省西和县捐赠 18 万元用于贫困户暖炕改造项目，可帮助 150 户家庭改善居住条件。“慈善信托计划”还包括援助贵州省德江县潮砥镇腾溪村及龙泉乡桃源村基础设施建设项目，包括万米管网工程、十数公里连户路及近百立方米水池修建工程，项目落成将极大地改善村民生产生活条件，使两村约 200 户 800 人直接受益，改善村集体人居环境，并带动村集体产业发展。

第三章
提高脱贫质量，防止致贫返贫，切实提升内生发展动力

习近平总书记在决战决胜脱贫攻坚座谈会上强调，巩固脱贫成果难度很大，已脱贫的地区和人口中，有的产业基础比较薄弱，有的产业项目同质化严重，有的就业不够稳定，有的政策性收入占比高。据各地初步摸底，已脱贫人口中有近 200 万人存在返贫风险，边缘人口中还有近 300 万人存在致贫风险。2019 年以来，证券公司按照“摘帽不摘责任、摘帽不摘政策、摘帽不摘帮扶、摘帽不摘监管”的要求，持续深化“一司一县”“一县一企”行动倡议，结合新形势、新政策，综合实施各类帮扶措施，助力脱贫摘帽县有效防止致贫返贫，切实提高脱贫质量，巩固脱贫成效。

一、坚持多措并举、综合施策，推动贫困地区全面提升、整体巩固

打赢脱贫攻坚战需要解决城乡发展不平衡、地区发展不平衡、人群发展不平衡、基础设施和公共服务不充分等发展不平衡、不充分的难题。面对这样的形势和任务，证券行业从贫困地区现实需求和发展特点着手，多措并举、综合施策，在扶贫措施上不仅帮助其增收，还帮助其创收、固收，打出组合拳、创造新方法，补足发展短板，助推全面提升。

如，申万宏源证券从金融扶贫、产业扶贫、智力扶贫和党建扶贫四个方面着力巩固甘肃省会宁县脱贫成效，坚决防止返贫。金融扶贫方面，制订会宁企业“一司一策”培育方案，帮扶甘肃群业科技改制为股份制公司，搭建持股平台，进行新三板挂牌前的整改工作；推广覆盖农产品“保险 + 期货”，与中金财富分别出资 150 万元对 4. 77 余万吨的玉米现货进行投保，保障 1 万余户贫困户基本收入，累计赔付金额 300 余万元。产业扶贫方面，投入资金近 700 万元，建设产业用水项目，直接受益农户 1 533 户、6 290 名；帮扶合作社发展，助力标准化养殖和繁殖圈舍建设，直接带动 120 户贫困户脱贫。智力扶贫方面，分批次对会宁 960 余名基层干部和农业合作社致富带头人等开展金融知识与精准扶贫专项培训，对近 100 位企业家举办市场营销专题培训，拓宽当地干部知识面和业务能力，提升当地企业家营销管理水平。党建扶贫方面，投入 1 800 万元党费扶贫资金，设立党群创业互助会基金，帮助 284 个

村发展壮大村级集体经济；实施40个贫困村党支部建设标准化项目，提升贫困村党组织的凝聚力和战斗力；对138名村党组织书记和130名驻村第一书记、124名乡镇党委党建办主任、组织干事、大学生村干部、县直机关党委专职副书记等开展集中培训，提升扶贫干部专业能力；建立党建共建关系，资助会宁5位优秀青年教师赴上海参加优秀青年教师培训，提升专业教学能力。

二、突出产业发展，坚持标本兼治，促进贫困地区内生“造血”

因地制宜寻找产业支柱、打造特色产业已成为证券公司等社会各界的共识，打造特色产业链，提升产品附加值和产业发展实力，实现产品产业化、产业精细化发展，成为下一阶段乡村振兴的着力点。证券公司从助力结对地区产业发展的维度着力，以点带面，促进贫困地区整体发展，持续探索脱贫攻坚和乡村振兴有效衔接新路径。

如，浙商证券依托生态农庄，探索湖北省恩施州乡村振兴新路径。帮扶恩施州两河村建设高质量茶叶精制厂，撬动各方资金，打造集茶叶生产和加工、特色种养殖和生态休闲于一体的生态农庄。生态农庄是杭州东西部协作的标杆性项目，总投资1 282万元，由浙商证券、杭州东西部协作资金和当地政府联合出资。项目实施后，每年保证带动当地200户以上的贫困户发展产业，帮扶贫困户户均年增加经济收入2 000元以上。此外，发展民宿、益贫电商中心、养生疗休养产业、种养产业等，每年再增加经济收入100万元，加快贫困群众脱贫致富步伐，带动区域发展。同时，进一步拓宽杭恩东西部协作发展路径，以东部为主导，升级系统扶贫新举措，形成系统扶贫新样态。

三、深化结对帮扶，构建长效机制，助力贫困地区持续减贫、永续脱贫

证券公司在结对帮扶地区深入推进“一司一县”“一县一企”行动，进一步提升帮扶的针对性和精准度，持续探索构建解决相对贫困的长效帮扶机制，推动帮扶工作长期化、规范化，助力贫困地区持续减贫，实现可持续发展。同时，积极探索可造血的扶贫方式、可复制的扶贫模式、可持续的扶贫机制，为社会力量参与扶贫减贫提供样本。

如，中泰证券坚持脱贫不脱政策、脱贫不脱帮扶、脱贫不脱责任，巩固脱贫成果。一是做到政策支持、工作力度只增不减。与结对帮扶县续签帮扶协议，保障帮扶政策和力度的持续性，一如既往地完成剩余贫困人口脱贫任务，实现已脱贫人口稳定脱贫。二是做到帮扶力度、资金投入只增不减。推动扶贫工作平台和长效机制建设，制订《中泰证券精准扶贫攻坚方案》，创新提出“七个一”精准扶贫工程，探索实践“金融扶贫、产业扶贫、智力扶贫、消费扶贫、慈善扶贫”组合拳；创建公益事业集中统一平台，与扶贫工作形成合力共振，用于脱贫攻坚和公益慈善事业的资金投入呈稳步上升的趋势。近年来规划开展的产业扶贫项目、技能扶贫项目均可实现可持续发展，促进稳定脱贫，有效防止返贫。

中国银河证券积极探索甘肃省静宁县解决相对贫困长效机制，通过购买防返贫保险、设立防返贫救助基金、建立产业扶持基金、设立扶贫产业基金等方式，建立稳定脱贫、解决相对贫困问题长效机制，有效解决因病、因灾、因意外返贫致贫问题，构筑防范返贫致贫的“拦水坝”和“防火墙”，助力贫困地区可持续发展，为乡村振兴奠定基础。

第四章
巩固成果创新机制，推动行业持续履行社会责任

2020年是全面建成小康社会目标实现之年，是脱贫攻坚收官之年。协会将推动行业努力克服疫情影响，攻坚克难完成任务，多措并举巩固成果，接续推进全面脱贫与乡村振兴有效衔接，为全面建成小康社会、推进乡村振兴贡献更多力量。

一、聚焦产业培育，推动金融扶持与产业发展有机结合

产业发展既是促进贫困人口增产增收的有效途径，也是巩固贫困地区长期脱贫成果的重要举措。协会将进一步鼓励证券公司在门槛不降、严控风险的前提下，加大对符合条件的涉农企业在IPO、新三板挂牌、公司债券发行、并购重组、区域性股权市场非公开融资等方面的支持力度，倡导证券公司通过设立农业产业或乡村振兴投资基金、开展私募股权融资等，满足现代农业重点领域的合理融资需求，支持农业产业化龙头企业发展，延伸农业产业链，提高产品附加值，推动产业整合和转型升级，通过发展产业、对接市场带动贫困地区经济发展。

二、巩固脱贫成效，提高脱贫质量，全面完成扶贫任务

在证券行业和社会各界的共同帮扶下，越来越多的贫困县域实现脱贫摘帽。协会将引导证券公司关注因新冠肺炎疫情或其他原因返贫群体，做好贫困县退出后的持续帮扶和巩固提升，着眼于稳定脱贫和防止返贫，提高脱贫质量，巩固脱贫成效。同时，截至2019年底，全国仍有52个挂牌督战县未实现摘帽。协会将持续督促证券公司按照“两不愁三保障”底线任务，着力克服疫情影响，坚持补短板、强弱项，多渠道探索解决挂牌县发展难题，带动更多金融资源广泛参与挂牌督战县脱贫攻坚，提升内生发展动力。

三、坚持精准施策精准发力，探索推进持续减贫和乡村振兴

脱贫攻坚任务完成后，我国贫困状况将发生变化，扶贫工作目标将由消除绝对贫困转向

解决相对贫困。协会将持续推动证券公司探索将精准扶贫、精准脱贫与乡村振兴战略有效衔接，引导证券公司践行普惠金融理念，将金融资源惠及“三农”领域，完善“三农”金融产品和服务体系，支持农村人居环境整治、高标准农田建设、乡村振兴项目建设等，提高金融扶贫的针对性和精确度，以优质金融服务助力贫困地区特色产业持续稳定发展，在着力解决相对贫困和乡村振兴中发挥作用。

四、加强典型经验宣传推广，推动帮扶举措落地见效

协会将及时跟踪证券公司服务脱贫攻坚、推进乡村振兴进展及动态，挖掘行业先进典型、优秀案例、最佳实践，通过新闻媒体、户外宣传、网络平台、责任报告、教育培训、专题交流等形式，加强典型经验宣传推广，用翔实数据和优秀案例增强全社会对证券行业扶贫工作的认可和支持。同时，充分发挥先进典型示范作用，带动更多证券公司探索可造血、可复制、可持续的帮扶模式，为社会力量参与脱贫攻坚、服务乡村振兴提供参考。

五、探索更广泛的社会责任履行方式，持续引导证券经营机构做有责任感的企业公民

2020年是新《证券法》实施元年，是脱贫攻坚收官之年，也是证券行业总结服务脱贫攻坚经验、进一步研究履行社会责任新领域的探索之年。新《证券法》明确提出协会要“督促证券行业履行社会责任”。协会将积极总结近年来证券行业履行脱贫攻坚社会责任的经验成果，在决胜脱贫攻坚夺取全面胜利之际，结合新时期新要求，丰富社会责任的内涵和外延，积极探索督促行业履行社会责任的着力点，思考行业在经济社会发展中应发挥的各项作用，修订完善社会责任专项评价指标，凝聚证券行业社会责任共识，持续引导行业做好高质量发展和自觉回馈社会两门“功课”，推动实现经济责任、社会责任、环境责任的动态平衡。

在监管部门、行业协会、市场机构“三位一体”的共同努力下，证券公司扶贫组织架构向制度化、体系化转变，结对帮扶项目向精准化、自主化转变，帮扶融资方式向多元化、专业化转变，证券业精准扶贫呈现出崭新面貌，逐渐形成行业特色。2020年，协会将持续引导行业全面贯彻“四个不摘”的重要指示，切实聚焦“两不愁三保障”，坚持目标不变、靶心不散、力度不减，全力做好脱贫攻坚战收官工作，做好贫困县退出后的持续帮扶和巩固提升，探索脱贫攻坚与乡村振兴有机衔接，为全面建成小康社会贡献证券业力量。

专题报告之四：

2019年证券公司投资者保护工作发展综述

2020年第一季度，中国证券业协会开展了2019年证券公司投资者保护专项调查工作，具有证券经纪业务的102家证券公司参与了本次专项调查。调查显示，2019年，证券公司在进一步完善投资者教育工作制度建设、围绕投资者需求创新投资者教育服务形式、充分发挥投资者教育平台作用、为投资者提供投资者教育知识和服务、积极推动投资者教育纳入国民教育体系及有序推进投资者适当性管理工作等方面取得了一定成效。2019年，证券公司通过实体或互联网投资者教育基地投放投资者教育产品共155万余件（篇），电子投资者教育产品点击量（播放量）达4.66亿次，举办各类投资者教育和保护活动17万余场，参与的投资者超过5 000万人次，投资者教育工作效果显著。但证券公司投资者教育工作在提升精准度和有效性方面还有待加强，投资者保护工作需持续加强和深化。

第一章
证券公司投资者教育服务工作情况

2019 年，证券公司进一步完善投资者教育工作制度建设，充分发挥贴近投资者的优势，制作形式多样的投资者教育作品，围绕投资者需求创新投资者教育服务形式，积极推动投资者教育纳入国民教育体系，投资者教育服务工作客户满意度得以提升。

一、投资者教育经费投入加大

2019 年，102 家证券公司投资者教育经费总计约 4.05 亿元，比上年增加 0.48 亿元，同比上升 13.45%；平均每家公司投入约为 397.06 万元，比上年增加了 47.06 万元，同比上升 13.45%；投资者教育经费占同期代理买卖证券业务净收入的 0.47%，较上年增加 0.07%，同比上升 17.5%；投资者教育经费投入占比在 1% 以上的有 27 家公司。

近十年，证券行业年均投资者教育经费投入约为 5.64 亿元，平均占年度代理买卖证券业务净收入的 0.52%（其中，2011 年度统计口径略有差异，2011 年将各证券公司相关投资者信息系统建设费用计入）（见图专 4－1）。

2019 年，证券公司投资者教育经费投入呈现两极分化趋势。经费投入在 1 000 万元及以上的有 13 家公司，较上年度增加 7 家，共投入经费 2.15 亿元，占全部公司投入经费比例的 53.09%，比上年增加 20.09%；经费投入在 500 万元（含）至 1 000 万元的有 11 家，200 万元（含）至 500 万元的有 24 家，200 万元以下的有 54 家。不同投资者教育经费投入规模的公司数量情况见图专 4－2。

二、修订完善投资者教育服务工作制度

2019 年 5 月 15 日，中国证券业协会和沪、深证券交易所分别发布了《投资者教育工作指引》（以下简称《指引》），明确提出证券经营机构应建立健全投资者教育工作管理体系，从制度、组织、人员、流程、经费等方面加强对投资者教育工作的管理。证券公司根据《指引》的相关规定，结合自身投资者教育工作情况，对公司投资者教育与服务相关制度进

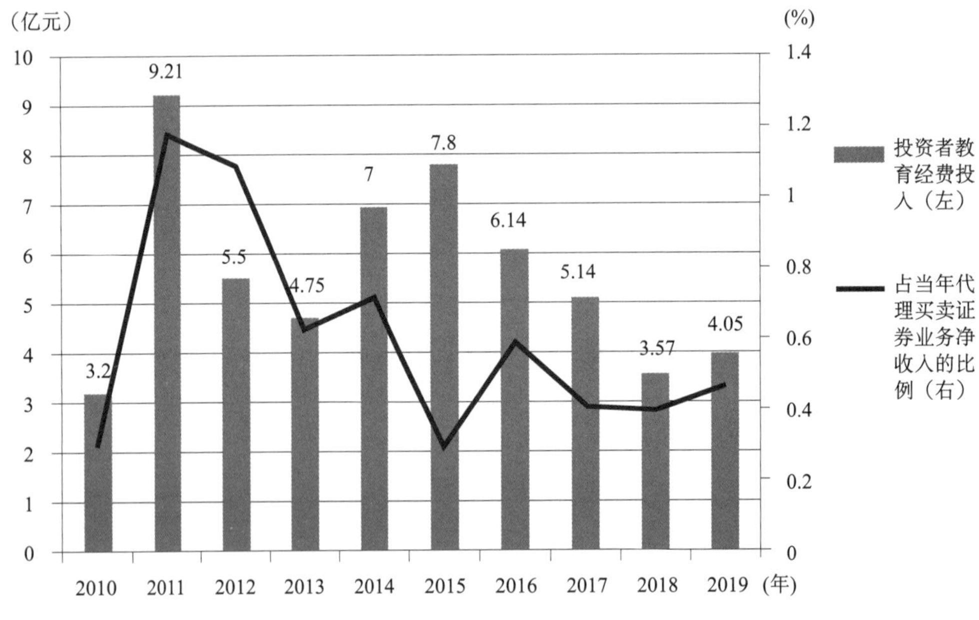

图专4-1　2010—2019年证券行业投资者教育经费变化情况

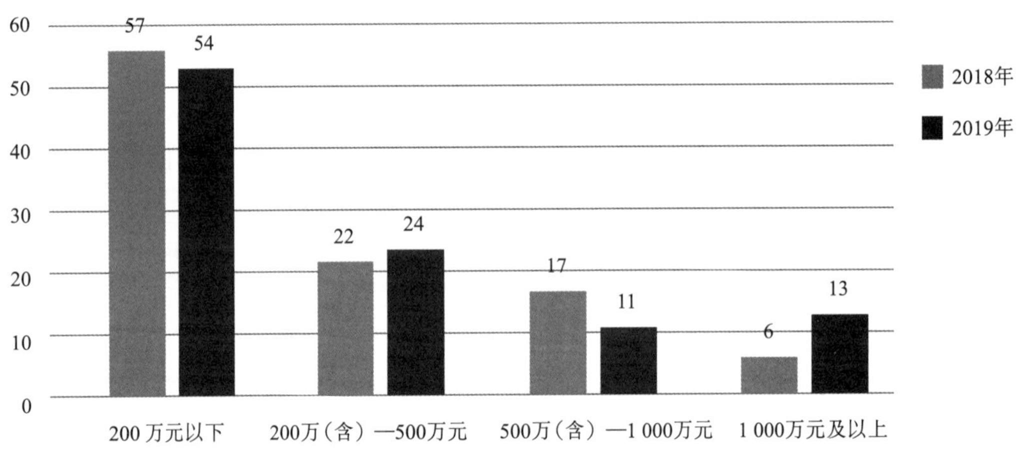

图专4-2　2018年、2019年不同投资者教育经费投入规模的公司数量比较情况

行了修订，以全面落实《指引》的各项规定。调查显示，66%的证券公司对公司层面的投资者教育与服务相关制度进行了细化或完善，内容涉及公司总部及分支机构的职责分工、投资者教育工作规范要求以及考核与奖惩等方面的规定等。此外，2019年随着科创板的设立，30余家证券公司在原有投资者教育制度的基础上增加了科创板投资者教育工作要求或针对科创板业务制订了专项的投资者教育工作指引，为公司开展科创板投资者教育工作提供了制度保障。

三、充分发挥投资者教育服务平台作用

随着互联网的不断发展，客户服务远程化趋势明显，投资者教育也逐渐呈现出多元化、数字化、互动化等特点，新媒体特征愈发明显。2019 年，证券公司通过官网、实体和互联网投资者教育基地、微博、微信及客户交易端等多种渠道，为投资者提供投资者教育知识和服务，投资者教育移动化渠道覆盖面不断扩大。

（一）投资者教育基地成为投资者教育服务的重要平台

2019 年，中国证监会根据《关于加强证券期货投资者教育基地建设的指导意见》及《第三批证券期货投资者教育基地申报工作指引》，开展了第三批国家级证券期货投资者教育基地命名申报工作，共有 16 家公司设立的投资者教育基地在第三批国家级证券期货投资者教育基地申报工作中获得授牌，其中包括安信证券、渤海证券、方正证券、国信证券、国元证券、海通证券、红塔证券、华安证券、华西证券、西部证券、招商证券和中原证券 12 家公司建设的实体投资者教育基地，以及东方证券、东莞证券、国金证券、中航证券 4 家公司建设的互联网投资者教育基地。截至 2019 年底，全国共有证券公司建设的国家级投资者教育基地 34 家（含正在公示中的第三批国家级投资者教育基地），其中实体投资者教育基地 23 家，互联网投资者教育基地 11 家。

2019 年，证券公司依托投资者教育基地开展现场或远程投资者教育与服务，持续丰富投资者教育基地内容，以投资者喜闻乐见的形式帮助投资者理解证券知识，增强风险意识，树立理性投资理念，受到投资者的广泛好评，投资者教育基地成为证券公司为投资者提供教育与服务的重要平台。2019 年，证券公司被授牌的实体投资者教育基地投放投资者教育产品 141 万余件（册），访问人次达 113.78 万人，举办投资者教育活动 13 万余场；互联网投资者教育基地投放投资者教育产品 14 万部（篇），投资者教育基地网站及其衍生的微博、微信、APP 等平台访问人次达 3.26 亿人次，举办投资者教育活动 17 000 余场。

为了提升投资者教育基地建设水平，更好地为投资者提供服务，投资者教育基地通过线上线下等多种渠道开展投资者满意度调查工作，调查项目通常包括投资者基本信息、投资经历、了解投资者教育基地的方式、感兴趣的投资者教育基地功能区域以及对基地的改进建议等。2019 年，336 352 人参与了证券公司实体投资者教育基地满意度调查，在参与调查的投资者中，对投资者教育基地表示满意或较为满意的人次占比为 99.77%；164 159 人参与了证券公司互联网投资者教育基地满意度调查，在参与调查的投资者中，对投资者教育基地表示满意或较为满意的人次占比为 95%。

（二）投资者教育移动化渠道覆盖面不断扩大

2019 年，证券公司利用微信、微博、手机移动端等新媒体渠道开展投资者教育的覆盖

面不断扩大，覆盖投资者数量大幅增加。98 家证券公司开通了官方微信、微博，“粉丝”数达 1 亿人次，约是 2018 年的 3.8 倍；许多公司在总部开通官方微信、微博的同时，分支机构、营业部等还针对投资者教育等专项内容开通了特色微信公众号等，提升投资者教育的针对性，为投资者获取证券知识提供便利。证券公司全年通过官方微信、微博途径发布投资者教育、保护相关信息资料 4 万余篇。

2019 年，证券公司通过官方网站设置投资者教育专栏方式共发布投资者教育相关信息资料 8 万余篇，访问人次近 2 亿，约是 2018 年的 5.4 倍，成为证券公司投资者教育展示的重要窗口。2019 年，93 家公司通过移动交易终端发布投资者教育相关信息 5 万余条，92 家公司通过网上交易终端发布投资者教育相关信息 24 万余条。

四、围绕投资者需求丰富投资者教育服务形式

2019 年，证券公司充分发挥贴近投资者的优势，制作了包括微信图文、音视频和宣传册等在内的大量原创投资者教育作品；同时，开展了多项内容丰富、投资者喜闻乐见的投资者教育活动，不断扩大投资者教育的覆盖面和影响力。

（一）制作形式多样的投资者教育作品

2019 年，证券公司紧扣投资者需求，围绕科创板、投资者适当性、私募基金、打击非法集资、股票期权、可转债、金融法律知识普及以及多元纠纷化解等主题，制作了寓教于乐、形式多样的投资者教育作品，并进行多媒体、多渠道推送，使产品能够惠及更多投资者（见图专 4 - 3）。同时，随着互联网和移动终端设备的迅速发展，投资者教育产品也逐渐呈现出新媒体特征。2019 年，证券公司制作电子投资者教育产品点击量（播放量）达到 4.66 亿次，约是 2018 年的 3 倍，呈跳跃式增长；制作 U 盘等实物类投资者教育产品 149 万余件（个），较上年提升 26.27%；制作宣传册 、海报等纸质投资者教育产品的印刷数量为 1 177 万份，较上年提高 38.47%。

2019 年，85 家证券公司向中国证券业协会报送电子类、实物类等投资者教育作品 3 179 件（部），其中，科创板类主题投资者教育作品约占 42%。

（二）探索创新投资者教育活动形式

2019 年 5 月 15 日，中国证监会宣布设立“5 · 15 全国投资者保护宣传日”，旨在通过固定日期每年在全国范围内集中开展活动，进一步倡导理性投资文化，凝聚市场各方共识，形成人人关心、关爱、关注中小投资者合法权益的良好氛围，让投资者保护理念深入人心，成为大家的自觉行动。2019 年“5 · 15 全国投资者保护宣传日”期间，证券公司开展主题投资者教育活动 8 451 场，参与人次达 211 万余人次。

2019 年，证券公司通过线上线下等多种渠道持续开展投资者教育活动，除了利用微信、

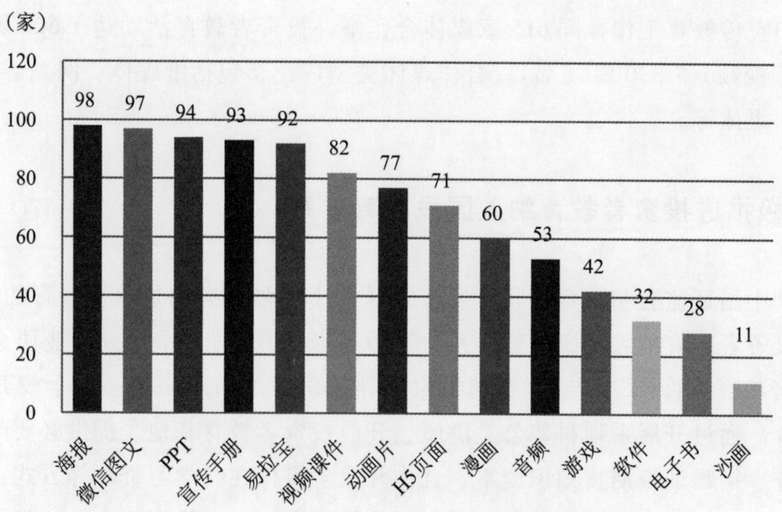

图专 4－3　使用不同投资者教育产品形式的公司数量情况

微博等新媒体工具开展投资者教育宣传，结合新媒体传播特点，积极探索创新，还通过视频直播等形式提供投资者教育服务，不断丰富投资者教育活动的形式和渠道（见图专 4－4）。2019 年，证券公司积极参加金融监管机构、交易所以及行业协会组织的“走近科创 你我同行”“股东来了”“5·15 投资者保护宣传日”“投资者教育进百校”以及“打非”宣传月等主题投资者教育活动，并自主策划了其他专题投资者教育活动共 1 600 余项。开展投资者教育活动 17 万余场，参与投资者达 5 187 万余人次，约是上年的 2.2 倍。与 2018 年相比，活动场次与参与人数均有大幅提升。

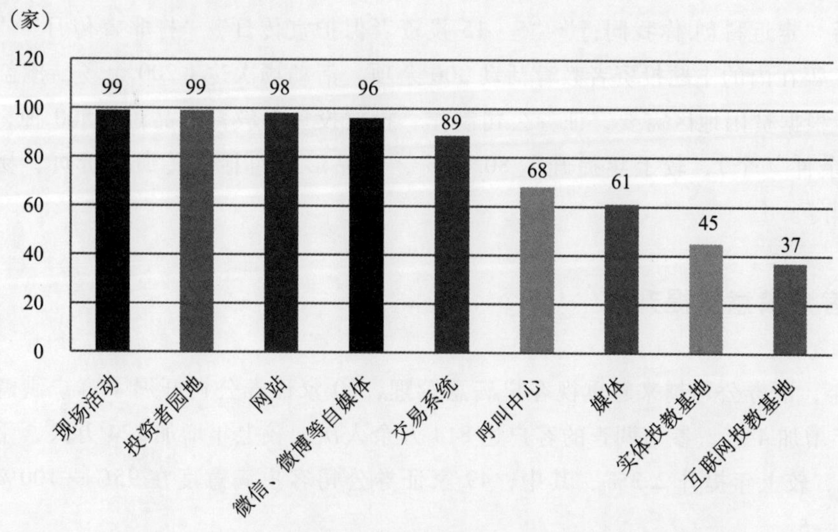

图专 4－4　使用不同投资者教育活动形式的证券公司数量情况

2019 年，证券公司充分发挥媒体优势和特点，通过与媒体广泛合作开展投资者教育服务舆论引导和宣传教育工作，同 615 家媒体合作举办投资者教育活动达 1 608 场，发布宣传文章（音频、视频）7 330 篇（部）。合作媒体类型广泛，包括纸媒体、网站媒体、电视台、广播电台、新媒体等。

五、积极推进投资者教育纳入国民教育体系

为了贯彻中国证监会和教育部联合发布的《关于加强证券期货普及教育的合作备忘录》精神，促进投资者教育纳入国民教育体系，2019 年 5 月 15 日，中国证券业协会启动了证券行业“投资者教育进百校”活动，号召每家证券公司至少结对联系一所学校开展证券期货知识普及教育。通过开展系列科普公益讲座、开放投资者教育基地、提供必要的学生实训和教师培训服务、捐赠证券期货知识读本、合作开发多媒体在线学习资源等方式，加大资源投入力度，普及证券期货常识，培养理性投资、价值投资、长期投资理念，增强大中学生及社会公众的投资风险意识及理财能力。截至 2019 年底，已有近 60 家证券公司结对 350 多所学校。2019 年，83 家证券公司投放适用在校学生的原创教材、课件、游戏等投资者教育产品 3 800 余种，73 家证券公司与在校老师开展了交流座谈等活动，93 家证券公司针对在校学生开展投资者教育活动共 6 800 余场，覆盖人次达 143. 35 万。

六、加强贫困地区投资者合法权益保护及风险防范教育

为强化贫困地区投资者合法权益保护及风险防范教育，切实保护贫困地区投资者合法权益，2019 年，证券公司积极走进贫困地区，开展金融风险防范宣传。78 家公司在贫困地区开展了包括“走近科创 你我同行”“5 · 15 投资者保护宣传日”“打非宣传月”“智力扶贫系列活动”等在内的主题投资者教育活动 300 余项，活动场次达 1 200 余场，覆盖投资者 16 万余人次。根据贫困地区需要，证券公司制作、投放投资者教育产品近 1 500 种，投放数量达 32. 5 万余件（个），较上年提升了 80. 56%，产品形式包括宣传册、折页、易拉宝、海报、音视频等。

七、客户满意度提升

2019 年，证券公司越来越重视客户满意管理，80 家证券公司开展了客户满意度调查工作，比上年增加 4 家，参与调查的客户达 814 万余人次，较上年增加 124 万人，平均满意度为 93. 82%，较上年提升 2. 3%，其中，49 家证券公司客户满意度在 95%—100%，具体数据见图专 4 – 5。

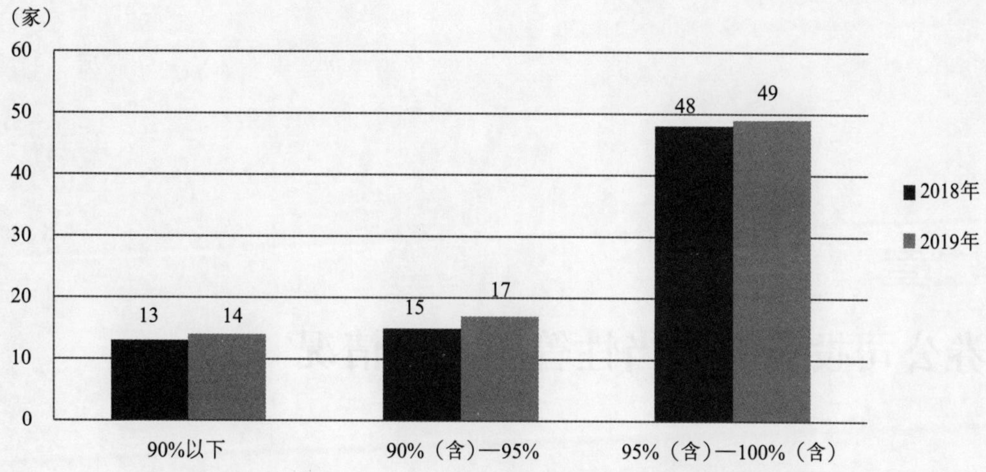

图专 4－5　2018 年、2019 年不同满意度区间的证券公司数量情况

第二章
证券公司投资者适当性管理工作情况

2019年，证券公司根据交易所、股转公司等机构颁布的各项业务制度，进一步完善公司适当性管理规定及各项业务适当性规则，有序推进投资者适当性管理工作。

一、适当性制度建设进一步完善

为了在各项业务中全面推行投资者适当性管理，2019年，随着科创板的设立、深市股票期权业务的上线以及新三板业务的深化改革等，证券公司按照监管要求制定或修订完善了公司层面相关业务的适当性管理规范性文件，以进一步落实投资者适当性管理工作要求。在开展证券经纪业务的102家证券公司中，87家证券公司制定了科创板股票投资者适当性管理的相关工作制度，44家证券公司新增或修订了关于股票期权业务的适当性管理规定，47家证券公司根据股转公司业务新规新增或修订了有关新三板业务适当性管理相关制度。此外，公司新增或修订的适当性规范还涉及代销金融产品、资产管理、分级基金、港股通、创业板等相关业务。

2019年，有69家证券公司设置了投资者适当性管理专岗，较上年增加2家，专岗人员共有4 297人，比上年增加328人。

二、充分了解公司客户

证券经营机构在贯彻《证券期货投资者适当性管理办法》（以下简称《办法》）时，应以“了解你的客户”为原则，筑牢投资者适当性管理工作的基础。2019年，证券公司普遍通过调查问卷、人工沟通、系统测评、网上交易系统数据分析以及客户回访等方式以充分了解客户的基本信息与情况。

按照《办法》的相关规定，证券公司应当按照有效维护投资者合法权益的要求，综合考虑收入来源、资产状况、债务、投资知识和经验、风险偏好、诚信状况等因素，确定普通投资者的风险承受能力，对其进行细化分类和管理。2019年，证券公司在向投资者销售产品或提供服务过程中，102家证券公司对投资者的基本情况和财产状况进行了解、101家证券公司对投资者的金融资产状况和投资知识及经验情况进行了解、99家证券公司对投资者的专业能力等相关信息进行了解，还有5家证券公司对投资者的征信记录进行调查了解，具体数据见图专4-6。同时，为了保证客户信息持续有效，证券公司普遍建立了客户信息补充、完善的长效机制，利用投资者评估数据库等方式对投资者风险承受能力进行持续跟踪和评估。

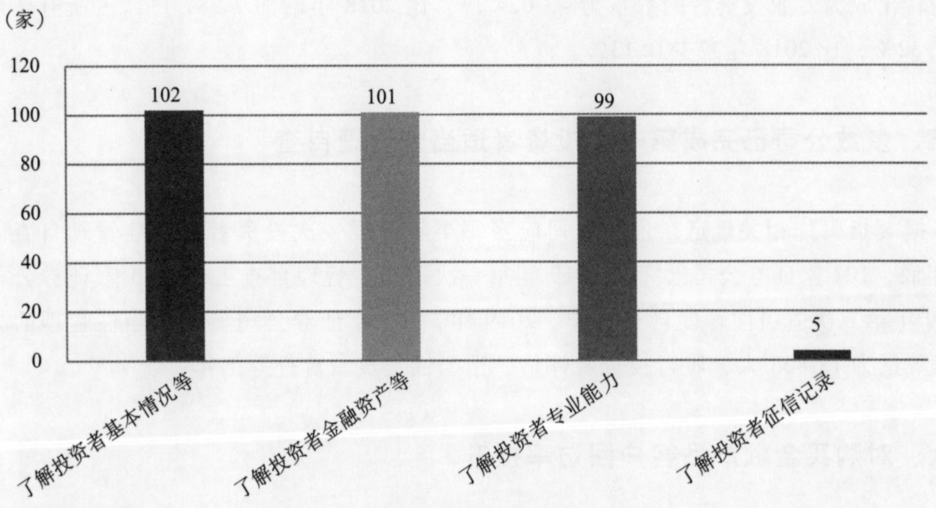

图专4-6 证券公司了解客户信息情况

三、履行普通投资者特别注意义务

《办法》强化了证券经营机构投资者适当性义务，规定了普通投资者在信息告知、风险警示、适当性匹配等方面享有特别保护。证券经营机构向普通投资者销售高风险产品或者提供相关服务，应当履行特别的注意义务，不得向普通投资者主动推介不符合其投资目标或者风险等级高于其风险承受能力的产品或者服务。在开展证券经纪业务的102家证券公司中，86家证券公司采用追加了解客户相关信息的方式履行特别注意义务；95家证券公司采用制定专门工作程序的方式履行特别注意义务；99家证券公司采用告知特别风险点的方式履行特别注意义务。

根据投资者的风险承受能力相关因素，在C1类普通投资者中，不具有完全民事行为能力、没有风险容忍度或者不愿意承受任何投资损失以及法律法规规定的其他情形的自然人为风险承受能力最低类别的投资者。截至2019年底，38家证券公司没有风险承受能力最低类别客户，较上年增加1家，风险承受能力最低类别投资者数量约为197万户，占总体客户数的1.49%。

四、普通投资者转化成为专业投资者人数上升

普通投资者可以申请转化成为专业投资者，除了需要向证券经营机构提供专业投资者申请书外，自然人投资者还需要提供金融资产证明文件或者近三年收入证明等。客户提供的资产证明形式主要包括银行资产证明、金融产品证明、证券资产证明等。2019 年，普通投资者申请转化成为专业投资者的数量为 43 624 户，比 2018 年增加 7 387 户，占所有普通投资者的 0.32%，比 2018 年减少 0.13%。

五、多数公司已完成第一次投资者适当性管理自查

根据《指引》相关规定，证券公司应当每半年开展一次投资者适当性管理自查。截至 2019 年底，101 家证券公司已完成 2019 年第一次适当性管理自查工作，85 家证券公司已完成 2019 年第二次适当性管理自查工作。2019 年，102 家证券公司参加适当性管理的相关岗位人员数量为 13 863 人，履行投资者评估、适当性复核、自查等工作。

六、对购买金融产品客户回访率提升

《指引》要求证券公司建立健全投资者回访制度，对购买产品或接受服务的投资者，每年抽取不低于上一年度末购买产品或接受服务的投资者总数（含购买或者接受产品或服务的风险等级高于其风险承受能力的投资者，不含休眠账户及中止交易账户投资者）的 10% 进行回访。2019 年，证券公司针对购买金融产品客户或接受服务客户的平均回访率达 73.17%，较上一年度提升 11.11%，较好地履行了回访义务，有助于及时更新投资者信息数据库并了解其需求和建议。其中，16 家证券公司购买金融产品的客户回访率达到 100%，12 家公司在 60%—100%（不含），66 家公司在 60%（不含）以下（见图专 4－7）。

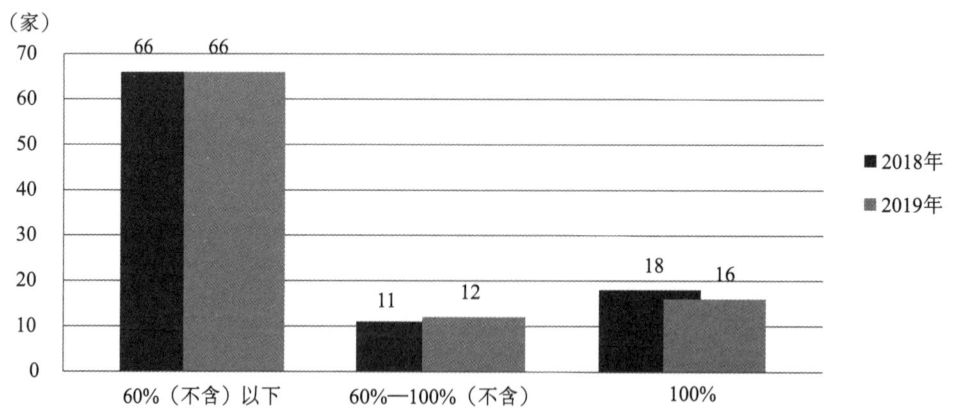

图专 4－7　2018 年、2019 年证券公司销售金融产品回访率比较情况

七、开展适当性及金融产品销售培训与检查

2019年，证券公司持续开展金融产品销售培训与检查工作，全年组织金融产品销售方面的员工培训33 890场，比上年减少3 458场；参加培训员工达274万人次，覆盖全部销售人员的80%，比上年减少5.78%。2019年证券公司组织金融产品销售检查1 626项（次），对分支机构的检查覆盖率平均为70.78%，比上年减少5.72%。

2019年，证券公司结合自身实际需要，定期或不定期对相关岗位人员开展与适当性管理有关的培训，提高其履行适当性义务所需的知识和技能。2019年，证券公司开展与适当性管理相关的培训8 987场，参加培训员工65万余人次，较上年增加13万人次；受理与适当性管理相关的客户投诉181起，已处理完成157起，处理率为86.74%。

第三章
维护投资者合法权益情况

2019 年，证券公司努力维护投资者合法权益，普遍重视客户投诉处理工作，持续推进证券市场多元化纠纷解决机制建设，开展保障中小投资者求偿权、知情权、投票权活动及防范非法证券活动。

一、投诉处理率提升

证券公司按照监管要求普遍建立了投诉处理机制，妥善处理客户投诉和纠纷等。证券公司向客户公示的投诉渠道一般包括：证券营业部的营业场所、客服热线、电子邮箱、公司网站和投资者教育基地等，并通过纸质、电子文档、录音等方式对投诉处理过程实行留痕管理，具体数据见图专 4－8。

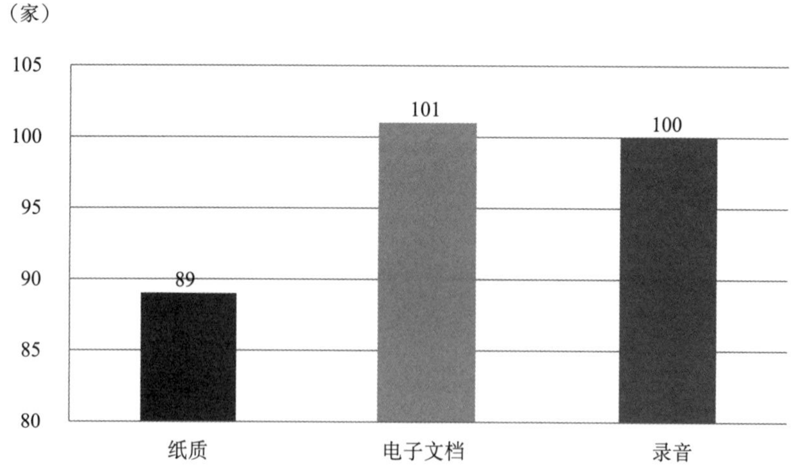

图专 4－8　使用不同留痕方式的证券公司数量情况

2019 年，证券公司维持较高的客户投诉处理水平，在客户投诉量激增的情况下，平均投诉处理率仍然比上年略有提高。102 家公司共收到客户投诉 10 432 起，比上年增加 4 137 起，平均投诉处理率达 94.95%，较上年提升 0.16%。其中，54 家证券公司客户投诉处理率为

100%，24 家公司处理率为 90%—100%（不含），10 家公司处理率为 80%—90%（不含），10 家公司处理率在 80%（不含）以下，4 家公司年内未收到客户投诉（见图专 4-9）。

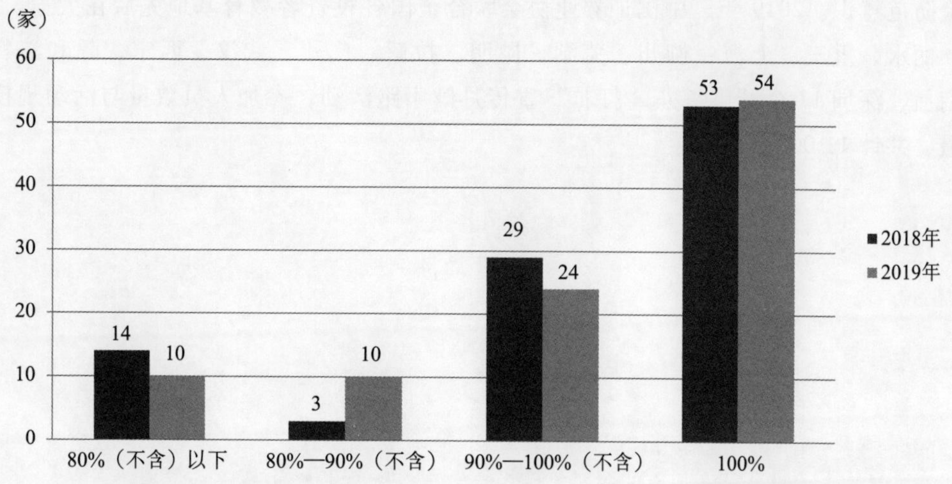

图专 4-9　2018 年、2019 年不同客户投诉处理率的公司数量比较情况

二、持续推进投诉处理与行业调解的对接

行业调解是多元化纠纷解决机制的重要组成部分，证券公司在做好客户投诉处理工作的同时，积极配合中国证券业协会推进投诉处理与行业调解的对接。2019 年，93 家证券公司的官方网站链接了中国证券业协会证券纠纷调解在线申请平台，同上年基本持平；98 家证券公司在公司相关业务合同或协议中加入通过证券纠纷行业调解方式解决证券纠纷的争议解决条款，同上年基本持平。2019 年中国证券业协会通过书面、在线申请平台等方式受理证券纠纷调解申请 583 件，调解成功 389 件。

三、努力维护投资者知情权、投票权

2019 年，证券公司继续通过组织投资者走进上市公司等活动方式维护投资者知情权。据不完全统计，证券公司组织投资者走进上市公司 1 589 次，参与人数 30 982 人；为支持投资者行使投票权，证券公司组织 113.4 万余名投资者参与上市公司表决事项投票。

四、持续开展防范非法证券活动

2019 年，证券公司继续配合各监管机构坚决打击非法证券活动。48 家证券公司发现并举报假冒本公司网站 1 464 起，比上年增加 754 起。

2019 年，证券公司积极参与中国证券业协会组织的“打非”宣传月活动，充分发挥证券经营机构及投资者教育基地的正面引导作用，积极履行社会责任，重点围绕场外配资、非法证券投资咨询等开展“防非”“打非”宣传教育，提高投资者对非法证券活动的识别能力和风险防范意识。2019 年，中国证券业协会联合全国各投资者教育基地先后在大连、济南、长沙、丽水、重庆、上海、柳州、芜湖、昆明、拉萨、广州、武汉、西宁、呼和浩特、西安、南昌、深圳 17 个城市举办“打非”宣传月健康跑活动，参加人员数量与活动规模创历年之最，共计 11 000 人参与。

第四章 加强投资者保护工作建议

为贯彻落实新《证券法》，持续贯彻执行《国务院办公厅关于进一步加强资本市场中小投资者合法权益保护工作的意见》，切实保护中小投资者合法权益，根据专项调查中证券公司提出的有关意见，建议行业从以下几个方面继续加强投资者保护工作：

一、贯彻落实新《证券法》，进一步完善投资者保护工作体系

新《证券法》于 2020 年 3 月 1 日起正式实施。新《证券法》进一步强化信息披露要求，加大对违法违规行为的处罚力度，增设了“投资者保护”专章，完善投资者保护制度，包括划分普通投资者与专业投资者，对两类投资者有针对性地进行投资者权益保护安排等，开启了投资者保护的新篇章。根据新《证券法》的原则及相关要求，监管机构、交易所及自律组织应进一步细化或完善投资者保护工作体系及相关制度，督促和指导证券经营机构将投资者权益保护有机地融入各项工作，积极营造更好的资本市场环境。

二、贯彻落实新《证券法》，强化证券经营机构投资者适当性义务

投资者适当性制度是证券公司提供差异化服务的基础性制度安排。新《证券法》在第八十八条、第八十九条规定了投资者适当性管理的相关内容，突出对中小投资者的事前保护，重点强调证券经营机构的投资者适当性管理义务，也使投资者适当性管理有了法律层面的制度保障。证券经营机构应当切实履行投资者适当性义务，进一步将投资者适当性管理工作做精、做细、做实。证券公司应真正做到“了解你的客户”，按规定审查、了解客户的真实身份，在对投资者和金融产品或服务进行充分了解的基础上，将合适的金融产品或服务提供给合适的投资者，让投资者做出恰如其分的选择，购买合适的产品，从而加强对投资者的事前保护。同时，证券公司也应从信息采集、信息储存、身份审查、信息更新、客户回访等各个环节建立健全相应的业务操作流程，明确岗位责任；建立健全与适当性相关的内部管理、培训及监督问责机制，有效落实适当性管理制度，提升投资者适当性管理水平，真正实

现为客户提供差异化、专业化、特色化服务，营造更加稳定的证券业态。

三、加强宣传合作，提高“防非”工作效率

进一步加强投资者教育，开展防范非法证券活动宣传，广泛利用报纸、电视、广播、互联网等传媒渠道，多方位、多角度地宣传国家的政策规定和法律法规，充分揭示各类非法证券活动的特征与风险，不断提升投资者特别是易受骗人群的辨别和防范非法活动能力，引导投资者远离非法证券活动。同时，进一步加强与网宣部门的沟通合作，探索合力打击网上非法证券活动的形式和手段，推动建立信息共享机制，提高“防非”工作效率，共同维护市场秩序。

专题报告之五：2019 年中国证券业信息技术与服务发展综述

第一章 2019 年中国证券业信息技术与服务发展情况

第一节 2019 年中国证券业信息技术与服务发展特点

一、全面落实《证券基金经营机构信息技术管理办法》

2019 年 6 月 1 日《证券基金经营机构信息技术管理办法》（以下简称《办法》）正式实施。《办法》明确了治理、安全、合规三条主线，强化信息技术管理的主体责任，支持经营机构运用信息技术提升服务效能，并明确了各类市场主体未履行自身信息技术管理职责的相应处罚措施。《办法》的实施，标志着证券行业在依法合规、有效防范风险的前提下，持续强化现代信息技术对证券基金业务活动的支撑作用，引导证券公司充分利用现代信息技术手段完善客户服务体系、改进业务运营模式、提升内部管理水平、增强合规风控能力，更好地服务实体经济。

二、全面深化资本市场改革“12 条”，支持科创板上线以及新三板改革，保障相关系统的建设上线与运营

2019 年 9 月，中国证监会召开全面深化资本市场改革工作座谈会，提出全面深化资本市场改革的 12 个方面重点任务（简称“12 条”），其中科创板、新三板改革相关的系统建设改造是证券公司 2019 年交易系统建设的重要内容。科创板业务覆盖证券经纪、自营、资产管理、投行等多个业务领域，与主板相比，业务规则有较大的差异，完成配套技术系统的改造需涵盖账户管理、股票交易、融资融券盯市、风险监控、日终清算等环节的诸多系统。行业经营机构克服时间紧、改造范围大、复杂程度高的困难，确保科创板业务系统顺利上线，并完成新三板改革第一阶段系统改造任务。科创板和新三板在短时间内完成全部系统改造，是对证券公司研发能力和工程建设能力的巨大挑战，反映出证券公司近年来在 IT 研发上的大量投入带来了应有回报，证券公司自主研发能力及工程建设能力明显增强。

三、机构客户综合金融服务平台建设进入快车道

在资本市场投资者机构化大趋势下，机构投资者未来将成为证券市场的主导力量。随着中国证监会下发《关于新设公募基金管理人证券交易模式转换有关事项的通知》，公募基金券商交易结算模式由试点转入常规，为证券公司在机构客户交易领域的发展带来新的机遇。机构客户在交易标的上要求跨市场、跨品种，在交易方式上涵盖 PB 交易、程序化交易、算法交易，风控上要求做到实时、全面及提供场外期权等对冲工具，这对证券公司服务提出了极高的要求。基于此，各证券公司纷纷加大机构业务 IT 建设力度，扩充 IT 建设团队，为机构客户提供一篮子服务的机构客户综合金融服务平台建设逐渐进入快车道。机构客户综合金融服务平台对高速行情、交易速度、交易方式等方面有全新的标准，传统的集中式单一系统已难以适应数字化时代的要求，基于分布式技术打造的机构综合金融服务平台开始在部分证券公司出现并成功落地。

四、金融科技深度发展，与业务融合进一步加深

随着云计算、大数据、人工智能等技术的快速发展，科技和业务加速融合，科技对金融业务的赋能作用日趋凸显，证券行业迅速布局金融科技战略，纷纷加大金融科技的投入。金融科技对证券业的影响主要体现在以下几方面：一是金融科技的应用能力决定证券经营机构未来的核心竞争能力，包括客户服务能力、财富管理能力、投资管理能力、风险管理能力等；二是有力推动证券经营机构数字化转型，提升资源整合能力和效率，从而实现产品与服务创新，实现业态升级、优化和变革；三是全面提升证券经营机构服务客户的个性化、专业

化水平，进而有效提升客户体验的满意度和投资者投融资能力；四是大幅提升证券经营机构内部运营管理水平，加快实现智能化运营与数字化运营。同时，证券行业核心系统架构将迎来大变局，应用分布式技术构建证券公司新一代核心业务系统已成为行业发展新趋势。2019 年 9 月 6 日，中国人民银行正式发布《金融科技（FinTech）发展规划（2019—2021 年）》，确定了六方面重点任务，包括加强金融科技战略部署、强化金融科技合理应用、赋能金融服务提质增效、增强金融风险技防能力、加大金融审慎监管力度、夯实金融科技基础支撑，为金融科技未来三年的发展指明了方向。

五、数字化转型逐渐成为行业共识

当前，全球范围内迎来数字化变革的浪潮，科技正以前所未有的广度和深度加速渗透并融入各行各业，驱动业务转型升级。证券公司积极拥抱变化，制定数字化平台战略，持续加大金融科技投入，对金融业务进行数字化赋能提升，取得了较好的效果。但是从总体来看，证券公司数字化目前主要聚焦于金融科技运用和局部数字化提升，顶层设计驱动不足，在管理体系、流程体系、创新机制、组织架构等方面逐渐不能适应数字化时代全面竞争的需要，同时数字化提升动力和能力也面临不足。

IT 赋能战略与全面数字化已成为证券行业的重要发展趋势，以公司顶层战略为驱动，以金融科技为抓手，数字化治理及管理配套全面跟上，全面实施数字化转型，加强数字化核心竞争力建设，持续推进业务转型升级，逐渐成为行业共识。

六、网络安全形势日趋严峻

随着云计算、大数据、人工智能、区块链、5G 等技术的突飞猛进，网络安全问题也日趋多样化，网络安全形势日趋严峻：全球频发高危漏洞，各类网络安全威胁的活动持续增加，非法买卖公民个人信息事件使人触目惊心，出现多次利用 AI 技术实施诈骗或对 AI 算法进行攻击的案例。金融网络安全的监管力度持续加大，相关监管单位陆续出台《互联网个人信息安全保护指南》《APP 违法违规收集使用个人信息行为认定方法》《个人金融信息保护技术规范》等多项文件。国家网络安全主管部门为落实全国网络安全和信息化工作会议精神，发起了长期专项行动——“护网行动”，旨在检验各单位信息基础设施和重点网站网络安全的综合防御能力和水平，进一步提升行业信息安全水平。

面对网络安全的新形势、新挑战，行业重点关注基础设施、数据安全、操作风险应对和人员意识能力提升。一是重视信息安全的体系化建设，提升人员意识能力和加强技术工具建设，构建多层次多渠道合作、各行业各单位和全民共同参与共建网络安全的机制；二是抓住网络安全工作的重心和信息安全管理的主要矛盾，在威胁感知、监测预警、应急响应能力建设等方面取得了一定的成果，有效应对网络安全攻击和入侵，稳妥保护公民和客户的个人信息；三是关注新技术的引入和应用，积极利用人工智能、大数据等技术赋能网络安全；四是提升安全运营在网络安全工作中的地位和价值，2019 年全行业网络安全领域持续加大投入，将安全运营作为保证安全效果的有力手段。

第二节　2019 年中国证券业信息技术投入情况①

2019 年底，中国证券业协会对证券公司 2019 年信息技术（IT）投入及人员情况进行了专项调查，收到有效调研反馈共计 112 份。调查结果显示，2019 年证券公司 IT 人员总数（不含外包）同比增长 25.60%，IT 总投入同比增长 40.14%，总部 IT 员工同比增长 23.49%；此外，常驻外包开发、测试人员增长明显，同比增长 69.84%。

一、IT 人力投入情况

2019 年证券公司 IT 人员总数（不含外包）为 14 712 人，同比增长 25.60%，总部 IT 员工和分支机构专职 IT 员工均有较快增长，反映出随着证券公司数字化转型步伐的推进，证券行业对信息技术人才的需求强劲。随着金融科技与证券业务不断深化融合，各家证券公司争先加大对金融科技领域的投入和布局，特别是对信息技术人才的招聘力度，持续加强总部 IT 人员的投入，2019 年证券公司总部 IT 人员为 10 757 人，同比增长 23.49%。2019 年常驻外包人员持续增长，其中常驻外包开发、测试人员为 5 559 人，同比增长 69.84%；常驻外包运维人员为 744 人，同比增长 50.00%。具体情况见表专 5－1。

表专 5－1　　2018—2019 年证券行业 IT 人员情况

类别	2018 年（人）	2019 年（人）	同比增长（%）
IT 人员总数（不含外包）	11 713	14 712	25.60
总部 IT 员工数量	8 711	10 757	23.49
分支机构专职 IT 员工数量	3 002	3 955	31.75
常驻外包开发、测试人员数量	3 273	5 559	69.84
常驻外包运维人员数量	496	744	50.00

2019 年，各家证券公司总部 IT 员工（不含常驻外包）人数分化明显，总部 IT 员工人数超过 100 人的共 27 家，同比增长 22.73%。其中，2 家总部 IT 员工人数超过 400 人，1 家总部 IT 员工人数超过 800 人。同时，2019 年总部 IT 员工人数在 0—100 人（含）之间的有 85 家，同比 2018 年减少 2 家。具体情况见图专 5－1。

① 本节中的统计数据如无特殊说明，均来自 2018 年和 2019 年中国证券业协会专项调查，数据未经审计。

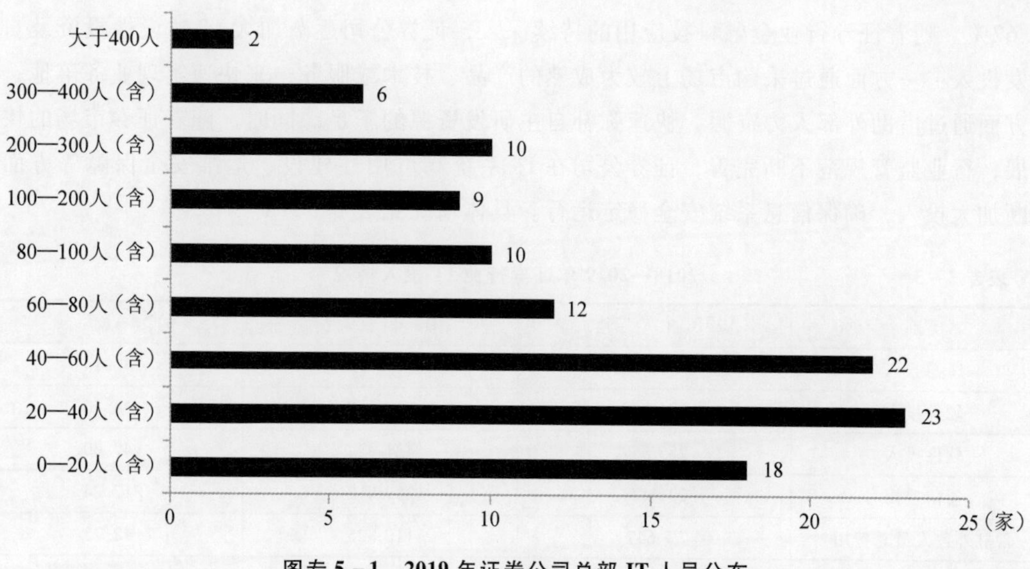

图专 5－1　2019 年证券公司总部 IT 人员分布

从业务种类来看，证券公司总部专职开发、测试人员（含常驻外包）总人数分布如下：证券经纪业务 5 600 人，占比为 47.29%；投行业务 367 人，占比为 3.10%；资管业务 595 人，占比为 5.02%；融资类业务 439 人，占比为 3.71%；投资业务 690 人，占比为 5.83%；中后台 2 713 人，占比为 22.91%。其中，证券经纪业务投入人数最多，作为传统业务以及主要业绩来源，受佣金率下降、行业同质化竞争以及互联网金融、金融科技赋能等复杂因素的影响较大，证券公司为保持自身竞争力持续加大科技研发投入。中后台业务的人员投入列第二位，接近半数证券公司启动了中台战略，成立专门团队负责数据中台、业务中台和技术中台落地，投入了较多的 IT 人力。具体情况见表专 5－2。

表专 5－2　2019 年证券行业 IT 人员各业务分布情况

2019 年	证券经纪业务	投行业务	资管业务	融资类业务	投资业务	其他业务	中后台
总部专职开发、测试人员数量（含常驻外包）（人）	5 600	367	595	439	690	1 438	2 713
人员占比（%）	47.29	3.10	5.02	3.71	5.83	12.14	22.91

二、IT 资金投入情况

2019 年证券行业 IT 总投入为 1 465 576 万元，相比 2018 年增幅较大，同比增长 40.14%。其中，硬件投入、软件投入、常驻外包人员总费用和系统运维费用增长显著：硬件投入 329 667 万元，同比增长 48.70%；软件投入 421 924 万元，同比增长 47.60%；常驻外包人员总费用 110 825 万元，同比增长 42.73%；系统运维费用 343 548 万元，同比增长

43.67%。随着证券行业金融科技应用的持续深入，证券公司逐渐加大 IT 建设性投资及自主研发投入：一方面通过采购市场上较为成熟的产品、技术或服务，来快速实现业务落地；另一方面通过借助外部人力资源，快速弥补自主研发资源的不足。同时，随着证券市场的快速发展，行业监管规范不断完善，证券公司在 IT 系统高可用性建设、运维安全保障等方面也不断加大投入，确保信息系统安全稳定运行。具体情况见表专 5-3。

表专 5-3　　2018—2019 年证券行业 IT 投入情况

类别	2018 年（万元）	2019 年（万元）	同比增长（%）
IT 总投入	1 045 760	1 465 576	40.14
硬件投入	221 698	329 667	48.70
软件投入	285 857	421 924	47.60
通信费用	221 427	259 612	17.24
常驻外包人员总费用	77 647	110 825	42.73
系统运维费用	239 131	343 548	43.67

从 2019 年证券行业 IT 投入各分项占比来看，常驻外包人员总费用占总投入的 7.56%，与 2018 年基本持平；硬件投入、软件投入和系统运维费用占比均超过 20.00%；通信费用占比 17.71%，同比下降 3.46 个百分点。具体情况见表专 5-4。

表专 5-4　　2018—2019 年证券行业 IT 投入各分项情况

类别	2018 年投入金额（万元）	2018 年投入占比（%）	2019 年投入金额（万元）	2019 年投入占比（%）
硬件投入	221 698	21.20	329 667	22.50
软件投入	285 857	27.33	421 924	28.79
通信费用	221 427	21.17	259 612	17.71
常驻外包人员总费用	77 647	7.43	110 825	7.56
系统运维费用	239 131	22.87	343 548	23.44

2019 年，各家证券公司的 IT 总投入持续增加，IT 总投入达到亿元数量级的有 42 家，同比增长 55.56%。其中，16 家总投入超过 3 亿元，6 家总投入超过 4 亿元。IT 总投入在 6 000 万—10 000 万元（含）的有 28 家。IT 总投入在 6 000 万元以下的有 42 家，同比减少约 22.22%。具体情况见图专 5-2。

从业务种类来看，110 家证券公司的资本性支出（包括硬件投入和软件投入）总投入为 716 944 万元。证券经纪业务投入 295 855 万元，占比为 41.27%；投行业务投入 14 389 万元，占比为 2.01%；资管业务投入 35 256 万元，占比为 4.92%；融资类业务投入 15 380 万元，占比为 2.15%；投资业务投入为 28 766 万元，占比为 4.01%；其他业务投入为 81 844 万元，占比为 11.42%；中后台投入 245 454 万元，占比为 34.24%。证券经纪业务 IT 投入最大，与 IT 人力投入一样保持较高规模。中后台持续保持较高投入，主要集中在数据中台、业务中台和技术中台等领域。具体情况见表专 5－5。

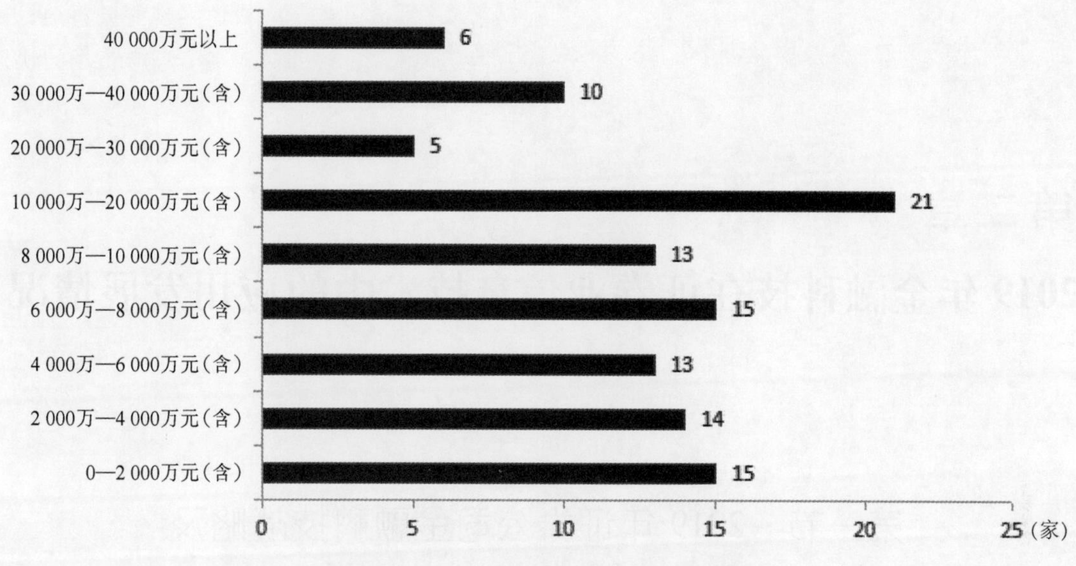

图专 5－2　2019 年证券公司 IT 投入分布

表专 5－5　　2019 年证券行业资本性支出各业务占比情况

2019 年	证券经纪业务	投行业务	资管业务	融资类业务	投资业务	其他业务	中后台
投入金额（万元）	295 855	14 389	35 256	15 380	28 766	81 844	245 454
投入占比（%）	41. 27	2. 01	4. 92	2. 15	4. 01	11. 42	34. 24

从网络安全领域看，2019 年证券公司在网络安全相关的硬件、软件、运维等投入为 51 896万元，占当年 IT 总投入的 3. 54%。随着网络安全形势日趋严峻，网络安全投入已成为证券公司的一项重要支出，通过加强网络安全手段和平台建设、创新网络安全人才培养机制、开展网络安全知识技能普及工作等方式，全方位确保网络安全。

第二章
2019 年金融科技在证券业信息技术中的应用发展情况

第一节　2019 年证券公司金融科技战略及配套研发体系建设情况[①]

2019 年底，中国证券业协会对证券行业中金融科技战略及配套研发体系建设情况进行了专项调查，共收到有效调查反馈 114 份。调查结果显示，证券公司逐步开始重视金融科技及数字化整体性战略规划部署，并在配套敏捷研发体系建设等方面不断加大投入。

一、数字化战略开展情况

根据本次调查反馈，共 67 家证券公司启动了数字化战略，内容主要集中在业务、运营、风控等领域的数字化赋能提升，以及作为基础支撑的数字化平台建设。其中有 20 家证券公司在公司层面对数字化战略组织架构及职能设置进行明确，开始在数字化治理及数字化创新机制等方面进行探索和尝试；有 16 家证券公司在数字化战略过程中引入专业咨询机构；20 家证券公司反馈了数字化战略启动时间（其中最早为 2017 年启动，约半数在 2019 年启动），呈逐年增长趋势，反映了数字化转型热度在持续上升并逐渐为行业所重视，全面数字化转型初露端倪。

二、数据治理开展情况

数据治理是证券公司建设现代化投资银行面临的重要挑战，也是实施金融科技及数字化

① 本节中的统计数据如无特殊说明，均来自 2019 年中国证券业协会专项调查，数据未经审计。

战略、充分运用并发挥数据价值的基础。随着《证券公司全面风险管理规范》《证券基金经营机构信息技术管理办法》的发布实施，行业数据治理方向和要求进一步明确，证券公司数据治理工作快速推进。

根据本次调查反馈，107 家证券公司已在不同程度开展数据治理工作。其中 62 家建设有数据治理相关的平台或系统，99 家在公司层面设置了数据治理组织架构，主要由 IT 治理委员会或数据治理委员会担任决策机构；部分证券公司设置了跨部门的专门工作组或类似组织，负责数据治理工作的具体推进，一般由 IT 部门主导或由 IT 部门、风险管理部门共同主导。

2019 年，有 84 家证券公司在数据治理方面进行投入（包括咨询服务、工具平台建设及相关培训等），投入总金额约 15 272 万元，约占 2019 年证券公司 IT 总投入（1 465 576 万元）的 1.04%。84 家证券公司中，投入金额在 100 万元以下的有 35 家，约占 41.67%，往上呈依次递减。具体情况见表专 5－6。

表专 5－6　　2019 年证券行业数据治理投入分布情况

数据治理投入金额（万元）	100 万元以下	100 万（含）—200 万元	200 万（含）—300 万元	300 万元（含）以上
证券公司家数（家）	35	21	15	13
占比（%）	41.67	25	17.86	15.48

共 89 家证券公司反馈在数据治理实施中存在困难，主要集中在以下几个方面：一是行业内缺少具体的数据治理规范或相关指引；二是投入大、周期长、见效慢，业务重视度低；三是数据治理专业人才缺乏；四是跨部门推动落地难；五是外购系统多，数据标准统一难度大、成本高；六是市场上针对证券行业的数据治理平台不够成熟，需要二次开发。

综上所述，尽管绝大多数证券公司已启动数据治理工作，但在具体推进和落地上仍普遍存在困难。特别是对于规模较小的证券公司，一方面人才及经验不足，另一方面难以支撑全面数据治理的长期高额投入。充分考虑证券公司不同情况，尽早出台配套的实施细则和相关指引的需求较为迫切。

三、中台战略开展情况

最近两年，“中台”一词逐渐在业界盛行。中台的出现，是企业为适应数字化时代特点而发展起来的一种架构治理方法论，通过对信息系统进行架构分层，以平台化、组件化、服务化的方式将通用的业务能力、技术能力在中台层进行整合和沉淀，使得前端业务及应用更加轻量化和敏捷化，并可利用强大的中台能力快速完成业务逻辑装配，从而能够更快速响应市场变化和业务创新。对于证券公司来说，随着业务平台化建设的持续深入、个性化自主研发能力的不断增强，驱动信息技术架构由粗放式发展向精益化发展演变、实施中台建设逐渐成为证券公司架构治理优化的主要方向之一。根据业界主流定义，通常将中台划分为数据中台、业务中台、技术中台。

根据本次调查反馈，有 51 家证券公司已启动数据中台战略，约占 44.74%；有 34 家证券公司已启动业务中台战略，约占 29.82%；34 家证券公司已启动技术中台战略，约占 29.82%。有 10 家证券公司在制定中台战略过程中引入了专业咨询机构。

具体来看，证券公司启动数据中台战略的比例最高，说明更多证券公司认识到数据价值的重要性以及数据中台对业务应用开发的赋能作用。此外，基于行业对数据治理工作的要求，不少证券公司在数据平台、制度体系、组织架构等方面已具备一定的基础，从而也为建设数据中台提供了便利和保障。

证券公司启动业务中台战略、技术中台战略的比例较低。其中在业务中台战略的案例中，又有较大一部分比例属于由具体的局部需求发起的业务中台系统建设，而非体系化地规划建设业务中台。由此可见，在有限的人员及资金投入情况下，较多的证券公司对于投入周期长、见效慢、不能快速传导业务收益的业务架构及技术架构重构类项目投资持审慎态度。

四、配套研发体系建设情况

在高度竞争的行业市场环境下，证券公司既要满足业务快速发展和不断创新的需要，注重产品设计和用户体验，缩短产品研发上线时间，又要提升研发主动性、灵活性和专业性，实现从“以项目为中心”到“以产品为中心”、面向敏捷化和持续集成的研发模式转变。因此，证券公司纷纷加大研发体系建设投入，通过构建自主可控的研发能力和体系，打造企业数字化的系统平台和技术生态，为全面数字化转型奠定坚实的基础。

当前，证券公司研发体系的建设内容主要包括产品管理机制、敏捷研发模式、研发管理工具与平台，以及主流的微服务、DevOps、持续交付、容器等技术与实践等。从调查结果来看，证券公司致力于构建更敏捷灵活的研发模式和技术体系，搭建更高效的研发平台，以迅速响应业务和客户的需求。

从调查结果来看，共 51 家证券公司采用了产品管理机制并设置产品经理岗位，约占 44.74%。共 58 家证券公司在部分项目开发中采用了敏捷研发模式，约占 50.88%，说明敏捷研发模式渐渐成为主流的研发管理方式。其中 45 家证券公司同时采用产品管理机制和敏捷研发模式，敏捷研发模式和产品管理机制配合成为行业主流。证券公司在应用敏捷研发模式时，其迭代周期根据具体产品和项目而不同，一般在 2—4 周。采用敏捷研发的产品范围涉及证券经纪业务、资产管理、自营投资、固定收益、投资银行、合规风险、运营决策、系统运维八大业务领域，一般为自主研发的项目，主要集中在个性化程度较高、需要快速响应业务或市场的应用领域，如 APP 等互联网渠道应用、中后台个性化管理应用等。有些中台化程度较高的证券公司，敏捷模式也应用在中台系统开发上，如数据中台服务、业务中台服务，以便能够快速响应并支持前端应用的开发需求。

除了研发管理模式的变化之外，证券公司进一步推行研发工具平台和主流技术与实践，为研发活动提供工具、技术和方法论的支持。研发管理工具平台主要集中在需求管理、代码管理、开发集成、质量管理、开发部署和知识共享等方面，旨在提升研发团队的工作效率和质量。在研发中用到的主流技术与实践主要包括微服务、DevOps、持续交付和容器，其中约 55.26% 的证券公司采用了微服务技术，约 42.11% 的证券公司采用了容器技术，约 32.46% 的证券公司采用了持续交付实践，约 31.58% 的证券公司采用了 DevOps 实践，为破除组织结构壁垒、提升研发活动效率、实现更具柔性的研发体系提供技术上的支持。

第二节　2019 年金融科技在证券业信息技术中的应用概况①

2019 年底，中国证券业协会对金融科技在证券行业中的应用情况进行了专项调查，共收到有效调查反馈 114 份。调查结果显示，2019 年证券公司在人工智能、大数据、区块链、云计算方面均有进一步的发展和应用，其中人工智能、大数据、云计算逐步深度应用，区块链总体仍处于探索和局部试点阶段。

一、人工智能

从调查结果来看，共 81 家证券公司开展了人工智能应用，涉及案例 292 个。应用范围覆盖八大业务领域，主要集中在证券经纪业务（约占 36.99%）、系统运维（约占 15.41%）、运营决策（约占 13.36%）、合规风险（约占 12.67%）、投资银行（约占 10.27%）。从建设模式来看，合作研发占 42.12%、全部外购占 34.93%、自主研发占 22.95%，说明目前市场上人工智能相关技术和产品相对较为成熟，在满足场景需要的情况下，证券公司首选外购或合作建设，以便能够尽快投入使用。具体情况见表专 5－7。

表专 5－7　　2019 年人工智能在证券公司各业务领域的应用案例分布

业务领域	全部外购（个）	合作研发（个）	自主研发（个）	总计（个）	占比（%）
证券经纪业务	29	53	26	108	36.99
资产管理	4	7	3	14	4.79
自营投资	0	2	7	9	3.08
固定收益	2	5	3	10	3.42
投资银行	10	14	6	30	10.27

① 本节中的统计数据如无特殊说明，均来自 2019 年中国证券业协会专项调查，数据未经审计。

续表

业务领域	全部外购（个）	合作研发（个）	自主研发（个）	总计（个）	占比（%）
合规风险	7	19	11	37	12.67
运营决策	21	10	8	39	13.36
系统运维	29	13	3	45	15.41
总计	102	123	67	292	100
占比	34.93%	42.12%	22.95%	100%	

其中，有51家证券公司开展了RPA（机器人流程自动化）应用，涉及案例80个。应用方向主要集中在自动化运维（约占51.25%）、清算及营运（约占31.25%）领域，在外部数据采集及报送、流程审核自动化方面也有少量应用。从建设模式来看，全部外购占56.25%，合作研发占28.75%，自主研发仅占15%。RPA在市场上的产品化程度较高，定制化主要体现在具体流程开发方面，以外购或合作研发为主。具体情况见表专5-8。

表专5-8　2019年RPA在证券公司各业务领域的应用案例分布

RPA应用方向	全部外购（个）	合作研发（个）	自主研发（个）	总计（个）	占比（%）
运维自动化	27	12	2	41	51.25
清算及营运	15	8	2	25	31.25
数据采集及报送	2	2	3	7	8.75
智能审核	1	1	1	3	3.75
其他	0	0	4	4	5
总计	45	23	12	80	100
占比	56.25%	28.75%	15%	100%	

知识图谱作为一项新兴技术逐渐在行业内得到应用，有32家证券公司开展了知识图谱应用，涉及案例56个。应用领域基本覆盖八大业务领域，主要集中在证券经纪业务（约占33.93%）、合规风险（约占26.79%）、投资银行（约占17.86%）。从建设模式来看，合作研发占62.50%，自主研发占21.43%，全部外购占16.07%。具体情况见表专5-9。

表专5-9　2019年知识图谱在证券公司各业务领域的应用案例分布

业务领域	全部外购（个）	合作研发（个）	自主研发（个）	总计（个）	占比（%）
证券经纪业务	5	10	4	19	33.93
资产管理	1	3	0	4	7.14
自营投资	0	1	1	2	3.57
固定收益	0	2	0	2	3.57

续表

业务领域	全部外购（个）	合作研发（个）	自主研发（个）	总计（个）	占比（%）
投资银行	1	9	0	10	17.86
合规风险	2	9	4	15	26.79
运营决策	0	0	3	3	5.36
系统运维	0	1	0	1	1.79
总计	9	35	12	56	100
占比	16.07%	62.50%	21.43%	100%	

二、大数据

从调查结果来看，共 76 家证券公司开展了大数据应用，涉及案例 238 个。应用范围覆盖八大业务领域，主要集中在证券经纪业务（约占 28.57%）、合规风险（约占 17.65%）、运营决策（约占 14.71%）、系统运维（约占 13.03%）。从建设模式来看，自主研发占 46.22%，合作研发占 42.02%，全部外购仅占 11.76%，说明在数据应用开发领域证券公司对纯外购模式是比较审慎的。究其原因，证券公司对数据价值和数据驱动的重视度与日俱升，在数据领域有较为强烈的自有资源投入意愿。由于数据领域本身的复杂性以及数据安全的考虑，证券公司需要高度参与，大部分数据仓库模型建设、数据应用加工整合、数据服务开发均以自研或合作开发为主，但在数据应用领域，基础设施软件仍以采购成熟商业产品为主。具体情况见表专 5－10。

表专 5－10　　2019 年大数据在证券公司各业务领域的应用案例分布

业务领域	全部外购（个）	合作研发（个）	自主研发（个）	总计（个）	占比（%）
证券经纪业务	13	30	25	68	28.57
资产管理	1	8	8	17	7.14
自营投资	0	6	12	18	7.56
固定收益	1	4	11	16	6.72
投资银行	0	8	3	11	4.62
合规风险	7	18	17	42	17.65
运营决策	2	12	21	35	14.71
系统运维	4	14	13	31	13.03
总计	28	100	110	238	100
占比	11.76%	42.02%	46.22%	100%	

三、区块链

区块链技术在行业内尚处于探索和局部试点阶段，共12家证券公司开展了区块链应用，涉及案例15个。应用领域主要集中在证券经纪业务（约占40%）、固定收益（约占20%）、合规风险（约占13.32%）。从建设模式来看，合作研发占60%，自主研发占33.33%，全部外购仅占6.67%，这说明目前市场上尚无比较成熟和通用的区块链产品，并且多数证券公司尚不具备完全自主开发区块链应用的能力，需要与外部厂商进行技术合作。

区块链应用虽然在行业内尚不成熟，但方向是明确的。证券公司前瞻性开展区块链应用的研究和实践，一方面可以面向未来提前进行技术布局，另一方面旨在进一步提升其优势业务的竞争壁垒。具体情况见表专5－11。

表专5－11　　2019年区块链在证券公司各业务领域的应用案例分布

业务领域	全部外购（个）	合作研发（个）	自主研发（个）	总计（个）	占比（%）
证券经纪业务	1	3	2	6	40
资产管理	0	0	1	1	6.67
固定收益	0	2	1	3	20
投资银行	0	1	0	1	6.67
合规风险	0	1	1	2	13.32
运营决策	0	1	0	1	6.67
系统运维	0	1	0	1	6.67
总计	1	9	5	15	100
占比	6.67%	60%	33.33%	100%	

四、云计算

证券公司广泛使用第三方公有云或行业云服务（包括IaaS、PaaS、SaaS），在公有云部署内容主要为行情、资讯类应用，也有证券公司部署高性能计算、客户服务类等应用。随着证券行业生态的不断成熟，信息技术服务机构向细分化和专业化方向发展，第三方SaaS云服务及场景应用未来将进一步丰富。

从调查结果来看，共49家证券公司建设了私有云平台（包括虚拟化技术或容器技术）并在各业务领域使用。有20余家证券公司已建或在建容器化私有云平台，目前总体还处于起步和小范围实践阶段。证券行业交易量受市场影响和冲击极大，容器云因具有更快速的资源调度能力和更灵活的弹性伸缩能力，非常契合证券公司信息系统安全运行要求，是私有云平台建设的主流方向。

第三节　2019 年金融科技在证券业的典型应用场景[①]

一、金融科技在证券公司经纪业务领域的典型应用场景

（一）智能客服

随着智能问答相关技术的成熟，为了缓解人工客服压力、丰富用户交互场景、开展交叉营销，证券公司纷纷将智能问答融入互联网客服体系。某证券公司以互联网客服平台为基础，重点围绕智能问答和业务场景直达，运用自动语音识别、自然语言处理、深度学习等技术研发智能客服机器人，经过模型持续训练，目前每日服务人次占比达 40% 左右，综合回答准确率 90% 以上，提升了用户体验并降低了运营成本。证券公司借助自动语音合成技术，可开展智能外呼、智能回访等业务。

（二）互联网精准营销和运营

大数据技术在证券行业得到越来越广泛和深入的应用，部分证券公司建立客户画像、产品标签体系，以此为基础开展个性化的客户服务和精准营销活动。某证券公司借鉴互联网行业经验，建设一体化互联网精准营销及运营平台，全面打通互联网渠道端和中台业务运营，利用大数据、智能算法、云原生、异步事件引擎等技术，基于客户画像、产品标签体系，实现了从运营策略发布、客群提取、渠道送达、绩效分析等全闭环线上互联网运营，为客户提供千人千面的个性化服务。

（三）智能化投顾

随着证券行业传统经纪业务利润空间持续收窄，证券公司优化收入结构、转型财富管理的趋势日渐明晰。为了以较低的成本面向更多客户群体提供财富管理服务，越来越多的证券公司陆续推出智能投顾业务。目前行业内开展智能投顾业务主要有两种模式：一是通过互联网直接向客户提供智能投顾服务；二是通过智能投顾助手赋能财富管理顾问，再由财富管理顾问向客户提供投顾服务。

---

① 本节中的案例信息来自 2019 年中国证券业协会专项调查，部分信息参考中国证券业协会互联网证券委员会 2019 年调研数据。

（四）客户全景资产视图及资产分析

证券公司外购系统较多，资产及持仓数据分布在多个系统中难以整合，不利于统一视图向客户呈现，客户体验较差。某证券公司基于大数据平台、实时计算技术为客户提供涵盖全交易品种的实时资产全景视图及 T-1 账单等服务，用户体验大幅提升。以此为基础，进而可向客户提供账户资产分析、持仓诊断等增值服务。

（五）VTM 智能柜台

VTM 智能柜台已在银行业得到广泛应用，随着证券公司网点转型加速，部分证券公司已完成柜面业务后台集中运营体系建设，缓解了柜面人员业务压力，并为非现场业务办理及智慧网点建设奠定了基础。为进一步分流临柜业务流量、塑造智慧型网点形象，部分证券公司在物理网点引入 VTM 智能柜台（有证券公司已完成全面铺设），通过运用生物认证、OCR、多媒体交互等多种金融科技手段，为客户提供自助式临柜业务办理服务，提升了用户体验，进一步降低了网点运营成本。

（六）新一代分布式低延时交易系统

随着第三方交易接入、公募基金证券公司结算模式、银行理财子公司等政策性契机，证券行业经纪业务迎来全新的发展机遇。然而，证券公司基于传统单体架构的核心交易系统存在耦合性高、性能难以灵活扩容、功能难以灵活扩展、应用开发部署周期长、升级复杂度高、风险传导性强等问题，已很难满足经纪业务快速发展的要求。在此背景之下，部分证券公司携手专业信息技术服务机构，基于分布式、微服务、低延时通信、云原生等技术，实施新一代核心交易的研究和建设。

二、金融科技在证券公司资产管理业务的典型应用场景

（一）支持高效策略投研、程序化交易、风险管理

在策略投研方面，部分证券公司利用大数据、机器学习（深度学习）、GPU 硬件加速等技术研发建设量化投研平台，支持高频量化策略的研发及回测、多租户管理，满足资产管理及其他业务线高效策略投研需要。在程序化交易方面，部分证券公司打造支持多投资品种的策略交易平台，采用异步通讯、内存交易等技术降低处理延时。在风险管理方面，部分证券公司基于大数据构建资管数据集市、客户及产品画像，更有效地支持业务运营、投资风险管理和投资分析决策，构建企业信用风险模型，利用大数据、企业图谱和舆情预警，辅助投资研究并对投资标的进行智能风险监测。

（二）基于区块链的资产证券化平台

针对资产证券化业务中信息不透明、难以验证、流程复杂等问题，某证券公司探索并推出基于区块链的资产证券化平台，旨在连接资金端与资产端，实现资产证券化业务体系的信用穿透与项目运转全过程信息上链，从而使得整个业务过程更加规范化、透明化及标准化。区块链应用目前仍存在诸多如效率及操作层面的问题，目前总体仍处于探索和试点阶段，距大规模商用还有一定距离。

三、金融科技在证券公司自营投资业务的典型应用场景

金融科技在证券公司自营投资领域的应用场景主要集中在策略投研、高性能交易、风险管理方面。在策略投研方面，部分证券公司利用大数据、机器学习（深度学习）、GPU 硬件加速等技术研发建设量化投研平台，支持高频量化策略的研发及回测、多租户管理，满足自营投资及其他业务线策略投研需要。在高性能交易方面，部分证券公司打造支持多投资品种的分布式策略交易平台，采用异步通讯、内存交易等技术降低处理延时。在风险管理方面，部分证券公司基于大数据构建投资数据集市，以便更高效地支持投资风险管理和投资决策，利用大数据、企业图谱和舆情预警，辅助投资研究并对投资标的进行智能风险监测。

四、金融科技在证券公司固定收益业务的典型应用场景

金融科技在证券公司固定收益领域的应用场景目前主要集中在策略投研、高性能交易、风险管理方面。某证券公司大力布局 FICC，对接现货、期货、银行间等交易市场，整合多渠道产品行情资讯，推出整合多品种的策略与交易平台，支持固收产品做市，采用分布式架构以利于性能扩展和新产品支持，采用异步通讯、内存交易、无锁队列等技术降低处理延时，利用大数据、机器学习等技术实现策略研发和回测。部分证券公司还利用大数据、企业图谱和智能舆情预警，辅助投资决策并对投资标的进行智能风险监测。

五、金融科技在证券公司投资银行业务的典型应用场景

（一）提升复杂环节处理效率及项目质控能力

投行业务涉及大量尽职调查、底稿编写及审核等工作，为提升效率并加强项目质控，部分证券公司利用 OCR/STR、自然语言处理等技术实现了智能化的底稿辅助编写和审核、银行流水自动识别录入及异常交易识别、智能化的财报分析和财务数据预检，结合知识图谱技术进行穿透式关联方分析核查，及时发现并处置风险。

（二）辅助客户分析及商机挖掘

有证券公司利用大数据、知识图谱等技术，构建投行数据集市、企业客户画像，结合企业知识图谱对企业进行穿透式分析，进行商机挖掘。

六、金融科技在证券公司合规风险领域的典型应用场景

（一）风险数据集市

证券公司风险管理系统多以外购为主，针对风险管理系统分散、风险数据及风险计量指标分散、难以跨风险计量、不利于风险集中管理等现状，部分证券公司基于大数据和数据仓库技术建设风险数据集市，打通数据底层进行风险指标整合计算，进而通过统一风险门户集中呈现。

（二）智能风险预警

市场经济活动日趋复杂，各市场主体、产品标的之间的关系千丝万缕，风险传导路径成网状且不断加深，依靠人工或传统技术及时识别风险甚至预测风险难度较大。部分证券公司利用知识图谱技术构建产业链及企业图谱，对市场实体和关系进行穿透式管理，利用大数据、自然语言处理等技术对舆情资讯进行分析，通过知识图谱进行风险传导计算，从而实现智能化风险预警或预测，为业务运营、投资决策提供有效支持。

（三）交易实时风控

以往证券公司交易风险管理以事前、事后为主，随着程序化交易、策略算法交易快速发展以及监管逐渐放开第三方交易接入业务，证券公司面临交易中的风险不断加大。部分证券公司基于内存计算、大数据流式计算等技术建设交易实时风控系统，实现对异常交易、异常账户等事中风险识别和控制，从而提升主动风险防控能力。某些证券公司在交易实时风控系统中还使用了机器学习（深度学习）、GPU 硬件加速等技术，进一步提升了智能化风险识别能力及算法执行速度。

（四）投资者适当性动态评估

部分证券公司根据中国证监会《证券期货投资者适当性管理办法》，研发了投资者动态评估数据库系统，基于大数据分析及机器学习技术，实现对个人投资者风险承受能力的智能建模和动态评估，为公司各项业务开展提供了有效支持。

（五）智能质检

随着证券公司客户服务体系建设的逐渐完善，呼叫中心、互联网客服、“双录”系统每

日产生大量文本、语音、视频等客户交互记录。为满足监管合规性要求及持续提升自身服务质量需要，证券公司配备质检人员对这些记录进行内容审核，传统人工质检效率低、成本高、评判主观性强，造成操作风险积聚，业务风险加大；有些业务采用抽检方式覆盖率低，难以发挥应有的作用。一些证券公司综合运用智能文本分析、自动语音识别、智能图像识别、机器学习等技术建设智能质检系统，以 AI 质检代替或辅助人工质检，极大地提升了质检效率和质检有效性。

七、金融科技在证券公司运营决策领域的典型应用场景

（一）辅助管理分析及运营决策

对于数据密集型的运营决策领域，大数据技术被证券公司广泛用于各类报表生产、经营分析、决策支持、精细化管理及运营，典型的如面向各管理层级提供驾驶舱功能、商机挖掘、客户分级运营、客户流失预警等；也有一些证券公司利用知识图谱进行客户关系分析和穿透式管理。

（二）业务运营及智能化办公

证券公司中、后台部门和部分业务运营领域涉及大量重复性的标准化操作，如清算结算、估值处理、数据收发、财务流程等，传统依靠业务人员手工操作浪费大量的时间和人力，效率低下，也容易出现差错。RPA 技术逐渐在这些领域得到推广使用，通过自动化技术的应用，将业务人员从低附加值的工作中解放出来并极大提升了效率。此外，部分证券公司使用 OCR/STR、自然语言处理等技术，在某些业务环节实现对证件、单据、合同、协议等图片文本要素自动提取，辅助人工识别和录入，大幅提升了业务处理效率。在移动办公领域，部分证券公司使用指纹识别、人脸识别等技术，来提升安全性和使用体验。

八、金融科技在证券公司系统运维领域的典型应用场景

（一）自动化运维

系统运维工作涉及每日大量重复性的标准化操作，传统依靠运维人员手工操作既浪费大量的时间和人力，同时也容易出现差错。随着 RPA 技术和相关产品的成熟，目前 RPA 技术已广泛应用在证券行业系统运维领域，辅助自动完成开闭市、系统巡检、部署安装等常规例行操作，将运维人员从低价值劳动中解放出来，极大地提升了效率。

（二）智能化运维

打造监、管、控、营为一体的智能化运维体系，是系统运维领域的终极方向。特别是金

融及证券行业，一方面对信息系统安全稳定运行有着严苛的监管要求，另一方面信息系统架构日趋复杂和多样，证券公司对实施智能化运维有着较为迫切的需求。目前行业内已有部分证券公司在全面推进智能化运维平台建设，包括以虚拟化、容器技术为基础整合基础计算资源，建设支持资源智能调度、自助式服务的私有云和云管平台；建设运维大数据、CMDB（配置管理数据库）、运维自动化、运维可视化等基础平台，并以此为基础开展智能运维应用，如运用机器学习和智能算法进行故障及容量预测、运用知识图谱进行故障根因分析等。

第三章
2020 年中国证券业信息技术与服务展望

一、资本市场改革不断深化，相关信息系统建设有序开展

中国证监会深化资本市场改革“12 条”是具有全局性的战略性部署，其中明确指出了在深化资本市场改革过程中，当前和将来一段时期内需要严格执行和落实的重点任务和工作方向。证券公司需全面落实并把握深化改革政策带来的发展机会：综合类证券公司将进一步发挥资源整合的优势，实现业务规模化发展；专业类证券公司则进一步聚焦资源于细分业务领域，形成特色业务，构建比较优势的竞争壁垒。在发展多层次资本市场体系的机遇之下，证券公司将持续加强在柜台市场、区域股权交易市场的服务、定价、研究等方面人力和资源的投入，积极响应创业板改革，把握区域性股权市场开展制度和业务创新试点的机会，拓展柜台业务，推进交易所市场债券和资产支持证券品种创新，提高业务竞争力。

资本市场改革的迫切性也对证券公司的信息技术能力提出了挑战：一方面要求证券公司加强研发能力的建设，建设和保障相关系统的上线运营，快速响应业务需求，紧抓创新业务产品和服务的上线时间窗口；另一方面要求证券公司搭建灵活可靠的 IT 架构，构建自主可控的技术生态，更好地赋能于业务。随着科创板业务、新三板改革等举措以及基金投顾业务的推出，各证券公司持续建设和完善科创板、新三板、OTC 以及基金投顾等相关业务系统和产品平台，配套证券 APP、商城、账户系统、风控系统、清算系统、投顾工作平台等前、中、后台相关系统的改造和扩容，助力业务产品和服务的多元化层次化布局。

未来，证券公司将持续加强研发能力的建设，不断完善 IT 架构，打通各系统平台之间的壁垒，实现各业务平台之间的衔接，进一步提升业务的协同效率，以更好地迎接业务持续创新、产品服务多元化和复杂化的机会和挑战，在资本市场改革过程中，把握金融政策利好和市场规模增长的先机，勇立潮头。

二、证券公司全面数字化转型进程加速

以顶层战略为驱动，实施全面数字化转型，对于增强证券公司业务创新能力、提升市场

竞争优势以及促进证券市场快速健康发展、行业IT治理水平提升具有重要意义。一方面，客户在线的时间越来越长，客户在使用APP、PC等客户端的过程，也是客户信息、客户行为不断数字化的过程，客户的需求也将不断数字化；另一方面，随着新型金融科技公司推动传统金融服务的创新，并提供证券金融服务的某些业务环节，如线上社区渠道、投顾资讯服务、程序化交易支持等，证券基金行业的竞争格局在悄悄发生变化，证券公司和新型金融科技公司在相互竞争的同时，也在积极谋求合作共赢，行业的数字化程度将持续推升。为此，越来越多的证券公司将积极投身于数字化转型的浪潮，通过数字化转型的契机，不断打造和完善自己的数字化平台，在数字化转型中占据先发的竞争优势。

证券公司在数字化转型中，将更多地利用创新数字化技术，如人工智能、区块链、云计算、大数据、知识图谱、RPA、互联网及移动互联网、中台重构等，推动企业的商业模式和管理模式的转变、企业组织架构的调整以及企业文化的重塑，以打造数字化的核心竞争优势，发掘和拓展更多的服务领域和商业机会，触及更多的“长尾客户”。但证券公司的数字化转型是比较复杂的过程，是企业全面转型的开始，涉及企业战略、组织架构、业务运营、产品服务、信息技术和文化等各个方面。其中信息技术是实施数字化转型的有力抓手，证券公司需要不断完善IT架构，通过技术手段或者商务合作手段破除或者尽量减少外购核心业务系统的束缚，构建更高效灵活的业务中台、数据中台和技术中台；加强自主研发的投入，通过敏捷开发转型和DevOps转型的方式构建高效研发体系，有针对性地与各类创新金融科技公司合作，基于自主掌控的技术构建数字化的系统平台和技术生态。下一步行业预计将加速全面数字化转型进程，连通公司的业务开展与创新、风险管理、运营管理和安全运维等领域，打通业务流程和数据，提升数据决策效率，谋求证券服务的多元化和精细化发展，提升运营管理效率，降低风险。

三、金融科技与业务融合应用持续深化

金融科技的发展先后经历了金融电子化的应用阶段和互联网技术的应用阶段，当前迎来创新技术赋能金融业务的浪潮，并覆盖金融业务的全流程，主要体现在人工智能、区块链、大数据、云计算、知识图谱、RPA等主要创新技术与业务的融合应用。

证券公司结合各种创新技术，对业务领域不断进行创新和拓展，推出诸如智能客服、智能投顾、智能投研、人脸识别、精准营销、投资者画像、智能账单、VTM智能柜台、运营流程自动化、领导驾驶舱、行情云、舆情分析、极速交易等产品和服务，不断降低企业运营成本，提升客户服务体验，创造潜在收益并降低风险。如，证券公司通过智能算法实现更精准的产品购买预测，提供更细致的个性化营销服务；通过向大众提供智能投顾服务来更好地扩宽客户群体；通过实时的客户行为数据分析构建客户画像、进行客群分类，为开展精准营销及个性化服务提供基础；通过面部识别、语音识别、指纹识别等生物特征识别技术，为客户提供更便捷、更安全的服务等。

此外，上级部门以及监管机构也不断鼓励和支持金融科技在金融行业的深入应用。中国人民银行于 2019 年 8 月发布《金融科技（FinTech）发展规划（2019—2021 年）》，为金融行业金融科技工作的应用提供了重要的指导思想、基本原则和整体发展目标，也将促进金融行业与创新技术拥抱，加速金融科技与业务的深度融合。当前证券公司在金融科技与业务融合比较深入的领域是经纪业务、合规风控、运营决策和运维自动化领域。未来，证券公司将进一步推行金融科技与业务的深度融合和发展，发展领域将扩展到资产管理、固定收益、投行等更多的业务领域以及更精细的产品服务之中，并带来服务模式、盈利模式的转变。

四、发展监管科技进入快车道

以人工智能、大数据、区块链、云计算等为代表的创新技术在证券业中的应用愈发广泛，持续为证券行业和各证券公司赋能，并展示出蓬勃发展的持续势头。这些应用为证券公司提升了业务运营的效率、拓宽了销售渠道、拓展了提供服务的客户群体、推动了业务和科技的融合，但同时也会带来跨界叠加的复杂业务模式和业务场景，加快市场风险的传递，加大证券市场的波动性。证券复杂的业务过程经过结构化和智能化的编程技术处理后，风险的隐蔽性进一步提升，证券行业的风险呈现出新的发展趋势，这也将对监管机构的监管能力提出挑战。

为此，监管机构持续出台了相关法规和管理办法：2018 年 8 月中国证监会正式发布《中国证监会监管科技总体建设方案》，从金融科技的整体要求上明确监管科技信息化建设工作的需求、内容和目标，其中明确提到应用大数据、云计算等创新技术进行监管数据的实时采集和分析，对市场运行的状态进行实时监测等场景应用。该方案表明中国证监会已经体系化地开始开展监管科技的应用，以更好地维护证券行业在金融科技广泛应用下的监管生态。2018 年 12 月中国证监会发布《证券基金经营机构信息技术管理办法》，在信息技术治理、数据治理、业务合规等方面明确提出监管要求。2019 年 2 月中国证监会公开发布《证券公司交易信息系统外部接入管理暂行规定（征求意见稿）》，对交易信息系统外部接入存在的风险隐患提出了相应的管理要求。2019 年 8 月中国人民银行发布《金融科技发展规划（2019—2021 年）》，提出要增强金融风险技防能力，加大金融审慎监管的力度。

与此同时，监管机构对监管科技的深入应用将进一步提速，深入运用大数据、人工智能、知识图谱等相关技术对证券市场的行为进行监控，对市场的相关数据进行实时搜集、分析和处理，来管理和规范证券市场的行为。如，通过机器人流程自动化能够简化高度依赖人工操作的 KYC 和商业尽职调查流程；通过大数据和机器学习技术，从业务系统流程中，实时分析结构化和非结构化的海量过程数据，如文字、语音、视频文件等，并标记欺诈交易的特征，对不合规行为进行审查和处理。

未来，监管科技将持续通过技术手段覆盖监管制度要求，特别在机器人流程自动化、机器学习、大数据分析、计算机生物识别等方面持续加大投入和发展，不断提升监管科技化和智能化水平，从个人到机构、从证券公司到上下游企业及监管部门，做到数据连通、数据整合以及流程的全方面互通，提升监管效率，并进一步促进科技与业务的深度融合。

五、数据治理加快推进，行业数据生态不断完善

良好的数据生态是证券业高质量可持续发展的重要基础，全面推进数据治理是打造行业数据生态的重要举措。2019 年 6 月《证券基金经营机构信息技术管理办法》发布实施，要求证券公司建立全面、科学、有效的数据治理组织架构以及数据全生命周期管理机制，确保数据统一管理、持续可控和安全存储，切实履行数据安全及数据质量管理职责，不断提升数据使用价值。同时，证券公司数字化建设及金融科技应用持续深入，大数据、数据仓库等基础设施平台建设逐步完善，对数据进行充分挖掘利用、满足各种业务场景数据应用的要求变得愈发重要。加强数据标准化建设和数据管控、确保数据质量和数据安全，是体现和发挥数据价值的基本前提。

证券行业在监管要求和业务发展的双重驱动下，将继续以充分发挥数据价值为目标导向，全面深入推进数据治理落地，不断完善数据治理架构、数据管理制度、数据标准体系，在此基础上加强数据治理相关平台及工具建设，稳步推进数据资产梳理，实施数据分级分类、数据安全管控，从而实现全生命周期的数据资产管理，在业务经营、风险管理和内部控制等各环节加强数据应用，助力公司向高质量发展转变，赋能行业数据生态建设。

六、网络安全投入持续加大，运维保障能力进一步强化

网络安全投入将持续加大，进一步夯实基础设施与管理体系，提升安全体系的完备性、有效性和效率。通过流程化、自动化和智能化的方式，构建立体式的网络安全防御体系，如采用智能化、自动化的技术手段对非授权来源的访问行为进行自动发现、定位和阻断，采用智能化大数据平台进一步提升安全分析的覆盖面和有效性。加强安全运营的体系建设和质量优化，从预防、检测、响应和验证多个维度保证安全体系的有效性和效率。安全开发流程 SDL 和 DevSecOps 将进一步得到广泛应用，研发交付过程中的安全自动化和效果将得到显著提升。重点加强数据安全建设和管理，全面开展数据分类分级，通过组织建设、统一策略、管住源头、控住边界、审计留痕、意识强化等方式管控数据安全，保护客户信息和保障投资者权益。

证券公司将继续落实《证券基金经营机构信息技术管理办法》，强化重要信息系统备份能力建设，做好信息系统及数据库容量管理，在运维领域深度融合金融科技，推进自动化运维、运维大数据、智能化监控等平台建设，持续提升运维保障能力和应急响应能力。

专题报告之六：2019 年中国证券公司国际业务发展综述

第一章 2019 年中国证券公司国际业务发展状况

第一节 2019 年中国证券公司国际业务发展特点

一、资本市场进一步扩大对外开放，证券公司国际化迎来新的发展环境

2019 年是中国对外开放的关键之年，李克强总理 2019 年 3 月出席博鳌论坛演讲时表示，中国将持续扩大金融业对外开放，银行、证券和保险业对外资全面放开市场准入正在加快推进。2019 年，中国银保监会、中国证监会、国务院金融委等对外发布了进一步扩大对外开放的多项具体政策措施。2019 年 6 月，中国证监会主席易会满出席第十一届陆家嘴论坛，并宣布进一步扩大对外开放的 9 项政策措施，包括：（1）推动修订 QFII/RQFII 制度规则，进一步便利境外机构投资者参与中国资本市场。（2）按内外资一致原则，允许合资证券和基金管理公司的境外股东实现“一参一控”。（3）合理设置综合类证券公司控股股东的资质要求，特别是净资产要求。（4）适当考虑外资银行母行资产规模和业务经验，放宽外

资银行在华从事证券投资基金托管业务的准入限制。（5）全面推开 H 股“全流通”改革。（6）持续加大期货市场开放力度，扩大特定品种范围。（7）放开外资私募证券投资基金管理人管理的私募产品参与“港股通”交易的限制。（8）研究扩大交易所债券市场对外开放，拓展境外机构投资者进入交易所债券市场的渠道。（9）研究制订交易所熊猫债管理办法，更加便利境外机构发债融资。证券行业作为金融体制内重要成员，在落实国家相关战略部署方面发挥了积极作用。

2019 年 7 月，国务院金融委发布《关于进一步扩大金融业对外开放的有关举措》，明确指出，把取消证券公司、基金管理公司和期货公司外资股比限制的时点从 2021 年提前至 2020 年。从证券行业看，截至 2019 年底，我国外资持股证券共有 15 家，其中合资证券公司 12 家，外资控股证券公司 3 家。2019 年共有新获批业务资格 2 家，分别为摩根大通（中国）证券（2019 年 3 月获批）、野村东方国际证券（2019 年 3 月获批）。

二、互联互通机制进一步成熟，证券公司探索跨境等国际业务新模式

2019 年，多项互联互通机制进一步成熟：自 2018 年 5 月 1 日起，互联互通每日的额度扩大至原来的 4 倍后，2019 年沪港通、深港通成交金额持续同比大增，沪、深港通北向交易活跃，沪股通和深股通日均成交金额分别同比增长 84% 与 132%，达 213 亿元人民币与 204 亿元人民币。债券通自 2017 年 7 月开通以来日均成交金额快速上升，2019 年实现日均成交金额 129 亿元人民币，同比增长 197%；基础设施不断完善，2019 年中国外汇交易中心、债券通公司与 Tradeweb、彭博等第三方平台升级多项债券通功能，债券通的报价机构扩容至 47 家，债券通境外投资者入市数量从年初不足 600 家至年末突破 1 600 家。在沪港通、深港通、债券通的平稳运行与活跃参与的基础上，2019 年 6 月互联互通机制加入新成员，中国证监会与英国金融行为监管局发布联合公告，批准上交所与伦交所开展沪伦通。上市公司华泰证券成功发行首只全球存托凭证 GDR，目前共有 12 家机构开展跨境转换业务。沪伦通西向业务的开通为更多境内上市公司境外融资、展业提供支持，东向业务开通正有序推进。此外，2019 年 5 月中国证监会批准中日 ETF 互通中方产品的注册申请。多项互通机制与产品设立便利了境内与境外投资者参与对方资本市场投资交易，为证券公司开展跨境业务提供了基础平台。

根据中国证券业协会 2019 年证券公司海外展业情况调查问卷，133 家证券公司中共有 67 家反馈问卷，其中 27 家开展海外业务，表明内地证券公司正积极探索国际业务新模式，加快谋划国际业务新布局。海外经营业务模式持续丰富，新业务资格加速试点。2018 年为试点跨境业务资格审批提速大年，2019 年证券公司新获批参与结售汇业务数量快速增加。截至 2019 年底，共有 4 家证券公司获国家外汇管理局批复开展结售汇业务。此前仅国泰君安证券于 2014 年底获批，2019 年共有中信证券、招商证券、华泰证券 3 家公司获批。借此，证券公司既可构建集代客销售交易、投融资转换、资产管理服务等一体的跨境服务平台，丰富

财富管理业务，亦可弥补外汇等国际业务短板，完善自身自营 FICC 业务系统构建。

三、证券公司支持粤港澳大湾区和“一带一路”建设取得新突破

2019 年国家大力推动粤港澳大湾区及“一带一路”建设，为证券公司开展国际业务提供了良好的发展机遇。根据中国证券业协会的统计，2019 年全年共有 31 家证券公司已设立境外子公司并获得经营收入。在粤港澳大湾区建设方面，根据中国证监会信息披露及中国证券业协会问卷反馈信息，2019 年新增 3 家证券公司获批并购或设立香港子公司，其中 2019 年 5 月信达证券获核准收购信达国际控股、2019 年 11 月华安证券获核准设立香港子公司、2019 年 12 月国联证券获核准设立香港子公司；另有长城证券设立香港子公司申请正在排队审核。在“一带一路”建设方面，2019 年国泰君安证券香港子公司国泰君安国际以认购增发新股的方式，收购控股越南上市证券公司越南投资证券股份公司，成为大型中资证券公司在“一带一路”地区加快布局的最新举措；此外，2019 年至少有 14 家已设立境外子公司的证券公司通过保荐、承销方式为“一带一路”沿线国家的企业提供股债融资服务。

第二节　2019 年中国证券公司国际业务开展情况

一、投资银行业务

（一）股票发行与 IPO 业务

从总额看，受全球经济下行影响，2019 年全球股票承销总额同比下降约 3%。国内证券公司在世界排名中整体份额有所下降，但头部优势显著，竞争力加强。2019 年全球股票发行市场承销商承销金额前 50 位共有 10 家国内证券公司上榜，比 2018 年多 1 家；2019 年合计承销金额 480.07 亿美元，比 2018 年减少 15%；合计占承销份额 10.07%，比 2018 年同期下降 1.36 个百分点。其中中金公司、中信证券两家承销金额进入前 10 位，均提升了两个位次。全球股票发行市场承销金额前 10 位及进入前 50 位的国内证券公司见表专 6－1。

表专 6－1　2019 年全球股票发行市场承销金额前 10 位及进入前 50 位的国内证券公司

承销商	排行	金额（百万美元）	发行数（家）	排行榜份额（%）
摩根士丹利	1	51 114.95	310	9.28
高盛公司	2	48 904.38	296	8.87
摩根大通	3	41 302.62	328	7.49

续表

承销商	排行	金额（百万美元）	发行数（家）	排行榜份额（%）
花旗集团	4	35 919.89	275	6.52
美国银行	5	30 015.71	228	5.45
瑞士信贷集团	6	22 929.05	196	4.16
瑞士银行	7	21 748.11	162	3.95
巴克莱	8	14 517.97	129	2.63
中金公司	9	12 057.40	70	2.19
中信证券	10	11 839.64	70	2.15
中信建投证券	18	5 627.41	46	1.02
国泰君安证券	22	4 184.60	46	0.76
招商证券	25	3 365.71	24	0.61
华泰证券	32	2 699.50	28	0.49
广发证券	39	2 316.95	27	0.42
海通证券	43	2 246.54	62	0.41
安信证券	48	1 900.36	20	0.34
民生证券	49	1 768.94	10	0.32

资料来源：Bloomberg。

2019 年中国香港市场股票发行承销金额排名中，承销金额前 50 位有 16 家中国内地证券公司，数量与 2018 年持平；合计发行金额 900.06 亿港元，较 2018 年同期减少 9.4%；16 家证券公司占全部市场份额的 21.73%，同比提升 0.43 个百分点。中国香港市场股票发行承销金额前 10 位见表专 6－2。

表专 6－2　　2019 年中国香港市场股票发行承销金额前 10 位

承销商	排行	金额（百万港元）	发行数（家）	排行榜份额（%）
摩根士丹利	1	51 318.92	29	12.39
中金公司	2	37 731.46	36	9.11
高盛公司	3	34 427.45	20	8.31
汇丰银行	4	32 620.90	14	7.87
花旗集团	5	28 493.49	17	6.88
摩根大通	6	22 252.70	5	5.37
瑞士信贷集团	7	21 465.05	12	5.18
工商银行	8	20 635.39	20	4.98
瑞银集团	9	13 021.09	19	3.14
招商银行	10	2 014.78	17	2.82

资料据来源：Bloomberg。

2019 年中国香港 IPO 市场承销金额前 50 位中有 16 家为中国内地证券公司，比 2018 年减少 2 家，合计占总市场份额 24.7%，同比减少 5.22 个百分点；发行金额为 834.8 亿港元，较 2018 年同期减少约 7.0%。2019 年香港 IPO 承销金额前 10 位中，外资投行排名较 2018 年有所提升，仅中金公司和海通证券 2 家中国内地证券公司进入前 10 位（2018 年有 3 家），市场占有率 13.11%，共计承销 73 单，总承销金额 412.39 亿港元。中国香港市场 IPO 承销金额前 10 位见表专 6－3。

表专 6－3　　2019 年中国香港市场 IPO 承销金额前 10 位

承销商	排行	金额（百万港元）	发行数（家）	排行榜份额（%）
中金公司	1	32 904.35	30	10.46
摩根士丹利	2	26 950.60	15	8.57
花旗集团	3	25 244.80	13	8.02
汇丰银行	4	22 970.94	7	7.30
摩根大通	5	21 467.54	4	6.82
工商银行	6	20 635.39	20	6.56
瑞士信贷集团	7	18 358.84	8	5.83
招商银行	8	9 721.35	29	3.09
农业银行	9	9 379.32	35	2.98
海通证券	10	8 334.61	43	2.65

资料来源：Bloomberg。

（二）债券发行情况

1. 海外债券发行情况

2019 年亚洲（日本除外）G3 货币债券市场承销商按金额排名前 50 位中，有 11 家为中资证券公司，比 2018 年增加 3 家，合计占市场份额 10.3%，同比增加 1.92 个百分点。亚洲（日本除外）G3 货币债券市场承销金额前 10 位见表专 6－4。

表专 6－4　　2019 年亚洲（日本除外）G3 货币债券市场承销金额前 10 位

承销商	排行	金额（百万美元）	发行数（家）	排行榜份额（%）
汇丰银行公共有限公司	1	28 579.18	323	8.66
渣打银行	2	18 598.80	234	5.63
花旗集团	3	16 172.14	177	4.90
中国银行	4	15 535.47	264	4.71
摩根大通	5	11 003.90	129	3.33
瑞士银行	6	10 430.66	143	3.16
东方汇理	7	10 379.21	99	3.14

续表

承销商	排行	金额（百万美元）	发行数（家）	排行榜份额（%）
瑞士信贷集团	8	10 244.20	130	3.10
海通证券	9	9 917.62	200	3.00
德意志银行	10	9 389.47	116	2.84

资料来源：Bloomberg。

2019 年中国离岸债券市场承销商按金额排名前 50 位中，有 13 家为中资证券公司，比 2018 年增加 3 家，合计占总市场份额 17.07%，同比增加 3.71 个百分点。中国离岸债券市场承销金额前 10 位见表专 6－5。

表专 6－5　　2019 年中国离岸债券市场承销金额前 10 位

承销商	排行	金额（百万美元）	发行数（家）	排行榜份额（%）
中国银行	1	13 400.88	244	6.23
汇丰银行公共有限公司	2	13 175.70	186	6.12
交通银行	3	9 966.21	167	4.63
海通证券	4	9 474.58	190	4.40
渣打银行	5	7 424.34	132	3.45
工商银行	6	7 256.25	139	3.37
高盛公司	7	7 172.72	71	3.33
东方汇理	8	6 869.23	72	3.19
瑞士信贷集团	9	6 514.75	92	3.03
瑞士银行	10	6 215.00	108	2.89

资料来源：Bloomberg。

2. 熊猫债券

2019 年我国共发行熊猫债 35 期，较 2018 年的 58 期有所回落；发行总额 543.4 亿元，同比下降 955.9 亿元，降幅为 75.9%。2019 年多项政策落地支持我国债券市场对外开放。2019 年 2 月 1 日，中国银行间市场交易商协会正式发布《境外非金融企业债务融资工具业务指引（试行）》，明确了熊猫债券信息披露、募集资金使用、中介机构等方面的核心制度安排，对进一步规范熊猫债券市场发展、推动银行间市场对外开放起到了推动作用。2019 年 9 月 30 日，央行及国家外汇管理局发布《关于进一步便利境外机构投资者投资银行间债券市场有关事项的通知》，允许同一境外主体 QFII/RQFII 和直接入市渠道下的债券进行非交易过户；2019 年 11 月中央结算公司研究制定了配套文件，发布 QFII/RQFII 与直接投资渠道双向非交易过户实施细则，指导市场参与者业务实践。

境外参与我国债券交易市场也越发活跃，境外投资者数量与投资规模均呈良好增长态势。从持券结构看，记账式国债和政策性银行债券仍为主要券种，占持券总量的 96.17%。商业银行债券和资产支持证券持有量大幅上升，分别同比增长 120.19% 和 143.28%。截至

2019 年末，境外机构在中央结算公司的债券托管总量为 1.88 万亿元人民币，同比增加 24.6%。中央结算公司全面支持全球通、香港债券通、澳门 MOX 模式。同时，外资机构获准取得银行间债券市场 A 类主承销牌照，2019 年已有德意志银行和法国巴黎银行获得业务资格，为原来仅有内资/合资银行与证券公司成员的 A 类主承销商队伍引入了新的竞争力。

（三）并购业务

2019 年中国香港并购市场中，中金公司、中信证券入围总交易价值前 10 位。总交易价值排名前 50 位中，2019 年有 6 家中国内地证券公司，较 2018 年增加 2 家；合计占总市场份额 12.6%，较 2018 年同期下降 3 个百分点。中国香港市场并购业务总交易价值前 10 位及进入前 50 位的内资证券公司见表专 6-6。

表专 6-6　2019 年中国香港市场并购业务总交易价值前 10 位及进入前 50 位的内资证券公司

承销商	排行	金额（百万港元）	交易数目（笔）	排行榜份额（%）
摩根大通	1	10 761	6	14.55
花旗银行	2	8 378	6	11.33
汇丰银行	3	8 344	6	11.28
摩根士丹利	4	7 429	6	10.05
罗斯柴尔德	5	5 598	4	7.57
瑞士信贷银行	6	5 425	6	7.33
中金公司	7	4 194	5	5.67
高盛集团	8	4 060	6	5.49
瑞银集团	9	3 751	5	5.07
中信证券	10	2 574	3	3.48
华泰证券	14	1 910	2	2.58
广发证券	27	389	1	0.53
申万宏源证券	39	156	1	0.21
国泰君安证券	46	74	2	0.10

资料来源：Bloomberg。

二、资产管理业务

（一）合格境内机构投资者（QDII）业务

截至 2019 年底，共计 17 家中国内地证券公司获得 QDII 业务资格，总计 QDII 业务额度 107.6 亿美元。与 2018 年底相比获批资格证券公司数量减少 1 家，2019 年未有新增证券公司获批额度（见表专 6-7）。

表专 6－7　　证券公司获批 QDII 业务额度

机构名称	额度（亿美元）	批准日期
中国国际金融有限公司	22.0	2014 年 12 月 28 日
广发证券资产管理（广东）有限公司	17.0	2018 年 5 月 30 日
中信证券股份有限公司	10.8	2018 年 5 月 30 日
国信证券股份有限公司	10.0	2015 年 1 月 30 日
上海海通证券资产管理有限公司	8.0	2015 年 1 月 30 日
安信证券股份有限公司	6.5	2018 年 6 月 28 日
上海国泰君安证券资产管理有限公司	4.5	2014 年 12 月 28 日
招商证券股份有限公司	4.0	2014 年 11 月 27 日
申万宏源证券有限公司	4.0	2015 年 1 月 30 日
银河金汇证券资产管理有限公司	4.0	2013 年 1 月 24 日
华泰证券（上海）资产管理有限公司	3.0	2018 年 4 月 24 日
上海光大证券资产管理有限公司	3.0	2015 年 1 月 30 日
中银国际证券有限责任公司	3.0	2014 年 12 月 28 日
中信建投证券股份有限公司	2.6	2018 年 5 月 30 日
兴证证券资产管理有限公司	2.2	2018 年 4 月 24 日
太平洋证券股份有限公司	2.0	2014 年 4 月 30 日
国金证券股份有限公司	1.0	2018 年 6 月 28 日
	合计金额：107.6	

资料来源：国家外汇管理局。

（二）人民币合格境外机构投资者（RQFII）业务与合格境外机构投资者（QFII）投资顾问业务

2019 年 RQFII 和 QFII 交易再获政策支持：2019 年 1 月 14 日，中国国家外汇管理局将 QFII 总额度由 1 500 亿美元增加至 3 000 亿美元。此次新增的 QFII 总额度相等于同期 A 股市场总市值的 2.7%。2019 年 9 月，国家外汇管理局决定取消 QFII 和 RQFII 投资额度限制，今后具备相应资格的境外机构投资者只需登记即可自主汇入资金，开展符合规定的证券投资。境外投资者参与境内金融市场的便利性得以再次大幅提升，中国债券市场和股票市场将更广泛地融入国际市场。根据 Wind 数据统计，截至 2019 年末，外资共持有 A 股数量 824 亿股，持股市值达 1.58 万亿元，占当期流通 A 股 3.28%。其中 QFII 和 RQFII 持股市值约 1 563亿元，占流通 A 股的 0.32%，其余为通过陆股通参与，部分为外资私募持股。

三、经纪业务

中资证券公司主要依托香港子公司开展国际化业务，但中国香港市场经纪业务持续呈现

“僧多粥少”、竞争激烈的行业格局。根据香港交易所数据披露，截至 2019 年末，香港证券市场联交所参与者共 658 家，较 2018 年净增加 18 家，近 5 年均保持持续增长，远高于同期内地证券行业数目 133 家。而 2019 年港交所股票日均成交金额 870 亿港元，沪、深证券交易所合计日均成交金额为 5 224 亿元人民币，约为中国香港市场的 5.4 倍。此外，头部证券公司效应明显：2019 年 A 组证券公司（交易所参与者市占率排名第 1—14 名）交易量市场占有率为 59%，B 组证券公司（交易所参与者市占率排名第 15—65 名）市占率约为 34%，而 C 组证券公司（交易所参与者市占率排名第 65 名以后）市占率为 7.99%。中资证券公司在香港开展业务，既受国际大型投行和银行的竞争，又受进入香港时间晚、自身资本实力弱、业务线单一等多项自身条件约束，因此在经纪业务中占的市场份额不高。受益于近年互联互通机制快速发展，中资证券公司在香港的经纪业务份额有所提升，目前已有海通国际和中银国际跻身 A 组证券公司。此外，参与衍生品业务的证券公司数量也在增加。

四、“一带一路”建设为证券公司发展带来机遇①

近两年，证券公司积极为“一带一路”建设提供助力。据不完全统计，截至 2019 年末，已有超过 50 家证券公司在“一带一路”沿线国家或地区开展相关业务，已在“一带一路”沿线国家和地区开展投行、销售交易、投资业务的证券公司分别有 21 家、31 家、5 家。此外，证券公司也在积极探索开展研究、托管、融资租赁及外汇套期保值等业务。在已有的良好基础上，证券公司未来有望在“一带一路”建设广度与深度上更进一步。

在投行业务方面，凭借在资本市场上的经验，投行可以为企业提供债券市场或股本市场的融资方案及发展跨境并购等顾问业务。2019 年上半年境内绿色债券累计发行 84 只，发行规模 1 311.81 亿元，发行数量及规模较前一年同期相比分别增长 75% 和 150%。

在投资管理业务方面，“一带一路”指数的拉升，给证券公司投资管理业务带来了新增长点与新增值空间。2019 年末，“一带一路”指数报 1531.52 点，较年初上涨 18.85%。同时也为证券公司通过设立“一带一路”主题基金、产业基金，挖掘单个企业项目投资机会等投资方式参与“一带一路”建设提供了方向与机会。

在销售交易业务方面，资本市场的双向开放为证券公司销售交易业务提供了新机遇。QFII 和 RQFII 额度限制全面取消，投资范围扩大到新三板挂牌股票、债券回购、私募投资基金、金融期货、商品期货、期权，优化托管人管理，鼓励长期投资的境外投资者参与我国资本市场的发展。QFII 和 RQFII、沪港通和深港通进入通道的扩宽有助于我国资本市场引入外资，引进成熟的资金管理理念，也给证券公司机构产品、资产管理产品等销售业务带来巨大的机遇与发展空间。

① 部分内容摘自《我国证券业服务“一带一路”建设蓝皮书（2019）》。

第二章
2019 年中国证券公司国际业务面临的问题及 2020 年展望

第一节 2019 年中国证券公司国际业务面临的问题

一、对外开放持续深化，跨境业务竞争激烈

2019 年我国对外开放进一步深化，合资证券公司及外资证券公司数量持续增加，进驻我国市场后产生鲶鱼效应，加剧行业竞争。一方面，中国经济增长在全球经济普遍呈现低增速的背景下仍然呈现较强韧性，产生更多业务机会，包括有实力的企业进行境外融资及并购扩张、机构及高净值个人客户进行跨境资产配置等需求。外资投行在境外业务发展时间长，业务种类及经验丰富，此前政策对合资证券公司业务范围限制较多，大部分合资证券公司业务牌照较为单一，如专注投行业务但缺乏经纪业务牌照等。政策实现内外资统一待遇后，合资和独资的外资证券公司有望在对外开放程度更高的阶段发挥其专业优势，获取客户资源，对境内原有证券公司跨境业务带来竞争。但另一方面，贸易摩擦与地缘政治仍频繁发生，根据《企业境外投资管理办法》，监管机构严控非理性并购、限制敏感性行业投资、加大力度规范资金流出，从跨境并购外部审核环境看，美国外资投资委员会和欧盟对中国企业跨境并购审核趋严，这都将限制中资证券公司开展海外并购业务。复杂的国际交易规则和市场运作的差异化，对大部分境外业务经历尚浅的国内证券公司而言是短期难以攻克的问题。

二、业务模式相对单一，深度与广度不足

中资证券公司通过设立全资香港子公司开展国际化业务，最早一批是从 20 世纪 90 年代

开始。经过 20 余年的发展，中资证券公司香港子公司通常已经成为国际化的起点，通过设立办事处或者收购兼并，中资证券公司的足迹已经扩展至新加坡、美国、欧洲、印度等多个市场，涉足品种也逐渐扩展至外汇期货、财富管理产品和场外衍生品等。

从经纪业务看，目前中资证券公司在境外经纪业务提供的产品线已逐步完善，除了传统的证券投资、孖展业务（融资融券）、新股认购（可融资）和基金选购，还包括期权期货、杠杆式外汇及贵金属，以及产品内涵更加广阔的场外产品投资。但在金融产品、做市及投资业务领域，中资证券公司的产品深度和广度尚显不足，主要品种限于信用债做市，利率产品、货币产品、外汇和大宗商品等较少涉及。此外在产品设计的深度方面仍处于初级阶段，如结构性票据大多只是具备代持和杠杆的功能，在收益结构设计方面较少涉及，与外资大行产品设计的复杂程度也有较大差距。

从投行业务看，中资机构的投行业务迎来了高速发展的阶段。但由于外资大行和港股存量公司依然保持着良好的关系，如果加上再融资和配股承销，香港股票发行和配股承销业务的龙头位置依然被外资大行占据。从 2019 年的数据来看，承销金额前 10 位的承销商中，摩根、高盛和美银美林高居前 3 位，中资仅海通国际、招商银行和建设银行入围前 10 位。但在第 11—20 位中，中资占据了 8 位，依然处于快速赶超的状态。此外随着越来越多的中国企业进行境外融资，中资机构在亚洲（除日本）G3 高收益债承销的市场份额逐步提升。但在较为复杂的并购重组业务中，上榜中资证券公司数量则大幅少于前两者。

第二节 2020 年中国证券公司国际业务展望

一、粤港澳大湾区建设将为证券公司国际业务提供发展环境与业务机会

2019 年 3 月中共中央、国务院印发《粤港澳大湾区发展规划纲要》，提出要点包括：一是扩大香港与内地居民和机构进行跨境投资的空间，稳步扩大两地居民投资对方金融产品的渠道；二是以深圳证券交易所为核心的资本市场，加快推进金融开放创新；三是进一步取消或放宽对港澳投资者的资质要求、持股比例、行业准入等限制；四是大力拓展直接融资渠道，允许符合条件的创新型科技企业进入香港上市集资平台；五是支持内地与香港、澳门保险机构开展跨境人民币再保险业务，不断完善沪港通、深港通和债券通；六是支持香港机构投资者在大湾区募集人民币资金，投资香港资本市场，参与投资境内私募股权投资基金和创业投资基金。各项要点的提出为证券公司开展跨境交易、销售、资产及财富管理、投资、投行等全业务链条带来机遇。

2020 年是国家深化对外开放战略实施的重要年份，为证券公司展业带来多项发展良机，

具体包括：一是粤港澳大湾区推进新兴产业、先进制造、新能源等新兴经济发展时产生大量的投融资需求；二是创新金融服务需要，如在融资租赁、科技金融等特色领域，证券公司可提供多元化多层次的金融服务方案；三是带来跨境业务发展机遇，粤港澳大湾区有望进一步推进人民币跨境业务，包括跨境结算、跨境债券发行等，目前已有国泰君安证券、中信证券、华泰证券、招商证券 4 家证券公司获得结售汇业务试点资格，业务发展可期；四是主题产品陆续推出，有利于证券公司更好地开发与服务境内外投资者与管理人。2020 年 3 月，建信中证沪、港、深、粤港澳大湾区发展主题交易型开放式指数证券投资基金发售，并选取方正证券作为该 ETF 流动性服务商，新增基金代销机构。未来将有更多主题产品陆续推出，为证券公司提供代销、投顾、资管、做市等多项业务机会。

二、资本市场改革深化，政策支持提供证券公司国际业务发展空间

2020 年是全面建成小康社会和“十三五”规划的收官之年，也是资本市场建立三十周年和新《证券法》颁布的第一年。中国证监会在 2020 年 1 月系统工作会议中提出，要全面深化改革落实落地，有效维护资本市场平稳运行，切实保护投资者合法权益。2020 年重点任务包括要打造一个规范、透明、开放、有活力、有韧性的资本市场，稳步推进资本市场制度型对外开放。资本市场改革正多维度稳步推进，包括注册制改革、IPO 常态化、推动基础设施 REITs 试点、加大商品和金融期货期权产品工具、开展区域性股权市场制度和业务创新试点等多项新发展理念提出，提升服务实体经济质效。受益于资本市场的不断完善与对外开放战略的深化，证券公司海外业务有望迎来更多业务机遇与展业空间，新一年将有更多证券公司实现海外业务布局。

专题报告之七：2019 年中国区域性股权市场和柜台市场发展综述

第一章 2019 年中国区域性股权市场发展综述

第一节 2019 年中国区域性股权市场发展情况

一、区域性股权市场运营机构情况

（一）区域性股权市场总体概况

2019 年，区域性股权市场在规范中得到较快发展，在支持中小微企业直接融资、服务地方经济发展等方面发挥了重要作用。① 截至 2019 年底，全国设立 34 家区域性股权市场，

① 本章数据如无特殊说明，均来源于中国证监会清整办《区域性股权市场统计分析简报》（2019 年 12 月、2018 年 12 月）

共有挂牌公司2.88万家（其中股份公司1.11万家），展示企业11.07万家，累计为企业实现各类融资11 294.9亿元。

（二）区域性股权市场主要法律法规变化

2019年，区域性股权市场法律制度建设加速推进。2019年4月，《证券法》修订草案提请全国人大审议并公开征求意见。中国证券业协会区域性股权市场委员会针对《证券法》修订做了大量的前期研究，组织多个区域性股权市场、专家学者、人大代表向全国人大、中国证监会等提出修改意见。2019年12月28日，习近平签发主席令，修订通过的《中华人民共和国证券法》自2020年3月1日起施行。新《证券法》第九十八条规定："按照国务院规定设立的区域性股权市场为非公开发行证券的发行、转让提供场所和设施，具体管理办法由国务院规定。"新《证券法》首次在法律层面赋予区域性股权市场法定的地位和功能，即区域性股权市场是非公开发行转让证券的资本市场，是我国多层次资本市场的重要组成部分。

（三）区域性股权市场发展的政策

区域性股权市场将是非上市公司特别是中小微企业、民营企业、科创企业等直接融资的主渠道和核心平台，已成为广泛共识。2019年6月28日，中国证监会主席易会满在十三届全国人大常委会第十一次会议举行的联组会议上提出，运用好四板市场是促进股权融资标本兼治的根本性措施之一。中国证监会于2019年9月9日召开的全面深化资本市场改革工作座谈会，宣布深改方案任务之一是补齐多层次资本市场体系短板、选择若干区域性股权市场开展制度和业务的创新试点。2019年12月，国家发改委、财政部、中国人民银行、国务院国资委、中国银保监会、中国证监会六部委联合发布《关于北京金融资产交易所、北京股权交易中心和上海股权托管交易中心等机构开展市场化债转股转股资产交易的复函》，同意上海股交中心、北京股交中心等三家交易场所依法合规开展国家级市场化债转股转股资产交易业务，促进提高转股资产流动性，推动转股企业完善公司治理，促进市场化债转股增量、扩面、提质。区域性股权市场全面深化改革工作的脚步越来越快，正式步入创新发展阶段，多层次资本市场体系的"塔基"将逐步填补夯实。

（四）地方政府支持区域性股权市场情况

2018—2019年，各地政府出台了更多的支持政策，推动区域性股权市场快速发展。

一是积极支持挂牌企业直接融资。安徽省鼓励省级股权投资基金、省科技成果转化引导基金投资科创板挂牌企业，推动各级政策性融资担保机构为挂牌企业提供融资担保，且年化担保费率最高不超过1.2%，对省级种子投资基金、省级风险投资基金及省科技成果转化引导基金投资于科创板挂牌企业的投资失败容忍度分别按照50%、30%、40%执行；允许省级股权投资基金将投资挂牌企业所获得超额收益的10%让渡给基金管理机构；允许种子期、初创期挂牌科创企业的创业创新团队根据约定，按照股权投资基金资本金和同期商业贷款利息，回购政府性股权投资基金所持股权。北京、沈阳等地设立直投基金，委托专业基金管理机构运营，支持包括区域性股权市场挂牌企业在内的科技型、创新型企业股权融资。四川对股权投资基金定向投资四板市场挂牌企业的，给予一定奖励。安徽、河北、北京、广东等省市按照挂牌企业股权融资金额的适度比例给予补助，并将融资奖励限额提高至 50 万—300 万元，支持对科创板等优质挂牌企业的融资补助。

二是提高企业挂牌股改补贴标准。四川、广东、陕西等对挂牌企业的挂牌股改补贴提高到 30 万—50 万元。

三是支持区域性股权市场股权登记托管业务。例如天津市金融局、天津市市场监管委联合发文，明确天津滨海柜台交易市场是区域内的证券登记托管机构，具备开展股权登记托管业务的资格，支持其开展区域内非上市股份公司股权集中登记托管工作。四川省政府金融主管机关发文确定天府股交中心是四川辖区非上市银行业法人金融机构股权的登记托管机构。上海市鼓励区域性股权市场为未上市股份公司办理股权登记托管，发挥私募股权投资基金参投项目退出和份额流转平台作用。

四是支持政策更加多样。如广东、河北、湖北鼓励地方政府以购买金融服务的方式，支持区域性股权市场为中小企业提供业务培训和融资服务。湖北、北京、安徽、广东等地对协助企业挂牌、融资的金融机构、增信机构、保荐机构等服务机构或区域性股权市场运营机构，直接给予一定奖励。

（五）区域性股权市场加强行业交流情况

2019 年，利用中国证券业协会搭建的专业委员会平台，区域性股权市场加强了行业交流和合作。3 月 29 日，中国证监会原“打非”局、中国证券业协会、各区域性股权市场运营机构在合肥召开的规范发展区域性股权市场座谈会上集中研讨了促进规范发展、科技创新专板、商业银行股权登记托管等问题；6 月 27 日、12 月 5 日，深交所、武汉股交中心两度组织会议，深入研讨交流区域性股权市场科技金融创新、深化金融服务功能、如何发展科创专板等问题；6 月 10 日、9 月 4 日，中国证券业协会区域性股权市场委员会分别就信息技术专题、建立区域性股权市场指标体系等专题召开会议，研究讨论市场信息化建设、建立市场相关指标体系等情况。

二、区域性股权市场企业挂牌、托管、展示等情况

（一）挂牌公司情况

截至 2019 年 12 月 31 日，区域性股权市场挂牌企业累计 28 831 家，2019 年净新增挂牌企业 3 706 家，平均每月 309 家。与 2018 年相比，2019 年挂牌企业家数增长 16.22%。挂牌

企业中，股份公司有 11 122 家，占比 38.58% 有限公司有 17 709 家，占比 61.42%。

（二）托管公司情况

截至 2019 年 12 月 31 日，区域性股权市场共登记托管企业 43 275 家，较上年增长 24.29%；托管总股本 16 920.21 亿元，较上年增长 26.15%。截至 2019 年底，挂牌企业中登记托管企业比例达到 98.66%，较上年提高 13.16 个百分点。

（三）展示企业情况

截至 2019 年底，区域性股权市场展示企业 110 731 家，较上年增加 12 084 家，增幅 12.25%。平均每月新增 1 007 家。

（四）服务其他企业情况

除了挂牌、托管及展示企业，区域性股权市场也将区域内其他企业纳入服务范围。部分市场通过与金融机构、园区、协会、商会、孵化器等机构合作，采取线下活动、线上数据共享等手段，为区域各类平台在册企业提供金融综合服务。

三、融资业务情况

（一）总体情况

区域性股权市场融资产品主要是股票（股权）融资、可转换公司债和股权质押融资。截至 2019 年底，全国 34 家区域性股权市场累计为企业实现各类融资 11 294.90 亿元，其中股权融资 2 040.80 亿元、可转债融资 1 630.19 亿元、股权质押融资 3 958.80 亿元、私募债融资 1 671.23 亿元、其他融资 1 993.88 亿元。各类融资方式及占比见图专 7－1。

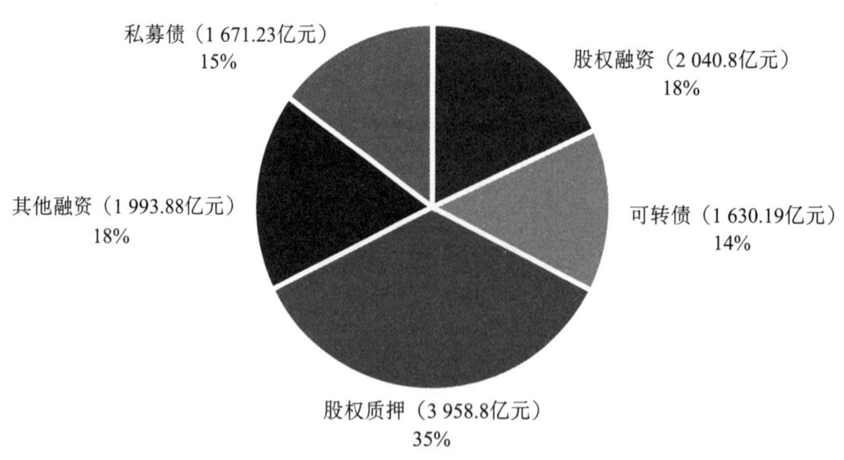

图专 7－1　各类融资方式占比

（二）股权融资情况

截至 2019 年底，区域性股权市场为中小微企业实现股权融资累计 2 040.8 亿元，全年新增 636.74 亿元。从股权融资的内部结构来看，挂牌、展示与纯托管企业融资占比分别为 7.82%、10.09% 及 82.09%。

部分市场围绕股权融资业务开展了一系列探索：一是打造股权估值及融资对接平台，提高市场股权估值的专业化水平。部分市场通过打造股权估值及融资服务平台，发现企业股权价值，规范管理股权，利用股权实现各类融资。二是与投资机构、金融机构合作，帮助挂牌公司引入战略投资者，促进企业改善经营，为挂牌企业提供重组并购、改制辅导、管理咨询、财务顾问、投融资对接等服务，加大股权服务的广度和深度。三是结合市场推广业务，通过县域金融工程为基层企业提供股权融资服务。四是与地方政府、金融机构合作建立四板基金投资于挂牌企业。

（三）可转债融资情况

截至 2019 年底，区域性股权市场累计发行可转债 1 630.19 亿元，较上年增加 706.33 亿元。

2019 年 6 月，中国证监会发布《关于规范发展区域性股权市场的指导意见》（清整办函〔2019〕131 号，以下简称《指导意见》），明确了规范发展可转债业务的具体要求，要求地方金融监管部门督促区域性股权市场制定完善的可转债业务规则，对可转债发行人的资质条件、信息披露、募集资金用途、募集资金托管、偿还保障、转股安排、审核要求、风险处置等事项作出明确规定。《指导意见》出台后，市场优化了可转债规则和产品方案设计，对可转债投资者实行更为严格的准入管理，设置可转债投资者准入名单，引导具备较强风险识别能力和判断能力的机构投资者投资可转债。部分市场在可转债发行后，对可转债的相关情况、融资者的重大事项、年报等信息在官网平台上向可转债投资者及相关方进行定向公示。多家市场通过实地跟踪、走访、调查发行人等做法，制订可转债应急预案，加强可转债监督力度。

区域性股权市场通过创新可转债产品，大力服务地方经济发展。安徽、齐鲁、贵州等地区域性股权市场以扶贫可转债、新动能可转债、绿色可转债等形式为贫困地区发展、新旧动能转换、绿色产业提供融资支持，助推地方经济快速发展；部分运营机构对贫困地区企业减免可转债服务费。

（四）股权质押融资情况

截至 2019 年底，区域性股权市场累计实现股权质押融资 3 958.8 亿元，2019 年新增 837.35 亿元，平均每月增加 69.78 亿元。

（五）其他融资

截至 2019 年底，除股权融资、债券融资以及股权质押融资外，区域性股权市场通过为银企对接提供服务的介绍贷款、有限合伙企业份额质押融资、知识产权质押融资等形式，为各类企业实现其他融资 1 993.88 亿元。部分市场通过与银行、证券、保险、小贷、担保、融资租赁等机构合作，搭建服务于挂牌公司的综合金融服务平台，与金融机构联合设计推出针对挂牌公司的信用贷款、科技履约贷等融资产品。如齐鲁股交中心的“挂牌科技贷”“税金贷”，上海股交中心的“股交创客贷”“股交成长贷”，四川天府股交中心的“创客贷”。

四、转让情况

截至 2019 年底，区域性股权市场各类转让成交额累计为 1 468.19 亿元，主要为非交易过户，占比达 73%。挂牌企业的转让主要发生在线上，线下非交易过户较少。总体来看，区域性股权市场的转让不活跃，各市场转让情况差别较大。

五、投资者情况

2019 年，区域性股权市场继续完善合格投资者制度，加大对非合格投资者的清理力度。截至 2019 年底，区域性股权市场共有合格投资者 9.61 万户，豁免投资者 29.29 万户，二者均以个人投资者为主，机构投资者分别为 1.18 万户和 1.08 万户。全年合格投资者净增加 1.81 万户，豁免投资者净增加 1 666 户。

在投资者保护方面，区域性股权市场积极加强投资者教育，引导合格投资者熟悉各类与投资者相关的业务流程、制度等文件。多家运营机构通过网站、微信公众号等渠道对合格投资者进行引导教育，以强化市场监管方式严格做好投资者合法权益保护，并通过对风险企业做强制摘牌等处理，净化市场投资生态，维护投资者权益。各市场积极完善投资者管理的相关制度，落实合格投资者管理要求。

六、中介机构情况

2019 年，区域性股权市场共有中介机构 7 571 家，比 2018 年增加 638 家，同比增幅 9.2%。从中介机构类型来看，证券公司（包括分公司或营业部）218 家，律师事务所 1 421 家，会计师事务所 1 476 家，资产评估机构 213 家，其他机构 2 211 家，其余为证券投资咨询机构、财务顾问机构、商业银行等机构。与 2018 年相比，2019 年中介机构总体数量和结构变动不大。

七、信息披露和数据报送情况

根据中国证券业协会于2020年1月对全国28家区域性市场开展的专项调查，整体而言，区域性股权市场的挂牌企业信息披露率仍处于较低水平，大部分挂牌企业均无法持续履行信息披露义务。其中，齐鲁、上海、天津、石家庄、陕西等市场2018年年报信息披露率均达到50%以上，居行业内领先水平，部分市场的精选板块，如安徽股交中心的股改板、山西股交中心的晋兴板信息披露率也超过50%。

各市场面临的信息披露难点具体有以下几点：一是挂牌企业信息披露的合规意识和积极性不高；二是市场缺乏专业人才、信息披露人员流动性较大，无法形成连贯的信息披露工作机制；三是企业需要聘请专业的督导机构、会计师事务所、律师事务所为其提供相关财务、法律服务以完成信息披露工作，经济成本偏高；四是部分推荐机构督导意识不强，甚至有的区域性股权市场挂牌无推荐机构；五是市场监管手段有限，对信息披露违规的企业处罚力度不足、威慑力不够；六是市场对挂牌后的服务举措不足，导致企业缺乏后续信息披露的动力。

八、市场规范运营情况

根据2020年1月中国证券业协会对34家区域性股权市场开展的专项调查（其中有效问卷28份），28家区域性股权市场均根据全面风险管理理念，设立了独立的风控审核部门，制定了业务规则、内部管理制度、工作程序及流程，覆盖到所有业务和内部管理领域，初步形成了较完整的合规风控体系。28家市场中，在挂牌审核中设置审核委员会环节的有11家，占比39.29%，其中审核委员会中明确有外聘专家参与的有4家；实行三级及以上审核环节的有10家，占比35.71%；实行固定一个部门审核的有7家，占比25%。

九、区域性股权市场面临的问题

一是中小微企业政策措施的综合运用平台功能发挥不足。《国务院办公厅关于规范发展区域性股权市场的通知》（国办发〔2017〕11号）明确区域性股权市场是地方人民政府扶持中小微企业政策措施的综合运用平台，但实践过程中各地方政府贯彻落实还不到位，省市各级政府扶持小微企业政策比较分散，系统和专项围绕支持区域性股权市场创新发展的政策还比较少，没有形成挂牌奖补、融资奖补、税收优惠、企业信息登记、引导基金等一揽子综合政策运营平台。

二是服务中小企业直接融资能力与中小企业需求尚有较大缺口。一方面，由于区域性股权市场挂牌企业规模普遍较小，治理不够规范，投资机构对中小初创企业新技术了解不足，市场股权融资功能还不充分；另一方面，由于机构投资者不足，限制了区域性股权市场以股权或可转债形式为中小企业提供中长期资金支持的功能。在股权质押融资方面，企业在区域性股权市场挂牌后流动性不足，股权价值难以凸显，股权质押效率低下；在信贷融资渠道方面，由于中小企业收入低、规模小，无抵押物，难以落实担保增信措施，专利权、商标权等无形资产质押融资接受度低，实现信贷融资困难较多。

三是由于未被赋予金融机构的身份，区域性股权市场运营机构在银行的存款只能按一般工商企业活期存款利率计，远低于金融企业的同业存放利率，融资时不能享受“银行间同业拆放利率”；此外，运营机构在税收优惠、土地房产抵押及动产和其他权利抵押、财务监督等方面都不能享受金融机构的待遇，融资成本偏高，税赋偏重，运营成本高企，在服务小微、服务“三农”、发展普惠金融等方面受到限制。

四是由于《工商行政管理机关股权出质登记办法》（国家工商总局〔2008〕第32号令）等有关法规时效迟滞于多层次资本市场发展，区域性股权市场股权登记服务与各地工商登记机关之间尚未普遍形成长效对接机制，导致企业及金融机构对区域性股权市场股权登记的合法性和有效性存疑，进而影响了区域性股权市场为企业提供股权质押、转让等业务。

五是区域性股权市场涉及的股权转让、股息红利等尚无税收优惠。目前，区域性股权市场尚未被纳入统一的资本市场税收优惠政策范围内，未能享受新三板实施的股息红利差别化个人所得税政策，很大程度上影响了市场投资者的积极性和参与度以及市场功能的发挥，也加大了场外股权交易的风险和监管的难度。

第二节　2019年中国区域性股权市场的创新发展特点

一、履行社会责任，积极服务国家、区域经济发展战略

近年来，区域性股权市场围绕区域改革元素和发展战略，聚力国家、区域重大发展战略，积极开展普惠金融服务，支持区域经济转型升级。

（一）推动乡村振兴发展，开展精准扶贫

2019年2月，中国人民银行、中国银保监会、中国证监会、财政部、农业农村部5部门联合印发《关于金融服务乡村振兴的指导意见》，提出支持符合条件的涉农企业在主板、中小板、创业板以及新三板等上市和挂牌融资，规范发展区域性股权市场。

2019年，部分市场着力服务乡村振兴，支持产业扶贫。武汉股交中心对接县域金融工程，培育县域特色板块。截至2019年底，推动湖北省贫困县的1 199家企业挂牌，覆盖湖

北省 34 个贫困县中的 33 个。齐鲁股交中心设立了乡村振兴板块，开发了“乡村振兴股权质押贷”；安徽、海南、山西、江苏等市场专门设立了农业板块，助力农企和乡村企业培育孵化；天津滨海柜台交易市场设立专项全职驻村工作小组，以驻村人员日常工作方式服务精准扶贫；中原股交中心、石家庄股交中心分别设立了“扶贫板”和“金融扶贫板”，集中服务贫困县挂牌企业，并减免相关服务费用。

（二）积极支持“一带一路”建设、军民融合发展

建设特色板块，是区域性股权市场支持“一带一路”建设和军民融合的有效实践。四川天府股交中心成立“一带一路”板支持“一带一路”建设。四川、山西、陕西等市场通过探索军民融合板服务军民融合国家战略。上海股交中心推进中小企业开展跨境融资，有效贯彻“一带一路”发展建设。

（三）结合区域经济布局，助推区域中小企业发展

运营机构将市场服务与区域定位紧密结合，促进区域经济布局高质量发展。齐鲁股交中心推出新动能可转债，用于支持区域新动能培育孵化及旧动能改造升级领域建设；深圳前海股交中心基于大湾区发展战略，赋能湾区各类企业服务机构共同扶持企业发展；北京、天津、石家庄运营机构合作，就发挥三地区域性股权市场平台功能、服务京津冀一体化协同发展国家战略开展初步合作。广西北部湾股交所结合广西、面向东盟金融开放门户建设政策，组织东盟国家交易所与挂牌企业开展交流。

二、发挥政策措施综合运用平台作用

2019 年，区域性股权市场持续提升服务中小企业管理水平，将政策措施纳入金融综合服务平台，逐步提高政策措施共享和应用水平。

（一）积极打造政策引导、政企信息互联互通平台

运营机构积极建设政策引导、政企信息互联互通平台对接政府资源，提高政策的透明度和有效性。部分市场整合各级各地部门的要素保障、财税支持、金融支持、创新及公共服务等多项政策措施，建立了政策措施信息平台，通过网站、微信、手机 APP 等方式，为中小企业提供政策服务、涉企活动发布、公共服务、投资指导等，实现了中小企业扶持政策政策措施“一窗式”录入查询以及开放申报、公示结果等政策动态的第一时间快速推送。

（二）协助地方各级政府推动中小企业扶持政策的地方立法和政策协调

整体而言，2019 年，各运营机构立足市场定位，积极协助地方各级政府推动中小企业扶持政策的地方立法和政策协调，落实对中小微企业财税支持、融资促进、创业扶持、创新

支持等方面的相关规定，为中小微企业快速发展提供保障和支撑。在市场推动下，地方政府根据区域性股权市场分类分层的实际情况，开展了更多“一板一策”“一企一策”精准扶持以及多样化扶持。部分省市优化了财政补贴方式，除对挂牌企业的直接补贴外，还采取了设立直投基金、政府购买服务等多样化补贴方式。根据中国证券业协会对区域性股权市场开展的问卷调查，截至2019年底，28家反馈问卷的市场中，有22家以政府购买形式为企业提供挂牌、培训、路演、股份制改造、招商、资本市场研究、公共服务示范平台项目建设等资本市场服务。

三、加速建设科技创新板块，推动科创企业发展

2019年1月8日，国务院办公厅印发《关于推广第二批支持创新相关改革举措的通知》，明确在区域性股权市场推广科技创新专板，由中国证监会负责指导。根据科技型中小企业的特点，在区域性股权市场推出“科技创新专板”，提供挂牌展示、托管交易、投融资服务、培训辅导等服务，开拓融资渠道，缓解科技型中小企业融资难问题。2019年3月29日，中国证监会原“打非”局、中国证券业协会、区域性股权市场运营机构在合肥召开的规范发展区域性股权市场座谈会上集中研讨了推广科技创新专板。目前，多数运营机构已设立了科技创新专板及类似板块，聚焦科创企业的选拔、培育和孵化。

目前，上海股交中心的科技创新板成立时间相对较早、运作效果相对良好。该中心加强科技创新板建设的主要做法有：一是突出“科创”硬要求，通过设置合理的挂牌条件，选择有成长潜力的科创企业。二是加强挂牌公司审核，从检查工作底稿开始，依次对企业进行形式审查、初审以及由内外部专家组成的注册委员会表决审查，并维持一定的否决率。三是为了避免推荐机构造假或挂牌节奏过快，要求推荐机构对其推荐的挂牌企业投入一定资金并在规定期限内不转让；同时要求推荐机构包销发行股票，以有效控制科创板挂牌企业规模。四是为了增加科技创新板市场活跃度，采取了更加灵活的交易方式，如中午不休市、每一次买卖的单位是1 000股及以上、涨跌幅限制由+200%到-50%、委托时间1—30天都有效等。五是严格控制科技创新板发行规模，谨慎扩容，以确保资金供给与需求的动态平衡。

其他运营机构建设科技创新板块的亮点措施如下：一是由省级政府多部门联合出台行动措施，打造政策合力，对符合条件的企业申报科技创新专板挂牌，给予挂牌及转板上市分段补助、科技专项资金支持、风险补偿资金支持等。二是积极对接上交所科创板条件，明确企业挂牌科技创新板块的行业属性、业绩条件、科技创新认定条件等规范要求。尽管各市场对科技创新板块的挂牌标准、企业规范程度和股份制改造、信息披露要求不一，但总体上都尽量贴近上交所科创板上市标准的基本指标、注册制的上市制度、市场运营的规范要求以及合格投资者认定标准。三是强化科创板企业融资培训支持。集聚地方政府、金融机构、专业服务机构、投资机构等，为挂牌企业提供全方位、一揽子、综合性上市辅导服务，加速科创企业孵化。四是严格规范科创板管理。例如安徽、天津实行科创板分层管理，针对不同层的企

业在股权（份）转让制度安排、信息披露制度、转板机制等方面实行差异化管理；安徽成立科技创新咨询委员会，为科创专板建设提供专业扶持。

四、创新建设地方金融要素集聚平台

（一）规范培育服务

2019 年，区域性股权市场通过规范培育培训，帮助企业提升专业水平，规范公司治理结构。主要培育方式包括各类线上线下专业培训、投融资路演专项对接活动以及以信息披露为抓手的持续监管。目前，多家市场已形成了较为系统的培训内容和课程安排，并根据行业情况、发展阶段等对课程内容开展多维度安排。

（二）路演宣传推广服务

2019 年，区域性股权市场持续加大路演融资对接工作力度，以“专场路演”“路演特训营”等形式推动优质项目与机构投资者对接，推动优质标杆企业参加国内各类专业路演活动。多家运营机构建立了行业上下游产业对接渠道及跨行业交流平台，帮助挂牌公司在行业动态、产品研发、生产协作、渠道建立、顾客共享等各方面建立合作。

部分运营机构不断创新挂牌企业路演方式，提高路演融资效率：一是通过信息技术手段强化对企业的筛选、识别和差异化路演服务；二是与深交所、路演平台紧密合作，推动挂牌企业常态化路演；三是探索企业量化评价体系，形成企业预审会制度，通过定性、定量的多维角度对企业进行分层分类；四是加大企业融资需求力度，通过预审会、专审会、培训、在线问卷等多种渠道收集企业融资需求，为企业开展专项辅导。

（三）推动多层次市场联动发展

截至 2019 年底，挂牌企业中累计转沪、深证券交易所上市的有 10 家；转新三板挂牌的有 513 家，较 2018 年新增 21 家，增幅 4.27%；被上市公司或新三板挂牌公司收购的有 21 家。

2019 年 6 月，宁波股交中心挂牌培育的“容百科技”成为上交所科创板的首批上市公司；7 月 12 日，辽宁股交中心挂牌培育的“芯源微”转板上交所科创板。多地政府发文，推动完善企业上市挂牌联动机制，引导拟申报到沪、深证券交易所上市及新三板挂牌的后备企业先行挂牌区域性股权市场，支持运营机构培养上市梯队。

（四）宣传服务

区域性股权市场通过发布新闻资讯、项目展示、微博微信等来多渠道宣传、推广挂牌企业及优质项目。多家运营机构持续丰富媒体宣传服务。例如安徽省股交中心联合媒体机构为挂牌企业录制《走进挂牌企业》《企业家故事会》等栏目，打造“安徽四板成长的足迹”系列活动，多渠道集中展示区域性股权市场运营发展成果；齐鲁股交中心通过“齐鲁股权挂牌企业媒体行”活动，多角度、多侧面、多层次重点报道挂牌企业。

五、开展地方金融机构股权规范服务

2019 年 7 月，中国银保监会正式发布《商业银行股权托管办法》（银保监会令〔2019〕2 号，以下简称《托管办法》）。《托管办法》指出，商业银行应委托依法设立的证券登记结算机构、符合特定条件的区域性股权市场运营机构或其他股权托管机构管理其股权事务。中国证券业协会采取多项措施全力推动《托管办法》贯彻落实，截至 2019 年底，大部分省份完成任务已过半。例如，齐鲁股交中心推动区域内全部城商行、民营银行开展股权实质性登记，全省全部 13 家未上市城市商业银行托管股本 361.32 亿股，平均确权比例 91.46%，共托管各类商业银行 31 家；广西北部湾股交所助力桂林银行、柳州银行、广西北部湾银行完成定向增资 85.45 亿元，股权质押融资 8.35 亿元。

六、建设科技金融平台

区域性股权市场形成了拥抱高科技的共识，市场必须借助科技手段解决市场两大痛点：信息和信用，形成高度应用信息科技的分布式聚合市场。

（一）依托金融科技加强股债产品风险防范

在定期对债权产品库进行更新维护的同时，区域性股权市场通过技术手段，积极探索运用大数据、云计算、人工智能、区块链等一系列技术手段，建立多项市场运行风险监测指标和预警模型；增加债券产品评价指标，提高债券产品的识别性；对股权类投融资机构进行投向、投资能力的分层细化管理。

（二）加快推动线下业务向线上转移

为了积极适应未来工作需要，部分运营机构正在加快推动线下业务向线上转移。根据中国证券业协会对区域性股权市场的专项调查，在反馈有效问卷的 27 家机构中，有 9 家机构单独建设了互联网融资服务平台，开展股权融资、债权融资相关金融服务。如贵州股交中心的“金汇金融”、重庆股交中心的“榆钱儿”、甘肃股交中心的“兴陇宝”；浙江股交中心开展“线上办理、见屏如面”“一次不用跑”的“浙里 +”线上服务，各项业务实现网上三步之内办结；齐鲁股交中心的“大数据平台”接入综合平台数据、交易系统数据、行情系统、信息披露系统、挂牌申报系统、OA 办公系统等多平台数据，实现了可视化展示和智能化查询。“区域性股权市场 + 互联网”的模式降低了金融市场的参与门槛，开拓了合格投资者，丰富了投融对接新模式，是未来区域性股权市场融资业务发展的新趋势。

2019 年，区域性股权市场规模不断扩大，影响力与日俱增，摸索前行的道路上已经初现曙光。2020 年，区域性股权市场将坚定信心，锐意进取，扎实工作，着力打造中小微企业直接融资主渠道，切实发挥区域性股权市场服务实体经济应有的作用。

第二章
2019 年中国证券公司柜台市场发展综述

第一节 2019 年中国证券公司柜台市场发展情况①

一、柜台市场的开展情况

证券公司柜台市场是证券公司为与特定交易对手方在集中交易场所以外进行交易或为投资者在集中交易场所以外进行交易提供服务的场所或平台。2012—2014 年，先后共有 42 家证券公司通过了中国证券业协会组织的专业评价，取得了柜台市场试点资格并开展柜台业务。经过六七年的发展，柜台市场从无到有，取得了长足的进步。

（一）产品发行与销售情况

2019 年，柜台市场产品发行、销售规模总计 9 015. 24 亿元，同比下降 27. 90%；产品发行销售总数 3. 55 万只，同比增加 10. 07%（见表专 7 – 1、表专 7 – 2）。

表专 7 – 1　　柜台市场发行、销售产品金额表　　（单位：亿元）

产品类型	2018 年		2019 年	
	自销规模	代销规模	自销规模	代销规模
资管计划	3 163. 85	545. 37	997. 51	447. 45
收益凭证	4 192. 37	0	3 841. 78	0
基金专户	0	22. 50	0	20. 15

① 本节数据来源于中证机构间报价系统股份有限公司。

续表

产品类型	2018 年		2019 年	
	自销规模	代销规模	自销规模	代销规模
私募基金	0	139.57	0	241.08
银行理财产品	0	1 106.40	0	141.02
信托计划	0	120.45	0	252.98
债券	0	3 213.74	0	3 073.27
总计	7 356.22	5 148.03	4 839.29	4 175.95

注：各年发行、代销数量为该年度 1 月 1 日至 12 月 31 日期间发行、代销的产品规模。

表专 7－2　柜台市场发行、销售产品数量表　（单位：只）

产品类型	2018 年		2019 年	
	自销数量	代销数量	自销数量	代销数量
资管计划	1 572	498	1 314	642
收益凭证	23 086	0	29 425	0
基金专户	0	34	0	38
私募基金	0	341	0	553
银行理财产品	0	3 928	0	222
信托计划	0	216	0	560
债券	0	2 609	0	2 780
总计	24 658	7 626	30 739	4 795

注：各年发行、代销数量为该年度 1 月 1 日至 12 月 31 日期间发行、代销的产品数量。

（二）投资者账户情况

2019 年，柜台市场新增账户数 532.31 万户，同比增长 35.15%；截至 2019 年底累计存续账户数 2 652.26 万户，同比增长 23.06%（见表专 7－3）。

表专 7－3　柜台市场投资者账户情况　（单位：万户）

项目	2018 年		2019 年	
	个人	机构	个人	机构
年度累计新增	393.15	0.73	531.7	0.61
年度累计销户	9	0.17	6.98	0.14
年底存续户数	2 152.65	2.58	2 649.44	2.82

注：（1）新增、销户指各年内（1 月 1 日—12 月 31 日）新增和销户的数；（2）年底存续户数指截至各年 12 月 31 日存续的账户数。

（三）产品转让情况

2019 年全年，证券公司柜台市场转让的产品包括：信托计划、资管计划、收益凭证、私募基金和银行理财，累计转让规模 182.09 亿元，与 2018 年基本持平；转让产品数量达 2.51 万只，同比增加 125.84%（见表专 7－4）。

表专 7－4　柜台市场产品转让情况

产品类型	2018 年累计		2019 年累计	
	数量（只）	金额（亿元）	数量（只）	金额（亿元）
资管计划	7 555	150.6	22 845	167.73
收益凭证	2 575	16.83	2 138	7.07
基金专户	5	1.90	0	0
私募基金	44	7.14	31	3.94
银行理财产品	945	8.26	93	0.77
信托计划	7	1.55	31	2.58
资产支持证券	0	0	0	0
总计	11 131	186.28	25 138	182.09

（四）场外衍生品情况

2019 年，收益互换新增名义本金及存续规模同比分别上涨 171.80% 和 124.98%，场外期权新增名义本金及存续规模同比分别上涨 86.90% 及 68.05%（见表专 7－5）。

表专 7－5　场外衍生品情况　（单位：亿元）

年份	本年累计新增		存续规模	
	收益互换	场外期权	收益互换	场外期权
2018	2 053.76	6 718.31	703.89	2 762.81
2019	5 582.16	12 556.33	1 583.62	4 642.92

注：场外衍生品数据含柜台市场及报价系统。

二、柜台市场的发展特点

（一）产品发行、销售特点

1. 产品发行、销售规模有所下降

从柜台市场发展数据来看，柜台市场经历了 2015—2017 年高速发展期，产品发行、销售规模及增长均达到了一定高度。但是 2018 年以后，受市场环境及监管政策影响，柜台市场发展趋缓，特别是2019年，柜台市场发行销售总规模同比上一年度有一定幅度下降。

2. 产品品种相对较为单一

截至2019年，柜台市场产品销售涵盖债券类（收益凭证、债券），资管类（资管计划、私募基金、信托计划、基金专户、银行理财产品），股权类（私募股权融资）等产品品种，种类较为丰富。其中，主要是收益凭证、债券、资管计划，分别占比42.61%、34.09%、16.03%。2018年银行理财产品受资管新政影响已逐渐退出，其他类产品或规模占比较小，短期内无法成为柜台市场的主流产品。

（二）柜台市场投资者特点

1. 账户数呈不断增长趋势

截至2019年底，柜台市场累计开立账户2 652.26万户。自柜台市场成立以来柜台市场账户数一直保持较高的增长率。从数量上看，柜台市场账户只有场内账户数量①的16%，但从增长率看，柜台市场近两年投资者账户数增长量都在20%以上，显著高于场内（约9%）的增长率。

2. 账户数集中度较高

柜台市场的开户账户呈现明显的高度集中特征。截至2019年末，存量账户前5位券商的账户总数占比87.18%，而前10位券商的账户总数占比94.82%，呈现高集中性（见表专7-6）。

表专7-6　**2019年柜台市场账户集中度情况**　（单位：万户）

名次	存续账户
前5名	2 312.18
前10名	2 514.98
总数	2 652.26

3. 账户类型以个人账户为主

场外投资者高度集中于个人投资者账户。2019年新开立账户及截至2019年底存续账户中基本为个人账户，均占比超过99.5%，账户结构与前几年相同。

（三）柜台市场产品特点

1. 对收益凭证依赖度较高

收益凭证作为证券公司常用的融资工具，规模占比在近几年始终稳居柜台市场首位。尽管近两年规模增长趋缓，但由于市场上其他产品的发行量提升较慢，收益凭证在整个产品发行规模中依然占据绝对比重。同时，从收益凭证的发行场所看，2019年，柜台市场与报价

① 根据中国证券登记结算有限公司官网统计数据，2019年12月期末投资者账户数为15 975.24万户。

系统发行规模相当；相较于报价系统，柜台市场收益凭证的发行数量较大（见表专 7－7）。

表专 7－7　　2019 年全市场收益凭证发行情况

年份	年度新增发行（亿元）		年度新增发行（只）	
	报价系统	柜台市场	报价系统	柜台市场
2019	3 489.03	3 841.77	7 499	29 425

2. 银行理财、资管计划降幅明显

近年来规模占比较大的银行理财和资管计划在 2019 年规模均同比大幅下降，降幅分别达 87% 和 61%，主要原因是受资管新规的影响：银行理财是因为非银行金融机构不能代销，证券公司端代销停滞；而资管计划是资金池产品压减规模，转型公募产品。这使得柜台市场原来占比较大的两类产品降幅明显。

3. 私募基金、信托计划同比上升

在资管新规的影响下，各证券公司纷纷加强私募基金及信托产品的销售，进一步拓展财富管理业务，降低银行理财、资管计划销售下降的影响。2019 年，私募基金及信托计划同比大幅上升，涨幅分别为 73% 和 110%。

4. 金融衍生品稳步发展

2019 年柜台市场衍生品新增交易规模及存续规模保持稳定增长。在业务类型方面，场外金融衍生品新增交易以场外期权为主，但同时收益互换的新增规模也呈逐步增长趋势；在交易对手方方面，商业银行、私募基金、期货公司风险管理子公司等机构投资者是场外衍生品的主要买方机构。

（四）柜台市场产品转让及做市情况

1. 转让方面

柜台市场上产品转让类型覆盖面广，涵盖了柜台市场的大部分产品，成交规模同比保持稳定，但总体而言转让活跃度较低，转让规模占当年发行规模的 2% 左右。2019 年，证券公司柜台市场转让规模中资管计划规模占比达 92.1%，是证券公司柜台市场转让的主要产品。信托计划的转让规模上升比较显著，同比增长 66.45%，而收益凭证、私募基金和银行理财在柜台市场方面有一定幅度的下降。

2. 做市方面

由于做市业务缺乏单独的制度依据，既要与自营业务分开，在持仓比例方面又要比照自营业务要求执行，市场上也缺少合适的标的，因此，为规避风险，目前只有少数证券公司在中证机构间私募产品报价与服务系统（以下简称“中证报价系统”）进行有限参与。

三、证券公司开展柜台市场业务的基本情况①

（一）机构设置、部门定位及考核机制

目前 42 家试点证券公司设立专门部门（一级或二级部门）从事柜台市场业务的有 18 家，占试点证券公司 42.86 的%，其中 1/3 的证券公司配置 15 人以上，半数证券公司配置人员不到 5 人（含 5 人）；定位为业务部门和管理部门各占一半；在考核机制方面，有考核业务收入或利润，有考核业务规模及协同作用，也有暂无明确考核指标的。

（二）业务开展情况

所有试点证券公司均开展了收益凭证的发行业务；多数同时开展了产品代销业务和产品转让业务；近半数试点证券公司开展了场外衍生品业务；仅 6 家证券公司通过中证机构间报价系统开展了做市业务。

可以看出，收益凭证一直是柜台市场最基础也是最重要的业务，产品代销也是开展较为普遍的业务，而场外衍生品则是柜台业务新的重要业务领域。多业务模式主要集中在头部证券公司，说明业务模式的丰富需要协同更多公司资源，这是头部证券公司的优势，相应也会转化为业务规模优势。

目前，绝大多数试点证券公司将柜台市场业务作为推动公司各项业务协同发展的平台进行建设，以便更好地为公司核心盈利业务提供便捷服务，因而较少对其进行业绩考核，使其在公司内部的组织架构中处于相对弱势地位，资源投入较少，不利于进一步探索各类创收模式。

（三）系统部署情况

据统计，有 33 家证券公司部署了登记结算系统、报价转让系统等自建柜台核心系统，同时在中证报价系统及自建柜台市场开展业务，占比为 78.57%；有 9 家证券公司尚未部署自建柜台系统，仅依托中证报价系统开展柜台业务，占比为 21.43%。由于自建柜台系统需要较大投入，在没有新业务需要自建柜台系统支持的情况下，部分证券公司仅通过中证报价系统开展收益凭证发行等柜台市场业务。

① 本部分数据来源于中国证券业协会专项调查问卷（截至 2019 年 12 月 31 日）。

第二节　2019 年中国证券公司柜台市场面临的问题与发展建议

一、2019 年中国证券公司柜台市场发展面临的问题

（一）相关法律法规体系不完善

2019 年 12 月全国人大常委会审议通过的新《证券法》中仍未明确柜台市场的法律地位，并且现行行政法规和部门规章中也缺少关于柜台市场或业务的专门规范，柜台市场的顶层制度设计尚不完善。目前证券公司开展柜台市场业务试点的主要依据是中国证券业协会 2014 年发布的《证券公司柜台市场管理办法（试行）》，属于自律规则，层级较低，难以为柜台市场的进一步规范发展提供足够的法律支撑。

另外，部分业务或产品缺乏配套操作细则，导致实践中一直未能开展。比如《证券公司及基金管理公司子公司资产证券化业务管理规定》规定资产支持证券可以在证券公司柜台市场进行挂牌、转让，《公司债券发行与交易管理办法》也提到非公开发行公司债券在证券公司柜台转让的适用本办法，但囿于没有配套业务细则的进一步支持和指引，上述业务至今未能在证券公司柜台市场开展。

（二）业务创新滞缓

试点至今，柜台市场经历了初期快速发展和诸多有益探索尝试之后，近两年来除收益凭证业务有一些创新的产品设计和业务模式外，其他柜台市场业务进展不大。现阶段各证券公司的产品种类单一且同质化程度较高，在服务实体经济、开发和探索满足中小微企业融资需求的产品和业务方面还有待进一步提升。

柜台市场业务多为创新业务，需要公司靠自身内控能力和经验进行判断把握。目前各证券公司均将柜台市场业务纳入公司合规与风控体系，实行全流程管理。基于风险防控的考虑，多数公司对于业务创新的动力不足。

二、证券公司柜台市场的发展建议

（一）完善法律体系，夯实市场基石

2012 年以来，中国证券业协会发布的一系列证券公司柜台市场业务自律规范和监管部

门出台的一些规范性指导文件，对于促进柜台市场规范发展发挥了重要作用。近年来资本市场对外开放不断提速，国内基础性衍生工具不断推出，资本市场基础性制度基础不断夯实，我国证券公司柜台市场的顶层设计和制度安排也亟待进一步完善。

（二）鼓励合理创新，加强风险控制

柜台市场相对场内市场而言，是无形的市场、非标准化的市场，是可以不断创新的市场，无论交易标的、交易方式，应是开放、可协商的，所以应该给予柜台市场一定的创新空间，鼓励有条件的证券公司遵循“先易后难”的原则，根据各自特色尝试各项场外业务创新。

风险管理能力是稳妥开展各项柜台市场业务的基石。为进一步完善证券公司柜台市场业务的风险管理能力，建议区分成熟业务与创新业务，并针对不同风险管理水平的证券公司探索分层管理，加强风险控制。

（三）加强宣传，促进市场培育

柜台市场的培育和壮大需要市场各方的积极参与，建议加强舆论层面的积极引导，借助主流媒体力量进行柜台市场普及性宣传；同时证券公司线上线下多渠道进行投资者宣传教育，使广大投资者深入了解柜台市场在我国多层次资本市场中发挥的重要作用及其各类产品、服务和主要功能等，全方位提升投资者对柜台市场的认可度，共同促进柜台市场的进一步发展。

专题报告之八：
2019 年机构间私募产品报价与服务系统发展综述

2019 年，中证机构间报价系统股份有限公司（以下简称“中证报价”）继续坚持稳中求进的工作总基调，积极发挥其作为多层次资本市场金融基础设施的优势作用，不断完善机构间私募产品报价与服务系统（以下简称“报价系统”）的各项功能，建设完善场外证券业务报告系统（以下简称“报告系统”），平稳有序开展相关业务，为支持实体经济发展、推动场外市场建设、助力行业规范运营提供了有力支持。

第一章
2019 年报价系统发展的主要特点

一、提供直接融资服务，支持实体经济发展

中证报价始终以“服务国家发展战略，支持实体经济”为目标，通过报价系统为实体企业进行直接融资提供服务。目前，报价系统以私募产品报价、发行、转让为核心功能，并

辅以互联互通、登记结算、信息服务等一系列基础性服务，产品类型涵盖资产证券化、收益凭证、私募债券、私募股权、场外衍生品等，企业可以根据其需要选择相应的金融产品与投融资服务。此外，针对不同的应用场景，报价系统能够提供定制化的投融资对接、产品路演、产品发行、信息披露等一系列服务。依托中国青年创新创业金融综合服务平台、中国金融扶贫综合服务平台，报价系统在支持青年创新创业、服务小微初创企业、扶持贫困地区产业建设发展等方面进行了有益探索和有效补充。

2019年，报价系统融资规模平稳增长，一批涉及供应链融资、科技普惠、支农惠农等符合国家政策导向的融资项目成功落地，为支持实体经济提供了大量有效的金融服务。

二、发挥系统优势功能，推动场外市场建设

报价系统整体功能框架完整，符合国际成熟市场发展电子化交易的发展要求，能够为市场参与人提供注册审核、产品询报价、定价估值、在线签约、交易监督、登记结算等全流程一体化服务。伴随报价系统3.0建设的完成，报价系统各项功能实现了进一步的强化与提升，为推动场外市场建设发挥了积极作用。

一是升级中证私募电子签约平台，为私募基金开展业务过程中涉及的合同签署提供非交易型电子签约信息技术服务，从而进一步满足了私募电子签约需求，有效降低了运营成本、提高了运营效率。

二是通过提供场外市场信息、行情、订单、后端产品登记、资金结算的互联互通服务，报价系统促进了证券公司柜台市场等场外市场的联通，在一定程度上解决了场外市场分散发展、信息“孤岛”等问题。

三是完善机构间市场投资者教育基地，开展投资者教育，打造精品化、系列化投教产品；加强与监管部门、投教基地间的合作，切实维护投资者利益，助力场外市场健康发展。

四是稳步推进报价系统估值业务，针对报价系统产品发行人建立估值分类评价指标体系，为场外市场产品估值提供有力支撑。

三、夯实合规监测能力，助力行业规范运营

中证报价始终将风险管理能力视为报价系统发展建设的重中之重和核心竞争力之一，自觉在严控业务风险的前提下稳步推进各项业务发展。通过全面贯彻落实各项风险管理制度，建立风险监测、风险排查、应急处置和风险问责等机制，不断完善风险管理流程，提升防范化解金融风险能力。自运营以来，整体风险可控、市场平稳运行，未出现一单产品实质性违约等风险事件。

同时，中证报价积极发挥场外证券市场监测监控功能，协助监管部门开展场外证券市场

监管与自律管理，助力行业规范运营。中证报价持续优化场外证券业务报告系统，开展场外债券投资交易监测平台建设，建立科学化、规范化、电子化的监测机制，收集并管理场外业务数据，并定期向监管机构和其他系统内单位报送，为监管部门及自律组织进行场外证券市场监管与自律管理提供了有力支持。

第二章
2019 年报价系统运营情况

一、参与人情况

（一）参与人数量持续增长，结构进一步优化

2019 年，报价系统参与人数量保持增长趋势，新增参与人主要以私募基金、综合性投资机构、实体企业、银行、信托、保险等为主。截至 2019 年 12 月 31 日，报价系统参与人总共 4 046 家。在参与人数量保持增长的同时，参与人结构不断优化，参与人活跃度不断提高。

（二）加强参与人管理工作，督促参与人履行适当性义务

2019 年，中证报价以《报价系统管理办法》《报价系统参与人管理规则》为指导，以参与人登记信息为抓手，结合行业公开信息，围绕参与人工商信息有效性与参与人类别权限管理两大主题，持续开展月度参与人类别权限核查及年度参与人工商信息全面核查工作，通过对参与人信息的持续更新和相应管理措施的及时实施，有效防范相关风险。

为了进一步落实监管部门关于投资者适当性管理的要求，中证报价依据《机构间私募产品报价与服务系统投资者适当性管理办法》加强投资者适当性管理工作，督促参与人履行适当性义务，完成相关制度报备和更新工作。

（三）积极推动投资者教育培训工作

中证报价积极推动投资者教育培训工作，开展线上投资者教育活动 33 场，参与人数 566 227 人次；线下投资者教育活动 10 场，参与人数 761 人次。同时在推动投资者教育纳入国民教育方面取得了突出成效，累计培训学生 16 390 人次，教师 6 人次。制作《投教信息周刊》15 期，涵盖中国证监会系统监管部门 38 个共 145 个链接、国家级投教基地 15 家共 516 个链接，累计共整理编辑 6 973 条投教资讯与产品。2019 年 6 月，中证报价联合共青团

中央青年发展部、中国证券业协会开展“扬帆计划·证券行业大学生实习”系列投资者教育活动，并于7月初在北京举办启动仪式。此次活动共有67家证券公司参与，提供了包括总部、分公司、营业部在内的2 700余个实习岗位，受到证券公司与高校及学生们的一致好评。2019年12月，联合中国证券业协会、全国中小企业股份转让系统有限责任公司开设投资者教育能力训练营（第一期），此次活动共有70家证券公司、30余家其他机构参与。

二、私募产品发行与交易情况

（一）产品发行规模

自运营以来，报价系统产品发行数量和规模持续增长。截至2019年12月31日，报价系统累计发行产品31 288只，累计募集资金16 254.71亿元。

报价系统于2014年正式上线，经过5年多的建设，报价系统发行的产品类型不断丰富，已涵盖收益凭证、资产管理计划、非公开发行公司债券、资产支持证券、私募股权投资基金、私募证券投资基金、信托产品等多元化品种。截至2019年12月31日，共220家参与人在报价系统发行产品，其中29 851只发行成功，1 437只发行失败（见图专8－1）。

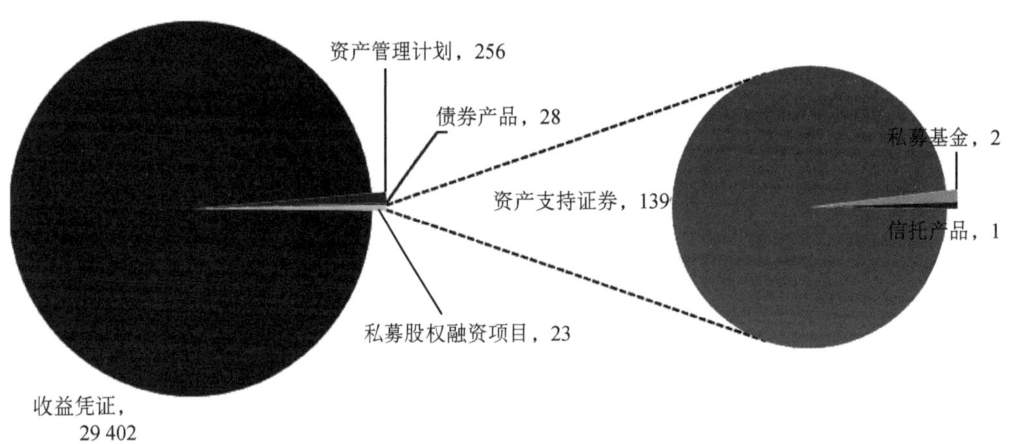

图专8－1　报价系统私募产品累计发行成功数量（单位：只）

（二）产品交易规模

为满足私募产品转让需求，提高私募产品流动性，促进私募一级市场发展，报价系统积极构建基于互联网的开放式、全网运行的报价交易平台。

1. 转让市场平稳发展

报价系统支持证券公司资管计划、私募基金、非公开发行公司债券、资产支持证券、收益凭证、私募股权等私募产品在线转让，提供协议转让、做市转让、拍卖竞价和标购竞价等多元化转让方式。2014年转让交易金额为310.01万元；2015—2017年报价系统转让交易规模连续三年高速增长，交易金额分别达到49.23亿元、262.68亿元和595.78亿元；2018年转让交易增长趋于平稳，交易金额为482.08亿元；2019年由于在报价系统挂牌转让的债券和资产支持证券大量全额回售后摘牌，导致转让交易规模较上一年减少，交易金额为117.03亿元。截至2019年12月底，报价系统累计交易金额共计1 506.83亿元。

从产品类型来看，截至2019年12月31日，共4 620只私募产品在报价系统挂牌转让，其中非公开发行公司债产品转让成交金额占各类产品转让成交金额的83.80%，成为报价系统转让交易最为活跃的产品（见图专8－2）。

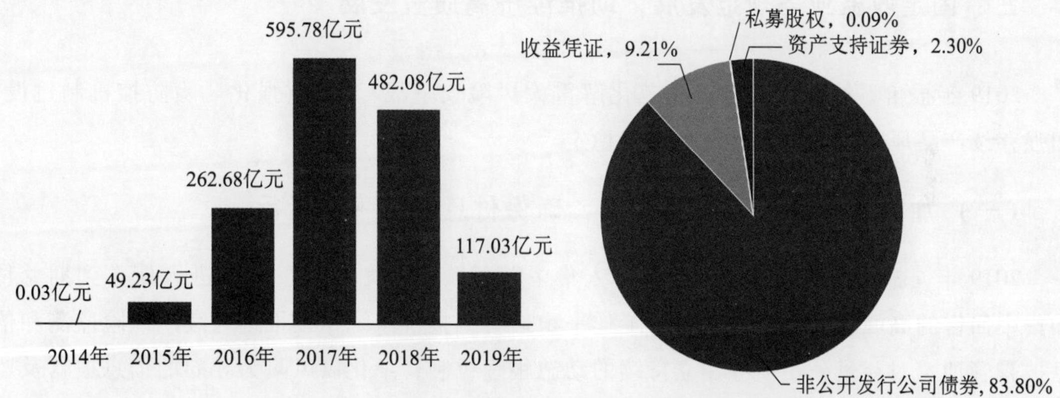

图专8－2　报价系统年度转让交易金额与各类产品转让成交金额占比

2. 完善做市商机制，提供流动性支持

为进一步提高报价系统私募产品流动性，满足投资者交易需求，中证报价积极推进报价系统做市商机制建设，着力培育私募产品做市商队伍。报价系统支持做市商采用双边报价做市、回应询价做市等做市方式。截至2019年12月31日，报价系统共有13家做市商在报价系统对收益凭证、资产管理计划等125只产品提供双边报价；做市交易累计成交1 888笔，交易金额65 760.62万元。

3. 申购与赎回

截至2019年12月31日，共计30只产品在报价系统进行申购与赎回业务。报价系统共收到申购申请367笔，申购金额共计62亿元；共收到赎回申请720笔，赎回金额共计56.75亿元。

（三）行业首创私募电子签约服务平台

为促进私募行业规范高效发展，降低行业运营成本，提高行业运营效率，中证报价在中国证监会的指导下，建设了中证电子签约平台（以下简称“中证易签”），为私募机构开展业务过程中涉及的合同签署提供非交易型电子签约信息技术服务。中证报价作为中国证监会电子签约工作小组成员，持续参与业务规则制定、系统建设、数据接口规范、业务试点等有关工作，并定期向工作小组成员沟通签约平台建设推进情况。

截至2019年12月31日，已有12家托管人、24家管理人、34只产品在签约平台开展了电子签约业务。签约平台服务为私募行业机构提供了极大便利，有效解决了合同签约及管理的痛点问题，提升了合同运营管理电子化水平和运营效率，方便了私募产品的后续备案工作。

三、固定收益业务规范发展，助推经济高质量发展

2019年报价系统围绕“打好防范化解重大风险攻坚战”，着重强化风险防控机制建设，加强存续产品风险管理，自觉维护市场稳定。

（一）加强债券业务存续期管理，确保付息兑付平稳运行

2019年，报价系统存量债券逐渐进入集中兑付阶段，尤其是下半年进入债券到期兑付和集中回售的高峰。为保障付息兑付工作平稳运行，报价系统积极推进存续期风险监测和信息披露管理，对存量公司债券建立持续的动态跟踪机制；细化以风险为导向的信息披露及监管机制，实现对存量债券的赎回、回售、付息兑付时间及规模的动态跟踪与信息披露监控。全年累计完成债券兑付392亿元，其中回售债券288.5亿元。

同时，结合债券发行人年报披露情况，及时开展信用风险动态监测和排查，持续关注发行人和保证人的状况，对发行人的经营财务状况、偿债能力和增信措施的有效性进行分析，动态监测潜在信用风险情况，重点跟踪关注类债券发行人；督促受托管理人加强公司债券风险分类动态管理，对存续债券产品信息披露相关义务人实施动态监管，帮助发行人做好流动性管理。

（二）稳步发展资产证券化业务，提升服务国家战略能力

报价系统稳妥推动应收账款和供应链金融资产证券化业务，助推企业转型升级。2019年资产证券化业务出具无异议函规模102.3亿元，其中已发行资产支持证券产品12只，募集资金70.98亿元。

从发行产品情况来看，“华泰资管－供应链资产支持专项计划”是报价系统首单发行设立的供应链类产品。该产品通过核心企业供应链模式，有助于上游中小企业借助核心企业信用打通新的融资渠道，对于解决中小企业融资难、服务实体经济具有重要意义。已发行的“天弘创新凯京租赁第1期资产支持专项计划”，募集资金用于深耕物流商用车融资租赁细分市场，通过科技创新持续为小微物流企业及司机提供便捷的普惠金融服务，促进物流行业降本增效。

四、股权市场场景丰富，平稳运行

2019年是股权业务夯实基础、强化内功的关键一年。在这一年中，中证报价在全面探索私募股权业务发展方向、进行全面风险排查、加强股权业务规范管理的同时，持续平稳地开展私募股权各项工作，包括落实国家创新创业、扶贫攻坚等政策要求，继续夯实报价系统基础设施建设，以服务为中心推进报价系统私募股权业务，完善多层次资本市场体系，促进实体经济发展等。

（一）夯实内功谋发展，梳理股权业务发展方向

私募股权业务暂停期间，报价系统全面梳理了私募股权业务发展现状，重点研究了私募股权业务定位及未来的发展方向，探索私募股权业务发展模式，制订了相关业务调整方案，为继续运营“双创”平台、恢复“双创”平台相关业务受理以及明确股权业务定位提供了有效支持，保证了业务的稳定性和延续性。

（二）加强风险防范，推进业务规范发展

私募股权业务暂停期间，报价系统全面梳理业务风险点并制订整改措施，完善风险管理体系，妥善处理存量业务，共计审核14家机构推荐的92家企业上线申报材料。此后，报价系统从进行全面风险排查、加强风险监测监控、稳妥处置潜在风险、探索长效风控机制、优化推荐机构管理、细化企业准入标准、强化业务持续期管理、健全信息披露管理制度等方面加强股权业务风险控制，保证了私募股权市场的有序、健康发展。

（三）贯彻国家“双创”战略，探索“双创”平台发展模式

为支持青年创新创业，中国证券业协会与共青团中央合作搭建中国青年创新创业金融综合服务平台（以下简称“双创”平台），一方面联结各级地方政府扶持“双创”企业发展，另一方面对接推荐机构、孵化器、投资机构等深入参与“双创”业务。2019年，在进一步明确自身定位、确定业务调整方向的基础上，依托报价系统私募股权相关功能及参与人体系，“双创”平台在持续强化基础性服务功能、加强区域中心作用、充分发挥其地方性资源优势的同时，深度参与“双创”大赛、青年创业奖评选活动。通过区域中心、青创训练营、上线仪式、路演活动、专家评审支持等活动和环节服务“双创”企业，促进“双创”事业的发展；注重发掘优质企业和项目，组织开展投融资对接会、创业培训辅导等多元化服务，为“双创”企业在品牌营销、合作渠道、投融资对接等方面提供支持。截至2019年12月31日，“双创”平台共有在线企业（项目）201个，其中展示企业201个；累计上线企业615个，其中展示企业470个，展示项目44个，融资企业101个。目前常规开展业务的推荐机构16家，已发展孵化机构联盟成员118家；2019年共设立区域中心2家（湖北省、河北

省），组织9场“双创”人才训练营、上线仪式、论坛路演等线下对接活动。

（四）凝聚行业力量，持续服务脱贫攻坚事业

为推动证券行业实施精准扶贫，促进贫困地区发展，中证报价依托报价系统建立中国金融扶贫综合服务平台（以下简称“扶贫平台”）。扶贫平台自上线以来，在行业扶贫工作中充分发挥自身扶贫宣传平台、资源汇聚平台、数据交互平台的作用，为证券公司对接贫困县域、促进贫困县域了解行业扶贫工作提供了有力的支持。2019年，扶贫平台致力于通过对接扶贫资源，帮助扶贫平台企业参加扶贫活动，助力贫困县当地企业与资本市场的对接和农产品品牌的树立；与“双创”平台联动，为中国证券业协会结对帮扶贫困县企业对接销售渠道；积极对接扶贫活动参与企业上线扶贫平台；持续推进证券行业扶贫信息报送及报送系统功能优化；定期对外发布行业扶贫动态和行业扶贫新闻，拓宽证券行业扶贫宣传渠道，提高社会对证券行业扶贫的关注度及自身影响力。

截至2019年12月31日，扶贫平台组织开展扶贫活动，已有6家贫困地区企业通过扶贫平台进行投融资对接，部分在扶贫平台进行展示；共计新增710条各类扶贫信息；通过微信公众号整理发布行业扶贫动态13期，在平台网站发布行业扶贫新闻38条。借助中国扶贫网的平台，在更大范围内宣传证券行业扶贫工作。

（五）提供多元化、立体化服务，推动企业发展

为更好地服务报价系统私募股权市场上线企业，提高市场资源配置效率，中证报价积极进行市场走访调研，挖掘潜在合作机构，拓宽已有合作关系，为股权业务的健康持续发展夯实业务基础。在持续夯实与各级政府合作基础的同时，推动政府补贴奖励等政策落地，降低中小微企业融资成本，已有江苏、陕西等九个地方政府出台相关补贴政策。通过举办产业论坛及投融资对接活动、开发机构专家储备库、开通多种宣传渠道和形式、建立健全企业沟通机制、调研了解企业切实需求等多种手段提供增值服务，积极开拓服务内容和空间，为上线企业提供全方位的发展支持，有效增强企业黏性，促进企业良好发展。

截至2019年12月31日，报价系统私募股权市场累计上线企业和项目920个，其中2019年新增企业36家，累计实现融资13.7087亿元，推动地方政府补贴政策两项，专家储备库增至180人。上线企业主要集中在信息技术、智能科技、先进制造、农林牧渔等与国家发展、社会民生相关的行业。

五、场外衍生品市场运行稳健，功能和服务持续丰富

（一）交易机构持续增长，交易标的丰富多元，交易平稳运行

截至2019年12月，在报价系统场外衍生品市场开展过交易的参与人机构增至536家，

交易机构数量保持稳步增长。同时，场外衍生品交易标的范围已涵盖股票、股指、大宗商品、贵金属等主要品种，交易标的类型丰富多元。截至 2019 年 12 月，报价系统场外衍生品市场累计新增初始名义本金 1 353.99 亿元，其中包括场外期权 1 032.83 亿元，收益互换 321.16 亿元，交易平稳运行。

（二）不断加强业务系统建设，提升金融科技服务水平

根据市场服务和业务管理需求，报价系统对场外衍生品业务系统功能进行升级，不断提升场外衍生品金融科技服务水平。在市场服务方面，支持交易机构全程网上办理机构业务，支持交易机构多种期权结构估值及交易风险监测指标计算，支持交易机构自动生成客户资金及持仓结算数据报表等。在市场管理方面，支持通过业务管理平台灵活配置交易控制规则，系统根据规则自动限制不合规交易签约，支持对交易核查、合规管理等业务管理工作进行信息化管理，自动生成相关工作报表。

（三）严把合规风控关，增强交易合规性，实现市场风险总体可控

报价系统在场外衍生品市场日常管理中严格执行合规风控业务管理制度，增强报价系统场外衍生品交易合规性，实现风险总体可控。一是加强交易前合规管理，做好参与人准入，确保证券公司及其他参与人符合场外衍生品业务相关准入要求；针对非证券公司参与人，严控各类涉嫌场外配资或其他违法违规行为的机构进入场外衍生品平台交易。二是加强交易事中管理，重点监测监控场外个股期权，持续对场外期权交易结构、挂钩标的、对手方适当性、交易期限、单一股票存续规模占流通市值比例等进行监测监控。三是持续开展交易后合规性分析，重点分析对手方适当性、交易结构、对手方交易目的、交易条款合规性等。

（四）充分发挥场外衍生品风险管理功能，服务实体经济

2019 年，中证报价积极开展相关交易组织工作，推动涉农企业、产业客户、保险公司、期货风险管理子公司等通过报价系统场外衍生品市场开展以农产品、工业原材料为标的的场外衍生品交易，有效满足了农户、产业客户等风险管理需求。2019 年，报价系统场外衍生品市场挂钩商品类标的交易共 340 笔，交易名义本金额合计 5.44 亿元。

六、场外市场登记结算服务稳中有进

2019 年报价系统在做好登记结算运营与管理的基础上，从优化系统、完善服务、防控风险及业务创新等方面着手，稳中求进，为各类业务的开展提供了有力支撑。

一是认真做好报价系统账户管理、登记管理、清算交收等登记结算业务运营管理工作。截至 2019 年 12 月 31 日，报价系统存量参与人产品账户共计 3 255 个、存量资金结算账户共计 4 118 个；存量合格投资者账户共计 8 505 352 个；共有 31 585 只产品在报价系统登记，

其中 31 288 只产品在报价系统发行，发行成功的金额共计 16 254.71 亿元；累计有 769 712 个合格投资者参与交易。

二是以业务需求为导向，持续优化登记结算相关系统功能，为报价系统登记结算业务提供有力的系统支撑。2019 年，报价系统进一步优化了资金结算系统、中证 TA、交易中心清算模块等系统，实现了日终自动头寸调拨、部分产品的 T+0 确认、清算任务全流程监控、结算渠道计息等功能，在“增速、提效、防风险”方面成效显著。

三是完善风险防控措施，完备应急处置。在风险防控方面，在报价系统已有风险防控体系的基础上，按照“钱券分离”原则进一步优化登记结算业务运营岗位的设置；在应急处置方面，2019 年报价系统建立了异地清算备份机制，安排登记结算全运营流程的堡垒机登录应急操作、VPN 连接测试及中证技术清算室实地演练，保证了报价系统在极端情况下的清算能力，为登记结算业务平稳运行提供了有力保障。

四是设置考核评价指标，强化结算渠道差异化管理，提升结算资金管理的时效性、稳定性，改善参与人资金结算业务体验。截至 2019 年 12 月 31 日，报价系统结算渠道共计 16 家，包括 14 家结算银行、1 家三方支付机构以及中国证券登记结算有限公司深圳分公司。

五是遵循“先易后难、试点起步、先有后优、稳步推进”原则，积极推动报价系统估值业务。在前期试点编制 AAA、AA+、AA、AA-、A 5 个信用等级的固定收益型收益凭证收益率曲线的基础上，报价系统于 2019 年 1 月 22 日正式在官网发布了估值日报。截至 2019 年 12 月 31 日，报价系统官网累计发布估值日报 221 份。从 2019 年 7 月中旬起，机构间市场投资者教育基地每日全文转载估值日报。此外，报价系统通过问卷调查、组织召开估值专家座谈会等形式，充分借鉴行业估值经验，在充分结合报价系统业务实际的基础上，不断优化估值方法、丰富估值数据源。目前，报价系统形成了一套“专家判断为主，定性与定量相结合”的固定收益型收益凭证发行人估值分类评价体系。估值报价商规模由 15 家证券公司增加至 21 家证券公司，扩大了固定收益型收益凭证的曲线样本规模，有效增加了曲线样本的代表性和估值日报的科学性。

第三章
2019 年报价系统风险管理与监测监控情况

报价系统作为多层次资本市场的重要组成部分，一直将立体风控体系作为自身建设和发展的重中之重，确保各业务合法合规开展，牢牢守住不发生重大风险的底线。2019 年，在公司领导的带领下以及全员风控的参与下，中证报价不断提升合规经营水平，稳步提高风险保障能力，在风险可测、可控、可承受的前提下，推动业务健康、平稳、有序运行，未发生重大风险事件。

一、报价系统业务风险管理

（一）加强公司转型发展过渡期风险管理

为保证公司平稳度过转型发展关键期，中证报价进一步加强风险管理，深化推进业务调整工作，制订《中证机构间报价系统股份有限公司业务调整方案》《中证机构间报价系统股份有限公司业务调整期风险预案》及《中证机构间报价系统股份有限公司重大突发事件应急管理预案》，并向中国证券业协会报备；明确了业务调整安排以及各阶段的具体要求，进一步完善了公司应急管理机制，健全了公司全面风险管理制度体系，为全面风险管理机制的有效运行加强了制度保障。

（二）提升风险监测与预警能力

1. 风险监测指标体系

中证报价已建立收益凭证、资产支持证券、非公开发行公司债券这 3 类重要业务的风险监测指标体系，并结合实际应用情况持续评估优化。2019 年，为提升收益凭证发行人信用风险监测的科学性，收益凭证指标体系启用“证券公司内评模型”，实现指标体系模型的进一步完善。

2. 风险监测报告

依托风险监测指标体系成果，在采集内外部数据的基础上，中证报价定期编制收益凭证、资产支持证券、非公开发行公司债券等重点产品的风险监测报告。2019 年，结合公司转型发展方向，将收益凭证风险监测的范围扩大至整个场外市场，并不断优化报告版式，提升报告的专业性和可读性。

（三）加强风险评估与监督工作

1. 报价系统 3.0 项目验收准备

报价系统 3.0 项目是国家“互联网 +”重大工程项目。2019 年，中证报价对报价系统 3.0 项目进行了总体回顾、评估及验收准备工作，对照国家“互联网 +”重大工程项目性质以及其在项目资金投入、项目实施过程及项目验收等方面的实施与合规管理要求，梳理项目目标与建设内容、投资估算、前期审批、资金来源及到位情况、实施进度等项目总体概况，总结项目实施过程的项目管理与质量控制情况，并开展整体业务功能验收工作和项目整体技术测试工作。目前，报价系统 3.0 项目整体验收准备工作已基本完成。

2. 加强对各子公司的风险管理

一是结合控股子公司股权结构调整工作，进一步加强对控股子公司合同管理，密切关注法律风险。二是进一步加强对全资子公司的规范管理，筹备对子公司的检查，提高风险管理水平。

（四）进一步优化风险管理系统建设

风险管理系统于 2018 年 7 月上线投入使用，提升了数据采集和分析处理的自动化水平，实现了风险监测指标自动计算及风险监测结果可视化展示。2019 年主要从以下几个方面进一步优化系统建设：一是优化系统风险监测范围，将风险管理系统监测范围扩展至整个场外市场；二是优化产品信息系统管理，结合业务需求及系统开发实际，调整产品信息数据的存储模式，在节省系统存储空间的同时，提升用户查询使用的效率和便利性；三是优化风险监测指标计算，结合风险监测指标体系研究成果，对风险管理系统的指标档位划分及指标计算方式进行调整，提升风险监测指标结果的科学性；四是优化系统安全管理，对风险管理系统的安全管理进行补丁修复；五是优化风控数据采集及录入维护。

目前，风险管理系统已对数百万条风险数据进行了分析与处理。在风险数据收集、风险监测、风险计量及风险报告等方面，支持收益凭证、私募债券和资产支持证券等主要固收类产品信用风险、市场风险、流动性风险和操作风险的评估与计量，同时支持信用风险缓释模型和内评模型的配置和计算。

二、场外证券业务监测监控

（一）持续优化场外证券业务报告系统和场外债券投资交易监测平台

1. 优化证券公司场外证券业务监测，完善场外证券业务报告系统

场外证券业务报告系统是行业基础设施，建设与管理好报告系统是中证报价服务监管机

构和自律组织的核心任务。一是持续收集系统需求，动态征求监管机构、自律组织和报送义务人对报告系统功能和操作流程的意见，结合场外证券业务特点提出系统建设完善需求；二是持续完善系统功能，新增场外证券业务年度报告等功能。

2. 加强与监管机构自律组织的沟通，完善场外债券投资交易监测平台

场外债券投资交易监测平台已经稳定运行一年多，为监测监控证券基金经营机构在银行间市场和交易所市场的债券投资交易行为起到了重要支撑作用。一是多次向监管机构、自律组织沟通交流，了解监管需求；二是按照系统顶层设计，按计划分步推进债券库、交易对手库等工具库建设，建立数据同步中心；三是根据监管需要完善系统功能模块，按照报送义务人的需求提升报送服务体验，采用多种方式提供业务和技术支持。

（二）借鉴交易报告制度国际发展经验，探索推进交易报告库基础研究与数据标准化建设

1. 收集国外资讯材料，分析世界主要发达经济体在交易报告制度方面的先进经验

撰写完成《交易报告库的国际发展与国内实践》《美国交易报告与合规系统介绍及对我国场外数据生态建设的启示》《交易报告机制探究——欧盟交易报告机制及借鉴》等报告。

2. 优化数据生态环境，协助行业数据标准化建设

参与全国金融标准化技术委员会证券分技术委员会（简称“证标委”）关于 CCFI 编码工作，编写场外衍生品及债券业务的分类及编码。

3. 规范数据报送，制定并发布场外证券业务报送数据格式指引

包括第 1 号《债券交易》和第 2 号《衍生品业务》，明确报送数据的范围、格式及口径等内容，实现报送数据内容与格式的标准化。

（三）扎实推进场外证券业务统计分析，持续开展场外市场监测监控

为确保场外市场健康发展，以场外证券业务报告数据为基础，通过定期报告和专题研究报告等多种形式，为场外市场提供监测监控服务。

1. 收集整理数据，向监管机构、自律组织定期报送统计数据

将债券发行、非公开发行公司债券备案、场外衍生品等，采用日报、周报、月报等方式，向监管机构、自律组织报送各类统计数据。

2. 把握业务发展动态，定期发布各类分析报告

采用《场外证券业务开展情况报告》《监测平台运行情况简报（月报）》《非公开发行公司债券备案情况简报》《证券公司场外期权月报》等形式，定期向监管机构、自律组织报告场外业务动态分析。

3. 深度挖掘市场数据，形成多项专题研究报告

总结场外证券业务发展情况，撰写《证券公司场外证券业务监测监控研究》《证券公司收益互换情况报告》等专题报告。

（四）结合场外证券业务发展实践，探索开展系统性风险监测化解机制

1. 落实非本金保障型收益凭证的监管要求

撰写《有关非本金保障型收益凭证的专项情况汇报》，提出监管建议，发布《关于加强非本金保障型收益凭证备案工作的通知》。

2. 跟踪存疑交易相关的证券基金经营机构

采用电话问询等方式，了解风险较大机构或产品的业务动态，将风险情况及时向监管机构、自律组织汇报。

3. 与高校、科研机构合作

与高校、科研机构合作开展高风险场外市场产品的定价模型研究，指导高风险产品交易定价。

（五）参与场外证券业务基础制度建设，助力多层次资本市场建设

1. 参与监管制度和自律规则的制定

参与证券公司柜台业务基础制度建设，参加监管机构组织的柜台业务调研、场外期权调研等，为调整监管政策提供数据与基础材料支持。参加场外期权自律规则讨论会，协助修订自律管理规则。

2. 参与证券行业基础研究

参与重点课题研究，牵头完成《证券行业数据生态体系建设研究》，参与完成《证券行业机构间市场的发展研究》，协助完成《美国金融业监管局有关情况研究及借鉴》《场外市场业务监测监控与信息服务现状与建议》《关于场外业务交易报告制度有关情况的报告》等专项研究。

3. 参加行业交流活动，助力多层次资本市场建设

多次参加监管系统和行业机构组织的各类业务讨论会议或行业培训，了解监管动态，加强与市场机构的业务交流。

专题报告之九：
2019 年中国证券公司固定收益业务发展综述

第一章 2019 年中国债券市场发展概况

第一节 2019 年中国债券市场规模和结构变化

一、中国债券市场规模概况

中国债券市场的交易量一方面随着债券发行量和未清偿余额的增加而不断增加，另一方面也随着市场利率和债券价格的波动而有所起伏。2001—2019 年，中国债券市场的交易量稳步上升。2001 年全市场的债券现券成交额仅为 5 278 亿元，2019 年现券交易额已达到 213 万亿元。随着债券交易额的增长，其与中国 GDP 之比也在不断上升。2001 年债券现券成交额与 GDP 之比仅为 4.8%，2019 年该比例已上升到 215.3%。2019 年债券市场较上年进一步扩张，债券现券成交额及其占 GDP 的比例都有所回升（见图专 9 – 1）。

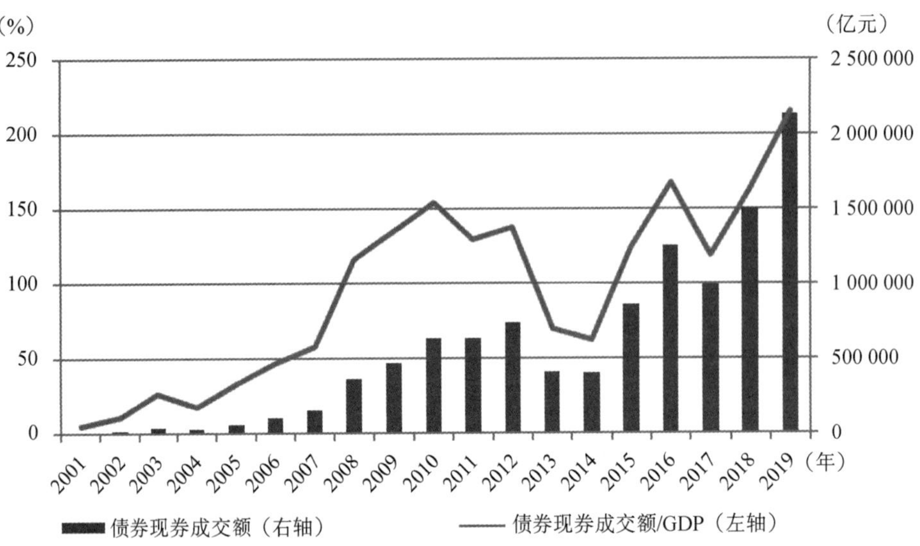

图专 9-1　中国债券市场现券成交量及其占 GDP 的比例

资料来源：Wind。

中国债券交易在银行间市场与交易所市场之间的分布是不平衡的。从现券交易看，银行间市场的成交额超过交易所市场，在总成交额中的占比近年来达到 98%—99%，是中国债券市场的主体。从回购交易看，银行间市场的占比在 2019 年为 77.5%，比 2018 年提高 1.6 个百分点。综合考虑现券和回购交易，银行间市场的占比在 2019 年为 80.1%，比 2018 年提高 1 个百分点。从交易所市场看，上海证券交易所在回购交易中占据主导地位，现券方面，沪、深证券交易所近两年交易量基本持平（见表专 9-1）。

表专 9-1　　2018—2019 年银行间和交易所市场的现券和回购交易情况

2018 年						
	现券交易		回购交易		合计	
交易市场	总金额（亿元）	比重（%）	总金额（亿元）	比重（%）	总金额（亿元）	比重（%）
银行间债券市场	1 481 272.8	98.8	7 223 610.7	75.9	8 704 883.4	79.0
上海证券交易所	9 491.0	0.6	2 101 085.7	22.1	2 110 576.7	19.2
深圳证券交易所	8 616.4	0.6	193 065.6	2.0	201 682.0	1.8
合计	1 499 380.2	100	9 517 762.0	100	11 017 142.1	100.0
2019 年						
	现券交易		回购交易		合计	
交易市场	总金额（亿元）	比重（%）	总金额（亿元）	比重（%）	总金额（亿元）	比重（%）
银行间债券市场	1 509 427.3	98.6	6 137 309.5	77.5	7 646 736.8	80.1
上海证券交易所	10 818.9	0.7	1 603 617.6	20.3	1 614 436.5	17.1
深圳证券交易所	11 081.2	0.7	176 406.9	2.2	187 488.1	1.8
合计	1 531 327.4	100.0	7 917 334.0	100.0	9 448 661.4	100.0

资料来源：Wind。

二、中国债券市场投资者结构分布

目前，我国债券市场按投资场所分为银行间债券市场、柜台市场、交易所市场和自贸区市场四大类。债券市场的投资者除特殊结算会员外，可分为银行类、非银行金融机构类、非金融机构类、个人类和境外机构五大类。随着非银行的债券投资者增多，2019 年以来我国债券市场的投资者结构呈现进一步多样化的趋势。

从中债登统计的持仓量结构看（见表专 9－2），截至 2019 年 12 月末，持仓量占比由高到低分别为商业银行（65.8%）、非法人产品（17.3%）、政策性银行（3.1%）、交易所市场（3.0%）；从增速来看，全市场同比增速 13.3%，其中银行间市场为 18.4%，交易所市场 7.9%；从银行间市场来看，增速最高的为村镇银行（96.2%），其次为基金公司及基金会（93.5%）。

表专 9－2　　中债登投资者截至 2019 年 12 月持仓结构

机构类型	2019 年 12 月 30 日		
	持仓量（亿元）	占比（%）	同比增长（%）
一、银行间债券市场	610 923.6	96.9	18.4
政策性银行	19 353.6	3.1	-1.5
商业银行	414 635.7	65.8	18.3
全国性商业银行	310 890.4	49.3	17.6
城市商业银行	56 937.6	9.0	12.5
农村商业银行	40 084.8	6.4	33.1
农村合作银行	110.4	0.0	13.6
村镇银行	129.7	0.0	96.2
外资银行	5 725.4	0.9	25.1
其他	757.5	0.1	5.6
信用社	7 622.5	1.2	9.5
保险机构	17 007.0	2.7	23.9
证券公司	6 643.9	1.1	9.5
基金公司及基金会	68.2	0.0	93.5
其他金融机构	1 619.6	0.3	87.9
非金融机构	11.4	0.0	-27.5
非法人产品	109 117.6	17.3	25.6
境外机构	18 735.8	3.0	25.8
其他	16 108.2	2.6	-0.5
二、柜台市场	561.3	0.1	-7.4
三、交易所市场	18 745.2	3.0	7.9
四、自贸区市场	0.0	0.0	-100.0
合计	630 230.1	100.0	13.3

资料来源：根据中国债券信息网有关数据整理。

第二节　2019 年证券公司托管债券数据变化分析

一、证券公司托管债券存量分析

截至 2019 年底，证券公司持有的债券类型及存量规模按大小排序分别为：信用债 2 055 亿元、国债 1 681 亿元、金融债 1 592 亿元、地方债 846 亿元以及商业银行债 232 亿元。从占比来看，信用债占比 32%，国债占比 26%，金融债占比 25%，地方政府债占比 13%，商业银行债占比 4%（见图专 9－2）。

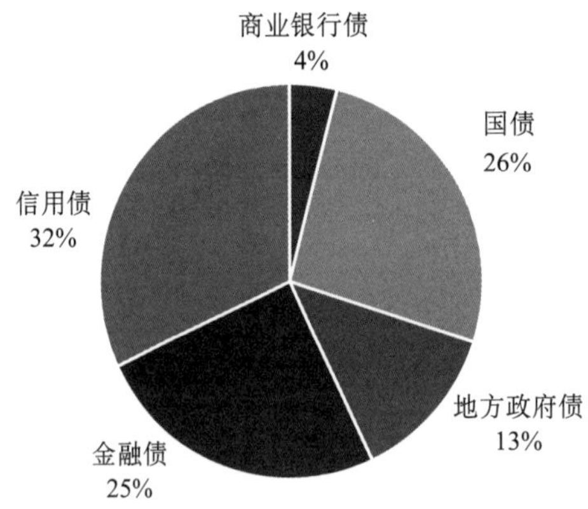

图专 9－2　2019 年底证券公司存量债券持仓分布

资料来源：Wind。

二、证券公司托管债券增量分析

从 2019 年全年变动来看，与年初相比，证券公司增持 748 亿元国债、113 亿元商业银行债，减持 235 亿元金融债以及 104 亿元地方政府债，信用债的持仓变动幅度较小。从总量来看，2019 年证券公司更偏好于国债。2019 年利率债经历了明显的震荡行情，2 月、6 月以及 11 月银行间流动性均处于非常宽松的状态，利率债具有明显的交易价值。而信用债方面，信用债市场出现缩量，证券公司也降低了信用下沉的幅度，2019 年对于信用债的增持幅度非常有限。

从月度变动来看，证券公司 2019 年 3 月、6 月、8 月以及 11 月明显增持国债，金融债的持仓变动与国债类似，但由于 4 月以及 10 月的减持幅度较大，导致全年呈净减持。受信用风险偏好改变影响，信用债 2019 年上半年持仓变动不大，6 月后以每月减持为主（见图专9－3）。

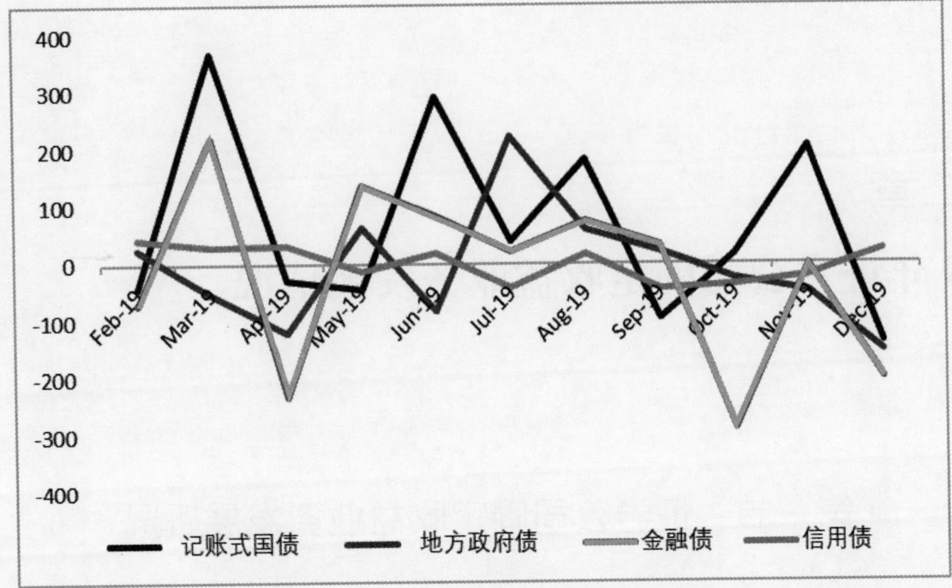

图专9－3　2019年证券公司债券持仓增量变化

资料来源：Wind。

第二章
2019年证券公司固定收益业务发展情况

第一节 证券公司固定收益业务发展概况

银行类承销商主要承销的债券品种包括地方政府债、非政策性金融债、短期融资券、中期票据、定向工具、政府支持机构债、资产支持证券等。从承销金额来看，工商银行、中国银行、建设银行、农业银行（以下简称“四大行”）承销金额排名前4位，2019年全年承销金额分别为1.43万亿元、1.26万亿元、1.16万亿元、1.13万亿元，四大行的市场份额占44%。除四大行以外，排名前10位的银行承销商中，招商银行为非政策性金融债的承销大户，浦发银行、中信银行、民生银行则以承销短融中票为主。从承销券种来看，地方政府债的承销任务主要集中在四大行、交通银行、兴业银行，其中四大行承销地方政府债的规模占总承销规模的40%以上。

证券公司类承销商主要承销的债券品种包括非政策性金融债、资产支持证券、公司债、可转债，此外还有少量的政策性银行债、短期融资券、中期票据、定向工具、政府支持机构债、企业债、可交换债等。从承销金额来看，2019年中信证券、中信建投、中金公司承销金额排名前3位，全年承销金额分别为9 159.12亿元、8 038.57亿元、5 140.92亿元。排名前10位的证券公司中，部分证券公司某类券种承销突出，如招商证券以承销资产支持证券为主，中银国际以承销非政策性金融债为主，平安证券以承销公司债及资产支持证券为主，其他各家证券公司普遍以承销非政策性金融债、资产支持证券、公司债这三类券种为主，这三类占比可达75%以上。

2018年中国证监会公布了《证券公司投资银行类业务内部控制指引》，该指引简化了AA级证券公司的投行业务流程，使证券公司投行业务“马太效应”愈发明显。评级高的大型证券公司承销能力强、流程简化，可获得的项目资源多，而中小投行则面临更加激烈的竞争。2019年，共有93家证券公司承担了承销商角色，前10%的证券公司占据了近2/3的市场份额，排名前 3 位的证券公司承销金额均为 5 000 亿元以上，而超过 2/3 的证券公司承销金额只有不到 400 亿元。排名靠后的证券公司甚至有的全年只承销了一个项目；有些小型证券公司虽然承销项目多，但是单个项目金额偏低。其他中小型证券公司则在自身的特色领域有特色，如高盛高华、万联证券发力可转债，华鑫证券拓展可交换债业务等。

第二节　证券公司固定收益业务发展特征

一、债券市场的国际化步伐加快

中国债券市场持续推进对外开放的进程，从 2011 年对 QFII 开放银行间债券市场，到 2017 年推出债券通，再到 2019 年中国债券被正式纳入彭博－巴克莱综合指数，中国债券市场的开放逐步得到国际市场的认可，未来中国债券市场的国际化步伐有望继续加快。

在推出债券通以后，境外投资者可以沿用其所熟悉的国际操作习惯参与内地银行间债券市场的投资，极大提高了参与中国债券市场投资的可操作性和可复制性，境外机构参与境内债券市场的数量和规模均出现较快增长。

2019 年，境外机构在银行间债券市场的托管量不断增加，从年初 1.5 万亿元至年底接近 1.88 万亿元，较债券通开通前增长超过 1 倍。从境外机构持仓量占比来看，2019 年底持仓比例为 3%，较年初增长了 0.3 个百分点，相比欧、美、日等发达债券市场仍然较低，但也反映了中国债券市场对外开放具有广阔的发展空间（见图专 9－4）。

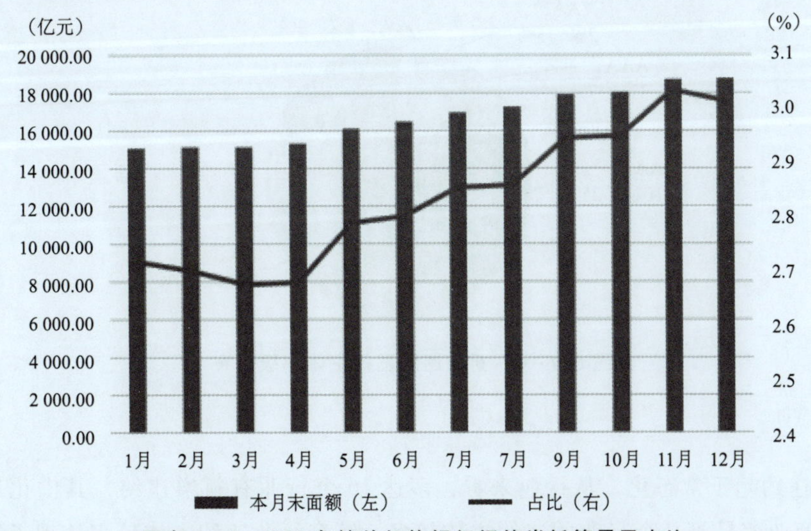

图专 9－4　2019 年境外机构银行间债券托管量及占比

资料来源：Wind。

二、信用违约逐年增加

（一）信用债2019年违约情况

2019年，信用环境整体有所改善，信用利差有所压缩，但违约债券规模仍然处于增长态势。2019年全年信用债市场共违约179只债券，合计金额为1 444.08亿元，债券违约只数和金额都超过2018年，分别同比增长43.2%和19.38%。新增违约主体合计40家，整体来看，2019年的新增违约主体基本都处于投资者的预期之内。从企业性质来看，有1家央企、5家地方国企、3家公众企业、29家民企新增违约，民企新增违约较多，国企及央企新增违约较少，但国企违约造成的冲击大于民营企业；从是否上市来看，上市公司占比40%，非上市公司占比60%；从发行时企业评级来看，AA级公司占比60%（见图专9-5、图专9-6）。

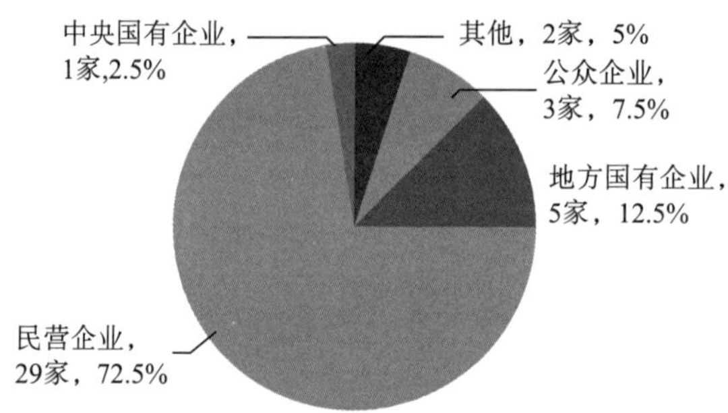

图专9-5　新增违约发行主体企业性质分布

资料来源：Wind。

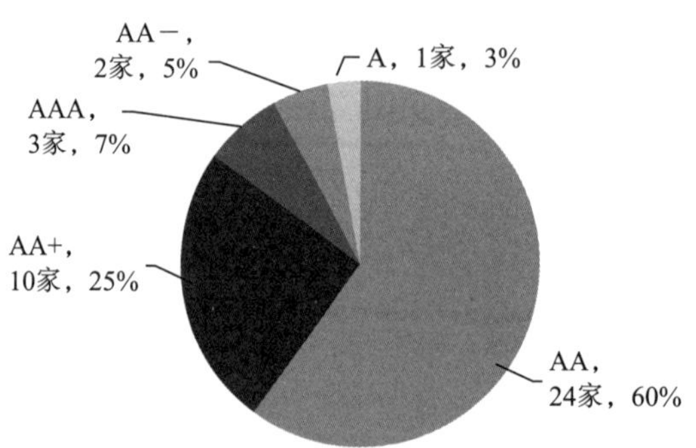

图专9-6　新增违约发行主体评级分布

资料来源：Wind。

2019年违约趋于常态化，从行业来看，多达16个行业有新增违约，其中化工、机械设备、综合、商业贸易等几个行业的违约主体较多，综合行业违约主体较多体现了过度多元化的企业在行业景气度下行时更容易产生流动性断裂。从区域来看，多达20个省市地区有新增违约主体，广东、北京、河南、江苏等地的违约主体较多，其中北京的违约规模最大（见图专9-7、图专9-8）。

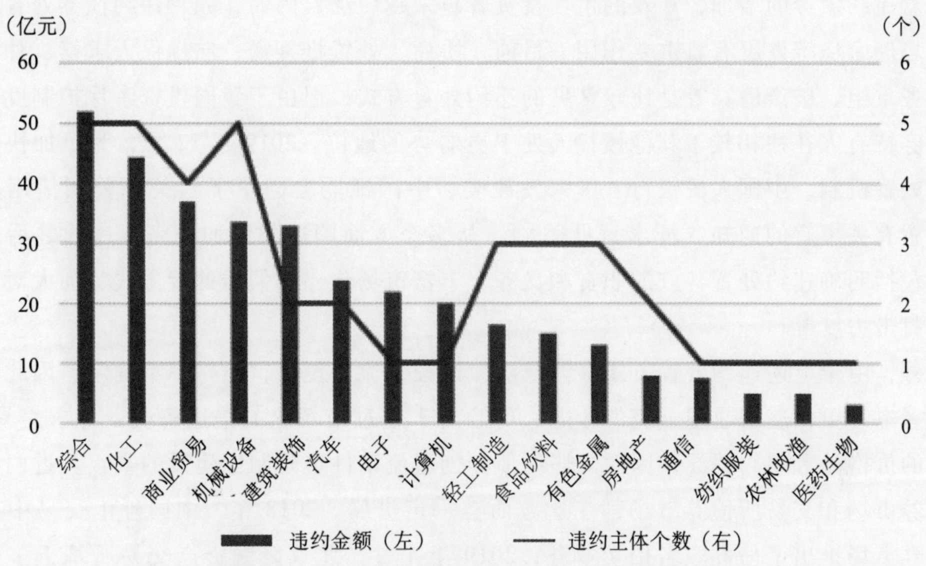

图专9-7　不同行业首次违约规模及发行人个数

资料来源：Wind。

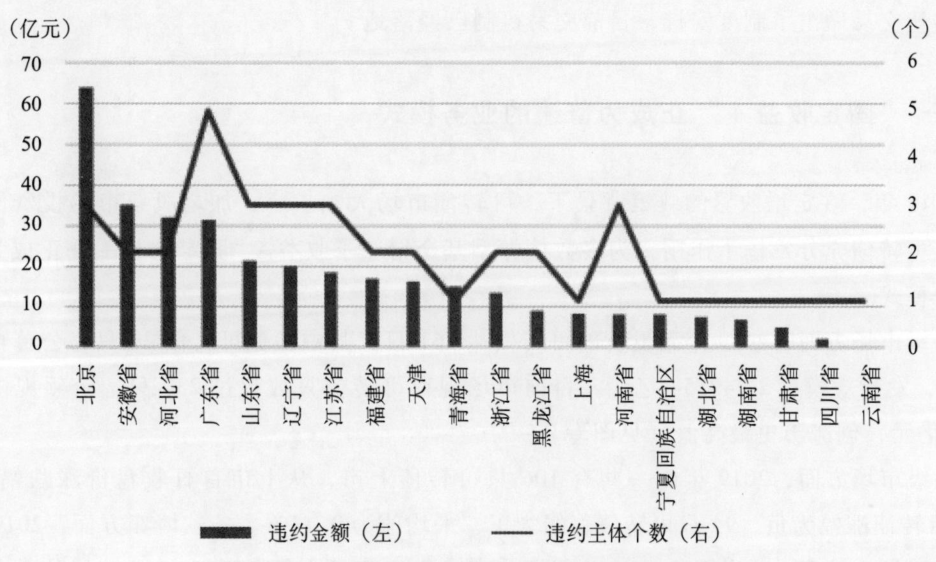

图专9-8　不同地区首次违约规模及发行人个数

资料来源：Wind。

从债券违约原因来看，国企、央企违约主要由于过度投资导致债务膨胀，在行业下行阶段经营亏损，此外还有股权结构不清晰、难以获得股东支持等情况。民企违约原因主要包括流动性脆弱、行业景气度下行等原因，此外还受到企业治理等因素的影响。

（二）违约处置

随着违约债券的增加，涉及的市场投资者越来越广泛，因而，完善违约债券处置机制对维护市场健康稳定发展有着重要作用。目前，协商、处置抵押物、向担保人求偿、仲裁或诉讼、债务重组、破产清算等是比较常见的违约处置方式，但由于我国投资者保护制度尚不完善，债券持有人往往相较于其他债权人处于更弱势的地位。2019 年 12 月，为了加快完善债券违约处置机制，中国人民银行、国家发改委、中国证监会起草了《关于公司信用类债券违约处置有关事宜的通知（征求意见稿）》，从多个方面阐述如何加快完善违约之后的处置机制，包括明确违约处置各方的职责和义务、丰富市场化违约债券处置方式、加大对发行人逃废债打击力度等。

此外，由于上述违约处置方式多涉及法律途径，流程复杂，偿付率不确定，因此一些机构投资者本着更快速回收现金流的考虑，更倾向于通过市场化的渠道解决，寻求交易对手，以合理的价格处置违约债券，因而为违约债券创造流动性也是制度建设的重点。近两年，银行间债券市场和交易所债券市场都在这方面有一定进展。2018 年，中国外汇交易中心在银行间债券市场推出了债券匿名拍卖业务；2019 年 4 月，北京金融资产交易所基于多年不良资产转让业务经验，推出了到期违约债券转让业务；2019 年 5 月，沪、深证券交易所与中证登联合出台了《关于为上市期间特定债券提供转让结算服务有关事项的通知》，为违约债券的转让交易做出了制度安排，目前交易机制已经落地。

三、“固定收益 +”正成为普遍的业务模式

2019 年，在定增收紧的政策背景下，可转债市场大幅扩容，加之股票市场投资回报率较高，可转债充分发挥了作用，为多数债券型基金增厚了收益。“固定收益 +”正成为普遍的业务模式。

一级市场方面，2019 年新发行的可转债达 161 只，其中私募可转债 29 只，公募可转债 132 只，发行规模达 2 749. 54 亿元。目前市场现存可转债只数超过 230 只，余额规模超过 4 000 亿元，创造历史最高值（见图专 9 –9）。

一级市场方面，2019 年内一共有 106 只可转债上市，从上市首日收盘价涨跌幅来看，12 只可转债涨幅为负，94 只可转债涨幅为正，平均值为 9. 44%。条款博弈方面，2019 年下修和赎回发生较多，主动下修和被动下修并存。二级市场方面，2019 年可转债基金单位净值涨幅平均为 22. 54%，中证转债指数 2019 年涨幅达到 25. 91%，涨幅居于近 10 年来年度涨幅的第 2 位。

从参与投资者来看，可转债市场的主要参与者包括三大类：第一类为一般法人，主要指上市公司的股东，通过配售的方式被动参与，持有占比 46% 左右；第二类为机构投资者，其中基金占比 16%，保险、年金合计占比 16%，证券公司资管、证券公司自营、社保基金

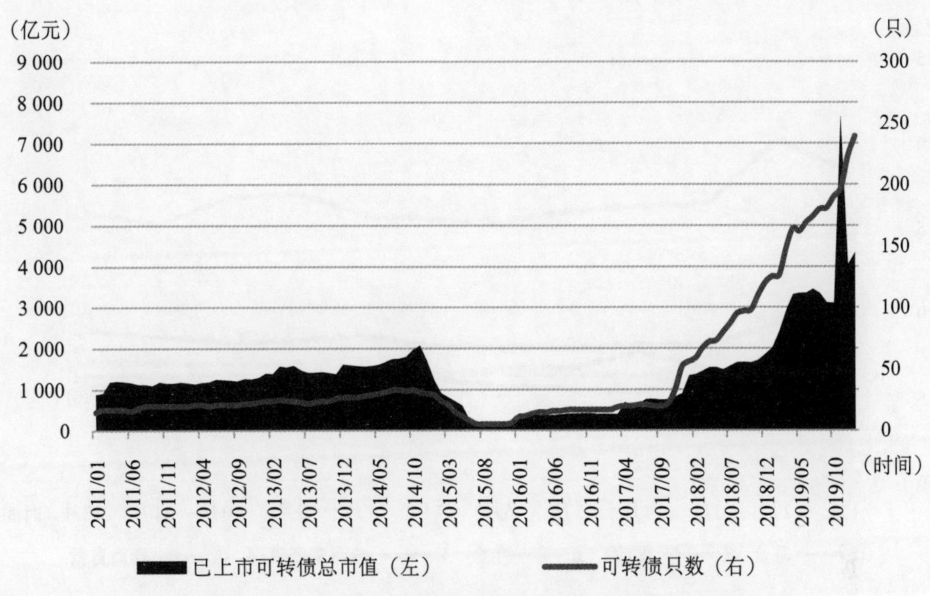

图专 9－9 可转债存量总市值及只数均创历史新高

资料来源：Wind。

合计占比 16%，QFII、专户理财、信托合计占比 3% 左右；第三类为自然人投资者，占比 3%。从各机构账户的配置比例来看，一般法人的持有占比大幅提升，基金以及以保险、社保为代表的长线资金对可转债的配置稳中有升，以年金为代表的绝对收益账户资金大幅增加了对可转债的配置，证券公司自营略有增加，证券公司资管对可转债的配置略有减少（见图专 9－10、图专 9－11）。

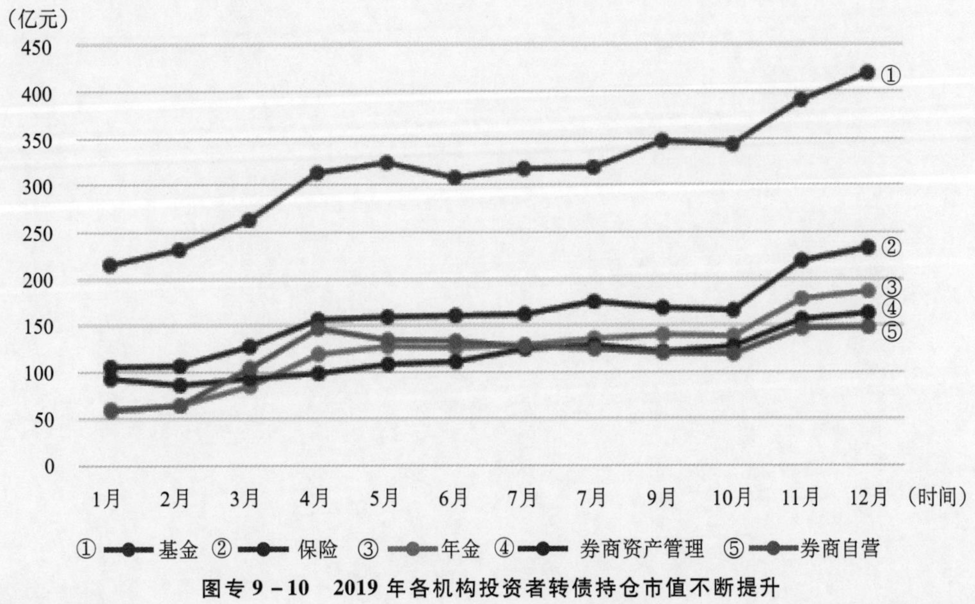

图专 9－10 2019 年各机构投资者转债持仓市值不断提升

资料来源：Wind。

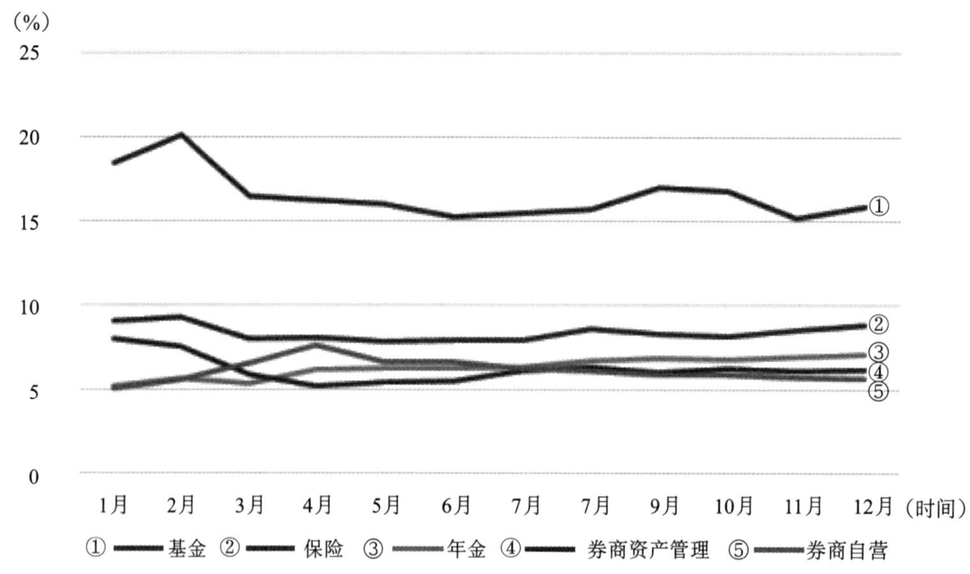

图专9－11 2019年机构投资者的转债持仓市值比例

资料来源：Wind。

第三章

2020 年证券公司固定收益业务发展展望

一、固定收益、外汇和大宗商品（FICC）业务链将是中国证券公司固收业务盈利模式的发展方向，应鼓励证券公司与其他大型金融机构合作，共同服务实体经济

从一个完整的市场体系看，固定收益的债券或其衍生品、外汇和商品具有非常大的相关性，在国际市场上的债务工具除与利率相关外，本身就隐含着汇率风险，商品本身就是对冲通货膨胀和利率风险的主要工具，因此固定收益的债券或其衍生品、外汇和商品因其业务领域的高度相关性而构成了一个完整的 FICC 产业链，成为投资银行一个极其重要的业务单元。目前，我国已逐步进入以金融脱媒、利率和汇率市场化、资本项目加大开放为主要特征的金融深化过程。深化金融体制改革，应加快发展多层次资本市场，稳步推进利率和汇率市场化改革，逐步实现人民币资本项目可兑换，在完善金融监管的基础上推进金融创新。

FICC 中的债券直接融资以及债券衍生品繁多的特性，非常有利于推动金融创新，满足丰富多样化的融资与投资需求，支持实体经济的发展；债券及其衍生品场外市场的发展，有利于多层次资本市场体系的完善；FICC 中的利率和汇率衍生品市场工具，有利于我国利率市场化和以市场供求为基础的浮动汇率制度的改革，并促进人民币国际化的进程。

目前，伴随着人民币国际化的进程，进一步发展债券市场，完善债券市场体系和机制建设，同时充分建立和发挥证券公司在债券、外汇、大宗商品市场的做市交易功能，完善证券公司固定收益业务链，不仅是证券公司资本中介功能的重要突破口和发展方向，也是满足当前中国实体经济发展需要、建立与世界第二大经济体相适应的金融体系的现实需求，更是中国企业走向海外、中国经济更广泛地融入世界舞台的需要。

国内证券公司如果能够与其他大型金融机构合作，建立起较为完备的 FICC 业务链，则能够在海外债券投融资、外汇对冲安排、大宗商品全球交易等方面给予国内企业更本土化的服务。最近几年，中国企业和机构投资人对发行中资美元债和进行海外资源品并购较为热衷，而海外资源品投资几乎涵盖了固定收益业务链的每一个环节。如果领先的证券公司能够利用类似的机遇，大力建设 FICC 业务链协同工作机制，那么对国内证券公司在海外业务上

与国际投行竞争、拓展海外业务平台有极大的促进作用。

2019 年 9 月 5 日，国家外汇管理局批准中信证券、华泰证券和招商证券 3 家证券公司结售汇业务试点资格，允许其在风险可控的前提下开展自身及代客即期结售汇业务，并按规定参与银行间外汇市场交易。这是继 2014 年国泰君安成为首家有结售汇业务经营资格的证券公司之后，再添 3 家获此资格的证券公司。中国头部证券公司获得结售汇业务资格有助于公司通过布局境内外外汇市场，推进国际化进程，加速公司向国际化一流投行迈进的步伐。

二、完善国内信用评价体系，提高债券市场的融资效率，提升国内证券公司服务于中小企业债券融资的能力

中国债券市场经过多年发展已具有一定规模，但对国内中小企业发行人的融资支持有限。这是因为中国债券市场的信用风险定价能力缺失，风险衡量与资产定价大多依赖行政力量而非市场力量决定。信用体系不健全，尤其是潜在的信用担保（无论是政府还是银行信用）与无法打破的刚性兑付等“潜规则”，使得发行人的信用质量信息对投资主体而言意义不大，使以信用评级机构为核心的信息披露主体无法发挥作用。信用市场评价体系的不完善，使得目前我国债券市场投资人风险偏好高度一致，集中在利率债及高等级信用类债券，市场缺乏具备信用风险识别能力与风险承受能力的投资人。

国内证券公司具有丰富的研究资源，对中小企业的信用风险具有较强的识别能力。借鉴国际同行经验，以国内证券公司为主体，进行多方位创新和改革，建立“以客户理财需求为核心、以产品创新为导向、以服务收费为利润来源”的新型资产管理业务模式，集中投资于中小企业集合债和中小企业私募债，具有可行性和现实意义。丰富投资者结构，尤其是壮大以证券公司为代表的非银行金融机构，可以使金融体系的风险真正从银行体系中释放出来，有利于充分利用市场机制来分散风险和化解信用风险。

因此，为促进中小企业发债融资，发挥债券市场直接融资功能，应建立多层次风险识别能力的投资人体系，尤其是发展壮大以中低评级债券为标的投资人群体，鼓励支持发行高收益债、垃圾债产品，同时加强投资者教育和引导，积极引入具有风险承担能力的投资人参与债券市场。此外，除了推动证券公司“走出去”外，对境外投资人的引入也很重要。

要不断完善信用信息披露体系。一方面，努力实现人民银行金融信用信息基础数据库、证券监管机构诚信档案、地方政府企业信息平台、交易所以及部分互联网公司大数据征信信息的互联互通，在依法合规和发行人授权的前提下，允许投资人或者相关主体查询发行人信用信息；另一方面，通过中介机构（信用调查机构、会计师事务所、律师事务所、评级公司、证券公司、担保公司、机构投资者、媒体以及监管部门等）的监督，不断加强发行人的行为管理。其中，信用评级在信息披露中的作用最为直接，是监管监测、约束市场和保护投资者的一个重要抓手，国内证券公司也可以考虑建立互通有无的信用评级平台，发挥好评级在信用债券市场发展中的积极作用。

附录：

2019 年中国证券行业重要制度规范

日期	制度规范
1 月 2 日	全国中小企业股份转让系统发布《全国中小企业股份转让系统挂牌公司回购股份实施细则》
1 月 11 日	上海证券交易所发布《上海证券交易所上市公司回购股份实施细则》
1 月 11 日	深圳证券交易所发布《深圳证券交易所上市公司回购股份实施细则》
1 月 15 日	中国证监会发布《公开募集证券投资基金投资信用衍生品指引》
1 月 18 日	上海证券交易所、中国证券登记结算有限责任公司联合发布《上海证券交易所 中国证券登记结算有限责任公司信用保护工具业务管理试点办法》
1 月 18 日	深圳证券交易所、中国证券登记结算有限责任公司联合发布《深圳证券交易所 中国证券登记结算有限责任公司信用保护工具业务管理试点办法》
1 月 25 日	全国中小企业股份转让系统发布《关于修改〈全国中小企业股份转让系统做市商做市业务管理规定（试行）〉部分条款的公告》
1 月 28 日	中国证监会发布《关于在上海证券交易所设立科创板并试点注册制的实施意见》
3 月 1 日	中国证监会发布《科创板首次公开发行股票注册管理办法（试行）》《科创板上市公司持续监管办法（试行）》《公开发行证券的公司信息披露内容与格式准则第 41 号——科创板公司招股说明书》《公开发行证券的公司信息披露内容与格式准则第 42 号——首次公开发行股票并在科创板上市申请文件》
3 月 1 日	上海证券交易所发布《上海证券交易所科创板股票交易特别规定》《上海证券交易所科创板股票盘后固定价格交易指引》《上海证券交易所科创板股票上市委员会管理办法》《上海证券交易所科技创新咨询委员会工作规则》《上海证券交易所科创板股票发行上市审核规则》《上海证券交易所科创板股票发行与承销实施办法》
3 月 1 日	中国证券登记结算有限责任公司发布《中国证券登记结算有限责任公司证券登记规则（2019 年修订）》《中国证券登记结算有限责任公司科创板股票登记结算业务细则（试行）》
3 月 7 日	中国证监会发布《公开发行证券的公司信息披露编报规则第 24 号——科创板创新试点红筹企业财务报告信息特别规定》
3 月 8 日	全国中小企业股份转让系统发布《全国中小企业股份转让系统股票挂牌审查工作指引（试行）》
3 月 11 日	全国中小企业股份转让系统发布《全国中小企业股份转让系统挂牌公司申请股票终止挂牌及撤回终止挂牌业务指南》
4 月 1 日	国家外汇管理局发布《境内上市公司外籍员工参与股权激励资金管理办法》
4 月 3 日	中国证监会发布《关于设立“5·15 全国投资者保护宣传日”的决定》
4 月 17 日	中国证监会发布《关于修改〈上市公司章程指引〉的决定》

续表

日期	制度规范
4 月 30 日	上海证券交易所发布《关于修改〈上海证券交易所科创板股票上市规则〉的通知》
4 月 30 日	上海证券交易所、中国证券金融股份有限公司、中国证券登记结算有限责任公司发布《上海证券交易所 中国证券金融股份有限公司 中国证券登记结算有限责任公司科创板转融通证券出借和转融券业务实施细则》
5 月 15 日	中国证券业协会发布《证券经营机构投资者教育工作指引》
5 月 31 日	中国证券业协会发布《科创板首次公开发行股票承销业务规范》《科创板首次公开发行股票网下投资者管理细则》
6 月 3 日	中国证券业协会发布《证券投资咨询机构执业规范（试行）》
6 月 14 日	中国证监会发布《公开募集证券投资基金参与转融通证券出借业务指引（试行）》
6 月 14 日	上海证券交易所发布《上海证券交易所科创板股票异常交易实时监控细则（试行）》
6 月 14 日	全国中小企业股份转让系统发布《全国中小企业股份转让系统挂牌公司要约收购业务指引》《全国中小企业股份转让系统自律监管措施和纪律处分实施细则》
6 月 21 日	中国证监会清整办发布《关于规范发展区域性股权市场的指导意见》
6 月 24 日	中国证券业协会发布《关于进一步加强科创板股票发行承销与网下投资者自律管理工作的通知》
7 月 5 日	中国证监会发布《证券公司股权管理规定》
7 月 15 日	中国证券业协会发布《证券公司信用风险管理指引》
7 月 25 日	中国证监会发布《境外证券期货交易所驻华代表机构管理办法》
7 月 26 日	中国证监会发布《公开募集证券投资基金信息披露管理办法》
8 月 23 日	中国证监会发布《科创板上市公司重大资产重组特别规定》
8 月 30 日	上海证券交易所、全国中小企业股份转让系统、中国证券登记结算有限责任公司联合发布《非上市公司非公开发行可转换公司债券业务实施办法》
8 月 30 日	深圳证券交易所、全国中小企业股份转让系统、中国证券登记结算有限责任公司联合发布《非上市公司非公开发行可转换公司债券业务实施办法》
9 月 2 日	全国中小企业股份转让系统发布《全国中小企业股份转让系统挂牌公司持续信息披露公告分类指南》
9 月 11 日	全国中小企业股份转让系统发布《全国中小企业股份转让系统两网公司及退市公司股票转让暂行办法》
9 月 27 日	中国证券登记结算有限责任公司修订发布《中国证券登记结算有限责任公司关于深圳证券交易所交易型开放式证券投资基金登记结算业务实施细则》
9 月 30 日	中国证监会发布《证券期货业软件测试规范》
10 月 8 日	中国证券业协会发布《证券分析师参加外部评选规范》
10 月 18 日	中国证监会发布《关于修改〈上市公司重大资产重组管理办法〉的决定》
10 月 18 日	中国证券业协会发布《证券公司公司债券业务执业能力评价办法（试行）》
11 月 8 日	中国证券业协会发布《证券公司信息隔离墙制度指引》
11 月 14 日	中国证监会发布《H 股公司境内未上市股份申请“全流通”业务指引（2019 年修订）》
11 月 15 日	上海证券交易所、中国证券登记结算有限责任公司发布《上海证券交易所、中国证券登记结算有限责任公司股票期权组合策略业务指引》

续表

日期	制度规范
11月29日	上海证券交易所发布《上海证券交易所科创板上市公司重大资产重组审核规则》
12月4日	中国证券业协会发布《中国证券业协会自律措施实施办法》《中国证券业协会自律处分委员会办案规程》
12月6日	中国证监会发布《证券期货经营机构管理人中管理人（MOM）产品指引（试行）》
12月7日	深圳证券交易所发布《深圳证券交易所股票期权试点交易规则》《深圳证券交易所股票期权试点投资者适当性管理指引》《深圳证券交易所 中国证券登记结算有限责任公司股票期权组合策略业务指引》《深圳证券交易所股票期权试点做市商业务指引》《深圳证券交易所 中国证券登记结算有限责任公司股票期权试点风险控制管理办法》《深圳证券交易所股票期权试点持仓限额管理业务指引》《深圳证券交易所股票期权试点合约条款管理指引》
12月12日	中国证监会发布《上市公司分拆所属子公司境内上市试点若干规定》
12月20日	中国证监会发布《关于修改〈非上市公众公司监督管理办法〉的决定》《非上市公众公司信息披露管理办法》
12月20日	上海证券交易所发布《关于修订〈上海证券交易所沪港通业务实施办法〉的通知》
12月20日	深圳证券交易所发布《关于修改〈深圳证券交易所深港通业务实施办法〉的通知》
12月20日	中国证券业协会发布《非公开发行公司债券项目承接负面清单指引（2019年修订）》
12月27日	全国中小企业股份转让系统发布《全国中小企业股份转让系统投资者适当性管理办法》《全国中小企业股份转让系统挂牌公司股份特定事项协议转让细则》《全国中小企业股份转让系统股票交易规则》
12月31日	中国证券登记结算有限责任公司、深圳证券交易所联合发布《H股“全流通”业务实施细则》

后　记

《中国证券业发展报告（2020）》由中国证券业协会组织编撰，由中国证券业协会和12家单位组成的写作组共同完成。报告分为总报告、分报告及专题报告，撰稿单位情况如下：海通证券股份有限公司负责撰写“总报告：2019年中国证券业发展回顾与展望”、“专题报告之一：2019年中国证券公司合规管理发展综述”及“专题报告之二：2019年中国证券公司风险管理发展综述”；国泰君安证券股份有限公司负责撰写“分报告之一：2019年中国证券经纪业务发展回顾与展望”；中信建投证券股份有限公司负责撰写“分报告之二：2019年中国投资银行业务发展回顾与展望”；申万宏源证券有限公司负责撰写“分报告之三：2019年中国证券公司资产管理业务发展回顾与展望”；中信证券股份有限公司负责撰写“分报告之四：2019年中国证券公司融资类业务发展回顾与展望”和“分报告之五：2019年中国证券公司投资业务发展回顾与展望”；联合信用评级有限公司负责撰写“分报告之六：2019年证券市场资信评级业务发展回顾与展望”；中国证券业协会会员管理部负责撰写“专题报告之三：2019年证券行业履行脱贫攻坚社会责任综述”；中国证券业协会证券纠纷调解中心负责撰写“专题报告之四：2019年证券公司投资者保护工作发展综述”；安信证券股份有限公司负责撰写“专题报告之五：2019年中国证券业信息技术与服务发展综述”；广发证券股份有限公司负责撰写“专题报告之六：2019年中国证券公司国际业务发展综述”；东方证券股份有限公司和齐鲁股权交易中心负责撰写“专题报告之七：2019年中国区域性股权市场和柜台市场发展综述”；中证机构间报价系统股份有限公司负责撰写“专题报告之八：2019年机构间私募产品报价与服务系统发展综述”；第一创业证券股份有限公司负责撰写“专题报告之九：2019年中国证券公司固定收益业务发展综述”。按报告顺序，各写作组负责人分别为：李明亮、朱志雄、贾新、蒋健蓉、张玲、常丽娟、王建业、杜洪波、徐仕达、周素霞、许彦冰、陈福、王春华、高鹏飞、陈宾、李怀军。

本报告的编写得到了中国证监会证券基金机构监管部、公司债券监管部、发行监管部的大力支持。初稿完成后，中国证监会证券基金机构监管部、中国证监会市场监管二部（原打击非法证券期货活动局）、中国证券金融股份有限公司、中国证券业协会证券经纪业委员会、投资银行委员会、资产管理业务委员会、投资业务委员会、融资类业务委员会、合规管理委员会、风险管理委员会、国际战略委员会、场外市场委员会、固定收益委员会、信息技术委员会、资信评级委员会、区域性股权市场委员会的专家及资产证券化业务专家对报告内容进行了认真审阅并提出了宝贵的修改意见和建议。此外，本报告的完成也得到了上海证券交易所、深圳证券交易所、中国证券投资基金业协会及广大会员单位的支持，在此一并表示感谢！

《中国证券业发展报告（2020）》编委会

2020 年 6 月